中南财经政法大学加强和改进大学生思想政治教育工作论文集之十六

|中南财经政法大学立德树人系列成果丛书|

奋进·磨砺·创造
Fenjin · *Moli* · *Chuangzao*

主　编／覃　红
副主编／余小朋　葛　明

中国出版集团有限公司
世界图书出版公司
上海　西安　北京　广州

图书在版编目（CIP）数据

奋进·磨砺·创造：中南财经政法大学加强和改进大学生思想政治教育工作论文集之十六 / 覃红主编. -- 上海：上海世界图书出版公司，2023.7
（中南财经政法大学立德树人系列成果丛书）
ISBN 978-7-5232-0485-6

Ⅰ. ①奋… Ⅱ. ①覃… Ⅲ. ①大学生－思想政治教育－中国－文集 Ⅳ. ① G641-53

中国国家版本馆 CIP 数据核字（2023）第 120484 号

书　　名	奋进·磨砺·创造：中南财经政法大学加强和改进大学生思想政治教育工作论文集之十六 Fenjin·Moli·Chuangzao: Zhongnan Caijing Zhengfa Daxue Jiaqiang he Gaijin Daxuesheng Sixiang Zhengzhi Jiaoyu Gongzuo Lunwenji zhi Shiliu
主　　编	覃　红
责任编辑	魏丽沪
装帧设计	三仓学术
出版发行	上海世界图书出版公司
社　　址	上海市广中路88号9-10楼
邮　　编	200083
网　　址	http://www.wpcsh.com
经　　销	新华书店
印　　刷	武汉鑫佳捷印务有限公司
开　　本	787mm×1092mm　1/32
印　　张	23.125
字　　数	480千字
版　　次	2023年7月第1版　2023年7月第1次印刷
书　　号	ISBN 978-7-5232-0485-6/G·798
定　　价	198.00元

版权所有　翻印必究
如发现印装质量问题，请与印刷厂联系
（质检科电话：027-87531185）

中南财经政法大学加强和改进大学生思想政治教育工作论文集之十六

奋进·磨砺·创造

主　编：覃　红（党委常委、副校长）

副主编：余小朋（党委学生工作部、人民武装部部长）

　　　　葛　明（党委学生工作部副部长、
　　　　　　　　心理健康教育咨询中心主任）

目 录

思想引领篇

百年党风廉政建设发展历程对大学生廉洁教育的启示
　　　　　　　　　　　　　　　　　　　　刘一民 /3
"三全育人"综合改革长效机制建设
　　——基于试点院系的实践探索　　穆　帆　向　敏 /14
大学生"理论自信"培育问题与对策研究　　孟庆红 /27
基于"00后"大学生身心特点浅谈高校校友工作对
　　思政教育的正向激励　　　　　　　　　　郭青川 /36
铸牢中华民族共同体意识培养民族地区时代新人
　　　　　　　　　　　　　　　　　　　　吕宗瑛 /46
"三全育人"视域下高校常态化长效化开展党史教育思路与
　　路径研究　　　　　　　　　　　　　　　孙林红 /57

以"四项工程"为特色的全链条式高校资助育人体系路径探究
——以中南财经政法大学为例
　　　　　　　　　　谢　吉　潘　喆　刘　璐　张玉琴 /69
"四史"教育融入本科生思想政治工作的常态化
　　长效化机制研究　　　　　　　　　　　张雨舟 /78
伟大建党精神融入大学生思想政治教育的研究　左　思 /88
融媒体时代下"课程思政"理论内涵式融入高校教育的
　　路径探究　　　　　胡万松　马瑜欣　周格格 /96

队伍建设篇

"互联网+"时代高校辅导员职业能力的提升路径
　　　　　　　　　　　　　　　　　　　　张秋蕊 /109
疫情防控背景下高校辅导员队伍与工作研究综述
　　　　　　　　　　　　　　　　　　　陈孝丁敬 /119
"互联网+"时代高校教师职业道德修养问题及改进策略研究
　　　　　　　　　　　　　　　　　　　田　雨 /133
"三全育人"视域下研究生导师和辅导员协同育人的路径探索
　　　　　　　　　　　　　　　　　　　魏晨雪 /144
新时代背景下研究生导学思政工作探微　　王　芹 /156
"三全育人"背景下高校兼职辅导员队伍建设浅析
　　　　　　　　　　　　　　　　　　　陈　佳 /171

课程育人篇

廉洁教育融入高校思政课的有效路径研究　　　　潘常刚 /185
构建高校课程育人体系的实践与探索　　　　　　邓　松 /196
普通高校体育课融入军事元素探讨　　　　　　　张　进 /206

组织育人篇

高校党支部主题党日活动创新与效果评价研究
　　　　　　　　　　　　　　　　　　　　　董星仙 /219
后疫情时代高校学生党建工作体系构建与创新研究
　　　　　　　　　　　　　　　　　　　　　曾　洁 /230
新时代高校"推优入党"四级工作模式研究　　　马　晴 /239
"五育并举"视域下的基层党组织育人功能实现路径研究
　　　　　　　　　　　　　　　　　　　　　徐一菱 /248
"三全育人"视域下高校党建工作与思想政治教育工作协同
　　融合研究　　　　　　　　　　　　　　　范　媛 /258
积分制考核在大学生入党积极分子培养中的应用探析
　　　　　　　　　　　　　　　　　　彭　倩　邓兆锦 /269
高校师生支部共建的意义及实践探索
　　——以中南财经政法大学党委学生工作部党支部为例
　　　　　　　　　　　　　　　　　　　　　郭小义 /280

高校功能型党支部发挥铸牢中华民族共同体意识育人功能的
　　实践路径探究
　　　　——以湖北青年美美追梦人大学生民族团结骨干学校为例
　　　　　　　　　　　　　　　　　　　　于苏甫江·玉山 /290
高校学生会（研究生会）功能型党支部建设研究
　　　　　　　　　　　　　　　　　　　　　　　　黄丽琼 /301

管理育人篇

全面依法治国背景下培养大学生法治素养策略探究
　　　　　　　　　　　　　　　　　　　　　　　　曾怡然 /317
高校法治教育的提升对策研究
　　　　——基于高校学生防范电信网络诈骗的视角
　　　　　　　　　　　　　　　　　　　　　　　　李　晓 /327
将法治思维融入高校思想政治教育与高校管理工作中
　　　　　　　　　　　　　　　　　　　　　　　　王　浩 /338
习近平法治思想融入高校思想政治工作路径探究
　　　　　　　　　　　　　　　　　　　　　　　　杨　晨 /350
高校"一站式"学生社区的育人功能研究　　　刘振兴 /360
时代新人培育研究
　　　　——以提升新形势下高校大学生法律素养为例
　　　　　　　　　　　　　　　　　　　　　　　　杨雅婷 /372
多元治理视域下高校继续教育发展路径分析　　刘建明 /382
高校假后复学管理工作中的典型案例及对策　　张　娇 /403

三全育人视域下高校二级学院管理路径探赜
　　——以中南财经政法大学刑事司法学院为例

万里雪 /408

依法治校在高校管理育人工作中的践行机制探究

熊　灯 /419

网络育人篇

论网络思想共识凝聚的三重维度　　　　　　　朱诚蕾 /433

数字赋能，智慧思政
　　——大数据背景下的高校思政教育研究　　杜中敏 /443

融媒体背景下高校网络思政教育研究
　　——以党员"微"声音建设案例为例

杨倩文　刘　微 /453

新时代高校网络思想政治教育的困境及创新发展路径探析

王　沐 /463

实践育人篇

社会实践视域下加强大学生劳动教育的路径研究
　　——基于三全育人新模式下的探索

韩睿子　曾曦颖 /475

习近平关于高校党建工作重要论述的具体实践

徐金花 /486

大学生法律援助志愿服务参与社区治理的困境与对策

钟开炜 /493

将红色大学文化融入学校三全育人的有效路径研究

水晶晶 /505

浅议大学生美育提升及其有效路径　　　　　胡　阳 /515

德育、体育、美育相结合，扎实推进五育并举

——以经济学院研究生"纸鸢寄我心"风筝艺术节活动为例

岳明泽　罗丑尧 /525

心理育人篇

"后浪"还是"小镇做题家"：青年自我认同的缺失与重构

褚晶晶 /535

基于"三全育人"视角下高校心理育人路径探析

李　鑫 /552

高校心理育人中家校协同机制的探究

——三个案例的思考　　　　　　　　　　李　涛 /565

相对剥夺感对青年心理健康的影响

——基于CGSS2018的实证研究　　　邹贤帅 /574

从自我调节理论看大学生挫折应对能力的提升路径

杨子云 /587

专业化与行政化：高校心理健康教育的困境与突围

张晓涵 /596

大学生知识共享行为及其与成就动机的关系　祝　颖 /608

职业规划篇

习近平法治思想指导下的法律硕士人才培养实践探索
　　　　　　　　　　　　　　　　　易　育　王　豪 /629

新时代法治人才培养的现实困境、内在底蕴与变革进路
　　　　　　　　　　　　　　　　　　　　张申鹏 /643

新商科建设背景下大学生企业家精神培育研究
　　　　　　　　　　　　　　　　何　强　张向飞 /656

延迟满足视角下硕士研究生职业生涯规划与就业观塑造
　　　　　　　　　　　　　　　　　　　　杭慧喆 /670

在校大学生对"闪辞"的认知度调查与对策分析
　　——以华中七校为例　　　　　　　兰玉娟 /680

我国高校法治人才职业能力实证研究　　张凡稷 /697

聚焦"七个有力"提升新时代研究生党建工作质量
　　　　　　　　　　　　　　　　　　　　王路芳 /713

思想引领篇

百年党风廉政建设发展历程对
大学生廉洁教育的启示①

刘一民

（中南财经政法大学纪委办公室、监察工作部、
党委巡察办公室）

从1921年党成立之日起，党风廉政建设作为一项重大政治任务，受到由上到下各级党组织的高度重视，这是马克思主义政党加强自身建设、防腐拒变的必由之路，更是永葆青春活力、保持战斗力的强大支撑。一部党风廉政建设史，贯穿其中的一条主线就是廉洁教育，廉洁教育一直是党锻造灵魂、强身健骨的有力武器之一，经过积年累月的努力，已经取得显著成效。大学生是国家发展和民族复兴的生力军，大学生的廉洁自律情况将最终影响到整个社会的政治生态，政

---

① 本文系中南财经政法大学中央高校基本科研业务费专项资金思政教育研究与高教管理研究项目 "'三全育人'视域下廉洁文化融入思政教育的有效实现机制研究"（项目编号：2722021DQ002）阶段性成果。

治生态则会影响到社会的方方面面。当代大学生面临众多诱惑和不良社会风气影响，稍有不慎便将滑入腐化堕落的深渊。廉洁教育在德育体系中居于核心地位，对大学生开展廉洁教育，培养高尚人格，促使大学生主动思廉、知廉、践廉至关重要。对百年党风廉政建设发展历程进行全面梳理、深入分析和认真总结，不仅可以从历史层面深刻把握党的廉洁基因缘何而来、去往何处，更能从中汲取如何开展大学生廉洁教育的智慧与力量。

一、概念厘清

（一）党风廉政建设

"党风"的概念最早出现于毛泽东的著名讲话稿《整顿党的作风》，他对于党风的重要性作出专门阐释与深入分析，并对如何整顿党风提出具体要求，党员干部应当旗帜鲜明地反对宗派主义以整顿党风。党风涉及政治、组织、廉洁、群众、工作、生活各个方面，必须用铁的纪律来加以约束。由此可见，党风即党的作风，是由党的阶级属性所决定的，是党的各级组织和党员个人在政治、组织、廉洁、群众、工作、生活等方面集中体现党性原则的一贯表现和理想信念。"廉政"即廉洁政治，指的是公职人员能够依纪依规依法履职尽责，坚决与腐败思想和行为做坚决斗争，是一种与腐败政治完全对立的良好政治生态。简而言之，党风廉政建设是中国共产党以党的纪律为武器，抓住思想政治教育这个根本，不断端正党风的一系列建设性活动，让权力在阳光下运行、使歪风邪气得到遏制，目的在于达到廉洁从政、廉洁行政、廉洁执政的效果，开创中国特色社会主义建设新局面。

（二）大学生廉洁教育

廉洁教育，是通过一定的传播媒介，向特定对象传播廉洁文化知识，提高廉洁认知与信念，塑造廉洁人格的各种引导与培育活动。廉洁教育在世界各地都有相应的表现形式，是一种大众文化教育和公民文化教育。在我国，廉洁教育也是大学生思想政治教育的核心内容。实质上，人们对于廉洁教育存在一些比较局限的认识，比如，认为廉洁教育应当针对政府官员、公司管理层开展，普通人没有必要接受廉洁教育。其实不然，廉洁是对全体社会成员的共同要求，很多贪腐者、规则破坏者，并不是本性使然，而是没有得到正确的规劝和教化导致。良好的道德品质、道德行为也并不会自动形成，而要从学生抓起，尤其是大学生正处在"三观"动荡期，更需要强力深入开展廉洁教育，将反腐的关口前移，在大学生心中种下廉洁"种子"，早日助其形成廉洁"免疫力"，成长为堪当大任的时代新人。

二、党风廉政建设与大学生廉洁教育的内在联系

（一）大学生廉洁教育是党风廉政建设的重要组成部分

在建党百年之际，中央组织部公布党内统计数据，截至2021年年底，大专及以上学历党员5146.1万名，占53.2%；

新发展党员中,大专及以上学历的 211.5 万名,占 48.3%①。不难看出,百年大党充分展示了青春活力,大学生群体无论是总数还是增量都成为中国共产党的绝对多数。大学生是社会发展进步的关键性力量,是党之大计、国之大计,肩负着人民的殷切希望。因此,大学生的思想作风情况和廉洁自律情况将会对党风廉政建设产生深远影响。另外,党风廉政建设需要从中央到基层,加强上下联动一体推进,高校办学治校要全面落实党的领导,把高校建设成为党领导的坚强阵地,就必须推进党风廉政建设,而大学生群体则是重中之重。

(二)党风廉政建设为大学生廉洁教育提供丰富资源

党风廉政建设体系庞大、内涵丰富,不仅有一脉相承、严密科学的制度成果,如"三大纪律八项注意""党的六大纪律""八项规定""巡视巡察制度"等,而且有鲜活生动、感人肺腑的人物与事迹,其中,毛泽东、周恩来、朱德等老一辈共产党人都为后人做出了廉洁榜样,焦裕禄、孔繁森、郑培民在时代浪潮中传承发展了廉洁精神。凡此种种,都为大学生廉洁教育提供了丰富底稿,党风廉政建设取得的宝贵经验,理应是引领大学生成长成才的最佳教材、引领学生树立理想的最佳素材,广大教育工作者应当深入挖掘,让廉洁教育有厚度、接地气,增强思政课的思想性、亲和力、针对性。

---

① 最新统计数据显示:党员 9671.2 万名 基层党组织 493.6 万个〔EB/OL〕.(2022-06-29)〔2022-09-08〕. http://www.gov.cn/xinwen/2022-06/29/content_5698405.htm.

（三）两者共同服务于落实立德树人根本任务

高校始终需要回答"为谁培养人、培养什么人、怎样培养人"的根本问题。落实立德树人根本任务，是我国高等教育事业不断取得新发展的关键所在。党风是校风的"晴雨表"。风清气正的校风需要扭住党风廉政建设这个"牛鼻子"，抓住党员教师这个"关键少数"，用高尚的人格去带动大学生，用丰富的学识去感召大学生。同时，针对大学生开展廉洁教育，实质上就是在教书育人伟大实践中融入优质思想政治教育，确保党的各项事业真正掌握在忠诚于党和国家的人手中，确保各项事业后继有人、堪当重任。可以说，这两项重大工作开展得好不好关键在于能否紧紧扣牢立德树人这个中心环节，确保人才培养始终沿着正确轨道行稳致远①。

三、百年党风廉政建设回望

（一）形成独特优良传统：新民主主义革命时期

中国共产党从成立之初，就确立了严明纪律、清正廉洁、全心全意为人民服务的阶级立场和重大原则。1921年，党的第一个纲领就含有关于廉洁纪律的要求。党的二大，通过第一个《中国共产党党章》，专设"纪律"一章，在党内根本大法的层面上表明治党从严的鲜明导向。此后，党根据革命

---

① 谢安国，纪安玲，陈卓. 大学生思想政治工作专题研究［M］. 北京：人民出版社，2019：28.

形势的不断变化,开始探索党风廉政建设与实际工作相结合的路子。1933年,党中央出台惩治贪污浪费行为的训令,并成立相应的监督机构开展检查工作。在延安,整风运动如火如荼开展,目的在于通过思想纠偏来纯洁党风,并首次提出"建立廉洁政府"目标。在西柏坡,毛泽东同志强调时刻保持"赶考"清醒,做到"两个务必"。身处革命时代,党依然不忘推进党风廉政建设,确保自身肌体的健康,最终取得新民主主义革命胜利,完成缔造新中国的壮举。

(二)高度警惕糖衣炮弹:社会主义革命与建设时期

新中国成立后,随着国民经济的逐步恢复,物质条件较之革命年代有了大幅度改善。面对"糖衣炮弹"越发猛烈的攻势,"搞特殊化"现象开始在部分党员干部身上出现,有些行为甚至严重破坏了人民群众对党的感情,这无疑引起了中央领导同志的高度重视。党的八大提出,要重视我党队伍中出现的贪污腐化、违法乱纪、道德堕落等情况。党先后开展包括整党运动、"三反"运动、"新五反"运动在内的廉政教育运动,并制定了系列法规制度,成立了相应的监督检查机构。党通过有针对性地建立党风廉政建设制度体系,成立专门机构开展纯洁党风政风、反贪污腐化斗争,有效遏制了党执政初期的腐败现象,维护了社会主义公平正义和廉洁公正,保障了社会主义革命和建设的顺利进行。

（三）深化思想制度建设：改革开放和社会主义现代化建设新时期

从党的十一届三中全会开始，党始终把党风廉政建设摆在关乎党的生死存亡的高度去思考谋划，建立了一系列规章制度、发展了纪检监察力量，为纯洁党的队伍、打击贪污腐化作出了重要贡献，基本形成了坚持惩防并举，以防为主，标本兼治，以治本为主的反腐倡廉原则。党的十二大提出，要坚持"一手抓改革开放，一手抓惩治腐败"。党的十三届四中全会，建立起党风廉政建设责任制，紧抓责任落实促进工作落实，并把"加强党风建设和廉政建设"写进新修订的党章。党的十六大判断，党面临着"四大考验"和"四种危险"，针对这种情况，党努力从源头上防止腐败，更加注重思想教育，向制度建设和法治建设要动力，推动改革开放事业不断向前发展。

（四）昂首阔步开拓新局面：中国特色社会主义新时代

中国特色社会主义进入新时代，以习近平同志为核心的党中央，以强烈的历史责任感、深沉的使命忧患感、顽强的意志品质，把党风廉政建设推向了新高度，以"全周期管理"一体推进"三不腐"，把不想腐的思想教育优势作为基础性工程抓牢抓实。党中央先后组织开展了全党范围内五次集中性学习教育，都包含思想政治教育与廉洁教育；利用融媒体宣传党风廉政建设科学理论和生动实践；出台中央八项规定，严厉整治新"四风";抓住"关键少数",加强对"一把手"和领导班子监督;推动巡视巡察全覆盖,形成震慑效应;推动纪检监察体制改革,完善党和国家监督体系;推动全面从严治党向纵深发展,坚持反腐败无禁区、零容忍,持续释放强烈政治信号。

四、启示

中国共产党始终秉持"打铁必须自身硬"的思想信念,始终保持头脑高度清醒,把加强自身建设作为生命线,维护了优良作风和清廉形象。这些带有传奇色彩的党风廉政建设成功经验,为开展大学生廉洁教育提供了有益借鉴。

(一)画好协同育人同心圆

大学生廉洁教育主体责任在高校党委,高校党委要主动将廉洁教育纳入党风廉政建设工作,以完善廉洁教育制度体系作为进路,不断提升大学生廉洁教育的有效性、针对性。制定出台相关工作实施方案,注重与学科建设、服务国家社会、专业教学相结合,将廉洁教育融入"三全育人"格局。同时,把反腐倡廉纳入学校思想政治理论课教学,依托马克思主义学院成立廉洁教育研究工作室,紧紧围绕落实立德树人根本任务,积极探索廉洁教育进课堂工作机制,明确廉洁教育工作目标,划分廉洁教育责任体系,推动廉洁教育往实里走、往深处做。

（二）守好课堂教学主阵地

历史上，中国共产党坚持通过党校、夜学班等形式对党的政策理论进行系统教学。课堂教学是开展廉洁教育的有效平台，是教师展现生命价值的舞台，是学生获取知识最为稳定和基础的渠道。高校要加强师资队伍建设，建立奖惩机制；以学生为中心，实行廉洁教育学分制，建立课前备课、课程设计、效果评价的教学管理闭环；让有信仰的人站在讲台上讲信仰，在发挥专职思政教师专业优势的同时，探索实务领域或纪检干部讲课制度，多面向提醒大学生走好事业发展路，树立清正廉洁的职业观，帮助在校大学生系好人生"第一粒扣子"，解决好"总开关"的问题。

（三）擦亮优质教育金招牌

在党风廉政建设历史当中寻求灵感和创意，充分挖掘有关廉洁教育的思政元素、红色元素，结合高校校园文化、特色优势、学生特点，建立"教育基地""文化坐标""育人广场"等实物教育载体，增强廉洁教育资源的可及性，使大学生能够随时随地感受到廉洁文化气息。另外，还要利用重要时间节点、寒暑假等举办主题演讲比赛、辩论赛、知识竞赛、书画作品创作大赛、微视频大赛、专题班会、优秀教案评选等活动，丰富廉洁文化产品和服务供给，建立品牌引领、受众评价、自我完善的廉洁教育体系，让大学生浸润在五光十色的廉洁文化大海中。

（四）打造创新体验式平台

课外实践教学同样具有不可或缺的重要作用，大学生比较倾向于通过多感官体验的方式感受廉洁文化。要积极与校外组织团体合作共建廉洁教育实践基地，不断优化整合廉洁教育资源，增加直观性体验式教育比例和途径，帮助大学生在身临其境中，深刻感知事件发生的时代背景、人物行为的内心世界，从而真正从精神层面与相关事件和人物产生情感共鸣，促使大学生永葆廉洁之心、崇尚廉洁行为。

（五）激发受教对象主体性

大学生社团组织以兴趣为导向，是大学生的精神圣地，必将是廉洁教育开展的重要场域。高校应当指导建立以大学生廉洁教育为主旨的社团组织，吸引大学生主动参与到廉洁教育当中。引导大学生学廉说廉，激发每一个"细胞"的活力，组织开展学习廉洁文化、时代精神等主题的社会实践活动，让大学生既接受廉洁教育，又分享学习成果，让大学生成为廉洁教育的聆听者和传道者，实现廉洁教育的"双向奔赴"。当然，还要鼓励支持社团组织与校外组织开展合作，将廉洁宣传从校内延伸到校外，形成校内外网络化合作、整体性推进的良好局面。

（六）攻占夺取网络新高地

网络改变了大学生的学习生态，"指尖"成为新生态下开展廉洁教育的新途径。高校要善用新技术、新媒介、新资讯门户，开设主题教育栏目，努力拓宽网络文化育人的覆盖面和服务面，推出大学生喜闻乐见的廉洁教育样式，在广度和深度上下功夫。同时，还要做好廉洁教育内容品控，把虚拟环境做实，打通线上与线下，将工作链接入网，定期发布廉洁名言警句、警示案例、政策法规等，形成浓厚的廉洁文化氛围，争做廉洁自律的表率。

"三全育人"综合改革长效机制建设
——基于试点院系的实践探索[①]

穆 帆 向 敏

（中南财经政法大学金融学院）

习近平总书记在全国高校思想政治工作会议上强调，"要坚持把立德树人作为中心环节，把思想政治工作贯穿教育教学全过程，实现全程育人、全方位育人，努力开创我国高等教育事业发展新局面。"[1]为贯彻习近平总书记关于教育的重要论述，落实立德树人根本任务，教育部先后启动两批"三全育人"综合改革试点创建工作。中南财经政法大学金融学院入选第二批试点院（系）以来，树立"理想信念坚定为核心、道德品质高尚为关键、专业知识扎实为基础、实践能力过硬为重点、素质全面优良为目标"的人才培养理念，牢牢抓住

---

① 本文系 2022 年度中央高校基本科研业务费（"三全育人"）（项目编号：2722022DS015）研究成果；2022 年度党建理论研究与实践创新计划项目成果；金融学院 2022 年教育教学建设项目的研究成果。

全面提高人才培养能力的核心，形成全员、全过程、全方位育人格局，切实提高思想政治工作的针对性和亲和力，整合育人资源、凝聚育人合力、拓展育人载体，构建了具有金融学科特色的"三全育人"综合改革长效机制。

一、找准支点，强化"三全育人"综合改革组织领导

坚强有力的党组织领导、引领和保障是院系"三全育人"综合改革长效机制建设的应然和必然。在上级党委的全面领导和支持下，中南财经政法大学金融学院把准组织领导支点，全面加强院系党组织建设，撬动各方育人资源，凝聚全员育人共识，共谋同梦金融、同育金融、同行金融、同向金融、同心金融、同力金融"六同金融"一盘棋，实现"三全育人"综合改革行稳致远。

（一）共擎一面党旗凝心聚力，驱动党组织向心力

坚持不懈用习近平新时代中国特色社会主义思想武装头脑、指导实践。一是充分挖掘学校办学理念、红色基因精神内核。把"为党育人，为国育才"牢记心中，把培养德智体美劳全面发展的经济人才的重任扛在肩上，建立党委统一领导、部门分工负责、全员协同参与的责任体系。二是以省级党建品牌为平台，深入实施"三进一访""六同"工程，深化"与祖国同向同行、与学校共荣共进、与学院相生相长"的组织育人内涵。三是高起点、高标准、高质量推进党建工作，做好组织育人大文章，用"实"字撑起一座座战斗堡垒。

金融学院师生在学院党组织的引领下、在学校学院红色文化的浸润中,承红色基因,立强国之志,绽青春之彩,用"活"字谱就一段段金彩华章。四是积极鼓励党员教师为民服务解难题。多位导师挂职地方,服务地方经济发展。努力扩大海外互访交流,选拔、输送和资助学生、导师访学,创建国际合作交流平台,拓展海外合作人才培养和科学研究的广度和深度。

(二)共承一个基因立命安身,发挥党组织引领力

始终不忘学校"办人民需要的大学"的初心使命,牢牢把握正确办学方向,把党的领导贯穿到办学治院全过程,传承并发扬好学校红色基因。一是积极探索"党建+"工作模式。充分发挥学院党组织的政治保障功能。成立"三全育人"综合改革专项工作小组,将"三全育人"改革试点工作同学院一流学科建设、人才培养有机结合、深度融合,在学院年度工作计划中明确目标、明确任务、明确进度、落实责任,在年终目标考核中单独设立考核指标,确保试点工作扎实有序开展。二是健全完善党委会、党政联席会制度。充分发挥院(系)党组织在育人重大事项的政治把关作用。围绕"三全育人"综合改革和学院中心事业发展,严格执行党委会议、党政联席会议议事规则和"三重一大"决策制度,坚持民主集中制,坚持党务政务公开制度,完善议事决策规则,将"三全育人"纳入学院事业发展规划和人才培养方案,健全制度保障其落地生根。三是以党建带团建。积极发挥党组织、团组织协同育人的组织优势。以党建为龙头,选优配强党支部书记,建设学习型、服务型、创新型的各级党组织。加强教师党支部书记"双带头人"和学生青年委员的配备、培养工作，发挥"双带头人"和青年委员的"领头雁"作用。以"全国高校活力团支部"为引领，推行"班团一体化建设"，深化基层组织活力提升，促进党建带团建。

（三）共筑一个整体协同协作，凸显党组织保障力

围绕学生成长需求，整合各方育人资源，共筑三全育人共同体，发挥组织育人力量，凸显党组织保障力。一是设立"三全育人"综合改革试点工作专项经费。细化资金用途，严格经费使用要求，做到专款专用，确保育人工作顺利开展。设立党建与思想政治工作专项经费，纳入学院经费预算；加大对各育人项目的经费投入，实报实销，并确保经费保障落实到位。二是挖掘各类育人资源。搭建"中国金融与投资论坛""中国金融发展报告""中国投资学年会""股权投资分会"等学术平台，以"工商银行杯"促进银校合作，发挥行业优势。以湖北省协同创新中心、湖北金融研究中心、滇西金融研究院等为载体，实现学科发展与国家战略相匹配、与地区发展相结合。三是强化各方育人职责。强化队伍建设，选优配齐配强辅导员、班级导师、行政教辅队伍，搭建家校联系平台，依托"文澜金融论坛""成长导师""校友领航"等品牌活动，发挥家庭、专任教师和校友资源的育人力量。依托首批校级"双带头人"教师党支部书记工作室资源优势、平台优势，抓好党建主责主业，强化支部政治功能，提升思政工作质量，努力打造"党建+学科建设""党建+乡村振兴"等特色党

建品牌，着力构建"一中心三平台四体系"工作机制。

二、扫清盲点，厘清"三全育人"综合改革价值目标

（一）落实立德树人任务

习近平总书记在全国教育大会上强调，教育的首要问题是"培养什么人"。教育的根本任务就是培养人，中国的高等教育要培养两种人。一是全国教育大会提出的培养德智体美劳全面发展的中国特色社会主义的建设者和接班人，二是党的十九大提出的培养堪当民族复兴大任的时代新人。建设者合不合格、接班人可不可靠，民族复兴大任堪不堪当，关键在于培养的学生是否德才兼备、又红又专。因此，高校要始终坚持把立德树人的成效作为检验学校一切工作的根本标准，而立德的重要路径则是深入实施思想政治工作质量提升工程。构建"三全育人"综合改革长效机制，要将立德树人内化到大学建设和管理中，不断更新育人理念，优化育人机制，丰富育人方法，通过制度建设、疏通堵点、通盘激活，提升学生的思想道德素质、科学素质和人文情怀、身心健康素质，形塑大学生的世界观、人生观和价值观，为他们的成长成才筑牢思想根基，增强学生的社会责任感、生态文明意识、法治意识、创新精神等，突出实践养成，引导大学生将个人目标与国家目标相结合，了解社情、国情，推动教育服务国家建设与发展，形成推动"三全育人"综合改革的行动共识，深化落实立德树人根本任务的政治共识。

（二）创新人才培养模式

构建"三全育人"综合改革试点长效机制，创新人才培养模式是关键一环，更是优化育人体系的突破口。学生德智体美劳全面发展的目标，是高校人才培养模式的遵循，实现教育教学目的，需要将思想政治工作贯穿到教育教学各环节，贯通到教育教学全过程、全方位，渗透融入教育教学效果之中。高校和院系要在做好超前识变和积极应变的同时，优化教育教学和人才培养的目标、内容和方法，优化育人环境，形成良好的育人生态。"三全育人"综合改革的推进势必推动实现从"点"到"线"到"面"到"体"的转变，破除条块分割，改变不平衡不充分发展的局面，进而形成线上线下、协同联动的一体化育人工作体系，最终落脚于人才培养模式的创新。[2]"三全育人"长效机制的构建既需要下大气力构建融入融通的育人机制，搭建精准思政的育人平台，还需要形成汇聚行地校企家多方资源的育人合力，实现高校思政工作与各项工作互相促进、协同协作。在此基础上，最终推动并形成人才培养模式创新，深化创新创业教育，促进产学研结合，推进协同育人，充分利用互联网、大数据、人工智能等载体和技术，为个性化教育提供更加优质的服务。与新时代同向同行、与新变革相适应、与新科技形成合力，不断拓展教育发展的新空间。

（三）提高人才培养能力

党的十九届五中全会强调，要提高高等教育质量，分类建设一流大学和一流学科。高校和院系进行一流学科建设，必须牢牢抓住全面提高人才培养能力这个核心点,源源不断地培养有坚定理想信念的、能适应新时代新形势、能担当时代大任的人才。建设高水平人才培养体系,当务之急是要加强思想政治工作体系建设,全面落实党的领导,坚持正确的办学方向。构建"三全育人"综合改革长效机制,不仅是党对教育事业的要求,也是源于育人实效不足的现实。必须坚持人才培养能力这个核心点,重点抓教师队伍建设、优化专业设置、突出特色学科优势、激发办学活力、汇聚人才队伍,通过人才培养能力提升带动人才培养质量提升。但由于高校自身特点和发展阶段限制,当前人才培养机制存在着不平衡不充分的问题,如对马克思主义理论课、思想政治教育课重视程度不够,人才培养过分强调学生适应社会现实职业需求等,忽视甚至轻视思想政治教育工作,极少数教师以错误言行对学生产生消极影响,甚至违反师德师风的事情也时常发生。构建"三全育人"综合改革长效机制就是要真正引导高校把工作目标落在育人效果上,就是要聚焦短板弱项,打通最后一公里,使高校思想政治工作更好地适应和满足学生成长诉求、时代发展需求和社会进步需求;就是要破解教育的不平衡、不充分的问题,实现高校教育人才培养能力整体提高。

三、突破难点,"三全育人"综合改革长效机制构建

(一)多维协同,汇聚"三全育人"合力

"三全育人"核心是"人",根本在"育",关键是"全"。[3]

一是加强组织育人，挺起主心骨。要全面加强学院党组织建设，坚持党建引领，健全"三全育人"统筹推进常态机制，把组织建设与教育引领结合起来，强化各类组织的育人职责。学院党委和全体教职工要切实提高政治站位，充分认识"三全育人"工作的重要性和紧迫性，增强做好"三全育人"工作的责任感和使命感，把育人工作作为人才培养的第一要务和根本任务来抓，构建一体化育人体系。坚持党建为龙头，选优配强党支部书记，建设学习型、服务型、创新型的各级党组织，打造"党建+思政""党建+服务"系列育人平台，促进党建带团建。二是加强管理育人，打通主动脉。学院要着力加强育人队伍建设，明确岗位职责与育人内容，完善岗位考核办法，把育人功能发挥纳入岗位考核评价范围，严格查处有违师德行为和学术不端行为。加强教师队伍建设，提升教师素质和业务水平，建设一支师德高尚、业务精湛、结构合理的高素质专业化教师队伍；加强师德师风建设，将师德师风作为教师考评的重要内容，形成良好的学术道德和学术风气；培养一批教育教学骨干，造就一批教学名师和学科领军人才。加强思想政治队伍建设，结合学生所思所想和特点，提升思想政治队伍专业化职业化水平，提升思政工作针对性和质量。把规范管理的严格要求和春风化雨、润物无声的教育方式结合起来，强化科学管理对道德教育的保障功能，引导管理干部用良好的管理模式和管理行为影响和培养学生，大力营造治理有方、管理到位、风清气正的育人环境。三是加强服务育人，当好主人翁。学院要结合所在高校的校情，着力构建适合中国国情、高校校情的院系"三全育人"建设服务保障机制,加强同学校教学中心、研究中心、图书馆、博物馆、实验室等资源的联系与合作。推动院系党政教辅各项工作同学校后勤、保卫、图书馆、医院等服务部门形成多级联动机制,善用各方资源和力量,实现多部门育人合力,广泛挖掘"行地校企"各方育人资源,营造多元化、特色化、精品化育人环境。

(二)精准发力,拓展"三全育人"平台

同思想政治教育一样,"三全育人"综合改革是在"培养德智体美全面发展的社会主义建设者与接班人"的目的下,通过"四个合规律"的教育活动,实现"四个服务"的实践特质的运动过程。[4]因此,要在实践中始终围绕目的,不断拓展平台,强化知行合一。一是衔接第二课堂平台,丰富文化育人内涵。以培育大学精神、繁荣校园文化为目标,着力挖掘院系自身特色,形成具有学院特色的学院文化、学院制度等。定期开展师生主题教育,选树师生典型,践行和弘扬社会主义核心价值观,健全社会主义核心价值观教育长效机制。结合重要时间节点、重大事件期间开展主题教育,例如在开学季、毕业季、传统节日之际,开展红色教育、爱校荣校教育、感恩教育,建立优秀传统文化传承和革命文化教育长效机制,依靠文化育人滋养师生心灵、涵育师生品行、发挥文化育人功能。二是建立"产教"平台,增强实践育人实效。深化教学改革,开展基层实践。在建立教学实习基地基础上,进一步推动与企业的合作纵深发展,开展同育课堂,带领师生走进企业大课堂,坚持将人才培养与企业、产业实际相结合,

建立形式多样的实践教学基地。结合社会发展需要和学生成长需求，建设一批思想性、教育性特色实践项目，培育和孵化实践育人精品项目，通过社会实践教育引导学生在实践中增强实践能力、树立家国情怀。三是拓展网络平台，筑牢网络育人阵地。加强高校网络文化建设与管理，拓展网络平台，丰富网络内容，建强网络队伍，净化网络空间，打造线上线下一体化网络阵地。完善网络宣传平台建设，加强学院网站、网络实验室、学生社区网络电子屏建设，推动党团学习微博、微信"双微并进"，与时俱新开拓网络文化阵地。建立校院网络舆情监控与引导机制，针对师生网络热点、痛点、关注点、疑惑点进行"点射式"教育，迅速反应有效应对舆情事件，弘扬网络主旋律，营造积极向上的网络育人环境。四是着力搭建学科平台，提升科研育人质量。建立健全科研育人体制机制，构建学术诚信体系，组织学术道德专题讲座，开展学术、考试诚信教育，增强科研育人实效。充分发挥科研育人平台优势，引导师生树立正确的价值观，培养师生诚实守信的价值追求、勇于开拓的创新意识和严谨求实的科研作风。持续推进师生结合时代大势及国家建设发展需要形成理论成果，以学科智慧服务国家建设。继续深化以"课程思政"为目标的课堂教学改革，优化课程设置，统筹教师、教材、教学、教法和教育目标，把思想政治教育贯穿教育教学全过程，促进思政课程与课程思政同向同行。

（三）突出实效，固化"三全育人"品牌

作为改革试点，构建形成长效机制，推动"三全育人"

综合改革行稳致远，根本在于能否取得突出育人实效，依赖于"三全育人"综合改革体系中各育人力量、各育人资源、各育人平台能否形成育人合力，能否长期协同。在综合改革实践中，一时的形式创新、方法变革、体系重构轻易便可实现，但一系列的改革是否取得育人实效，是否能持续性开展则需要久久为功，固化形成"三全育人"综合改革的品牌。一是着眼朋辈榜样育人力量，持续实施"星火计划"。以"星火计划"综合表彰和"六个红色"为载体，从学业规划、就业实习、技能培养、生活服务等方面出发，贯彻"依托党建思想求发展"的理念，发挥品牌下的活动真实效用，发展好该品牌项目下各类活动，确保最大限度地帮助、服务学生。充分发挥学生朋辈榜样的示范引领和辐射带动作用，通过党员寝室挂牌、党员志愿服务、专题讲座、经验交流分享会等活动。二是着眼思政队伍育人力量，持续推进"三进一访"行动。以"三进一访"工作为抓手，深入学生课堂、寝室和活动现场，加强与学生面对面交流，有针对性地做好学生思想政治工作，服务学生，解决实际困难。通过走进课堂，掌握学生出勤情况、上课状态和学习习惯，有的放矢地打造班风良好、学风浓郁的金融文化；通过走进寝室，了解学生生活状况，帮助学生养成良好生活习惯，创建文明、安全的生活环境；通过走进活动现场，关心、指导学生综合素质培养，传递师生共勉、积极奋进的青春正能量；通过面对面交流，以深度辅导引领思想、心理和价值观建设。三是着眼企业校友育人力量，持续推进"行地校企"协同育人。积极整合各方优势，深耕挖掘行业、地方、校友、企业等多维度资源，建立"行地校企"协同育人模式。首先是行业牵头。搭建"中国金融与投资论坛""中国金融发展报告""中国投资学年会""股权投资分会"等学术平台，吸引行业精英，加强学院学科建设和人才培养。其次是地方引领。以湖北省协同创新中心——"产业升级与区域金融湖北省协同创新中心"、湖北省高校人文社科重点研究基地——"湖北金融研究中心"、武汉市软科学研究基地——"科技金融创新软科学研究基地"、滇西金融研究院和温州金融研究院为载体，引领学生开展多样化的金融领域探究实践。再次是校友助力。学院依托"文澜金融论坛""校友领航计划""成长导师"等品牌活动，邀请多名学界校友代表到学院进行专题学术讲座与经验分享，传播最新研究成果的同时，也促进学生了解专业行业背景和明确个人发展方向。最后是企业支持。学院先后与国内40多个单位签订本科教学实习基地协议，协力共建"汉口银行班""长江证券班"等实习基地，坚持"产教结合"，创新育人模式，在协同育人中增强师生的职业道德感和职业情操。

参考文献

[1] 习近平在全国高校思想政治工作会议上强调：把思想政治工作贯穿教育教学全过程开创我国高等教育事业发展新局面[N]. 人民日报, 2016-12-09.

[2] 王艳平. 高校"三全育人"的特征及其实施路径[J]. 思想理论教育, 2019（9）：103-106.

［3］丁丹.新时代高校"三全育人"探赜：机理、问题与路向［J］.思想教育研究，2020（6）：119-123.

［4］孙迎光.马克思主义认识论与思想政治教育现代化建构［J］.南京师大学报（社会科学版），2019（5）：82-91.

大学生"理论自信"培育问题与对策研究

孟庆红

(中南财经政法大学经济学院)

一、引言

"理论自信"是中国共产党提出的一个重要概念。党的十八大首次提出"全党要坚定理论自信、道路自信、制度自信",即首次将理论自信作为"三个自信"的重要组成部分写入党纲。此后,习近平总书记又将"文化自信"加入"三个自信"中,形成了"四个自信",并将理论自信置于指导地位。大学生是理论自信的重要主体。培育大学生"理论自信",就是要在大学生的内心深处厚植对中国特色社会主义理论体系的认同感。细化来说,就是要形成大学生对中国特色社会主义理论体系的真实性、实践性、人民性、创新性的认同与追求。因此,在大学生心中厚植"理论自信",对大学生自身素质发展乃至国家发展都至关重要。从理论意义来看，本文的研究有助于充实思想政治教育的理论研究，并丰富理论自信的研究视角。从现实意义来看，对培育大学生"理论自信"路径的探索不仅有助于大学生形成正确的理论认知，而且有助于推动实现其自我发展。

二、文献综述

关于大学生理论自信培育存在的问题，孙洪波（2016）在对理论自信的详细解读中剖析了思想政治理论课在大学生理论自信培育过程中发挥的作用，并认为当前大学生理论自信培育存在三大困境：错误社会思潮对大学生理论信仰的误导、消极因素削弱大学生理论自信、教育本本化和功利化助长大学生理论他信。于俊和李全亮（2019）分析了新时代大学生理论自信的现状，认为新时代大学生理论自信受到了"文化多元化、当代大学生自身特点和实践活动缺失"的多重影响。关于大学生理论自信培育的路径问题，许多研究认为培育大学生理论自信应该抓好思想政治理论课这一主渠道和主阵地，构建思想政治理论课教学新思维。朱丽霞和喻学林（2012）撰文指出："思想政治课的性质、功能决定了思政课对理想信念的培养作用"，强调应注重通过思政课培育大学生的理想信念。贾绘泽（2013）认为通过思想政治理论课增强大学生理论自信应该实现"四大转变"，即"实现由'照着讲'向自主讨论转变，实现由死记硬背向解决现实问题转变，实现由正面引导向反面批判有机结合转变，实现由课堂教学向课堂教学与社会实践有机结合转变"。

三、大学生"理论自信"培育的内涵与意义

培育大学生"理论自信",是依照一定培育目标与要求、结合大学生现实思想状况形成的具有丰富实践意义的活动。其内涵具体体现在三个方面：第一，大学生理论自信培育要有明确的目标与规划，应当立足于改造大学生的核心价值观，确立近期目标、中期目标、长期目标，久久为功，运筹帷幄地开展活动；第二，大学生理论自信培育要深度结合主体和客体两方面的实际情况，即既要适应培育主体的水平能力，又要贴合大学生的思想实际；第三，大学生理论自信培育要融合过程管理与结果呈现，在充分运用过程思维开展好培育活动的基础上，呈现培育活动的效果，从而提升理论培育工作的实效性。

习近平总书记在十九大报告中指出"青年兴则国家兴，青年强则国家强"，大学生作为青年军的重要力量，在国家富强和民族复兴中扮演着重要角色。大学生理想信念明不明确、理论信仰坚不坚定，与国家的前途与民族的希望息息相关。因此，在大学生中进行"理论自信"培育的教育具有重要意义。首先，中国特色社会主义理论凝结着中国共产党的全部主张，深刻认识和把握这一理论是坚持党的领导的前提。大学生只有树立了"理论自信"，才能坚定支持党的领导。因此，在大学生中进行"理论自信"的培育教育，能够帮助大学生对中国特色社会主义理论形成更深刻的理解，从而使其树立

高度的理论认同感。其次，对大学生进行"理论自信"培育，使其树立正确的世界观、人生观、价值观，直接关乎我们培养的社会主义现代化事业接班人是否可靠，通过激发他们实现中国特色社会主义远大理想的内核动力，有利于在推动他们为国家作贡献的同时，提高自己的各方面素质，从而促进自身发展。

四、大学生"理论自信"培育存在的问题及原因

党中央高度重视大学生的思想政治教育工作。经过多年的努力，当前绝大多数大学生具有对马克思主义的坚定信仰及对党和政府的信任，我国在高校展开的思想政治教育工作卓有成效，但与此同时，也还存在以下几方面的不足与问题。

（一）存在的问题

1. 大学生理论自信培育方式单一

培育方式作为联系大学生"理论自信"培育的主体与对象之间的纽带，在助推培育活动有效开展中发挥着重要作用。当前，我国高校存在理论自信培育方式单一的问题。具体表现为：过度重视思想政治理论课的作用，忽视了学生组织以及第二课堂活动的影响；过分依赖课堂教学的培育途径，而忽视了实践教育等综合教育方式的应用。在这样的培育方式下，容易导致"理论自信"仅停留于大学生的脑中，而无法与中国特色社会主义实践相结合。

2. 大学生对理论自信认识不够深入

尽管思想政治教育已经在着力深化大学生对"理论自信"的认识，但当前阶段，大学生仍存在认知内容不全面、认知内涵不深刻、理论认同欠缺等问题。部分大学生对中国特色社会主义理论体系的结构把握仍有不足，部分大学生对中国特色社会主义理论激发国民自信的根本内核仍有认知偏差，部分大学生仍在盲目认同西方的理论，以上种种都会对大学生"理论自信"培育活动的开展产生一定冲击。

3. 大学生理论自信培育主体素质参差不齐

高校思想政治工作者作为大学生理论自信培育的主体，在培育内容的确定、培育方法的应用、培育计划的实施等方面发挥着重要作用，其个人素质会影响整个培育工作的进行。当前绝大部分高校教师理论深、政治强，但也有部分教师存在理论素质待提高的问题，这也会对高校"理论自信"培育活动的开展产生一定影响。

（二）问题产生的原因

1. 大学生自觉进行理论学习的意识淡薄

有部分大学生对中国特色社会主义理论缺乏内核的兴趣，表现为他们常常为了应付考试要求，浮光掠影般学习，而不会主动去探索这一理论的魅力。这样的结果就是他们无法深刻认识到这一理论体系对国家和社会发展的重要性，也不能真正将其转化为指导生活的有效方针。高校需思考如何让学生形成对中国特色社会主义理论体系的内在兴趣,从而驱动他们进行主动学习。

2. 大学生"理论自信"培育形式不够丰富

我们在把课堂看作理论自信培育的主要阵地的同时,也不能忽视其他载体的开发。譬如学生会组织、第二课堂、校园文化活动等日常的思想政治教育活动,都可以作为承载理论自信培育内容的载体。当前高校在大学生理论自信培育过程中,仍存在忽视日常思想政治教育的问题,使得各教育形式协同发展力度不足,发展仍存在失衡。

3. 高校"理论自信"队伍建设不强

当前高校"理论自信"培育队伍建设仍存在不足。部分教师理论素质不过硬,课堂质量不高。主要表现在:对于理论自信的深刻内涵缺乏深入研究,无法深入地传授知识;教学方式单一,侧重理论传授,未能多种方法并用;教学内容缺乏设计,不具有吸引力等问题。

4. 新媒体"理论"监督不完善

随着互联网的发展,涌现了大量的新媒体,如微博、微信、各种公共论坛等。这些新媒体发布的各类信息中,可能包含一些负面与歪曲的言辞论调。大学生对各类信息的甄别能力仍有待提高,可能会存在被错误信息误导的情况,这将有碍于其形成正确的思想理论体系。

五、大学生"理论自信"培育的对策

(一)激发大学生的主体意识

在大学生理论自信的培育过程中,作为培养对象的大学生扮演着重要角色。大学生是有主体能动性的个体,他们会自主选择学习的理论。因此,大学生是理论自信培育的重要力量,他们的主观意识和判断能力决定着理论自信培育的效果。在激发大学生主体意识的过程中,一是要培养大学生的理论自觉意识,二是要深化大学生对中国特色社会主义理论的系统认知。

在实现这一目标的过程中,首先,应当帮助大学生认清理论自信的重要性,激发其主动学习的意识;其次,要着眼中西理论比较,凸显中国之治的优越性,从而加深大学生对中国特色社会主义理论体系的认同;最后,要帮助大学生认识中国特色社会主义理论体系的科学本质,深化大学生对这一理论体系内部各分支的逻辑关系,以及这一理论蕴含的科学性、实践性、人民性之间关系的认识。

(二)丰富大学生"理论自信"的培育形式

重视思政理论课的培育作用。思想政治理论课是大学生理论自信培育的主要渠道,要进一步把握好思政课专业性、专门性的优势,使其功能得到充分发挥。首先,高校要重视思政课建设,包括重视授课教师理论素质的培养及为思政课提供充分的物力、财力支持;其次,思政课教师要重视思政课的建设,着力发挥好自己的作用;最后,其他学科的教师也要重视课程思政，多管齐下，充分发挥思政课在培育大学生"理论自信"中的作用。

重视第二课堂的培育作用。学生社团、党团组织、学生会等学生组织是理论自信培育不可多得的"第二课堂"资源，要充分发挥"第二课堂"在培育大学生"理论自信"时的重要作用。在建设相关学生组织时，要加强组织文化建设，健全学生组织制度，注重活动形式的选择与设计，同时加强对学生组织活动的指导与管理，从而更加有效地发挥其作用。

（三）加强理论自信培育主体建设

大学生理论自信的培育主体是高校的思想政治工作者，其中最主要的是思政课教师。加强培育主体的建设，充分展现其理论素质，有利于推动大学生理论自信培育效果的实现。从培育主体的角度出发，首先，他们要充实自己的知识素质，提升自己对理论自信的认识度；其次，他们要利用工作职能的特色开展形式多样的培育活动，通过锤炼技能，改进培育技巧，运用恰当的培育方法和培育载体，达到良好的培育效果。最后，要加强对思政课质量的考核和评价，逆推培育主体改进工作，更好实现"理论自信"培育的预期效果。

（四）营造更浓厚的校园理论学习氛围

大学生理论自信培育是一项复杂的系统性工程。良好的校园氛围对大学生理论自信意识的塑造具有正向感染作用，在理论自信培育工程中发挥着重要作用。为达到这一目的，学校一方面要加强校园隐性环境建设，如将理论自信的内容融入校园的硬件设施、规章制度、网络平台等；另一方面要塑造良好的理论学习氛围，如通过邀请校外专家做关于理论自信的学术报告、举办丰富多彩的学术活动等，潜移默化地提高学生们的思想道德素质。

参考文献

［1］龙薪宇. 在高校思想政治教育中增强大学生理论自信探析［J］. 文化创新比较研究，2020（4）：2.

［2］魏秀兰. 当代大学生"四个自信"认同教育的意义和路径选择：基于思想政治理论课教学视角［J］. 佳木斯大学社会科学学报，2021，39（3）：3.

［3］孙洪波，杨昇昌. 大学生与中学生"理论自信"培育路径衔接探析［J］. 现代基础教育研究，2016，23（3）：6.

［4］孙洪波，杨昇昌. 高校思政课与大学生"理论自信"培育［J］. 沈阳师范大学学报，2016（4）.

［5］朱丽霞，喻学林. 论思想政治理论课对培育大学生理想信念的作用［J］. 湖北社会科学，2012（6）.

［6］于俊，李全亮. 新时代背景下大学生理论自信研究［J］. 教育管理，2019.

［7］贾绘泽. 论在思想政治理论课教学中增强大学生理论自信［J］. 当代教育理论与实践，2013（4）.

基于"00后"大学生身心特点浅谈高校校友工作对思政教育的正向激励

郭青川

(中南财经政法大学校友工作与社会合作部)

习近平总书记在全国高校思想政治工作会议上指出,"要坚持把立德树人作为中心环节,把思想政治工作贯穿教育教学全过程,实现全程育人、全方位育人,努力开创我国高等教育事业发展新局面",具体对高校思想政治教育指明方向、明确任务、凝练精髓。现阶段处于"两个一百年"历史交汇点,突出了思政教育的时代性、延伸性。由于服务对象为"00后"大学生,有着个性鲜明、崇尚自由、追求创新、务实求真,注重个人能力提升,激发内在动力从而获得正向评价和鼓励的特点,往往对枯燥、单一、呆板、生硬的知识获得缺乏兴趣和持久力。而高校思想政治教育目标与任务是明确的,要想将社会主义核心价值观、立德树人根本任务、"三全育人"

的核心精神入脑入心地滴灌到我们的服务对象，而不是一味地灌输、被动僵硬地传递，高校校友工作与思政工作的互补性是润滑剂。高校校友工作对大学生思想政治教育的正向激励表现在：理想信念教育、价值观的引导、职业生涯规划教育与就业指导服务、课程思政植入校友故事、传承校园文化精神与校友情怀、充分发挥实践育人精神内涵等方面，从全员、全方位、全过程对大学生行为模式、道德情操、个体发展产生深远的影响。

一、基于服务对象的特点，校友工作对思政教育激励的必要性

（一）"00后"大学生身心发展特点

《"00后"大学生思想和行为特点与引导策略研究——以全国29所高校调研为例》一文中表明，超过八成的学生认为理想信念教育对人生有着重要意义。[①]构成人生观重要因子的有：社会贡献、个人品行、财富、名誉、权力，其中对社会贡献度和个人品行占据前列，显性表明注重个人修养和过程化成长。超过九成的学生认为获取知识最为有效的途径是：课堂教育、阅读书籍、互联网，同时研究表明，在学业上的压力与对职业生涯规划的迷茫是大学生普遍存在的问题，超过五成的学生对于自己本科毕业后的职业选择都是考研。如

---

① 张严，李智慧． "00后"大学生思想和行为特点与引导策略研究：以全国29所高校调研为例［J］．北京教育（高教版），2021（1）：4.

何提升个人综合素质和能力是当前大部分学生认为最主要的因素。

（二）大学生思想政治教育现状分析

习近平总书记2022年4月25日在中国人民大学考察时的讲话指出，"为谁培养人、培养什么人、怎样培养人"始终是教育的根本问题。百年大计，教育为本；教育大计，教师为本；教师大计，师德为本，突出了思政课教师、辅导员等一线工作者在学生思想政治教育中主观能动性的重要性。但是关于大学生政治素养、思想道德修养、课程思政等领域近年来饱受诟病和争议，"填鸭式"教学、"灌输式"应试压力教学等，难以让学生真正在大学期间培养独立自主、创新创造等能力，难以让学生打下过硬的专业知识理论功底，进而导致学生逐渐丧失对课程的兴趣并最终产生内心的抵抗与无奈，甚至有学生说思政课就是"政治任务"，是辅导员的"工作例会"等，久而久之不仅没有体现思政教育的真正意义，更没有入脑入心，形同虚设，使得学生在大学人格品行塑造的最好时光里没有接受充分的正面教育。如何读懂"00后"，走进学生内心，用素材、故事与学生产生共鸣，是思政教育面临的重要课题。

（三）高校校友工作对高校思想政治教育有着正向激励

高校优秀的校友资源具有榜样和典型性，同时对大学生思想政治教育有感召力和吸引力[①]。校友一方面在校期间受到思想政治教育熏陶和培育，走入社会正是对思政教育价值的最好诠释，同时也是感同身受，另一方面，作为"过来人"，能够通过自己身上的经历、故事，以学生喜闻乐见的形式与之分享、互动。校友资源涵盖社会各行各业，包括政、农、工、商、个等，优秀校友也是其中领域的佼佼者，有着丰富的经验和较高的社会知名度、影响力。其优势体现在：首先是社会阅历丰富，是综合性高素质人才，通常来说，优秀校友在校期间品学兼优，全面发展，有着较好的思想道德水准和行为规范，在领域当中摸爬滚打，锻造了坚韧不拔的意志品格和领域内专业的业务素质，并对社会有一定的贡献度，对反哺大学生思想政治教育，培育正确的世界观、人生观、价值观的意义是不言而喻的。其次是优秀校友对母校的认同感对在校大学生是一种潜移默化的影响和激励，正因为有了母校的培养和塑造，才具备了走南闯北、实现个人价值的基础，会不遗余力、全身心投入反哺大学生思想政治教育工作，同时"现身说法"将自己经历、人生逆袭、绝地反击故事等作为素材与大学生分享，形式更加丰富多彩，内容生动有趣且有现实教育意义，对大学生人生观、价值观塑造起到事半功倍的效果。

[①] 杨飞. 优秀校友资源在高校学生思想政治教育中的开发利用[J]. 文化创新比较研究, 2020 (5)：2.

二、高校校友工作对思想政治工作正向激励的具体体现

（一）增强理想信念教育培育社会主义核心价值观

2020年6月习近平总书记给复旦大学《共产党宣言》展示馆党员志愿服务队全体成员回信时勉励大家继续讲好关于理想信念的故事。理想信念不是空洞呆板的，它是一个个鲜活的事迹、一件件刻骨铭心的事组合而成散发出的力量与坚韧。作为社会主义建设者和接班人的当代大学生，要将个人的理想信念与国家、国运紧密结合在一起，以功成不必在我的情怀和功成必定有我的信念去实现个人价值、社会价值。疫情期间，武汉高校的校友用大爱谱写了一方有难、八方支援的壮美诗篇，用实际行动为母校捐款捐物，携手母校共筑坚实的防疫墙。一辆辆运送物资的装载车、一封封直击心灵的慰问信、一次次可歌可泣的雪中送炭，都彰显了校友无私的精神和对母校的感恩之情。这些故事和事迹作为素材以思政课、讲座、事迹报道等形式传递给当代大学生，就是对理想信念和爱国主义教育强有力的诠释。

（二）职业生涯规划教育与就业指导

上文提到大学生在入学之初到大一阶段，对自身的职业生涯规划表现为迷茫，不知道今后自身何去何从，或者是学本专业未来的就业方向是什么，甚至有学生有这样的矛盾论误区，"据大数据研究表明，60%～65%的大学生未来稳定的就业方向与自己本科期间所学习的专业无关，那么现在学

习本专业的意义在哪",这其中也隐藏着一些学生对自身处于迷茫状态的一种"潜意识认同"观念。校友资源一般都是各行各业优秀的代表,自身经历可谓"饱经风霜,经验丰富",同时具备一定的社会资源和人脉圈,这些因素可以为处于迷茫期的学生搭建一个平台,提供帮扶和有针对性的职业生涯规划指导。可借助思政课、校友大讲堂、校友面对面等形式为学生讲解当下就业环境、政策,介绍企业和岗位应具备的能力和素质,从实际出发提升大学生对于社会的认知与就业环境的认知,进一步激发大学生的求知欲。同时对于盲目创业的学生,校友资源可以结合亲身经历,与之分析创业过程中的风险与挑战,以及不具备创业条件和素质盲目创业所带来的危害。创业不是脑子一热所干的事,是需要具备多种因素和深耕细作的,这无疑是对大学生最直观、最贴切的生动课堂。

(三)传承校园文化精神与校友情怀

优秀校友作为学校培养出来的行业佼佼者,深受学校校园文化精神的熏陶,对学校历史、学校校训、学校文化、学校符号都有着深刻而又刻骨的理解,走出校门踏入社会,这些在校期间培育的优良品质必然会成为"驰骋疆场、努力奋斗"的不竭动力和源泉。校友回校与大学生开展思想政治教育,分享校园文化符号,是对自身理解校园文化精神的一种升华和体悟,也是对在校大学生校园文化理解的一种传承,通过潜移默化的影响和感染,更能提升在校大学生的校园荣誉感和归属感,对思想政治教育也产生助力与推动。同时校友分享所体现的情怀与精神,对在校大学生是润物细无声的影响与传承,彰显着学校人才培养、校园文化建设、学科发展等方面的立体效能。

(四)充分发挥实践育人精神内涵

实践育人作为人才培养的重要一环,在大学生成长成才过程中发挥着重要作用,也是对以立德树人为根本任务的最后一公里生动诠释。在为党育红人、为国育强才的时代背景下,要德智体美劳全面把握人才发展的规律和核心,真正将实践育人贯穿到三全育人的体系中。学校建立学生—学校—校友—企业联动模式,可以通过走访校友企业,丰富大学生课程表,使其进入实地感受企业文化、企业环境、企业机制、企业生产流程,感受人才为创造社会价值所带来的巨大潜力和能动性,从骨子里为大学生打上理论与实践相结合的烙印。在学校推动产学研发展的背景下,将学科资源转化为社会价值、将人才培养资源转化成复合型人才资源、将学校研究价值转化成科技价值,借助校友企业平台,充分发挥学科优势,提炼科研成果与社会价值,为企业输送优质人才,反作用建立企业—校友—学校—学生的人才反哺模式,这也是新时代高等教育的使命与职责。

三、校友资源思想政治教育长效机制的建立

(一)校友资源利用长效机制的建立

通过调研发现,高校对校友资源的利用存在不平衡与不

充分的矛盾衔接点，多数倾向于物资、实用方面的价值挖掘，缺乏对校友自身故事、经历、人格特点等方面的"深度开采"。为了使校友资源能够更好地服务在校大学生思想政治教育，应建立校友信息、校友故事、校友经历数据库，分层分类做好横向管理，与校友对大学生思想政治教育工作相匹配，真正精准投放。首先从学校组织架构出发，应建立专门校友对大学生思想政治教育工作办公室，与学工思想政治教育发挥协同育人的功能。其次下设全国各地校友分会，与学校校友总会形成紧密联系的整体，为数据库的建立打好制度基础。然后对优秀校友参与思想政治教育工作进行分类筛选，做好精准匹配。最后充分发动学校各学院、各学科、各老师的资源和力量，与校友资源形成联动，为搭建学校大思政教育平台打下坚实的基础。

（二）常态化评估、验收、考核机制的建立

学校对校友参与大学生思想政治教育工作要进行全程监管与跟进，做好实时评估与指导，这样才能充分发挥校友思政育人的功效。

对校友开展活动的形式、内容上进行严格把关，分享前对相应的材料和事迹进行充分评估与监管，符合要求审批通过可以开展活动，确保校友开展活动符合社会主义核心价值观主导方向；活动过程中及时记录相关参数：抬头率、互动率、课堂效果等综合参数，及时了解学生感兴趣程度、对分享有无建议，反馈给校友完善分享方案，提升分享质量；活动结束后，校友充分吸取学生反馈的建议，进一步提炼分享的核

心要点，结合"00后"大学生身心发展特点，提升"00后"的"网言网语"表达能力，穿插多种形式，提升分享综合质量，真正将思想政治教育工作做到点上、说到心里、刻在脑里、行在脚上。

综上所述，基于"00后"身心发展特点和高校思想政治工作面临的重点、难点，将校友资源与大学生思想政治教育有机结合，从理想信念、社会主义核心价值观出发，培育在校大学生汲取校友事迹、精神的核心要义，明确职业生涯规划和提升就业综合竞争力，充分践行实践育人的精神内涵，从而为培养堪当时代复兴重任的合格建设者和可靠接班人打下坚实的基础。因此，高校应该重视校友资源的利用和延伸，探索校友资源与思政工作有机结合的路径，提升大学生思想政治教育工作质量，让在校大学生在校友事迹中体会知识的力量、在校友资源中提升综合素质、在校友精神中感悟成长的意义，进而锤炼本领、修炼内功。

参考文献

[1] 杨飞. 优秀校友资源在高校学生思想政治教育中的开发利用 [J]. 文化创新比较研究，2020（5）：2.

[2] 张严，李智慧. "00后"大学生思想和行为特点与引导策略研究——以全国29所高校调研为例[J]. 北京教育（高教版），2021（1）：4.

[3] 靳志伟. 基于"00后"大学生性格特点的高校辅导员工作新方式探究 [J]. 青年与社会，2020（11）.

[4]李锋.基于"00后"大学生特点的高校辅导员工作改进策略——以"00后"大学生为例[J].吉林教育,2021(Z2).

[5]韦雨婷,李慧玲,杨中华.基于校友资源的高校思政教育模式探究[J].经济师,2021(6):2.

铸牢中华民族共同体意识 培养民族地区时代新人

吕宗瑛

（中南财经政法大学新闻与文化传播学院）

在中央民族工作会议上，习近平总书记强调：铸牢中华民族共同体意识是新时代党的民族工作的"纲"，所有工作要向此聚焦。在高校人才培养的过程中，我们需要讲清楚我国的民族理论政策发展的脉络，让学生们深刻认识到以铸牢中华民族共同体意识为主线推进新时代党的民族工作高质量发展的重大战略意义，增强"四个意识"、坚定"四个自信"、做到"两个维护"，增强学生们投身民族地区社会经济建设的信心和决心。

一、以铸牢中华民族共同体意识为主线做好民族工作是时代的召唤、历史的必然

我国是统一的多民族国家，中华民族是一个大家庭，各民族是利益共同体，这是我国的基本国情。国家统一、民族

团结既是各族人民的根本利益，又是最高利益，也是实现"两个一百年"奋斗目标、实现中华民族伟大复兴的基本前提。国家统一、民族团结，社会才能稳定，才能集中力量进行经济建设，实现国家富强、民族振兴、人民幸福的繁荣目标，最终实现中华民族的伟大复兴。

党的民族理论政策在马克思主义中国化的进程中不断地与时俱进，既是马克思主义民族理论同中华民族问题具体实际相结合的理论成果，也是与中国的国情、民情、社情甚至世情相结合的理论创新。在马克思主义民族理论中，民族问题从来就是社会总问题的组成部分，因此我们的民族工作也是中国特色社会主义事业的一部分，是国家治理体系中的重要的、基础性的工作，随着社会的发展，国家综合实力的提升、人民生活水平的提高，民族工作理论不断地发展创新，既是一脉相承的，更是与时俱进的。

纵观改革开放以来，共召开了五次中央民族工作会议，七次全国民族团结进步表彰大会，没有固定的时间，每次都是在国家与民族工作进入新阶段、面临新挑战时适时地召开。从历次会议主题的深邃内涵与内在逻辑我们可以深刻认识到铸牢中华民族共同体意识这一伟大理论创新的历史必然性、极端重要性和现实针对性。新时代解决民族问题的思路要凝聚于新时代中国特色社会主义的总目标。"中华民族一家亲，同心共筑中国梦"，是习近平新时代中国特色社会主义思想中关于民族工作的核心理念，也是新时代民族工作的思想指引与时代目标。

二、解构民族地区社会经济发展新特点,激发大学生投身民族地区建设的使命担当

"十三五"期间民族地区的交通基础服务网络快速发展完善,民族八省区路网里程大幅变长,等级结构不断优化,光网建设成效显著,截至 2020 年 7 月,5 个自治区行政村通光纤、通 4G 比例均超 98%,自治县实现光纤、4G 网络全通,自治州全部建成"光网城市"①。5G、物联网、人工智能、工业互联网等"新基建"正在积极推进中。

我国陆地边界与 14 个国家接壤,边境地区是我国对外开放的前沿,是展示国家实力和形象的窗口,是重要的战略资源储备区和国土安全、生态安全屏障。"一带一路"建设对民族八省区均作出了重要定位,推动民族地区从以往的"神经末梢"一跃成为开发开放的前沿。覆盖亚欧大陆的中欧班列 2021 年全年开行 1.5 万列、发送货物 146 万标箱。对外贸易逐步成为民族地区经济增长的新亮点。

民族地区与中东部地区实现地理上互联,空间上互通,以及开发开放前沿地位的确立,已然为民族地区融入"国内大循环为主体、国内国际双循环"的新发展格局创造了良好的外部条件。

---

① 闵言平. 谋划好"十四五"时期少数民族和民族地区发展[EB/OL].(2021-04-07)[2022-09-29]. https://www.56-china.com.cn/show-case-4523.html.

民族地区具有集资源富集区、水系源头区、生态屏障区、文化特色区、边疆地区于一身的优势，正积极贯彻创新、协调、绿色、开放、共享的发展理念，努力加强基础设施和新型城镇化建设的同时，正着力构建农业、文化旅游产业、康养产业、新能源开发等特色优势产业新格局；着力构建传统产业高端化、智能化、绿色化，优化升级全产业链，积极培育新兴产业，加快数字产业化和产业数字化的区域发展新格局；着力构建国内市场流通平台、对外经济交流平台共同促进经济要素有序流动的市场新格局；着力构建主动对接长江经济带发展、粤港澳大湾区建设等国家重大战略，融入共建"一带一路"，高水平共建西部陆海新通道，大力发展向海经济，促进中国东盟开放合作，办好自由贸易试验区的空间新格局，使民族地区更好地融入全国统一大市场、国际国内双循环的国家改革发展的大局。

纵观改革开放以来我国的民族理论政策，在马克思主义民族理论与中国建设与改革的具体实践中不断发展创新，聚焦到以经济建设为中心，从最初的"加快发展"到"科学发展""新发展理念"，从西部大开发，扶持人口较少民族发展，实施兴边富民行动，到精准扶贫、全员脱贫、乡村振兴，物质文明建设的同时加快创建精神文明，构筑各民族共有的精神家园，在这过程中始终将保障和改善民生作为民族工作的出发点和落脚点，无不体现了"以人民为本、人民至上"的根本立场。加快少数民族和民族地区发展，实现"中华民族是一个大家庭，一家人都要过上好日子"，就能不断夯实铸牢中华民族共同体意识的物质基础。

与此同时，我们要看到民族地区经济发展面临的困难和挑战：由于环境资源、历史传统、产业结构、基础设施建设、城乡布局、劳动力流动、市场发育程度以及不同的地区发展战略等复杂因素长期相互作用造成民族地区区域内外发展不平衡[①]，传统产业亟待升级，产业结构亟待转型，产业链亟待完善，防止返贫与乡村振兴亟待对接，政府治理水平和效能亟待提升；经济高质量发展水平相对较低，且第三产业发展相对落后，高新技术产业发展不足，虽然自然、生态等资源相对丰富，但由于发展模式粗放，技术水平落后，环境承载力有限，导致民族地区生态相对脆弱，绿色、可持续发展的空间很大[②]；急需一大批愿意扎根基层、创新型、技能型高素质人才。

三、加强铸牢中华民族共同体意识教育，积极培养民族地区建设人才

民族地区的发展急需各行业的高素质人才，高校作为人才培养的重地，理应为民族地区的人才培养和输送做好顶层设计。

笔者对中南财经政法大学近两年的本研毕业生去向进行了分析，重点分析了民族八省区（以下简称民族地区）生源学

[①] 郑宇. 当前中国边疆民族地区经济发展态势与突显问题解析[J]. 西南民族大学学报（人文社科版），2020（3）：1-7.

[②] 李丽媛，胡玉杰. 铸牢中华民族共同体意识视阈下民族地区经济高质量发展研究[J]. 贵州民族研究，2021（2）：127-134.

生回民族地区就业和非民族地区生源学生到民族地区就业的情况，以及特殊类型的民族地区生源学生回民族地区就业情况。因时间有限，数据的横向和纵向维度数据量都较小，但根据统计的数据能一定程度上了解学生的就业意向及民族地区的人才政策的吸引力，为加强民族地区人才培养提供参考。

从表1可以看出：民族地区生源本科生，近两年回民族地区就业的人数和比例在减少，说明民族地区经济发展和人才政策对本地生源学生的吸引力不足，当然从双向角度来说，民族地区学生回生源地就业的意愿不足。本科生中机关事业单位吸引力相对较大，待就业学生中不少学生还在为此而努力奋斗。企业就业学生中大部分在民营企业就业，这符合整体大趋势。值得关注是的，本科生中选择自由职业的学生相比研究生多，有从事自由撰稿、写作、摄影、家政、培训、翻译、视频制作、新媒体运营、自媒体建设等工作的，这些工作对个人的专业技能水平要求高，也符合当代高素质人才渴望自由、开拓创新、引领潮流的性格特征。回民族地区博士毕业生较少，主要是从事高等教育工作。

表 1 民族八省区生源学生回民族地区就业情况统计

毕业年级	民族地区生源数 合计	民族地区生源回民族地区就业数							
		合计	国家、地方基层项目	机关事业单位	教育、科研单位	企业（国企、民企、三资）	自由职业、自主创业	部队	待就业
2020届本科生	733	333	9	40	4	140	52	4	84
2021届本科生	748	257	16	18	2	76	36	0	109
2020届硕士生	241	46	0	9	5	26	1	1	4
2021届硕士生	137	48	0	0	1	22	1	0	24

从表2可以看出：非民族地区学生到民族地区就业的学生并不多，但能选择到民族地区就业充分显示了他们关注民族地区发展，并愿意参与民族地区建设发展的情怀。相比民族地区的硕士研究生，非民族地区的研究生更关注三支一扶、西部计划项目。

表 2 非民族地区生源到民族地区就业情况统计

毕业年级	非民族地区生源到民族地区就业数				
	合计	国家、地方基层项目	机关事业单位	教育、科研单位	企业
2020届本科生	49	7	2	0	40
2021届本科生	34	12	1	0	21
2020届硕士生	42	3	8	3	28
2021届硕士生	19	4	3	1	11

从表3可以看出：民族地区对博士生吸引力很小，博士生就业的单位限于高等教育和机关事业单位。

表3 非民族地区博士生到民族地区就业情况统计

非民族地区生源到民族地区就业数				
博士	合计	国家、地方基层项目	机关事业单位	高等教育
2020届	6	1	1	4
2021届	0	0	0	0

从表4可以看出：针对贫困地区、新疆西藏的特殊类型招生计划培养的学生回到民族地区就业的积极性并不高。

表4 民族地区特殊类型生源回民族地区就业情况统计

毕业年级	特征类型		内高班		预科		国家专项计划		高校专项计划	
	总人数	回原籍总人数	人数	回原籍	人数	回原籍	人数	回原籍	人数	回原籍
2020届本科	154	100	58	30	55	45	41	25	0	0
2021届本科	242	141	67	44	73	43	91	48	11	6

从以上数据可看出，民族地区人才培养工作任重道远。如何吸引学生到（回到）民族地区就业，离不开国家政策支持以及民族地区提速发展的内在吸引力，也离不开学校循序渐进的教育引导。

第一，铸牢中华民族共同体意识教育进课堂、进生活，讲好民族地区经济社会发展故事。

在高校，铸牢中华民族共同体意识要走进思政课堂，跟学生们讲明白我国的民族团结进步事业取得的历史性成就，中华民族面貌发生的翻天覆地的变化，讲清楚民族团结的历史、现在与未来，让学生深刻认识到铸牢中华民族共同体意识这一伟大理论创新的历史必然性、极端重要性和现实针对性，充分认识到党和人民事业所处的历史方位，引导学生们牢固树立休戚与共、荣辱与共、生死与共、命运与共的共同体理念，牢固树立正确的国家观、民族观、历史观、文化观。

思想是行为的先导。铸牢中华民族共同体意识体现在大学生活中，要充分加强汉族学生与民族学生、民族学生之间的交往交流交融，坚决杜绝大汉族主义和狭隘民族主义思想。目前，混合居住、混班上课、举办民族文化节早已成为校园的常态，各民族学生在学习、生活、空间、文化、心理等方面实现了全面嵌入，在共性发展基础上，让学生们了解民族差异性主要体现在语言、文化风俗、生活习惯等方面。组织学生们围绕民族地区的发展机遇与特色进行深入交流，了解民族地区社会经济的快速发展，以及进入新发展阶段后面临的挑战与机遇，力求从民族学生的身上展现民族地区的面貌，增强毕业生们投身民族地区建设的使命感、责任感和紧迫感。

第二，加强民族地区经济社会发展研究，走进民族地区开展科研实践活动。

理论指导实践。鼓励高校教师结合整体的面和深入的点、结合民族历史传统与现代市场经济、结合国家制度与区域特色产业开展科学研究，在多维交互视野中，综合运用整体观、比较法、计量经济模型、田野调查与问卷调查等方法，为民族地区的经济把脉，推动基于中国发展实践的民族经济理论的构建[①]。民族地区产业新格局、区域发展新格局、市场新格局、空间新格局这些新发展格局的建立，既要有顶层设计，也要有路线图、时间表，更需要了解民族地区人文经济、具

---

① 郑宇. 当前中国边疆民族地区经济发展态势与突显问题解析[J]. 西南民族大学学报（人文社科版），2020（3）：1-7.

有专业技术、专业领域知识、应用型的高素质人才。高校教师在围绕民族地区发展大战略开展科学研究的同时，应带领学生实地调查研究，让学生亲身了解体验民族地区"把握新发展阶段、贯彻新发展理念、融入新发展格局、实现高质量发展"的崭新面貌，以及民族地区对高素质人才的渴求，也增加学生投身民族地区建设的底气。

第三，积极宣传民族地区就业政策，鼓励毕业生到民族地区建功立业。

国家为吸引鼓励毕业生到民族地区（西部地区）就业，实施了西部计划、三支一扶、研究生支教团等项目，为引进优秀人才出台了一系列的优惠政策，实施高端人才与高新资源的优化配置，这些需要跟学生宣传到位，解除学生们的后顾之忧。

民族地区相比中东部地区确实相对落后，经济待遇也不高，这是绝对劣势。但在铸牢中华民族共同体意识，实现民族地区和全国一道实现全面小康和现代化的大背景下，大的落差恰恰也意味着大的机遇。民族地区是我国经济发展的巨大增长空间，是应对经济风险的重要回旋余地。青春是用来奋斗的，把个人的理想和国家的需要、民族的命运紧紧地联系到一起，心怀"国之大者"这样的人生更有意义。我们鼓励民族地区的学生回到家乡贡献自己的聪明才智，非民族地区学生加入民族地区建设发展的大潮中，更多的非民族地区学生可以通过服务贸易、电商、金融等形式提供支持。数字经济时代，人、机、物融合，万物互联，空间的距离无限地缩小，民族地区发展的关键在于找准立足资源禀赋、发展条件、比较优势等实际的具有区位优势的新的增长点，新技术、新产业、新业态、新模式必然也会催生新的职业，民族地区比以往任何时候更需要各行各业的高素质人才，高校毕业生理应转变就业观念，到祖国最需要的地方去建功立业。

参考文献

[1] 习近平. 边疆民族地区立足特色资源融入新发展格局实现高质量发展[EB/OL].（2021-04-28）[2022-09-29]. http://www.cssn.cn/jjx_yyjjx/yyjjx_qyjjx/202104/t20210428_5330178.shtml.

[2] 习近平. 在全国脱贫攻坚总结表彰大会上的讲话[EB/OL].（2021-02-25）[2022-09-29]. http://www.gov.cn/xinwen/2021-02/25/content_5588869.htm.

[3] 闵言平. 谋划好"十四五"时期少数民族和民族地区发展[EB/OL].（2021-04-07）[2022-09-29]. https://www.56-china.com.cn/show-case-4523.html.

[4] 郑宇. 当前中国边疆民族地区经济发展态势与突显问题解析[J]. 西南民族大学学报（人文社科版），2020（3）：1-7.

[5] 李丽媛，胡玉杰. 铸牢中华民族共同体意识视阈下民族地区经济高质量发展研究[J]. 贵州民族研究，2021（2）：127-134.

[6] 国家民族事务委员会. 铸牢中华民族共同体意识[M]. 北京：民族出版社，2021.

[7] 国家民族事务委员会. 中央民族工作会议精神学习辅导读本[M]. 北京：民族出版社，2019.

"三全育人"视域下高校常态化长效化开展党史教育的思路与路径研究①

孙林红

(中南财经政法大学新闻与文化传播学院)

党史作为记录党和国家发展历程、传承中国特色社会主义思想和民族精神的载体,是高校开展思想政治教育工作的丰富素材,高校党史教育是回答践行"培养什么人""为谁培养人"的重要内容。然而,当下在党史教育的具体实践中,往往出现深入性不够、持续性不长的问题。如何常态化长效化开展党史教育既是当下高校亟待探索的实践问题,也是有利于丰富思想政治工作方法、提升高校育人成效的理论研究。

---

① 本文获中南财经政法大学2022年度党建理论研究与实践创新计划(党建研究课题)"'三全育人'视域下高校党史学习教育常态化长效化机制研究";中南财经政法大学中央高校基本科研业务费专项"产教融合视域下高校就业育人研究——基于共同体理论"(项目编号:2722022BQ026)、"以文培元 知行并进,打造新时代高校文化育人体系"(项目编号:2722022DS020)资金资助。

正确把握和运用"三全育人"理念是高校开展党史教育的关键指引。"三全育人"是党和国家基于对时代特征和教育本质及规律的深刻认识，提出的适用于新时代思想政治工作的一套创新理念和实践模式，其涵盖的"全员育人、全程育人、全方位育人"三个要素分别从育人主体、时间和空间三个角度具体回答了"怎样培养人"的关键问题，可视为一套开展思想政治教育工作的实用方法论，党史教育作为高校思想政治工作中的重要内容，当然适用于这套方法论。本文将在系统总结"三全育人"理念框架和基本问题的基础上，构建支持高校常态化长效化开展党史教育的系统思路和实践路径。

一、高校开展党史教育的现状反思

学者们对高校如何开展党史教育的研究包括：内容上，要讲好中国故事，用好鲜活素材；形式上，要融入思政课程，开展主题党课和实践活动，利用网络和新媒体平台；制度保障上，要加强顶层设计，完善队伍建设等。[1][2]

但总体来看仍比较零散，且同质性较高，在实践中还存在着深入性不够、持续性不长的问题，主要表现有：第一，部分学生和教师对党史教育认识不足、兴趣不高，存在拖延

---

[1] 徐磊，朱子威．"四史"学习教育融入高校立德树人的路径探讨[J]．学校党建与思想教育，2021，657（18）：36-38．

[2] 俞平，马和平．大学生"四史"教育的内在机制和实践途径[J]．高校辅导员学刊，2021，13（4）：5-8，62．

思想等，常见的想法有"并非历史、马克思相关专业的学生也需要学习吗？""这些过去的故事值得花这么大心力去深入学习吗？""可以等走上工作岗位、成为正式党员后再学习四史吗？"。第二，活动形式不生动、内容不深入，不能有效发挥育人成效，例如很多高校仅限于开办知识讲座、演讲比赛等传统形式，无法激发学生的学习兴趣和深入思考，活动流于形式。第三，教育活动不可持续、未成体系，难以形成长效机制，存在部分高校缺乏整体性、系统性思维，相关教育活动零散，无法发挥协同效应甚至给学生和老师带来额外负担；还有部分高校仅仅把党史教育作为一时任务、一阵潮流，尽管当下出现了一些好做法，取得了一定进展，但并未进行及时总结和持续发力，活动结束之后相关成效也就消失了。上述问题均反映出在人员和资源整合、教育过程、教育导向和载体上的不足，本质原因在于缺乏系统框架，由此对实践的指导也缺乏整体性，不利于长效机制的形成。

二、"三全育人"理念指导开展党史教育的适用性

（一）"三全育人"是推进新时代高校思想政治工作的先进理念和战略性方针

"三全育人"是我国针对新时期高校思想政治教育工作提出的创新育人理念和体系，2017年12月中共教育部党组在《高校思想政治工作质量提升工程实施纲要》中明确提出"形成全员全过程全方位育人格局"，"打造三全育人共同体"，"三全育人"成为推进新时代高校思想政治工作的战略性方针，

并在全国高校中进行实践探索。

"三全育人"丰富了马克思人与环境理论、中国化马克思主义青年观理论和德育理论,深化和提升了对高校教育的认识,顺应时代发展和政治稳定要求,为新时代思想政治教育工作提供了实践框架、提升高校育人质量。[①]但由于"三全育人"概念是由领导人讲话和政策文件提出的,因此前期研究主要聚焦于如何解读其意义和内涵,对于实践路径的研究较为宏观且同质性较高,并未将其转化为能引导思考和实践的具象化的基本问题,实践操作性方面还有待进一步探索。

(二)党史教育是高校思想政治教育工作的重要内容

重视从历史中汲取智慧和力量一直以来都是我们党、我们民族的优良传统。高校作为思想政治工作的主阵地,开展党史教育是其中的重要内容,在高校开展党史教育能帮助青年大学生树立正确的历史观,更好地理解中国特色社会主义道路和理论体系,进而促进大学生激发奋进意识、担当时代责任,是高校落实党的教育方针、实现"立德树人"目标根本任务的有力抓手。

(三)开展党史教育是"三全育人"回答"怎样培养人"的具象实践

党和国家对高校培养目标的要求是培养德才兼备、又红

---

① 杨晓慧. 高等教育"三全育人":理论意蕴、现实难题与实践路径[J]. 中国高等教育,2018(18):4–8.

又专的时代新人，思想政治教育工作中摆在首位的是价值引领，党史作为记录党和国家发展历程、传承中国特色社会主义思想和民族精神的载体，为抽象的思想政治教育提供了鲜活生动的素材内容，是高校教育回答践行"培养什么人""为谁培养人"的重要内容，但实践中怎样深入长效地开展党史教育还有待探索；而"三全育人"正是当下党和国家提倡的高校思想政治工作理念，为"怎样培养人"提供了思路框架。解析"全员、全过程、全方位"三个要素中蕴含的具体逻辑和基本问题，并将其运用于高校党史教育这一具体领域中，是用"三全育人"理论指导现实的具象探索。

三、"三全育人"理念下高校开展党史教育的思路分析

"三全育人"立足"立德树人"的核心本质，提出"全员、全过程、全方位"育人，从主体、时间和空间的角度阐述了开展思想政治教育工作的具体要求，本文将对三个要素进行深度解析，归纳其中的内在逻辑和基本问题，总结出用于指导高校开展党史教育的系统思路。

（一）全员：打造育人共同体

"全员"是指高校思想政治教育工作应纳入更多的相关主体，并强化各主体育人意识和责任担当，打造育人共同体，共同完成对青年学生的思想价值引领。进一步地，可以将其转化为以下具体问题：应当包含哪些主体？这些主体间如何建立起联系，如何开展协作？

首先，应明确高校党史教育中的相关主体。2017年教育部党组印发的《高校思想政治工作质量提升工程实施纲要》中指出："带动支持在本地区打造'三全育人共同体'，形成学校、家庭和社会教育有机结合的协同育人机制。"高校开展党史教育的育人主体应兼具校内和校外两方面。对于校内来说，党史教育作为一项重要的思想政治教育内容，不仅高校辅导员、党政干部、共青团干部、思想政治理论课教师等思想政治工作队伍具有义不容辞的职责，其他岗位主体也应担当起育人责任。此外，高校还应积极寻求与校外主体的协同合作。家庭是学生的第一学校，是青年学生身心发育的重要场域，父母亲人的言传身教是有效的育人途径；社会与高校在育人方面也存在着互动关系，一方面社会需求影响着高校育人的培养方向，另一方面社会也为高校育人提供资源和场域，高校应当积极寻求与家庭、社会的联动协同，共同完成育人目标。

其次，构建各主体共同育人的协同体系。"全员"育人理念下，纳入了高校、家庭、社会中的多重主体，虽在人员力量方面有了极大的补充，但也应加强主体间的协同配合和资源整合，避免出现教育空档、相互推诿或是政出多门、衔接不畅，甚至是互相矛盾、互相干扰的情况。育人共同体应当是具有共同的目标诉求、价值导向和行动协同的有机结合体。[①]在党史教育中可体现为：归纳凝聚各主体在爱党爱国、

[①] 赵耀，王建新. 论新时代高校"三全育人共同体"的内涵与建构：基于利益趋同、价值共同和行动协同的思考[J]. 中国矿业大学学报（社会科学版），2021，23（3）：11-24.

崇敬历史、向真向善等共同价值观，树立强化培养人才、立德树人的共同目标导向，明确教育能让学生获得发展自身、幸福家庭、奉献社会、造福人民的能力，是"创造美好生活的根本途径"。让学生、家庭和社会都能领会到党史教育的价值意蕴，才能提升各主体的行动动力、协同共识，促进行动同向。

（二）全过程：贯穿全阶段、精准推进

"全过程"是时间范围，其包含两个方面的意蕴：一是聚焦于学生在高校就读期间的培养教育。首先，要根据学生的成长规律在不同年级分阶段、差异化推进，贯穿入学到毕业整个期间，例如大一重视纪律教育，大二大三强调专业学习，大四推进实习实践；本科更注重通识教育和知识学习，研究生阶段更强调领域聚焦和创新批判，在不同阶段开展党史教育的内容和方式也各有侧重，避免单一重复、笼统混乱。其次，抓住特殊事件和时点，例如在建党建团100周年、国庆节、"九一八"纪念日等特殊时点开展专题活动；在师生出现行为偏差，或是优秀典范时，及时批评或表彰，将历史经验与现实示例相结合；寒暑假期也不间断，开展实践教育，引导学生在课余时间融入社会、践行理论。最后，还要涵盖教育教学和学生成长双向过程，避免单向化、灌输式的教育，加强互动、激发学生的主动性和创造力，促进教学相长。

二是着眼于学生成长的全过程，突出大学阶段的培养重点，并考虑大学阶段与中小学、毕业后的接续培养问题。习近平总书记在2019年3月的学校思想政治理论课教师座谈会

上指出："在大中小学循序渐进、螺旋上升地开设思想政治理论课非常必要，是培养一代又一代社会主义建设者和接班人的重要保障。"大学阶段的思想政治教育重在增强使命担当，强调探究和创新能力的培养，使青年大学生具有担当中华民族伟大复兴的责任意识和能力本领。高校在开展党史教育时，也应当主动与中小学和社会教育衔接互动，将教育实践延伸至入学前和毕业后。

（三）全方位：内容全面、形式丰富

"全方位"则是空间概念，包括内容指向和形式载体两个方面。高校对学生的培养教育不仅在知识传授，更在价值引领，育人指向包括德、智、体、美、劳多个方面，育人职责蕴含在教学、科研、实践、文化、网络、心理、管理、服务、资助、组织等办学治校人才培养的各个环节，构建多维并进、相互渗透的"大思想政治"格局。

因此，高校在开展党史教育时，要坚持学历史的正确立场、科学态度和辩证方法，不仅让学生熟悉相关历史，还要帮助学生树立正确历史观，贯穿学、思、悟、践多个层次。在形式载体方面，整合各方教育资源，注重各相关主体的联动配合，打通校内校外、课堂内外、线上线下多方平台。结合时代特征和学生需求，不断创新丰富教育形式，除了传统的课堂、讲座等形式外，还可引入情景体验、新媒体、慕课等多种方式，打造学生喜闻乐见的教育活动，提升教育成效。

四、高校深入长效开展党史教育的实践路径

"三全育人"理念从主体、时间和空间上为高校开展党史教育提供了思路指导,高校深入、长效地开展党史教育不仅要充分发挥校内各主体的育人作用,还要有力整合校外各方资源,筑牢主阵地的同时拓展新场域,将党史教育贯穿于学生成长成才的全过程。此外,在当下信息化的时代背景下,高校既要在网络宣传和教育的新战场上抢占制高点,还要积极用好大数据、新媒体、人工智能等新工具,以青年学生喜闻乐见的方式开展教育,让党史学习真正入脑入心。

(一)完善顶层设计,筑牢校内主阵地

高校应当率先唱响主旋律,加强自身建设,筑牢校内教育的主阵地,激活校内各岗位主体的育人功能,建强立德树人主力军。这是一项系统工程,要从顶层设计入手,对理念、人员、制度进行统筹安排。

首先,营造党史教育和学习的整体氛围,树立全员学习、全员育人的理念。党史中蕴含着丰富的历史故事、理论知识和精神内涵,不仅青年学生需要学习,教职工也需要认真学习体悟后才能用于引导和教育学生。高校可通过党委领导、院系/部门组织,自上而下率先开展教职工的自学自查工作,不断深化校内教职工对新时代高校育人工作和党史教育的认识,强化育人意识、提升能力水平。这样既能提升教职工的育人能力,进而更好地引导带动学生,也能在校内建立全员学习、师生共学的文化氛围,通过环境的力量达到潜移默化、

润物无声的教育成效。

其次，充分挖掘各岗位主体的党史教育元素，建立人人参与、分工明确、协同互助的育人队伍。对思想政治理论课教师、辅导员、团学干部等一线思想政治教育工作者来说，要创新工作方法、优化内容供给，深入挖掘党史中关于中国特色社会主义理论、爱国主义、理想信念、奋进担当等内容，引导学生读原著、学原文与知时事、明热点相结合，在理论高度和价值引领上更下功夫。其他岗位主体也要参与进来，图书馆、校史馆可利用馆藏资源开展历史教育，还可以结合校史提升学生认同感；学科教师、学生导师在传授专业知识、指导科学研究时也可将学科发展史、科学研究进程与党史相结合；教务部、人事部、科研部等职能部门在进行教材选择、课程规划、绩效考核、成果认定等方面纳入党史教育因素；后勤服务人员、心理健康专职人员等也可挖掘利用党史中蕴含的道德品质、优良作风，结合日常工作进行宣传教育；离退休教师和优秀学生模范也可联系时代背景，与学生分享自己的成长发展历程，用身边人的故事进行感染式教育。

此外，还要将育人职责落实到制度建设中，以确保深入性和长效性。把党史教育作为思想政治教育工作的重要内容，要求各部门和院系定期统计汇报开展情况，并将其纳入党员评议、绩效考核、职称评定的指标体系中，将"软倡导"落实为"硬约束"，将学党史抓在经常、融入日常。对于优秀做法和典型经验，还可以择优出版专题读物、召开推介会，在全校范围推广。

（二）拓展教育场域，构建育人长战线

高校在做好自身建设的同时，还要进一步发挥"三全育人"理念，拓展教育场域，拉长育人战线，积极联动家庭、社会各部门，主动衔接中小学、硕博各学段，切实推进"全员、全过程、全方位育人"。

高校在开展党史教育时，除了抓好教材、教学等第一课堂外，还要抓好第二课堂、社会实践、家校互动，可结合当地的红色文化资源，组织青年学生到革命遗址、博物馆进行参观走访，感受红色文化氛围，接受思想和精神的洗礼，通过身临其境的方式提升教育成效。家庭是学生的第一所学校，与高校有共同的育人目标，高校可主动与学生家庭联系，建立家长群，定期开展线上线下家访，开设校园开放日，与家长分享育人理念与内容，节假日开展家校联合教育活动，邀请家长通过家庭氛围引导教育学生。

此外，还要激发学生的主动性。通过党校教育、党日活动引导学生投身实践，可组建大学生党史宣讲团，引导学生在加强自身学习的同时担当社会责任；通过社团活动、社会实践与中小学、社会部门进行互动，共同探讨学习党史心得体会，例如大学生与中小学生的书信交流，在企业、机关的党建活动中进行实习实践，既能丰富教育场景和方式，也能做好教育衔接。

（三）加强信息建设，抢占云端新战场

随着数字信息技术和互联网平台的快速发展，网络云端已然成为高校育人的新战场，既是机遇，也有挑战。一方面，

高校应当加强信息建设，充分发挥网络平台和信息技术及时性、便捷性、丰富化的优势，提升教育成效；另一方面，也要做好网络空间的思想政治教育，抢占舆情制高点，树立风向标，在师生中营造党史学习氛围。

首先，高校可整合慕课、学习强国等网络平台上关于党史教育的丰富资源，并积极开发党史教育专题网络课程，推动专题教育与碎片化教育、线上教育与线下教育相融合，便于师生灵活选择学习时空和学习内容。其次，强化官方宣传平台的建设，充分发挥"三微一端"新媒体优势，开设党史学习专题板块，在优化内容供给的同时融入现代网络表现形式，以活泼生动的方式传播党史内容，提升师生学习兴趣，扩大传播范围。此外，打造一体化的线上育人平台。"三全育人"致力于建设跨时空、全领域、全要素的育人体系，网络信息技术的发展可以帮助打破时空上的限制，促进"三全育人"理念的实现。高校要积极探索思想政治工作传统优势与信息技术的融合，利用大数据、智慧平台等信息技术，整合育人力量和资源，打造开放型、泛在式、个性化的教育平台，提升育人效率和成果。

以"四项工程"为特色的全链条式高校资助育人体系路径探究
——以中南财经政法大学为例①

谢 吉 潘 喆 刘 璐 张玉琴

(中南财经政法大学党委学生工作部)

高校办校治学的根本任务是立德树人,高校学生资助工作的根本任务同样是立德树人。2018年,教育部陈宝生部长明确提出:"学生资助的最终目的在于帮助家庭经济困难学生成长成才,使他们共同享有人生出彩的机会,共同享有梦想成真的机会,共同享有同祖国和时代一起成长和进步的机会。"

中南财经政法大学学生资助管理中心积极探索建立以"四项工程"为特色的"解困—育人—成才—回馈"全链条式资助育人体系,逐渐形成了全员参与、全过程管理、各方面统

---

① 本文系中南财经政法大学中央高校基本科研业务费专项资金资助项目(项目编号2722022DS007)。

筹协调的资助育人机制，全面关怀和帮助家庭经济困难学生的身心发展、道德品质培养、学业就业等。

一、目前高校资助体系存在的问题

（一）困难生精准认定机制有待完善，认定材料真伪难辨

精准认定家庭经济困难学生是有序开展精准资助工作的重要保障。根据教育部文件要求，各级资助系统及高校已取消地方政府为家庭经济困难学生开具带有公章的证明材料，而只需学生在填写的"家庭经济情况调查表"中手写承诺，作为材料真实的依据。认定支撑材料的单一，学生诚信意识的参差不齐，难免使困难生认定过程中出现瞒报、谎报等虚假现象，影响精准认定工作。

（二）资助育人过程中重视资源供给，忽视学生个性化需求

家庭经济困难学生所处地域不同、家庭情况不同、接受教育不同，导致学生个体需求存在差异。许多高校在开展资助育人工作时，没有根据学生的不同需求，制定有针对性的资源供给机制，单一化的育人机制难以满足困难学生个性化、多样化的成长需求。同时，部分高校提供的勤工助学岗位多为普通的体力劳动，脑力劳动岗位较少，缺乏对困难学生专业能力、认知能力的培养，难以满足学生提升专业技能、实践能力的需求。

（三）资助工作队伍人员流动性大，专业性不足

高校资助工作人员许多由各学院辅导员兼任，辅导员队伍工作繁重，人员调动、岗位调整比较频繁。同时，各学院辅导员所学专业不同，很难迅速熟悉国家和学校各项资助政策，了解各类资助业务的办理流程，掌握资助系统中各模块的操作使用，资助工作队伍整体上专业素养有待提升。

二、建立全链条式高校资助育人体系的必要性

（一）有助于促进教育现代化，建设人力资源强国

学生资助工作是党践行初心使命，是阻断贫困代际传递，促进社会公平、教育公平的重要举措。新时代对高等教育提出了新要求，人民的普遍期待也从平等享有接受高等教育的机会转变为公平享有极具质量的高等教育。开展好学生资助工作，切实发挥学生资助育人功效，探索建立以立德树人为核心的全链条式资助育人体系，有助于促进教育现代化，是建设人力资源强国的迫切需要。

（二）有助于优化育人方式，丰富资助内涵

随着我国脱贫攻坚取得胜利，全面建成小康社会，绝对贫困消除，相对贫困将长期存在。传统意义的学生资助已经无法适应国家发展的新形势，高校资助工作的内容重点已逐渐从保障型的经济帮扶为主转变为满足不同发展需要的个性化帮扶为主。学校积极适应新形势、新要求，对原有资助体系进行优化、升级，探索发展型资助体系，打造全链条资助

育人模式,是对传统资助模式的进一步提升和完善,拓宽了资助育人的路径,丰富了新时期资助工作的内涵。

(三)有助于立足学生需求,促进全面发展

家庭经济困难学生受家庭经济条件和成长环境影响,在特长培养、沟通表达、创新思维、自尊自信等方面有所不足,表现出敏感、内向、自卑以及人际交往能力较弱等问题。全链条资助育人模式的构建,从经济上帮困、从精神上解困、从能力上促发展、从德育上重回馈,形成"解困—育人—成才—回馈"的良性循环,有利于促进学生德、智、体、美、劳全面发展。

三、建立全链条式高校资助育人体系的有效路径

"四项工程"即以物质帮扶为主的"助学解困工程"、以道德浸润为主的"强志育人工程"、以能力拓展为主的"成长成才工程"和以精神激励为主的"感恩回馈工程"。

(一)建立高标准的"助学解困工程",全面推进学生资助精准化

实现资助对象精准,就是要回答好"资助谁"的问题,是资助工作的起点。学校认真做好家庭经济困难认定工作,通过落实四级认定评议机制,确保困难认定科学精准、流程规范。通过及时对接全国学生资助管理中心数据库,定期匹配下发重点保障人群名单,确保建档立卡、低保、孤残家庭等重点保障人群全覆盖。每年寒暑假期间学生资助管理中心

还组织5~8支走访队伍实地走访困难学生家庭，深入学生生活环境，通过实地观察，多方面、多角度收集信息。根据困难认定数据、心理测评数据、思想表现数据、就业意向调查数据等，制定访谈内容，详细做好访谈记录，便于后期定性分析。通过系统比对、走访调研、大数据分析、民主评议等手段，根据家庭经济困难学生分布情况按实际情况确定资助比例，不断完善家庭经济困难学生识别认定机制，健全助学金、勤工助学等评定系统。

实现资助标准精准，就是要确保资助标准与家庭经济困难学生的受助需求相适应。学校每年根据国家资助金管理办法等文件要求，综合考虑地区经济发展水平和学校家庭经济困难学生认定情况，动态确定资助标准。根据不同学生的受助需求按照一般困难及特殊困难实行分档资助，根据学生困难情况的变化，及时调整认定等级，做好资助档案记录。同时，依靠临时困难补助、大病救助、寒衣补助、路费补贴、各类社会资助等手段拓宽对脱贫不稳定家庭学生、边缘易致贫家庭学生、城乡低保学生、特困救助学生、孤儿、烈士子女、残疾人子女、残疾学生及遭受自然灾害等特殊群体的资助维度。

实现资金发放精准，就是要确保资助金及时发放至学生手中。学校联合财务部门，不断改进资金拨付、发放机制，通过网上银行转账等现代化支付手段提高资助金发放效率，让学生在最需要资助的时候获得有效资助。最大限度地发挥资助金的使用效益，增强受助学生的满足感和获得感。

（二）探索建立严要求的"强志育人工程"，为党育人为国育才

扶贫先要扶志，俗话说"只要有信心，黄土变成金"，有了信心，就有了志气。"强志育人工程"先要解决困难学生思想上的贫困问题，经济虽然困难，观念不能"贫困"，要淡化"贫困意识"。学校要加强对家庭经济困难学生的心理帮扶，从心理上消除贫困，让学生敢想敢拼。

要始终坚持立德树人根本目标。学校坚持培育和践行社会主义核心价值观，紧抓核心，全方位构建课堂教学——校园活动——社会实践相结合的育人平台，将社会主义核心价值体系根植于形式多样的资助政策宣传活动中，根植于各类发展型资助项目中，帮助受助学生树立正确的价值观、人生观、世界观，确保受资助学生在思想上坚定追随，政治上绝对忠诚，情感上真挚热爱，行动上知行合一。

要把培育和践行社会主义核心价值观融入资助育人全过程。学校注重培养受助学生的道德品质，将德育融入各项资助业务中。在奖学金评审环节，培养学生创先争优，勤奋学习的拼搏精神；在国家助学金评定发放环节，讲好党和国家资助政策，加强感恩教育，引导学生爱党爱国；在国家助学贷款工作开展过程中，积极开展金融知识进校园活动，同时深入开展诚信教育；在勤工助学活动中，积极开展劳动教育，强化学生劳动意识，培养学生热爱劳动、自立自强的精神；在基层就业、应征入伍学费补偿贷款代偿工作中，引导学生树立正确的就业观、择业观、成才观。

（三）探索建立宽口径的"成长成才工程"，帮助学生实现全面发展

着力提升受助学生的道德品质、综合素养、实践能力、求职胜任力等。通过问卷调查，掌握受助学生的核心诉求，引导学生积极尝试，制定个性化成长方案，拓宽育人平台，为家庭经济困难学生提供各类成长锻炼的机会，努力把每一个受助学生培养成德智体美劳全面发展的综合性人才。

一是重视个人素养和创新精神的培育。学校开设的"乐·发展"资助项目下设"乐学""乐职""乐活""乐创""乐行""乐课"6个子项，用于满足家庭经济困难学生在能力提升、就业支持、兴趣培养、创新创业、出国（境）学习交流等方面的需求，既有助于培养学生不同的兴趣爱好，也有利于提升学生综合素质。同时，学校注重将专业知识教育与创新创业教育相结合，注重将创新理念、创业能力的培育融入传统知识传授过程中；针对受助学生需求开展个性化教辅；通过创业讲座、论坛、设立创新项目等方式，鼓励学生积极尝试、大胆探索、勇敢创造，充分挖掘和发现自身潜力。

二是要重视实践能力和求职能力的培养。学校为家庭经济困难学生开展"求职能力提升训练营"，通过沉浸式课堂，以高互动、高参与度的方式，指导学生明确职业方向，掌握面试技巧，在自我展示中将所学知识运用于实践。通过开展校企合作、校内外社会实践等方式，加强学生创业、实践基地平台建设，引导受助学生积极参加勤工助学、社会实践、创新发明等活动，让学生在实践过程中增长社会经验，提升

就业求职能力。

（四）探索建立厚基础的"感恩回馈工程"，实现从"输血"到"造血"的转变

抓好在校生的社会责任感教育。学校将志愿服务纳入奖学金评选条件，2021年全校优秀学生颁奖典礼上邀请"中国大学生年度人物"苏正民为大家分享受助者助人的温暖故事，传递感恩回馈精神与社会责任感。通过举办"助学·筑梦·铸人"主题活动，收集广大学生亲身经历或所见所闻的资助成长故事，广泛宣传国家和学校的资助政策、资助成效，激励受助学生自立自强、成长成才、感恩奉献。充分利用微信公众号、讲座、表彰大会、报告会等形式，加强责任教育、感恩教育，鼓励受助学生广泛参与志愿活动、公益活动，培养学生的社会责任感和使命感。

建立在校学生志愿服务管理平台，将志愿服务纳入成长体系，鼓励受助学生参加志愿服务活动，培养学生敢于担当、乐于助人、感恩奉献的优良品质，在校时埋下回馈社会的种子。

建立毕业生长效联系机制，毕业之后引导学生及时加入当地校友会，整合校友资源，互帮互助，建立与母校的长效联系机制；建立毕业生基层就业群，分享学生中西部艰苦地区基层就业的真实故事，鼓励毕业生在学有所成后反哺社会，建立对学校、对社会、对国家良好的感恩回馈机制。

通过近年来不断努力，学校已建立完整的"六位一体"保障型资助体系。物质帮扶是资助工作的开端，精准资助将是接下来"四项工程"的发展方向。随着新形势的发展，全

方位建设高校特色资助育人体系是必由之路，学校也将结合新时代的要求，不断丰富资助育人工作的机制、内涵、方法，促进学生成长成才。

参考文献

[1] 林伟连，吴伟.以"IBE"为特色的全链条式创新创业教育体系构建——浙江大学创新创业教育与人才培养实践 [J].高等工程教育研究，2017（5）：154-158.

[2] 何旭娟，吴晓君，周艳玲.高校资助育人"双助"模式的建构与实践：以南华大学为例 [J].思想教育研究，2020（9）：139-143.

[3] 陈慧.大思政背景下高校资助育人工作审视与思考 [J].教育教学论坛，2020（42）：63-65.

[4] 郎筱宇.精准扶贫视域下高校资助育人工作机制分析 [J].科教文汇，2020（32）：25-26.

[5] 范鹏飞，刘佰龙.探索高校资助育人工作新路径 [J].中国社会科学报，2020（6）：1-2.

[6] 邝洪波，高国伟.新时代高校资助育人精准化工作探究 [J].学校党建与思想教育，2021（2）：66-68.

[7] 古梦雪，孙妍.资助育人的现状、短板及优化策略 [J].教书育人·高教论坛，2020（11）：46-47.

[8] 李勇.构建新时代发展型资助育人体系 [J].中国社会科学报，2020（8）：1-2.

"四史"教育融入本科生思想政治工作的常态化长效化机制研究[①]

张雨舟

（中南财经政法大学党委学生工作部）

高校作为培育承担民族复兴重任的时代新人的教育主体，早已认识到"四史"教育在本科生理性信念教育和爱国主题教育中的重要地位。然而，经过调查发现，"四史"教育仍存在入脑、入心不足的问题，探究"四史"教育融入本科生思想政治工作的常态化、长效化机制，对于高校构建和完善"三全育人"机制、提升思想政治工作的育人效果具有重要的理论意义和实践意义，我们需要逐步探索一套具有可推广、可复制的"四史"教育常态化、长效化机制体系。

---

① 本文系教育部高校思想政治工作队伍培训研修中心（云南民族大学）2022年度思想政治工作队伍专项开放课题自筹项目（项目编号：YNMD2022ZC34）、中国高等教育学会2022年度高等教育科学研究规划课题"时代新人视域下高校文化育人体系构建研究"（项目编号：22FD2015）、2020年湖北省高校学生工作精品重点资助项目（项目编号：2020XGJPG2003）研究成果。

一、建立"四史"教育融入本科生思想政治工作的常态化长效化机制的重要意义

(一)建立"四史"教育融入本科生思想政治工作的常态化长效化机制的理论意义

习近平总书记在党史学习教育动员大会上指出:"要学习党史、新中国史、改革开放史、社会主义发展史,广大党员要以学习党的历史为重点,做到知史爱党、知史爱国,在学习领悟中坚定理想信念,在奋发有为中践行初心使命。"作为培育担当民族复兴重任的时代新人的教育主体,高校应充分认识到"四史"教育在本科生理性信念教育和爱国主题教育中的重要地位,"四史"教育是对中国共产党优秀育人传统的历史赓续,探究"四史"教育融入本科生思想政治工作的常态化长效化机制,对于高校构建和完善"三全育人"机制,提升高校思想政治工作的育人实效方面具有重要的理论意义。

(二)建立"四史"教育融入本科生思想政治工作的常态化长效化机制的实践意义

《教育部等八部门关于加快构建高校思想政治工作体系的意见》指出:"……推动理想信念教育常态化、制度化,加强党史、新中国史、改革开放史、社会主义发展史教育……"在对某高校共计 9419 名本科生思想动态调查中,16.69% 的学生表示"当听到有抹黑党和政府的言论时,不会予以反驳"。

对"我国必须坚持马克思主义在意识形态领域的指导地位""党是领导一切的"等重大政治问题，有近5%的学生表示说不清楚。累计近一半的学生认为身边同学入党动机功利化，学生党员认为身边同学入党动机为"追求理想信念"的比例仅为63.99%。调查显示，高校"四史"教育依然存在入脑入心不够的问题，习近平新时代中国特色社会主义思想"三进"工作还需进一步加强，也是开展此研究的显示动因。形成一套具有可推广、可复制的"四史"教育常态化长效化机制体系，将"四史"教育融入本科生思想政治工作的各个环节之中，教育引导学生对"四史"教育做到"真学、真信、真讲、真行"是开展此研究的现实动因。

二、"四史"教育融入本科生思想政治工作的研究现状

（一）"四史"教育融入本科生思想政治工作的相关研究情况

国内对于"四史"教育融入高校思想政治工作的研究虽起步较晚，但近年来发展迅速，产出较为丰硕的成果。一是集中探讨在高校思想政治工作中加强"四史"教育的重要性问题；二是对"四史"内容如何融入高校思想政治理论课方面进行了研究探讨；三是关注于探寻将"四史"教育融入高校思想政治工作的实现路径，推进"三全育人"机制的构建和完善。

（二）"四史"教育融入本科生思想政治工作的相关研究存在的问题

当前国内对于"四史"教育融入思政工作的研究存在以下问题：第一，对"四史"教育融入思想政治工作的研究较少，存在内涵把握不准确、构成分析不够全面的问题；第二，对提升"四史"教育融入思想政治工作的开展方式和实施路径描述得较为宽泛，针对性、操作性有待提高；第三，对"四史"教育融入本科生思想政治教育更多集中于对第一课堂的研究，但是对于其融入第二课堂、融入后育人质量评价方面的研究十分罕见；第四，对党史学习教育常态化长效化、方法路径以及制度机制的研究较多，对于"四史"教育融入本科生思政工作的常态化长效化机制的研究较少。

三、"四史"教育融入本科生思想政治工作的常态化长效化机制的构建路径

为了进一步加强"四史"教育融入本科生思想政治工作，高校可构建以组织领导机制、学习教育机制、评价优化机制为组成部分的"循环式"常态化长效化机制（图1）。其中，组织领导机制为前提保障，是整体机制良好运行的重要保障。学习教育机制是核心，通过开展一系列行之有效的活动，达到什么样的效果。评价优化机制是整体机制循环往复的重要推动力，通过对活动效果的检验、学生及思政队伍意见的反馈，肯定优点、找出不足，为下一轮组织领导活动提供有效参考。

图 1　循环式"常态化长效化机制

（一）突出学习教育机制的核心地位

如何融入"四史"教育是关键，因此建立有效的学习教育机制就是常态化长效化的核心。学习教育机制将以习近平新时代中国特色社会主义思想为指导，以"四史"为主要内容，以"学、思、践、悟"为方法载体，沿着"线上与线下课程相结合、第一与第二课堂相穿插、理论与实践相统一"的路径，依托"一站式"线下综合实体空间和线上结合迎新季、毕业季、重大纪念日等重要时间节点，围绕"国旗故事会""红色领航赞青春""弘扬爱国奋斗精神""书写人生华章"等主题开展系列教育活动，将"四史"教育融入本科生教育培养的全过程，在学习领悟中坚定理想信念，在奋发有为中践行初心使命（图2）。

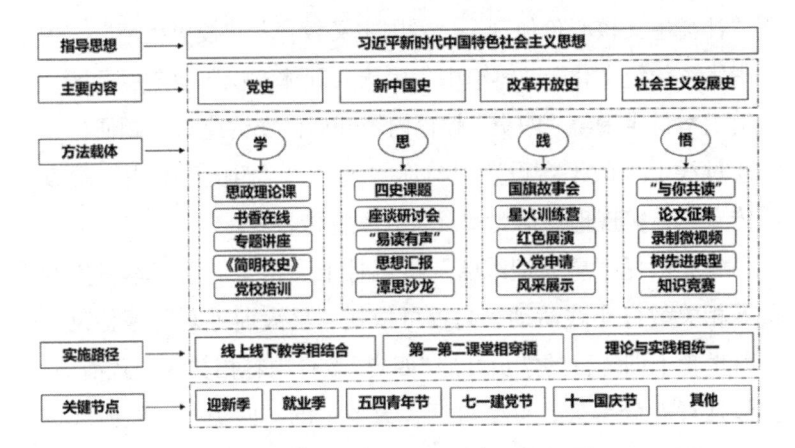

图2 "四史"教育融入高校本科生思政工作的学习教育机制

1.高校应通过线上线下相结合的方式将"四史"教育内容融入第一课堂。高校应将"四史"教育相关内容系统融入"思想道德修养与法律基础""形势与政策""马克思主义基本原理概论""毛泽东思想和中国特色社会主义概论""中国近代史纲要"等思想政治理论课的课程讲义与官方教材中，融入本科生入党积极分子、党员发展对象、中共预备党员、中共党员等党校培训与本科生骨干团队的日常培训方案中；融入"书香在线""青梨派"等线上思政学习平台的培训资料中，针对本科生印制包含"四史"教育内容的《简明校史》等本科生红色教育材料并提出学习要求。

2.高校应依托"一站式"学生社区线下综合实体空间和线上思政课实践教育学习平台组织本科生针对"四史"教育内容进行研讨交流。开发"一站式"学生社区文化育人功能，开发社区文化标识，传承红色基因，围绕校史校训、典礼仪式、主题教育等重要载体，打造社区空间设计的育人资源，建立

"社会主义核心价值观""爱国主义教育""校史校情""中华优秀传统文化""铸牢中华民族共同体意识"示范展示区，组织本科生围绕"四史"教育内容开展沙龙讲座和专题研讨，通过线上思政平台设置"与你共读""'四史'心得"等宣传专栏，实现理想信念"浸入式"宣传教育。

3. 依托"星火训练营"特色骨干训练营，组织本科生开展相关教育实践活动。高校可依托"星火训练营"等特色本科生骨干训练营的学员开展"四史"教育内容相关的实践活动，包括青春分享会、百生讲坛、家乡中的"四史"、经典著作读书笔记、"四史"知识竞赛、微党课与微团课录制、重走长征路暑期实践等，培育大学生年度人物、大学生自强之星、百生讲坛金牌主讲人、全国党史知识竞赛优秀选手、"四史"宣讲团成员等先进典型，发挥朋辈示范作用。

4. 依托"国旗故事会"等主题教育活动培育"四史"教育实践品牌，在"迎新季""毕业季"等重要时间节点开展"四史"教育活动。开展"学'四史'、铭初心"暨"国旗故事会"升国旗仪式教育活动，组织本科生在国庆节当天和每周一参加升国旗仪式，邀请"四史"专家学者、退伍大学生、辅导员年度人物、大学生年度人物、大学生自强之星、就业创业先进典型等优秀师生代表作为宣讲员，通过"青春使命"故事分享、理论宣讲、合唱歌曲、集体朗诵、入党宣誓、舞蹈快闪、先进表彰等活动形式开展国旗下的讲话系列活动，将"四史"教育内容通过师生代表讲出来、演出来、唱出来。在"迎新季""毕业季"开展"弘扬爱国奋斗精神""牢记时代使命 书写人生华章"等系列主题教育活动，组织本科生参加"校长第一课"、红色校史知识竞赛、"四史"教育演讲比赛、"走向人民需要的地方"毕业宣传活动，将"四史"教育优秀文稿作品整理成系列文集进行出版，评选出优秀视频作品参加全国网络文化作品节，提升思政品牌育人实效。

（二）深化组织领导机制的保障作用

组织领导机制为前提保障，是整体机制良好运行的重要保障，主要涉及与高校本科生思想政治工作相关的政策保障、职能部门和育人队伍。

1. 高校应认真学习贯彻落实教育部、省教育厅对于开展"四史"教育发布的指导性文件，制定高校开展"四史"教育的主题教育活动方案，发布通知公告，针对马克思主义学院思政课教师、全校专任教师、专兼职辅导员、学生骨干等育人力量开展"四史"教育活动出台管理办法和奖励条例，提供常态化长效化机制的政策保障。

2. 职能部门包括但不限于高校的学校办公室、党委组织部、党委宣传部、党委学工部、人民武装部、教务部、科研部、校团委、校史馆、马克思主义学院以及其他二级学院等，在高校针对本科生开展"四史"教育的过程中提供政治把关、专业师资、经费支持、精准服务。

3. 育人队伍包括但不限于高校思想政治工作领导小组、思想政治理论课专任教师、全校学生工作干部、专兼职辅导员队伍、"一站式"学生社区指导老师、学院分团委书记、班级成长导师、班主任、国旗护卫队、星火训练营、易班学生工作站等学生骨干等，高校应在把好育人队伍"入口关"

的前提下，通过日常培训、专题研讨、理论宣讲、技能比拼等方式，不断夯实育人队伍有关"四史"教育内容的理论素养，并设立科学的退出机制，提升育人队伍的政治素养和专业能力（图3）。

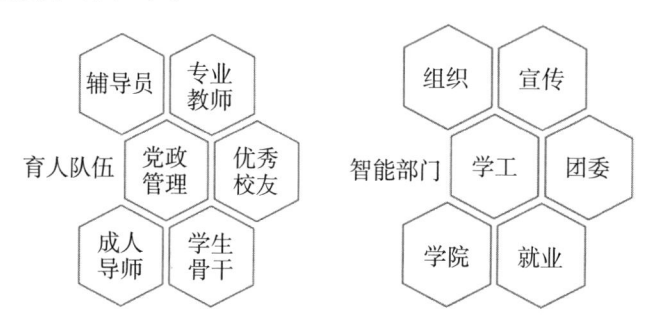

图3 "四史"教育融入本科生思政工作的组织领导机制

（三）强化评价优化机制的推动作用

评价优化机制是整体机制循环往复的重要推动力，通过思想动态调查、入党申请、党校测试、网络文化作品评选等形式对学习教育机制的育人效果进行检验，围绕"真学、真信、真讲、真行"四个目标维度（图4），针对教师反馈的问题，从效果的考察中提取经验与不足，形成驱动作用明显的评价优化机制，从而达到丰富整体机制的作用。

图4 "四史"教育评价优化机制的四个维度

1. 在"真学"方面，检验本科生是否能够了解红色政权建立的艰难岁月和中华人民共和国成立后的崎岖历程，树立正确的历史观，摒弃混乱的历史观，把握中国特色社会主义形成及发展的脉络，增强民族认同，厚植爱国主义情怀。

2.在"真信"方面，检验本科生是否能够坚定"四个自信"，通过对历史、现实与未来的比较进一步了解中国坚定不移地走社会主义道路、高举中国特色社会主义伟大旗帜的历史必然性。

3.在"真讲"方面，检验本科生是否能够将党的理论、革命精神以及红色故事牢记于心，并通过主题演讲、文集投稿、公众号推文、微课录制、朋辈交流等进行先进理论和英雄故事的传播与宣讲，引导身边的师生加强对"四史"的学习与感悟。

4.在"真行"方面，检验本科生是否能够将理论学习外化于行，从理论学习延伸到实践行动，积极投身到党、国家和人民最需要的地方去，成为勇担民族复兴重任的社会主义建设者和接班人。

高校应通过问卷调查、入党申请、党校测试、知识竞答、文集录用、视频评比、年度人物评选等方式不断进行评价优化，围绕组织领导机制、学习教育机制、评价优化机制（图5），进一步完善"四史"教育融入本科生培养全过程的循环机制，推进高校构建和完善"三全育人"机制，探索提升思想政治教育实效性的方法与路径，教育本科生对"四史"教育做到"真讲、真行"，引导青年学子讲好红色故事，传承红色基因，践行初心使命，培养造就大批堪当民族复兴重任的时代新人。

| 评价优化 | → | 问卷调查 | 入党申请 | 党校测试 | 知识竞答 | 文集录用 | 视频获奖 | 年度人物 |

图5 "四史"教育成效评价优化方式

伟大建党精神融入大学生思想政治教育的研究①

左 思

（中南财经政法大学党委学生工作部）

习近平总书记在庆祝中国共产党成立100周年大会上指出："一百年前，中国共产党的先驱们创建了中国共产党，形成了坚持真理、坚守理想、践行初心、担当使命、不怕牺牲、英勇斗争、对党忠诚、不负人民的伟大建党精神，这是中国共产党的精神之源。"② 这是习近平总书记第一次提出并高度概括伟大建党精神，同时还强调要将伟大建党精神传承下去以发扬正大。高校承担着人才培养、文化传承等重要任务，要将伟大建党精神融入大学生思想政治教育，落实立德树人

---

① 中南财经政法大学中央高校基本科研业务费专项资金资助（2722023DS017）。
② 习近平. 在庆祝中国共产党成立100周年大会上的讲话［N］. 人民日报，2021-07-02.

根本任务，弘扬光荣传统、赓续红色命脉，切实提升思想政治工作实效性和吸引力，真正培养堪当时代重任的时代新人。

一、伟大建党精神融入大学生思想政治教育的价值意蕴

（一）将伟大建党精神融入大学生思想政治教育，是落实高校立德树人根本任务的时代要求。习近平总书记在清华大学建校110周年校庆即将来临之际考察时就强调："党和国家事业发展对高等教育的需要，对科学知识和优秀人才的需要，比以往任何时候都更为迫切。"[1]伟大建党精神是中国共产党人的精神源泉，是在百年践行中逐步形成的优秀传统，是重要的红色文化资源，深刻诠释了党的政治品质，是铸魂育心、固本培元的精神武器，蕴含着丰富的育人价值，是新时代大学生思想政治教育的重要内容供给。我们要在加强和改进思想政治工作中弘扬伟大建党精神，将伟大建党精神融入教育教学与人才培养的全过程，落实高校立德树人根本任务。

（二）将伟大建党精神融入大学生思想政治教育，是促进青年学生全面发展的实践路径。伟大建党精神对于高校思想政治工作的守正创新、促进青年学生全面发展有着重要作用。"坚持真理、坚守理想"以理想信念为先导，引导青年

---

① 习近平在清华大学考察时强调 坚持中国特色世界一流大学建设目标方向 为服务国家富强民族复兴人民幸福贡献力量［EB/OL］.（2021-04-19）［2022-10-16］. http://news.youth.cn/sz/202104/t20210419_12871063.htm.

学生追求真理;"践行初心、担当使命",以初心使命为突破口,引导广大青年学生牢记时代重任;"不怕牺牲、英勇斗争"以意志品质为重点,引导广大青年学生立大志、明大德、成大才、担大任,强化奋斗意识和大局意识;"对党忠诚、不负人民",以价值追求为目标,引导青年学生实现爱党爱国爱人民的统一。

二、伟大建党精神融入大学生思想政治教育的主旨目标

(一)用伟大建党精神引导大学生坚持真理、坚守理想,筑牢信仰之基。一百年来,中国共产党人始终坚持马克思主义,将其作为行动纲领和指南,并在实践中不断丰富和发展马克思主义,以此来指引方向、坚定信念,不断推动民族复兴事业,这本身就是理想信念教育的鲜活教材。青年大学生目前正处于世界观、人生观、价值观形成的关键时期,要用伟大建党精神激励青年学生坚定理想信念,科学认识马克思主义,深刻理解其发展性和中国化,自觉传承理性信念的火种、传承红色基因与命脉,用共产主义远大理想和中国特色社会主义共同理想补足精神上的"钙",在知行合一中筑牢信仰之基,扣好人生的关键扣子。

(二)用伟大建党精神促使大学生践行初心、担当使命,练就担当本领。一百年来,中国共产党人怀揣赤子之心、使命意识、担当精神,前赴后继、全心全意,谋发展谋幸福谋复兴。新时代青年大学生是实现中国梦的生力军和先锋队,

肩负着国家和民族的希望，既要筑牢信念之基，将个人理想与国家民族的兴衰荣辱联系起来，践行为人民谋幸福的初心，又要练就践行和担当本领，在课堂学习中掌握科学知识与方法，在实习实践中磨砺与体验，在创新创业中积累与成长，明理思辨、刻苦钻研，不断练就担当本领，将个人的成长上升到对党、国家和人民负责任的高度，在新征程上切实践行"请党放心　强国有我"的誓言。

（三）用伟大建党精神激励大学生不怕牺牲、英勇斗争，砥砺奋斗精神。伟大梦想不可能一蹴而就，民族复兴的伟大使命需要靠一代代青年矢志奋斗来实现。一百年来，是无数共产党员克服艰难险阻，经历生死考验，付出惨烈牺牲，才换来今天的"岁月静好"。面对百年未有之大变局，青年大学生的发展和成长遇到了很多机遇与挑战，但更多的是时代要求、责任与担当。我们要用伟大建党精神激励青年学生不怕牺牲、英勇奋斗，砥砺奋斗精神，在民族复兴大任中勇立潮头、勇挑重担、直面困难、勇斗风险，做奋进者、开拓者、奉献者，为民族复兴奉献自己的青春力量。

（四）用伟大建党精神引导大学生对党忠诚、不负人民，厚植爱党爱国为民情怀。"对党忠诚、不负人民"是中国共产党人对党、国家和人民的赤胆忠心，也是对共产党员最根本的党性标准与要求。一百年来，民族复兴道路上涌现出一大批舍生忘死、为国捐躯的英雄烈士，一大批顽强奋战、艰苦奋斗的劳动模范，一大批无私奉献、创优争先的时代楷模，他们以实际行动和无我精神诠释着"对党忠诚、不负人民"的深刻情怀。新时代青年大学生要听党话、感党恩、跟党走，以革命先烈、时代楷模等为榜样,心怀"国之大者",立志将个人与集体、与祖国、与民族的前途命运结合起来,科学规划自己的学习生涯和职业人生,以高度的思想自觉、政治自觉和行动自觉,扎根人民,奉献国家,厚植爱国爱党爱人民情怀。

三、伟大建党精神融入我校大学生思想政治教育的实现路径

(一)注重融入顶层设计,坚守育人初心使命

高校要始终坚守"为党育人、为国育才"的初心使命,加强和改进新时代大学生思想政治教育工作,注重顶层设计,努力培养堪当民族复兴大任的时代新人。一方面,学校要将伟大建党精神融入"五育"教育教学的各个环节,深入挖掘红色校史资源和"中原精神"的时代价值,制定校本化的五育并举实施方案,同步推进"五育"工作,培养品德高尚、学业扎实、体魄强壮、心态平和、科学审美、崇尚劳动等各个方面全面发展的社会主义建设者和接班人。另一方面,学校要将伟大建党精神融入"三全育人"综合改革中,完善思想政治工作体系。伟大建党精神的史学价值和育人价值非常突出,我们要力图将伟大建党精神融入对学生思想教育、知识传授、社会实践、文化浸润、环境营造等各个环节、各个方面,充分调动任课教师、党政管理干部、后勤服务人员、优秀校友、校外辅导员等教育力量,形成学校各个职能部门齐抓共管、各个教学单位通力合作、社会环境同向同行的"大

思政"格局。

（二）注重融入课堂教学，优化教育内容供给

课堂教学是大学生接受思想政治教育的"主渠道"，这里的课堂不仅仅是思想政治理论课，还应当包含专业课、公共基础课、素质类课程等所有课程，也就是近年来强调的思政课程和课程思政。课堂不仅仅是知识传授场域，更应当是思想引领、价值塑造、情感认同的立体场域，任课教师应该认真落实学校关于贯彻落实《高等学校课程思政建设指导纲要》的工作方案，切实发挥自己育人主体作用。

专任课教师要不断强化"全员育人"意识，深刻认识到自己的育人主责主业，要有将伟大建党精神的不同侧重点真正融入知识传授过程中的思想自觉与行动自觉，在专业知识教学中深挖育人价值和精神内涵，确保课程教育与思政课程同向同行，让学生在专业知识的学习中深刻体悟伟大建党精神的思想伟力。思政理论课教师要加大对伟大建党精神的学习与研究，准确理解把握建党精神，找准与教学内容的契合点，精心设计课堂教学内容，用好用活伟大建党精神所展现的历史画卷，推动伟大建党精神入脑入心，切实发挥思政理论课立德树人"关键课程"作用。其他公共基础课和素质教育类课程任课教师则要严格落实学校《新文科本科人才培养行动方案》，注重在课堂教学中将教学内容与伟大建党精神结合起来，挖掘课程的思想元素和育人元素，文史哲类课程重点助力学生修身铸魂，经管法类课程则侧重助力学生本领能力提升和治国理政意识的强化。

（三）注重融入"第二课堂"，练就过硬实干本领

伟大建党精神源自建党实践，蕴含着鲜明的实践特质。民族复兴之路充满挑战，青年学生不仅需要坚定的理想信念，扎实的专业知识，更需要在实干中练就过硬的本领和才干。学生在课堂教学中"读万卷书"以获得书本知识、理论知识，在"第二课堂"中"行万里路"学思结合、知行统一。学校要将伟大建党精神融入"第二课堂"的实施过程中，优化"第二课堂成绩单制度"，切实引导青年学生在课堂教学之外的第二个场域全面提升自我。学校要丰富"第二课堂"课程内容供给，丰富活动形式与载体，提供"菜单式"多样化、多层次活动，依托爱国主义教育基地、优秀主旋律文化作品、校园红色校史文化等，打造沉浸式教育，让广大青年在潜移默化中感悟伟大建党精神的思想伟力、获得情感共鸣；依托创新创业基地、实习实训基地等，打造体验式教育，让广大青年在劳动体验中，提升勤于实践、善于实践的本领和能力；依托寒暑假返乡社会实践和志愿服务活动，引导学生下沉基层一线，扎根中国大地，了解国情民情社情，深刻体验"对党忠诚、不负人民"的价值追求，厚植爱党爱国爱民情怀。

（四）注重融入学生评价，增进教育教学效果

根据《深化新时代教育评价改革总体方案》要求，高校要改革学生评价，并系统提出了"四个评价"（结果评价、过程评价、增值评价、综合评价），要求围绕"四个评价"进行深化改革，以此科学促进学生德智体美劳全面发展。前面讨论了伟大建党精神融入的价值意蕴，有助于提升教育的

实效性、吸引力和感染力，对筑牢学生信仰之基、练就担当本领、砥砺奋斗精神、厚植爱党爱国爱人民情怀有着重要意义，贯穿到了学生培养中的知情意行全过程，是学生评价中德育评价的重要标准。目前，各个高校都在着力探索构建德智体美劳全面发展的学生综合评价体系，力图对学生接受教育教学的全要素进行科学系统的评价。我们要将伟大建党精神融入学生综合评价体系中，依托"第二课堂成绩单"管理系统客观记录并全面跟踪，由科学认知到情感认同再到理性意志最后行为担当，实现过程引导、增值评价，一步步引领学生全面的、发展的德智体美劳的养成。最终促进广大青年以伟大建党精神来涵养品质、砥砺德行、向上向善、拼搏奉献，自觉肩负起时代赋予的重任。

融媒体时代下"课程思政"理论内涵式融入高校教育的路径探究[①]

胡万松　马瑜欣　周格格

(中南财经政法大学党委学生工作部、新闻与文化传播学院、法学院)

在当今融媒体时代下,融媒体也逐渐改变了高校教育模式的生态环境,催生了线上线下混合式教学方式。在顺应当代大学生使用媒介习惯的基础上,提高了学生参与课堂的参与性,更大程度上符合了教师主导学生主体的教学原则。而"课程思政"则是国家对现当代青年提出高标准、高要求的思想道德素质的进一步探索。不再将"思政"教育建设仅限于"思政课",而要着力挖掘各类课程的思想政治教育资源,将思想政治教育深入融入学校各课程教育中。

融媒体时代使得高校教育从封闭走向了开放。此时各高

[①] 中南财经政法大学中央高校基本科研业务费专项资金资助(2722023DS017)。

校的思政教育也需要更多地利用融媒体时代背景，以"课程思政"理论内涵式建设为核心，促进思政教育与高校教育协同育人目标的达成。

一、当前高校"课程思政"理论协同育人机制的问题分析

"课程思政"理论旨在将社会主义核心价值观融入学生的课程学习中，强调"德育"，培养学生的国家认同、政治意识、文化自信、爱国情怀等优秀品质，确立协同育人、全面育人、全方位育人的局面。然而，在当前的大多数高校中，"课程思政"理论的协同育人机制仍然存在些许问题。

（一）"课程思政"理论缺乏内涵式融入和建设

在当前"大思政"格局下，虽然高校都将"课程思政"理论融入了高校教育，但仍然存在部分形式主义问题，流于形式，缺少内涵式融入和建设。实现"课程思政"理论内涵式融入和建设的核心，应该是通过教师的思政化引导教学，让学生在掌握专业知识的同时，树立爱国情怀等优秀品质，在实践活动中保持思辨能力，达到知识传授、价值引领的教育目标。但在当前高校的教学建设中，仍存在无法在课程教学中隐性融入思政教育、无法帮助学生树立正确价值观并促进其继续保持、无法促进学生在实践活动中优秀综合素质的形成等问题。

（二）思政教育融入不够生动，缺乏多样教学方式

在"课程思政"理论的指引下，部分高校教师仅按照文

件要求将思政教育元素植入课堂。但是,思政教育内容过于机械,未能与主干授课内容产生交汇,使得学生的实际需求和知识兴趣无法得到充分满足。这也导致学生对思政教育积极性不高,甚至产生了抵触心理。同时,部分教师的授课方式单一、缺乏生动有趣的教学方式,未能随着教育时代和融媒体的发展做出改变,进一步造成思政教育难以激发学生的思考和创造力,忽视了学生在学习中的主体作用。这样,学生对思政教育的理解也相对较为浅薄。

(三)"课程思政"理论协同育人的师资队伍仍需加强

首先,在教育改革时期,部分教师难免会出现不适应新式教学的情况。他们无法在短时间内改善自己原有的教学模式,甚至无法将教学理念与"课程思政"改革趋势相适应,从而无法有效地为学生延伸专业教育知识,使学生不能在潜移默化中感受到社会主义核心价值观的魅力以及思政教育的重要性。其次,"课程思政"强调思政教育与其他课程授课的融合式教学,这就要求思政老师与其他各课程授课老师之间需要交流学习。但目前高校的部分教师本身的学习能力,受年龄、家庭和工作等多种原因的影响,无法紧跟教育改革的步伐,缺乏扩展延伸本专业知识至思想政治教育高度的能力,反而可能会造成教学内容不衔接、学科脱节等问题。最后,在融媒体时代下,对教师的学习能力提出了更高的要求。需要教师能够利用当前多元化的网络环境和多样化的媒体平台,来促进学生对思想政治知识和专业知识的理解,逐渐培养其爱国情怀和促进社会发展的责任感。

（四）"课程思政"理论协同育人在社会各类思想碰撞中面临重重困境

当前国际上，部分国家的发展存在不确定性，尤其是在信息化时代。信息跨越地域和时空的交流速度之快，信息交流种类之多样，使得各类社会思想在社交媒体平台上进行激烈的碰撞。然而对于思想意识还未坚定、易受到外界声音深刻影响的大学生而言，这是充满危险因素的。思想薄弱的大学生很可能成为目的不纯言论的引导对象。因此，"课程思政"理论协同育人机制显得更为重要。高校的思想政治教育需要帮助大学生在各种社会思潮中树立"定海神针"，使其对网络平台上的重要社会热点事件产生理性、合理和符合社会主义核心价值观的认识和判断。这有助于防止不当言论对大学生的价值观产生扭曲。然而，"课程思政"理论协同育人在社会各类思潮在融媒体时代下的交互碰撞中也面临着重重困境。受到社会其他观点的影响，可能会削弱高校对大学生的思想政治教育效果。

二、"课程思政"理论内涵式融入高校教育的路径探究

（一）促进教学方法的多样化

为了实现将课程思政理论内涵融入高校教育，需要在教学方法上进行多样化的探索。首先，应结合当前融媒体发展

环境，开展线上和线下混合教学，协调利用好三个课堂。

在实践中，结合第一课堂的主要作用，落实高校专业教育的理论授课。教室学习仍是学生学习的主阵地，老师应该为学生提供更为专业的知识传授，并注意知识与技能、过程与方法的统一；其次，注重第二课堂的实践性和趣味性，开展提高学生素质的实践课程。为此，应当建立高校社团，以提高学生对于专业知识的兴趣，并在专业实践活动中，体会到诚信、友善等社会主义核心价值观，并且提高亲自实践、团队合作的综合能力，以社团为平台，凝聚师生，进一步提高学生学习的主动性和积极性，让学生的素质教育得到深刻的发展；最后，加强第三课堂参与性和互动性，以达到辅助教学目的。在与当前融媒体时代发展齐头并进的情况下，应开展第三课堂。可以在各大媒体平台上学习其他高校的优秀专业知识或讲座等，打破教育资源的地域限制性和高校限制性。同时，也应促使学生走出校门，让其通过亲身实践和实际感受来形成对专业知识和思政知识的认知。如果受制于各种因素，第三课堂的开展也可因地制宜，充分利用当今媒体技术和科学技术的发展，开展云旅游、云参观来丰富学生视野，提高学生的主体思考能力。

通过"三个课堂"的协同运用，做到"五育"教育融合，丰富教学渠道，将慕课等网络学习资源与线下课堂相融合，打造课程思政理论深刻融入的教育体系。

（二）师资力量思政化，促进多维度教学

当前高校教育中，各学科的专业性不断加强。为了要促

进课程思政理论内涵式融入高校教育，必然要促进授课教师的思政意识。

思政教师应积极参与高校教育的教学计划制定，同时积极学习各学科的专业知识。此外，其他课程的专业授课教师也应与思政教师多交流，深刻思考两者之间的共同点和纽带，以此为创新点展开无声息的、蕴含着"课程思政"理论的教学，进一步践行思政教育。继续深入了解两项课程内容，并将其进行深度的融合，促进师资力量的思政化。

教师也应不断提升自身学习能力，积极顺应时代发展和教育改革，不断创新教学方法。在满足学生对知识需求的基础上，提高学生参与课堂的积极性和参与性。例如，教师可以在进行专业知识发展历史过程时，深入分析其前因后果，以及其与思政教育的内在联系，将思想政治教育融入教学中。教师也选择讲故事的形式，介绍对于专业领域发展有着较大贡献的历史人物或名人，并挖掘其中的"爱国情、国家梦"，引导学生树立正确的思想政治意识，推动主流价值观在学生理想信念中的重要地位。教师还可以结合当今的视听语言艺术，通过视频吸引同学，提高学习效率和积极性。

（三）推动思政化教学资源的共享发展

高校应利用融媒体技术发展的技术优势，加强思政化教学资源体系建设。应整合并挖掘专业教育与思政教育融合发展的教学信息，使学生可以在开放平台根据自身知识需求，选择相匹配的课程。

建立思政化教学资源的共享平台不应仅局限于一所高校，

更应遵循共建共享原则，投入资金、技术支持，整合国内其他高校的高质量课程，促进思政化教育资源的协同开发和创新共享。思政化教学资源平台可由三部分构成。首先，教师需发布关于理论知识授课的音视频、优质课件和参考书目，利用多种方式教学来促进教学的纵深度。其次，通过从专业教育知识中引申出社会热点事件和热点视频的分析，体现专业知识的实践性和时代性，也帮助授课老师在"隐性"下对学生进行"显性"的思政教育。第三部分是论坛式讨论平台，在专家和教师的观点引导下，以专题性讨论为主，为学生提供了观点交流的自由平台，在不同声音中拓展专业视野，培养多维度的思维方式。思政教育要达到"入脑、入心、入行"的效果，就需要提高学生的主体性。然而，高校仍需加强对平台的建设与管理。特别是讨论平台，应守好网络意识形态阵地，加强舆情监督和应对措施，及时删除不良言论，并对发布言论者进行教育，构建新式的思政化教学资源平台。

（四）创新"课程思政"协同育人的教育考核评价体系

为促进课程思政理论的融入，需要在教师教学方面下功夫。

建立合适恰当的课程考核体系，思政课程与其他专业课程应因其教学目标不同而建立不同的课程考核体系。对于思政课，应该改革传统的提交论文或开卷考试的考核方法。思政教育的成果展示应该不仅仅是一篇论文或一份卷子，更应该注重过程性考核和师生互评，注重"对综合能力的考核"。

对于其他专业课程的考核，也应该将"课程思政"理论融入考核标准。例如，可以根据学生的思想动态和综合能力进行过程性评分，在考卷和论文中注意学生在回答考题时从文字透露出的价值观，并在考题题目中引导学生树立正确的思想政治意识，培养其理想信念。

建立正确合理的教学评价体系，鼓励教师投入更多的时间研究"课程思政"理论，把教师对于专业教育中融入思政教育的改革成果和实施效果作为教师考核的新标准。同时，要注意把对学生的价值引领、思想培育等纳入教学目标。从制度层面来促使师资的思政意识进一步深化。此外，以课程思政教育改革良好的高校教师带动其他地区的课程思政教育改革。教师的跨地域交流学习可以改善思政意识较弱的高校教育情况，促进全社会思政意识的全局提升，为中华民族的伟大复兴提供强大后备军，为社会主义培养优秀的接班人。

三、融媒体时代下"课程思政"理论内涵式融入高校教育的价值定位

（一）强化全方位育人功能

"课程思政"理论融合的目的是将思政教育内容、德育思想等融入各科教育和课堂教学中，以全方位培养学生的文化素养、思想道德和创新思维能力等多方面素质。它不仅注重学生的学术水平和知识架构，更关注帮助学生形成正确健康的人生观、价值观和世界观。同时，它还能给学生带来深刻的思想启示，引导学生加强思考深度，探究社会发展规律，

从而增强他们的政治意识、道德素质以及对中华优秀传统文化的文化自信,使他们成为新时代可以实现自我价值的优秀青年。

(二)打造高校思政教育效果考核评价机制精准化

"课程思政"理论内涵式建设还会促进高校思政教育考核评价机制的精准化。高校机制应确立明确的评价目标,教师要建立一套具有有效性和实现性的目标,以确立好精准评价的前提。在考核时,会充分考虑到学生的性格特征、心理状态及认知水平等,建立量化考核指标,并综合课堂教育、实践课程展示、学生现实表现等多个方面进行量化指标的评价,以确保评价结果更为准确。只有当思政教育效果的考核评价机制愈发精准,才能调动学生的思政教育参与度,才能良性循环促使学生思想道德素质的提高,推动高校思政教育事业的发展。

(三)实现高校"立德树人"教学目标

"课程思政"理论协同育人是高校立德树人工作的重要内容。它能够提高学生的思想道德水平,传递真、善、美的思想;也能促进学生进一步了解和领会中华优秀传统文化的精髓,并使其走出国门,积极弘扬中华优秀传统文化,建立民族自豪感;同时也能增强学生对国际问题的关注程度,提升思辨式的思维能力,进一步扩展学生的视野。在"立德"之后,学生也会秉持思政教育带给他们的创新思维能力,通过实践促进学风和实践能力的提高,为建设德、智、体、美、劳的全面发展人才队伍打下坚实基础。

　　课程思政理论协同高校教育共同育人，是国家教育为提高学生道德素质及其综合素质所做出的努力，同时也有利于提高授课教师的思政意识，促进授课教师执教能力的提升。当高校学生和教师的思政意识都得到明显增加，并且全校的思政意识都达到一个浓厚的状态时，才更能促进课程思政理论的良好融合。

参考文献

　　[1]魏志宇.线上线下混合式课程思政教学模式在开放教育法学专业中的实践研究[J/OL].中国教育技术装备：1-4[2023-04-23]. http://kns.cnki.net/kcms/detail/11.4754.T.20230328.1353.014.html.

　　[2]孙靖道.新媒体技术在高校思政教育中的应用——评《全媒体环境下高校思政教育新探索》[J].传媒，2023，391（2）：98.

　　[3]王文静.基于"三全育人"理念的高校思政教育模式研究[J].陕西教育（高教），2023，567（1）：15-17.

　　[4]曹婷，陈娟.互联网视域下高等院校学生的思政教育现状及对策探索[J].黑龙江教师发展学院学报，2023，42（1）：144-146.

　　[5]吴静，杜宇萍.新媒体时代高校思政教育面临的困境与突破路径探析[J].新闻研究导刊，2023，14（1）：108-111.

队伍建设篇

"互联网+"时代高校辅导员职业能力的提升路径

张秋蕊

(中南财经政法大学法学院)

大数据和信息化的飞速发展,社会生产的效率大大提高,人们的生活日新月异。进入互联网时代,人们养成了"互联网+"思维,利用互联网上的各种平台和互联网具备的优势特点,创造了许多新的发展机会,不断推动着社会向前发展。在"互联网+"背景下,高校管理与教育的模式需要改革创新,高校辅导员应该快速适应网络环境,利用信息技术提供更为优质丰富的教育内容,培育时代新人。网络的发展一方面使人们可以更迅速更方便地接受信息,另一方面也会受到许多不同价值观念的冲击,新时代对高校辅导员的职业道德修养、专业水平和职业能力提出了更高要求,为高校教育带来了新的挑战与机遇。高校辅导员具有教师和管理人员的双重身份,教师在教育中起着主导作用,其行为对学生有着潜移默化的影响。高校辅导员是与高校学生相处时间长,联系最紧密的一个群体,其言行举止直接影响着学生。辅导员职业能力的高低,影响到思想政治教育工作的质量,关系到我国高等教育的发展。我国进入新时代,在"互联网+"背景下提升高校辅导员的职业能力显得尤为重要。

一、"互联网+"时代提升高校辅导员职业能力的意义

(一)是适应大学生思想政治教育环境变化的必然要求

随着信息技术的不断发展,互联网的身影无处不在,高等教育也呈现出数字化、技术化的特征。高校辅导员是学生成长成才的人生导师和健康生活的知心朋友,在高校学生的生活和成长中扮演着重要的角色。在"互联网+"时代,辅导员需要顺应时代的发展,自我完善和自我发展。国家在进步,社会在发展,信息时代的思想政治教育工作需要因时而进,高校教育管理体制需要在大数据时代下进行改革创新,辅导员职业能力的提升是适应大学生思想政治教育环境变化的必然要求。

(二)是加强育人工作实效的本质要求

辅导员工作的根本在于立德树人,着力点在于培育全面发展的学生。新时代的学生身处在信息洪流之中,思想更加多元开放,个性也较为突出,学生的群体特征较之前发生变化。

高校辅导员需要了解每一位的特点和需求,给予每个学生关心和爱护。在"互联网+教育"背景下,高校辅导员提升职业能力更有利于准确把握大学生思想特点,充分了解每个学生的实际状况,坚持普遍要求和分类指导相结合,针对性地对学生进行教育和指导。辅导员职业能力的提升是提高思想政治教育工作水平、切实加强育人工作实效的本质要求。

(三)是建设专业化职业化辅导员队伍的根本要求

高等教育的目的是培养高质量的人才,高校辅导员是思想政治教育工作的重要力量,在育人工作中肩负着重要任务和责任。新时代高等教育内涵式发展,为了更好地承担岗位的职责,应对各方面的问题,促进思想政治教育工作的发展,需要建设一支具有高素质、高能力、高修养的教师队伍。辅导员职业能力的提升是辅导员队伍建设专业化、职业化的根本要求。

二、"互联网+"时代下高校辅导员职业能力中存在的问题

在"互联网+"时代,高校辅导员在面对海量的网络信息时必须具备一定的选择能力、思考能力和质疑能力,在享用丰富的网络资源的同时,积极挖掘网络教育的功能,规范自己的网络言论和行为,遏制不良网络舆论传播。高校辅导员发挥"互联网+教育"的优势,利用互联网工具做到科学育人。

当前高校辅导员大部分能聚焦本职本业，认真积极地工作。但是辅导员队伍的成员能力参差不齐。在"互联网+"时代，信息技术的新优势要和传统的思政教育相融合，这对高校辅导员的职业能力提出了更高的要求。目前高校辅导员在职业能力中出现了一些问题，主要体现在以下几个方面。

（一）职业认同感低

高校辅导员具有教师和管理人员的双重身份，是大学生思想政治教育工作的骨干力量，与高校学生联系极其紧密，其一言一行都影响着学生的认知和价值塑造。辅导员肩负着培养社会主义建设者和接班人的重大责任，但实际上辅导员在面对烦琐的事务性工作时，常常会产生"倦怠感"，社会上对高校辅导员的认知不清晰、不明确，一些辅导员对自己的职业认同感低下，职业兴趣不高。在"互联网+"时代，人们可以随时随地交换信息，辅导员可以了解网络上关于辅导员的评价和看法。这影响着辅导员对职业的认知和认同，会使一些职业立场不坚定的辅导员失去了职业的自豪感和荣誉感。

（二）责任意识淡化

辅导员岗位事情繁杂，所带学生较多，压力较大，部分高校辅导员长期处于高压工作状态下，就会逐渐失去上进心，对于工作开始懈怠和敷衍，例如上班早退晚到、只完成基础工作等。辅导员的实际工作都是因人而异、因事而化的，部分辅导员渐渐产生职业疲倦，在选择职业时的坚定不移慢慢消失，甚至消极对待学生教育管理工作。在功利主义和实用主义的诱惑下，部分辅导员更注重利己，把工作重心放在能获取更多金钱的副业上，渐渐失去立德树人的初心和根本。这是高校辅导员的责任意识淡化，被错误的道德观念冲昏头脑，进而育人意识淡薄、价值观念失衡[①]。

（三）缺少创新思维

辅导员这个职业需要有创新思维、与时俱进，紧跟时代发展脚步，把握当代主流价值观。但有一些老教师深受传统思想政治教育理念的影响，并不能在"互联网+"的背景下转变自己的育人方式，依旧按照传统的教育方式教育学生，难以和学生亲近[②]。而年轻的辅导员，和学生的年龄差距小，能熟练运用网络技术工具，能与学生有效沟通，但有些会完全依托于网络技术，脱离了教育的本质，对网络技术的过度依赖也会对学生产生不好的影响。

---

① 李康宇，米红秋．"互联网+"时代下高校教师职业道德修养中存在的问题及对策研究［J］．现代职业教育，2020（45）：132-133．

② 李默．"互联网+"时代下高校教师职业道德修养中存在的问题及对策研究［J］．现代职业教育，2021（7）：208-209．

三、"互联网+"时代提升高校辅导员职业能力的路径

(一)外部层面

1. 完善选人和用人机制

职业能力是辅导员职业道德修养的基础。在选拔高校辅导员的时候,严守把关。严格选人机制,要选拔出能胜任这个岗位的合适人选,选拔一批拥有"政治强、业务精、纪律严、作风正"的素质的人进入辅导员队伍。当前高校辅导员的选拔机制主要有事业单位统一考试的方式和高校自主招聘两种。事业单位统一考试这种形式,考题相同,更为公平公正,但是无法进行全方位的考察,也无法考量出个体的突出能力和特点。高校自主招聘的方式更有益于选拔出能力综合,具有职业潜能的人才,但因主观性较大,要健全更加公平、科学、合理的选人机制,避免权力寻租的现象。此外努力完善用人机制,要利用每个辅导员的特长,充分发挥每个辅导员的能力,促使辅导员在自己的岗位上发光发热,提高工作积极性和职业荣誉感。

2. 健全培训机制

培训是高校辅导员职业能力提升、职业道德提升的重要手段。根据国家发布的有关辅导员的文件,其中对辅导员的培训提出了明确清晰的要求。为提升辅导员的职业能力,教育部门和高校应健全培训机制。在培训内容方面,优化培训

的教材，完善培训的课程设计，加强培训基地建设和师资队伍建设，并且针对不同水平、不同工作年限的辅导员设计不同的培训内容，结合不同的岗位需求组织专业化培训。在培训方式上，一方面可以通过校内校外相结合的方式，既组织本校的辅导员在校内学习研讨相关政策文件和实际案例，也可以组织辅导员参与校外的研讨交流；另一方面可以通过线上线下相结合的方式，在"互联网+"时代，创新培训形式和载体。利用网络构建多级多角度全方位的培训网络，既可以选派名师大家、优秀辅导员进行线下的教学讲座，又可以运用会议直播、线上课程等方式进行培训。鼓励辅导员参加职业能力大赛，对参加报名的辅导员进行针对性的培训。将培育以"爱国守法、敬业爱生、育人为本、终身学习、为人师表"为职业守则的辅导员作为目标，抓住职业道德修养提升这个关键环节，不断提高辅导员在实际工作中的能力。

3. 完善考核和激励机制

激励能敦促个人上进，帮助实现自我价值的最大化。在对高校辅导员的考核机制中，增加对职业道德的考核因素，将辅导员的职业道德修养作为绩效考核的一项内容。在制度方面，建立规范、科学的考核体系。道德评价具有主观性和评价性，在"互联网+"时代，可以扩大考核的范围，创新考核的形式。辅导员工作的主要对象是学生，可以通过双向的评价，来评判辅导员的职业能力和工作的实际效果。利用调查问卷或者教务系统，让学生对辅导员的工作开展情况、联系学生的程度、道德修养进行综合的评价打分，参考这个分数作为辅导员职业晋升、评优评奖的重要依据。在激励制度方面，可以树立优秀的辅导员为榜样，进行公开的表扬，宣传优秀事迹，颁布荣誉证书。也鼓励辅导员参加职业能力大赛，给予辅导员物质奖励，实现在物质和精神两方面的激励。同时对于工作态度不积极、违反职业道德的教师给予批评惩罚。

（二）辅导员个人层面

1. 通过学习提高自身的能力

辅导员要通过自身主动地学习提高自身的能力，增加自己的专业知识储备。利用互联网资源，在专业网站学习交流，学习新的软件技术并充分利用。要坚持理论和实践相结合，积极参与培训，主动学习政治理论、政策法规、专业知识和职业道德。通过理论学习加强政治定力，强化理想信念，培育职业修养。通过实践养成健全的人格，顺应时代的发展。将理论提升与实践锻炼有效结合，提升高校辅导员的职业能力。

2. 培养辅导员的守正创新思维

高校辅导员要注重对工作的总结研究，甘于奉献、潜心育人，培育奉献意识以及强烈的事业心和责任感。通过对工作的研究，脱身于琐碎的日常工作，掌握思想政治教育工作的规律，把握学生成长的规律，以增加职业自豪感、培育职业认同感。高校辅导员应打破传统教育理念的束缚，培育互联网思维，创新育人模式。利用互联网开阔职业视野，主动学习和接受新事物。利用互联网，创新育人工作的方式方法，拓展思想政治教育工作的途径，提高工作的实际效果。

3.加强道德建设

提升高校辅导员的职业能力，要锤炼辅导员高尚的道德品质。辅导员作为为人为学的教师，是学生的行为表率，这要求辅导员端正自己的工作态度，加强自身修养。树立正确的价值观，以高要求严标准规范自己的言行，加强师德师风，养成崇高的道德修养，更好地扮演学生成长路上的引路人的角色。

四、总结

思想政治教育工作是高校工作的生命线，辅导员在思想政治教育工作中扮演着重要的角色，辅导员的职业能力影响着思想政治教育工作的水平。当前高校辅导员的职业能力整体不错，但不乏也存在一些问题。我们要破解高校辅导员职业道德修养提升中的难题，从辅导员个人的角度来看，要加强高校辅导员对职业道德的认知，使其养成崇高道德品质，充分发挥自身的主观能动性，提高职业认同感，引导树立明确的职业目标和崇高的职业理想，为提升职业能力打下夯实的思想基础。善于守正创新，拓展思想政治教育工作的新途径。从外部环境的角度来看，要健全和完善高校辅导员的选人、用人、培训和考核激励机制，从制度的约束和管理方面提高辅导员的业务能力水平，从外部帮助高校辅导员提升职业能力。随着时代的发展不断完善自己、提升自己是高校辅导员的职业目标和职业要求。辅导员要在"互联网+教育"中探索新的育人模式，提升自己的专业化职业化水平，更好地促进思想政治教育工作的发展。

参考文献

［1］朱琳.加强高校辅导员职业道德修养对策分析［J］.新西部，2015（15）：112，120.

［2］任成金.新形势下加强高校辅导员职业道德建设的思考［J］.郑州轻工业学院学报（社会科学版），2015（2）：101-107.

［3］李默."互联网+"时代下高校教师职业道德修养中存在的问题及对策研究［J］.现代职业教育，2021（7）：208-209.

［4］张壁耕，张嘉淇.提升高校辅导员职业道德修养水平的路径分析［J］.亚太教育，2016（12）：165，145.

［5］寇汉军.高校辅导员职业道德规范建设的困境与思路［J］.高校辅导员学刊，2015（4）：23-26.

［6］李康宇，米红秋."互联网+"时代下高校教师职业道德修养中存在的问题及对策研究［J］.现代职业教育，2020（45）：132-133.

［7］秦拓，罗意."互联网+"时代下的高校教师职业道德修养［J］.教育教学论坛，2017（30）：38-39.

疫情防控背景下高校辅导员队伍与工作研究综述

陈孝丁敬

（中南财经政法大学信息与安全工程学院）

2019年12月，湖北武汉出现多例新型冠状肺炎病例。2020年1月，新冠疫情暴发，全国各地陆续启动公共卫生应急预案，开展疫情防控。2020年4月29日以后，全国疫情防控进入常态化。[①] 疫情的暴发和常态化疫情防控，使我们的生产生活方方面面发生了巨大的变化，给全国教育系统带来极大的考验，也给高校辅导员工作带来新的挑战。与此同时，疫情防控背景下关于辅导员的科研领域又出现了哪些新的热点和变化，本研究将基于相关研究成果进行文献分析，主要对研究基

[①] 中华人民共和国国务院新闻办公室.《抗击新冠肺炎疫情的中国行动》白皮书[R/OL].（2016-03-13）. http://www.scio.gov.cn/zfbps/32832/Document/1681801/1681801.htm.

本情况、研究的热点内容以及研究存在的问题进行阐述。

一、研究概览

本研究主要基于中国知网（中文文献库）提供的文献资料进行分析，在检索条件中选择主题检索，输入"疫情"并包含"辅导员"进行检索，截至2022年8月5日共得到406条检索结果。

检索文献主要来源于学术期刊、特色期刊、会议、学位论文、报纸等文献库，其中学术期刊286篇，占比70.44%；特色期刊106篇，占比26.11%；其他文献共14篇，共占比3.45%。本文将主要对发表于学术期刊的相关文献进行分析，经过筛选剔除，共有239篇文献。

从文献发表时间来看，主要集中于我国新冠疫情暴发之后，集中发表于2020年、2021年及2022年，分别发表119篇、89篇、28篇。具体发表时间分布见图1。2010—2014年共发表3篇，均是在甲型H1N1流感疫情背景下产生。此前我国分别经历了2003年非典疫情、2009年甲流，并未出现大量研究文献。笔者尝试以"非典"与"辅导员"为关键词进行主题检索，也仅得到了8条检索结果，这也说明随着国家和社会对于高校辅导员岗位的重视，研究关注也在不断加深。

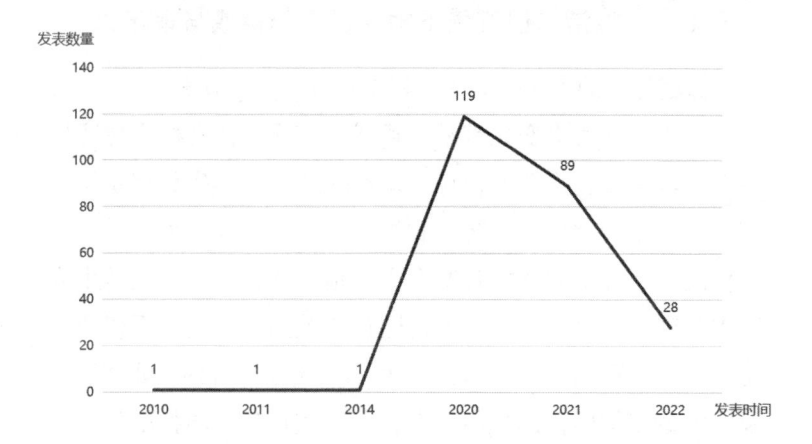

图 1　疫情防控背景下高校辅导员队伍与工作相关文献发表年度分布

研究学科和作者。研究基本上集中在高等教育、教育理论与管理、职业教育等学科领域，相关文献作者基本为一线学生工作者，主要来源于高职院校辅导员队伍、学生工作部（处），其他学科背景学者对于高校辅导员队伍和工作关注不多。

二、研究热点内容

自疫情暴发以来，高校的教学和管理方式发生了巨大的变化，对于辅导员队伍和工作来说同样如此。目前关于辅导员队伍和工作的研究主要集中在以下三个方面：一是疫情防控背景下辅导员整体工作挑战与策略的探索研究；二是疫情防控背景下辅导员九大工作职责的具体探讨；三是疫情防控背景下针对辅导员队伍本身的研究，例如角色定位、能力提升、工作压力与心理健康等。

（一）疫情防控背景下辅导员工作挑战与策略

1. 辅导员的工作挑战主要集中在以下几个方面。

工作内容发生变化带来的挑战。 辅导员在高校疫情防控中发挥着基础且重要的作用，疫情相关各类学生数据统计、配合防疫政策的执行与防疫知识的宣导等也成为辅导员日常工作之一，疫情和防控政策在不断地变化，同时高校学生人数多且密集，这都决定了疫情防控相关的工作任务不仅繁重且紧急。"通过各种媒介渠道了解有关传染病毒的专业知识，及时掌握疫情防控的最新动态，严格执行各类防控措施，全面落实学院的防控管理工作，时刻关注学生的生理和心理状况，及时上报紧急突发事件，全力妥善处置各类紧急状况，确保每位学生在疫情防控期间的健康安全，这也是辅导员在疫情防控特殊时期的责任和使命。"[1] 与此同时，疫情防控也对辅导员的思想政治教育、日常事务管理、心理健康教育等方面的精力投入、专业能力和工作成效有了更高的要求。辅导员的工作边界和深度在这场疫情防控战中不断在横向和纵向上延伸。

工作方式发生转变带来的挑战。 在疫情防控背景下，辅导员工作阵地从线下转变为线上或线上线下相结合，"学生工作开展的形态由辅导员与学生面对面的真实空间向线上虚

---

[1] 陈晓东. 高校辅导员在新冠肺炎疫情防控中的新挑战、新角色和新突破［J］. 科教文汇（上旬刊），2020（9）：36-38.

拟空间转变"①。这样的转变会使得沟通可能出现信息缺失甚至失真,影响教育和管理效果。孙晶认为"许多通过非言语信息传递的隐藏信息学生无法获取,很大程度上影响了信息的有效接收,这可能会导致政策和通知传递不到位,重复沟通成本增加,工作无法顺利开展"②,甚至出现信息失真的情况,因为通过线上媒介沟通,学生可能只会说对自己有利的回答。同样,这样的转变还对学校信息化水平和辅导员网络工作能力提出了更高的要求,"高校辅导员的网络工作能力也随着线上学生工作的开展被不断强调"③。

工作对象发生变化带来的挑战。在疫情防控这一特殊背景下,在大学生群体中集中出现了身体健康、心理健康、学习就业等方面的新问题。李珣认为受疫情影响,"一些原本分散出现的学生问题,在这段时间呈现出集中化的趋势"④。同时,辅导员需要针对不同细分类型的学生开展针对性、个性化的工作,工作对象由面转向点。疫情防控对辅导员工作提出了精细化的要求,要"实现教育管理工作从粗放式向精

---

① 刘军,陈泽萍,殷毅山.新冠肺炎疫情影响下高校学生工作的变化、机遇与调整方向[J].山东青年政治学院学报,2021,37(S1):122-125.

② 孙晶.新冠肺炎疫情背景下辅导员沟通管理方式的探索与实践[J].重庆广播电视大学学报,2020,32(4):57-60.

③ 李珣.后疫情时代高校辅导员工作方式转变探讨[J].北京教育(德育),2021(5):82-85.

④ 李珣.后疫情时代高校辅导员工作方式转变探讨[J].北京教育(德育),2021(5):82-85.

细化转变"①。

2. 当前关于辅导员工作策略的研究主要有以下观点。

转变思想，坚定信念，厘清工作主线和重点。高度重视疫情防控工作，坚定政治立场和理想信念，"强化责任担当，提高政治站位"②。同时，"辅导员应找准着力点，协助高校推进新形势下学生工作的有序开展。"③在保证学生生命健康安全的基础上，以思想政治教育、心理健康教育、学习就业指导为工作重点。

引入新的管理理念和方式。将网格化管理、人本主义管理等方式和理念引入辅导员工作中，商新然等人提出"把学校当作一个小区，将院系分类成不同的单元，建立科学的网格化、智能化管理，对精准化和高效化的实现有着十分重要的作用"④，刘军等人认为疫情期间辅导员开展工作的方式实际上是管理学上常见的人本主义管理模式，"人本主义管理模式强调以人为中心，强调个体在组织中的作用"⑤。另外，梁朋等人还提出"通过课程教学的形式，对学生群体开展更

---

① 陈苑媛，梁步敏，何媛媛，等. 后疫情时代高校国际学生教育管理工作转型实践：以广西医科大学为例［J］. 中国高等医学教育，2021（2）：5-6.

② 陈晓东. 高校辅导员在新冠肺炎疫情防控中的新挑战、新角色和新突破［J］. 科教文汇（上旬刊），2020（9）：36-38.

③ 李靖靖. 疫情防控常态化形势下的高校学生工作研究［J］. 科教文汇（上旬刊），2020（3）：22-24.

④ 商新然，刘丽娟. 疫情网格化管理下辅导员工作路径的浅析［J］. 国际公关，2022：45-47.

⑤ 刘军，陈泽萍，殷毅山. 新冠肺炎疫情影响下高校学生工作的变化、机遇与调整方向［J］. 山东青年政治学院学报，2021，37（S1）：122-125.

加科学有效的教育、服务与管理工作,构建高校辅导员工作课程化体系新模式"①。

提升辅导员素养和能力。疫情防控对辅导员的岗位专业能力和个人综合能力都提出了更高的要求,不仅要求其"在思想政治教育、党团建设、学业指导、心理健康教育与咨询、网络思想政治教育、危机事件应对、职业规划与就业指导等方面进行专业化的深入思考和研究"②,还对"辅导员的工作经验、心理素质、协调沟通能力、团结合作能力、大局观等方面都提出更高的要求"③。

(二)基于辅导员九大工作职责的研究

1.思想政治教育。本文所分析的文献关注最多的内容即思政教育,239篇文献中,共有65篇聚焦研究了思想政治教育,主要关注疫情防控背景下高校思政工作的挑战和工作对策。挑战和困难方面,崔丽萍通过问卷调查,提出主要问题在于教育载体、形式、内容、工作能力和工作满意度等方面。④陈保玲等人基于问卷调查分析,认为大学生价值取向多

---

① 梁朋,郭玲,白雪.后疫情时代高校辅导员工作课程化体系构建研究[J].辽宁科技学院学报,2021,23(2):79-81.
② 苏蕾.在抗"疫"战斗中,对于辅导员工作的几点思考[J].湖北开放职业学院学报,2020,33(20):96-97.
③ 李靖靖.疫情防控常态化形势下的高校学生工作研究[J].科教文汇(上旬刊),2020(3):22-24.
④ 崔丽萍.疫情常态化下高校网络思想政治教育现状调查研究:以安徽省B市高校为例[J].宿州学院学报,2020,37(2):9-13.

元化倾向突出，也冲击了高校思政教育的权威性。① 针对思政教育的工作思路和对策，研究包括丰富教育主题和内容，创新工作方式方法，如提升辅导员主观意识和工作能力、完善思政队伍建设、完善高校思政教育体系和机制等。曹俊盈认为思政教育需围绕敬畏自然、珍爱生命教育、爱国主义教育、深化社会责任教育、法治规则教育、党的领导的教育和社会主义制度优越性教育等方面。② 多篇文献均提到运用网络平台、新媒体技术对于思政教育的重要性。除网络思政外，课程思政也被多次提及。陈保玲等人认为"应以'课程思政'为渠道，拓宽思想政治教育新途径"，发挥专任教师的主观能动性。③ 张悦等人提出高校网络思想政治教育体制机制建设是有效开展工作的重要支持和保障，包括组织建设、网络思想政治教育机制、辅导员培训机制等等。④ 除此之外，部分学者还提出了以学生需求为中心、发挥榜样教育、挖掘抗疫故事、将思想教育与解决实际问题相结合等对策和建议，同时还有学者对医学生的思政教育这一细分领域进行了研究。

---

① 陈保玲，周宁，储德银，等. 疫情背景下大学生思想政治教育提升路径研究：基于安徽省四所高校大学生思政状况调查 [J]. 扬州大学学报（高教研究版），2021，25（2）：113-118.

② 曹俊盈. 新冠疫情下辅导员开展思政教育的思考 [J]. 产业与科技论坛，2021，20（24）：117-118.

③ 陈保玲，周宁，储德银，等. 疫情背景下大学生思想政治教育提升路径研究：基于安徽省四所高校大学生思政状况调查 [J]. 扬州大学学报（高教研究版），2021，25（2）：113-118.

④ 张悦，秦亚茹. 疫情背景下高校辅导员网络思想政治教育能力提升路径探究 [J]. 河南牧业经济学院学报，2021，34（5）：88-92.

2. 心理健康教育。在本文研究分析的 239 篇文献中，共有 40 篇专门对疫情防控背景下辅导员的心理健康教育工作进行了研究，其中约三分之一使用了问卷调查法这一研究方法，朱凯等人还针对相关因素进行了多元线性分析。研究观点包括：辅导员需准确定位自身角色，坚定思想。任锋认为需增强大学生心理健康管理的角色认同，提升辅导员心理健康管理的综合素养，将心理健康管理融入大学生学习生活，发挥合力助推大学生心理健康管理[1]。臧鹏提出要创建家校联动长效机制，变"被动合作"为"自觉行动"，推进家校双方由"应急合作"向"预防合作"转化，以定期筛查和常态观察相结合来确定重点防护对象，指导家长采取科学方式和方法应对学生心理危机[2]。

3. 就业指导。在本文研究分析的 239 篇文献中，共有 31 篇专门对疫情防控背景下的辅导员就业指导工作进行了研究，主要研究内容集中于就业挑战和辅导员应对策略。相关研究认为，受疫情影响，大学生就业的形式、供需都发生了巨大的变化，整体就业形势更加严峻，但大学生中就业消极被动、趋于保守且情绪焦虑的情况却明显加剧。针对以上就业困难和挑战，主要提出了以下对策：充分挖掘就业资源和利用平台资源，提升就业指导能力，就业指导时间关口提前并覆盖

---

[1] 任锋. 新时代加强大学生心理健康管理的困境与应对：基于高校辅导员的工作视角[J]. 大学, 2021（51）：136-139.

[2] 臧鹏. 新冠疫情下高校学生家校联动心理危机干预机制的探索[J]. 长春大学学报, 2021, 31（8）：28-31.

就业全过程，引导学生树立正确就业观念，提升学生职业规划、信息甄别、表达应变等就业能力，摸排就业情况并提供针对性帮扶指导。此外，吴兆克等人还提出对就业指导中的思想政治教育进行调查研究，提出"实现大学生就业指导与思想政治教育有机结合"①。

4.其他工作方面。针对辅导员工作的其他领域，当前研究成果相对较少，相关文献数量约为本次研究分析的12%。危机事件处理方面，研究主要关注辅导员危机事件排查和处理的专业能力、学校危机事件处理机制等方面；学风建设方面，相关研究结果均提到了运用信息化手段、学习互助和学业帮扶等观点；党建方面，江海鯔、律野均提出线上线下相结合进行培养和发展的观点。

（三）疫情防控背景下辅导员队伍

1.辅导员的角色定位。根据《普通高等学校辅导员队伍建设规定》，辅导员既是开展大学生思想政治教育的骨干力量，也是高等学校学生日常思想政治教育和管理工作的组织者、实施者、指导者，还应当努力成为学生成长成才的人生导师和健康生活的知心朋友。②目前的研究认为，在常态化疫情防控背景下，"辅导员除了完成本职岗位要求的基础任务

---

① 吴兆克，赵恒梅，周向阳.疫情常态化下大学生就业指导中的思想政治教育问题研究［J］.黑龙江人力资源和社会保障，2021（1）：121-123.
② 中华人民共和国教育部.普通高校辅导员队伍建设规定［EB/OL］.（2006-07-23）［2022-09-29］.http://www.moe.gov.cn/jyb_xxgk/gk_gbgg/moe_0/moe_1443/moe_1463/tnull_21506.html.

之外，必须在角色定位方面赋予新内涵"①，承担好思想引导者、心理疏导者、学习和生活指导者等角色的同时，还需要承担疫情防控的指导者和组织者，承担其一线防疫任务，"将疫情防控作为学生工作的重要任务来抓"②。

2. 辅导员能力提升与职业化、专业化。相关研究均对辅导员在疫情防控背景下提升工作能力、实现职业化和专业化的必要性进行了论证，并提出了对策建议。郑均雷认为，辅导员需提升应对突发事件能力、日常管理能力、思想政治引导能力③；刘伟认为辅导员职业能力建设，需在生成机制与建设路径上深度着力④。

3. 辅导员队伍的其他方面。周佳娴针对疫情防控背景下辅导员的工作压力成因进行了探析，认为主要来自辅导员工作的特殊性和辅导员职业困境的普遍性，并从"修内功"和"借外力"两个方面提出了应对之策。⑤诸毅超从社会支持视角研究辅导员心理健康发展问题，认为高校应"提供良好环境，完善高校辅导员心理健康引导体系并提升高校辅导员的

---

① 时倩. 疫情防控常态化下高职辅导员角色定位及工作路径探析[J]. 常州信息职业技术学院学报，2021，20（4）：73-75.

② 张琳. 新冠疫情下辅导员的新角色[J]. 科学咨询（教育科研），2020（10）：104.

③ 郑均雷. 新冠肺炎疫情背景下高校辅导员工作能力提升研究[J]. 林区教学，2022（1）：1-4.

④ 刘伟. 常态化疫情防控下高校辅导员职业能力建设[J]. 安庆师范大学学报（社会科学版），2020，40（2）：125-128.

⑤ 周佳娴. 疫情背景下辅导员工作压力成因探析[J]. 决策探索（下），2020（10）：20-21.

自我调适能力"①。杨花等人关注到辅导员在疫情之下的自我关照意识和能力不足②。

三、研究现状与问题

自新冠疫情暴发以来，两年多的时间集中产生了不少关于辅导员队伍和辅导员工作的研究成果，这不仅为辅导员实际工作的开展提供了建设性的指导方向，更是助推辅导员工作职业化、专业化的重要环节。然而基于目前的研究成果来看，依然还存在以下问题。

研究领域和关注内容相对集中，研究结论创新性不足，且与疫情前相关内容差异不大。本文所分析的239篇文献中，对于疫情防控背景下辅导员工作挑战与工作策略、思想政治教育、心理健康教育、就业指导等内容关注较为集中，这说明当前辅导员工作的重点突出、主线明确，但同时也说明对于辅导员工作其他领域和辅导员队伍本身关注不足。同时大量文献的观点和结论较为统一、相似，缺乏观点创新，同时与疫情前相关研究结论差异并不大。

学理剖析和理论关注不足，科研水平较低，深度不足。虽然辅导员工作实践性强，但理论的研究和指导依然对于辅导员工作开展和队伍的职业化、专业化意义非凡，尤其是心

---

① 诸毅超. 社会支持视角下的高校辅导员心理健康问题研究［J］. 产业与科技论坛，2020，19（23）：274-275.

② 杨花，余惠. 战"疫"中辅导员的自我关照意识及能力培养［J］. 中国多媒体与网络教学学报（上旬刊），2020（8）：171-173.

理健康教育等具有较高专业要求的工作领域。当前相关研究科研水平和价值较低，发表于核心学术期刊的文献仅1篇，不少文献更像是辅导员工作汇报和工作总结，缺乏理论层面的剖析和支撑。

研究方法相对单一，缺乏量化研究。本研究分析的239篇文献中，大多使用了规范性研究方法，即围绕"是什么"—"为什么"—"怎么做"这一逻辑展开，仅有20篇采用了问卷调查法，17篇采用了案例分析法，实证研究不足，以简单的数据分析或者个别案例作为研究结论。

在疫情防控成为新常态的当下，辅导员作为高校各项工作的基础且重要的一环，需要进一步加强对其工作及队伍本身的科学研究，进而指导、引领辅导员工作的开展，提升工作实效性，推进辅导员职业化、专业化。

参考文献

［1］李珣.后疫情时代高校辅导员工作方式转变探讨［J］.北京教育（德育），2021（5）：82-85.

［2］刘军，陈泽萍，殷毅山.新冠肺炎疫情影响下高校学生工作的变化、机遇与调整方向［J］.山东青年政治学院学报，2021，37（S1）：122-125.

［3］吴文洁.后疫情时期"三重特殊性"视域下辅导员面临的挑战与应对［J］.产业与科技论坛，2022，21（8）：265-267.

［4］余正龙，吴梦佳.疫情防控下心理健康教育防控改革研究［J］.现代商贸工业，2022，43（10）：66-68.

[5]张红梅.抗击疫情 辅导员如何发挥作用[J].中国高等教育,2020(19):31-32.

[6]中华人民共和国国务院新闻办公室.《抗击新冠肺炎疫情的中国行动》白皮书[R/OL].(2016-03-13).http://www.scio.gov.cn/zfbps/32832/Document/1681801/1681801.htm.

[7]祝天振.疫情常态化下高校辅导员在事务管理中的挑战、角色和优化路径[J].湖北经济学院学报(人文社会科学版),2021,18(12):115-118.

"互联网+"时代高校教师职业道德修养问题及改进策略研究

田 雨

（中南财经政法大学公共管理学院）

技术的进步和网络的普及推动人类生产、生活方式的剧烈变革，人类社会已朝智能化、信息化纵深迈进，互联网技术的长足发展和广泛应用，催生了"互联网+"的发展思潮，"互联网+"正直接或间接地影响着生产生活的方方面面。

后疫情时代，互联网对社会方方面面的影响尤为深入，对高校的日常管理、授课模式、教育方法等诸多方面带来了新的机遇和挑战。新的教育环境的产生，必将对高校教师职业道德的修养提出新的要求，也会带来一系列新矛盾新问题。高校教师是文化的传播者，更是学生灵魂的塑造者，高校教师职业道德修养关乎教师素质高低，教师素质高低直接决定为党育人、为国育才的方向性问题，关系到高等教育的兴衰，关系到国民教育的方向和前途。对此，在"互联网+"时代到来之际，提升高校教师职业道德修养，打造健康合格的育人队伍是当下突出且紧迫的工作任务。

一、"互联网+"时代对于高校教师职业道德修养的影响

随着"互联网+"时代的到来，高校教师的工作、学习、生活方式发生巨大转变，新冠疫情后，网络承载了线上沟通、授课、培养、考试等诸多教学需求，成为高校教师开展教育教学工作的主渠道。在庞杂的网络虚拟社会中，海量的信息充盈着整个网络空间，信息不仅体量巨大，且性质多元，鱼龙混杂，复杂多变的网络环境给高校教师职业道德修养带来了新的挑战。

首先，网络的出现带给学生更多足不出户了解外界消息的契机，学生通过网络可自行搜索、捕捉、学习更多的课外知识。在此背景下，高校教师本身的职责也日渐扩大，传统的"传道授业解惑"已然不能满足学生日益衍生的学习需求。高校教师需要紧随知识更新的步伐，改变照本宣科的教学模式，不断更新教育理念，掌握新的教育方法，形成新的教授思路和途径，教会学生主动辨别知识的好坏。由此，高校教师本身的职业道德修养便决定了教师自身知识的自主选择，只有道德修养积极高尚，才能在"互联网+"时代中甄别出真正对学生成长成才有益的知识和体系。

其次，虚拟网络社会让学生呈现双面人格，加大了教师管理难度。虚拟空间为学生提供了大量的各种各样的身份面

具，在虚拟性的遮盖下，学生可以从中任意选择一个乃至多个身份作为自身的象征。与现实生活中固定的身份角色不同的是，网络虚拟空间中的角色扮演明显具备随意性，网民也不必担心自己的网络行为会对真实世界产生哪些影响，在现实中无法改变的名字、性别、家庭等个人信息，在虚拟社会中却可以轻易改变。在此背景下，高校教师若以传统的道德教育方式来开展工作，势必不能取得良好的效果。

最后，互联网所造就的互联互通也对高校教师职业道德修养提出了更高的要求，在做好现实中的本职工作的同时，还需要兼顾学生在网络社会上的思想动态及网络行动，且自身还需保证线上线下言行一致。在掌握基本的网络能力和技巧的同时，高校教师应充分挖掘互联网本身所具有的教育功能，科学合理地利用互联网，充分发掘技术优势，以更高的职业素养开展好学生的网络思想政治教育和学习活动。

二、当下高校教师职业道德修养提升过程中存在的问题

（一）问题表现

从整体来看，当下高校教师职业道德修养主流良好，大部分教师对于高校教师职业认同感强，责任意识高，尽职尽责，从业态度端正，对学生有良好的引导带头示范作用。但经济的发展、社会环境的剧烈变迁、以互联网为代表的现代科技及智能产品的诞生，为高校教师职业道德修养的提升带来了新的挑战。此外，对外交流频次众多，中西文化交流过程中

西方思想及文化的相关影响，也给高校教师职业道德修养提升带来了诸多困难。值此背景下，大多数的教师及高校工作人员都能明辨是非，独善其身，不受影响，但也有不少高校教师产生了行为失范，其主要表现在以下几个方面。

1. 高校教师职业道德认知出现偏差

高校教师是一个复杂的群体，有新进的年轻教师，也有教龄长、经验丰的资深教师。新进的年轻教师由于本身刚完成从学生到教师的身份转变，且年龄较轻，其本身对社会的进步变化、新技术的感知与接受能力较强，而那些年龄较大、受传统观念影响较深、教学模式固化的资深教师群体，往往不能很快适应新的教学模式，继续延续传统的教学方式，根据自身的教学经验，大水漫灌式开展课堂教学，长此以往很难得到学生的认可和青睐。青年教师由于年龄、经历等各方面与当下学生相仿，但由于教学经验不足或受到功利主义的影响，很多青年教师往往不注重提升课程质量，采用视频教学、放电影等手段，转移教学压力，对学生产生了一系列负面影响，以上两类情形均违背了教师职业道德。

2. 教师职业倦怠，育人意识淡薄

"互联网+"以技术的方式推动社会更加开放和多元，教师的自身价值追求也随着客观现实的变化而变化，网络技术的进步使得学生获取知识的途径更加全面多样，部分学生的课外知识涉猎甚至超过了老师，教师的学术权威遭受挑战。部分教师的教学热情减退，兴趣低迷，主要表现在：上课迟到早退，课上课下与学生的互动交流减少，备课时间减少，师生感情进一步淡薄，更为严重的是，部分教师在现实学习生活不如意的情况下，将不正确的思想、言论以及偏激的想法带入课堂，对学生的成长产生更为严重的不利影响。

3.重科研轻教学，学术功利化趋势明显

高校教师是较为特殊的群体，相较于其他学段的教师，除了承担日常的教育教学任务外，高校教师还面临着科研的压力，囿于当下高校人事制度及科研评价制度，高校教师的发展离不开职称评定及职级晋升，很多初入职场的青年教师一方面要课堂教学、课下备课，一方面还要开展科研工作，时间焦虑成为大多数青年教师的生存状态，然而人的精力总是有限的，出于理性选择，部分青年教师逐渐将工作重心转移到科研方面，在课堂教学方面投入的时间精力日渐减少。此外，由于考核指标的限定，高校教师科研功利化也日渐明显，学术研究套路化，没有实质性有益于社会发展的产出成果已成为当下高校教师科研普遍现象。

（二）问题成因

高校教师职业道德修养提升过程中出现的问题有其特定的成因，梳理如下。

首先，部分高校教师自身的道德约束能力不强。高校教师作为社群中的个体，首先需要满足自身的生存和生活需要，受复杂的现实状况影响，不少教师追名逐利，将高校教师仅作为一项职业来看待，教师身份仅仅成为其养家糊口的来源，渐而丧失对工作的热情，缺乏教书育人的使命感和进取心，浑浑度日，照本宣科。

其次，高校教师评价机制不完善。近些年来，随着高等教育不断发展，全国高等院校的招生规模也日渐扩大，高校也在不断招贤纳士，扩充师资队伍。大部分高校都将工作重点放在人才引进上，而对于人才引进后的管理却并未形成完整全套的方案，师资队伍建设和教育教学评价管理机制建设相对乏力，师德评价考核更是一片空白，在实际的教育管理过程中缺乏可实操的激励、惩处措施，诸多高校在师德师风上一票否决，但对师德评价却未有细化标准。

最后，教师职业道德也受到社会风气的影响，当前行业内卷加重，高校教师职业压力普遍增大，强大的职业期许和现实压力产生巨大落差，导致一些教师道德滑坡，放任自流。

三、"互联网+"时代高校教师职业道德修养提升路径

（一）明确高校教师职业道德修养总体要求

总体要求明确，才有行动方向和指南。党的十八大以来，以习近平同志为核心的党中央高度重视高校建设，明确指出高校教师在教育育人过程中的重要角色，先后在高校教师师德师风建设、高校教师评定等多方面出台政策文件，细化对高校教师的管理。党和国家从办好人民满意教育，为党育人、为国育才的根本出发点出发，明确了高校教师的发展目标是：朝"有理想信念，有道德情操，有扎实学识，有仁爱之心"的"四

有"好老师方向迈进。在"互联网+"的加持下，推动全国各地高校多渠道贯彻高校教师职业道德提升的总体要求，旗帜鲜明地向着总目标前进。

（二）鼓励引导高校教师提升自我修养

政策文件制度等刚性措施的出台是外在引导，而高校教师自我提升的主体意识更是关键。对此，高校教师应当树立"不停学，终身学"的学习思想，除了在科研工作上发力，对于职业道德的学习也应有序推进，对于互联网所带来的新挑战，应当理性认识，客观对待，化挑战为机遇，正视新技术所带来的改变，主动学习接纳，利用互联网技术，提升自我道德修养，并将其运用到科研、授课和生活的方方面面。其次，高校教师也应当利用互联网技术，不断更新教育理念，掌握现代化的教育方法，注重培养学生的问题意识、团队意识，做好自我思想教育的革新，在实际教育教学中学为人师、行为世范，以德立身、以德立学。此外，在自我道德修养提升的同时，应当保证现实的道德行为与网络虚拟道德行为的一致性。当下学生的生活离不开网络，教师的教育教学更需要网络的加持，因此，高校教师也需要培育网络道德，确保网络与现实生活保持一致。

（三）完善健全高校教师评价管理体制机制

教师是高校实现发展的重要基础，师德是教师的立身之本，只有全面强化对教师师德的关注和考核力度，教师才能更加专业化，由此，应着力完善教师职业道德修养评价及考核机制，建立并完善教师职业道德考核负面清单制度。师德的考察应准确、全面、科学、公平、规范，评价标准细化、量化，评价过程延伸至生活、工作和社会服务中，全方位、多层次地对教师道德进行考核评价，同时强化奖惩机制，对于评价优秀的教师予以奖励和宣传，形成示范效应，而对于评价不合格或严重失范的，实行"一票否决"制。

细化而言，可从以下方面着手。

1.将师德考核贯穿于教师管理的全过程。"学高为师，身正为范"。高校教师是青年学生人生成长发展的领航者，高校教师的思想政治素质和道德水平会对学生产生直接或间接的影响。十八届六中全会明确提出全面从严治党，切实做好思想理论工作、意识形态工作，并在全国高校思想政治工作会议上作出全面部署。高等院校应提高政治敏锐性和大局意识，把思想政治素质作为教师选聘考核的基本要求，贯穿到教师管理和职业发展全过程。在招聘过程中，坚持思想政治素质和业务能力双重考察；推行师德考核负面清单制度，实行师德问题"一票否决"，对于思想道德、师德品质等方面严格把关，如有问题，不予录用，严把进口关。

2.多措并举，提高对教育教学工作重要性的认识。把教授为本专科生上课作为学校教育教学的基本制度，明确教授、副教授等各类教师承担本专科生课程、研究生公共基础课程的教学课时要求。教师担任班主任、辅导员，解答学生问题，指导学生就业、创新创业、社会实践、参与各类竞赛以及老中青教师"传帮带"等工作，应计入教育教学工作量。学校应实行教师自评、学生评价、同行评价、督导评价等多种形式相结合的教学质量综合评价。提高教师教学业绩在校内绩效分配、职称评聘、岗位晋级考核中的比重，充分调动教师从事教育教学工作的积极性。把坚持党的基本路线作为教学基本要求，旗帜鲜明地坚持正确舆论和价值导向，加强对教师课堂教学活动和教学实践环节的考核监督力度。对于在课堂教学中传播违法、有害观点和言论的，依纪依法严肃处理。

3. 完善科研评价导向。坚持服务国家需求和注重实际贡献的评价导向，扭转将科研项目与经费数量过分指标化、目标化的倾向。改变在教师职称评聘、收入分配中过度依赖和不合理使用论文、专利、项目和经费等方面的量化评价指标的做法。积极探索建立以"代表性成果"和实际贡献为主要内容的评价方式，将具有创新性和显示度的学术成果作为评价教师科研工作的重要依据。注重个体评价与团队评价的结合。建立合理的科研评价周期。适当延长考核评价周期。

4. 将教师专业发展纳入考核评价体系。鼓励各高校开展教师发展性评价改革，在考核指标体系中增设教师专业发展指标，细化对教师专业发展的要求。

四、结语

"互联网+"时代的到来，对高校教师职业道德修养的提升既是机遇，也是挑战，互联网与教育的深度融合，要求高校教师应随时代的变化，更新教育理念，提高职业道德要求，因时而变，因势而新，为培养合格接班人奠定坚实基础。

参考文献

[1] 刘中亮，崔诣晨，刘青玉，等. 高校教师职业道德自律评价结构要素的确立和实证分析：基于江苏四所高校数据调查［J］. 江苏高教，2021（6）：94-98.

[2] 徐建. 网络时代高校教师职业道德建设［J］. 中学政治教学参考，2019（18）：104.

[3] 刘卫平，徐嘉敏. 高校思政课教师职业道德评价机制论析［J］. 学校党建与思想教育，2018（10）：20-21.

[4] 钱晓芳，周艳. 高校教师职业道德建设的逻辑起点与路径选择［J］. 中国高等教育，2016（21）：28-31.

[5] 张迪. 高校教师职业道德内化促成机制探究［J］. 学校党建与思想教育，2016（12）：86-88.

[6] 朱泓，尹贵斌，蔡丽华. 网络时代加强高校教师职业道德修养研究［J］. 教育与职业，2015（14）：61-63.

[7] 张东晔. 高校青年教师职业道德机制的遵守与失范［J］. 教育与职业，2014（35）：89-90.

[8] 刘明亮. 高校教师职业道德建设存在的问题及对策［J］. 教育探索，2014（9）：94-95.

[9] 王瑜，陈静. 新时期高校教师职业道德建设探究［J］. 学校党建与思想教育，2013（15）：34-36.

[10] 郝文斌，徐晓风. 我国高校教师职业道德现状与建设理路［J］. 黑龙江高教研究，2013，31（2）：83-84.

[11] 廖蓉，周先进，廖渐. 高校青年教师职业道德修养调查：基于湖南省七所高校师生对青年教师职业道德修养

状况的分析[J].高等农业教育,2012(5):39-43.

[12]邱有华.论社会转型期高校教师职业道德建设的长效机制[J].继续教育研究,2011(8):76-78.

[13]安身健.当前高校教师职业道德建设存在的问题与对策[J].教育探索,2009(1):93-94.

[14]于云荣,宋振全.高校教师职业道德建设中存在的问题与对策探讨[J].职业时空,2007(16):39-40.

"三全育人"视域下研究生导师和辅导员协同育人的路径探索[①]

魏晨雪

(中南财经政法大学公共管理学院)

研究生群体作为高层次人才,研究生的思想建设、政治觉悟、道德素养、专业知识水平等方面直接影响到党和国家未来事业的发展。尤其是在新形势下,研究生思想政治教育工作水平直接影响到是否能落实立德树人这一根本任务。2017年12月,教育部出台的《高校思想政治工作质量提升工程实施纲要》对"三全育人"综合改革作出了总体部署。由此可见,"三全育人"指明了新形势下高校推进思想政治教育工作的改革方向和总体目标。

[①] 本文系中南财经政法大学2021年思政教育研究与高教管理研究项目("三全育人")"'三全育人'视域下研究生导师和辅导员协同育人的路径探索";中南财经政法大学2020年中央高校基本科研项目("三全育人")(项目编号:2722020SQY22)阶段性成果。

一、"三全育人"机制的内涵

（一）关键在"全"：形成一体化思想政治教育合力

"全员全过程全方位育人"是"三全育人"的内容。而这一理念不仅仅停留在指明高校要加强思想政治教育的表面要求，更是启发高校工作者要从多角度、多方面来开展工作，从教学、管理、服务等多方面入手，切实有效地推进高校学生思想道德修养和政治觉悟的提高。

"全员育人"指从施教者范围出发，指社会上每一个成员都应参与到"育人"的工作中来，都应该承担起这一份培养祖国下一代建设者的责任。社会各领域、各行业工作者应有育人的基本共识，相互联系、相互配合。而高校作为大学生直接生活、学习、工作的场所，应有最深刻的责任意识，动员全校上下工作者，形成密切配合，使各层级的思想政治教育工作的部署和落实在高校稳定有序的运行当中推进，促使学生全面发展。

"全程育人"指从时间维度出发，指育人工作应覆盖大学生从入学到毕业的每一个时间段的学习、生活、学生工作等环节中。在不同的时间阶段，大学生接触到的不同高校工作者都应落实思想政治教育工作，不存在真空缝隙，使大学生在世界观、人生观、价值观形成的关键阶段得到良好的思想教育熏陶，能立大志、明大德、成大才、担大任，成为堪当民族复兴重任的时代新人。

"全方位育人"指从空间维度出发,指思想政治教育工作应有丰富内容,用多样化的途径来开展。在校园内,课程培养、志愿服务、社会实践、学生工作、校园活动等方面共同构成大学生思想政治教育改革的方面。走出校园,也应利用好各种红色资源来开展思想政治教育,如博物馆、纪念馆、革命先烈陵园等。同时,利用新技术手段,如互联网技术、共享资源技术、人工智能等,来丰富思想政治教育的开展途径,也是全方位育人的内容。

(二)核心是"人":培育德智体美劳全面发展的时代新人

习近平在全国教育大会上强调:"我国是中国共产党领导的社会主义国家,这就决定了我们的教育必须把培养社会主义建设者和接班人作为根本任务,培养一代又一代拥护中国共产党领导和我国社会主义制度、立志为中国特色社会主义奋斗终身的有用人才。"习近平总书记的讲话指明了"培养什么人"这一问题。在已实现第一个"百年目标",向第二个"百年目标"迈进的征程上,在高校培养下成长起来的大学生应具有正确的价值观、丰富的知识、全面的素质,能坚持党的领导,有爱国主义精神,有良好的品德修养。

(三)根本为"育":遵循"教书育人、学生成长成才、思想政治教育"规律

教书育人的第一责任人是教师,"教书"便是为了"育人"。新时代高校教师要在提升自我学术水平、政治素养、

道德修养的基础之上,为学生传道授业解惑。遵循学生成长成才规律,就是要结合新时代大学生群体特征,了解其所思所想,研究其思想、学习、生活和成长客观实际,从而做到"精准施教"。遵循思想政治教育规律,就是要在充分考量学生接纳与参与意愿的前提下,有效开展思想政治教育工作,使得工作有成效,培养有所得。

二、研究生群体的主要思想特点

随着近年来研究生扩招政策的落实推广,高校招收研究生人数呈大幅增加的趋势,研究生群体突出呈现年龄阶段、生源地及文化多样的特点。而当前在多元文化的影响下,以及呈现出的鱼龙混杂、信息传播快速但繁杂特点的互联网冲击下,研究生心理建设、思想政治动态、价值观念等也表现为多样化。总体而言,研究生群体的主要思想特点可以概括为以下三点。

(一)有一定思考能力但辨别能力不足

在本科毕业后选择继续深造学习,一定程度上反映了研究生所具有的较强学习能力、学科基础、认知与思考能力,并且经历过本科阶段的高等教育并拥有了一段独立生活经验,年龄处于 20~25 岁的研究生世界观、人生观、价值观已初步形成。但他们对于社会事件、他人言论的评判往往也难以做出客观、全面、正确的认识,容易出于感性、片面认识而影响判断。尤其是当前网络环境嘈杂,他人言论真实性尚存疑时,易被干扰。

（二）自我意识强烈但集体观点有待加强

研究生阶段通常的多人合作形式是以课堂小组、课题小组或寝室为单位进行合作分工，但更多时候研究生是以个人为单位进行自主学习、论文撰写等活动。在自我管理的过程中，研究生通常会进一步加强对自我利益的关注。当前党员占比在班级中仍不算多，在班集体中开展全员性质的党建团建活动和集体民主活动的次数和成功组织的次数仍为少数。志愿服务、社会实践的参与主体仍以本科生为主。在这样的情况下，研究生的集体观念难以得到强化，对于集体的归属感和对集体利益的考量则势必缺乏。

（三）学习能力强但心理素质不强

闯过了保研与考研难关的研究生，现阶段多投身于独立学习与撰写科研论文，积攒了本科学习经验后长期在专业领域深耕细作，研究生的学习能力可以说普遍较强。但不可忽视的一点是，研究生普遍压力大，除了面临科研与毕业压力，在考虑到本科毕业后选择就业已积攒一定个人财富与工作经验的同辈时，还会催生出关于就业问题和婚恋问题的压力。不少研究生出现大量掉发、焦虑、失眠的状况，更有甚者选择极端行为。心理委员在日常工作中也难以发现班级同学不轻易言说的心理压力。

三、当前研究生导师和辅导员协同育人实施过程中存在的问题

（一）导师思政教育缺位，"重学术轻思政"现象普遍

导师作为"研究生培养的第一责任人"，理应承担起引导学生价值观形成、关注心理健康教育、引领思想政治觉悟、辅导科研学术工作并解决其他困难的责任。但实际工作中，导师普遍对学术能力的培养更为重视，工作重心也倾向利用每周组会、外出调研、论文辅导等形式来引导学生在学术道路上前行。对于学生思政教育则普遍未将其划为自身职责范围，而是依赖于院校两级组织的思政教育讲座、学生会发起的思政教育文体活动、学生党支部的党内学习生活等途径。

导师对开展学生思想政治工作的方式方法也并不熟悉，并未有系统性的指导手册可以遵循。一方面是投入时间不足，少有的思政教育投入也多为与课堂知识结合，临时且零散的短暂输出，而课下大量时间被行政事务、科研投入所占据，与所指导的学生接触时，特地预留出的思政教育时间就更少了。另一方面是输出方式受限，导师在进行思政教育时，多是从自身阅历、学术积淀中提取信息，而对学生所能接纳的教育方式、教育途径等少有考量，如此一来便难以保证教育效果。

（二）辅导员职责定位不明，教育职能发挥受限

一方面，高校辅导员自身的学科背景多样，学历层次低、专业技术职务低的现象屡见不鲜，频繁地换岗导致辅导员成为流动性较大的一个职业，不仅要接受学校层面的领导和工作安排，还要接受来自学院层面的各种临时性任务，这种多头管理模式使得研究生辅导员的日常工作长期停留在执行与汇报的行政工作层面。并且，存在一些高校并未将研究生辅导员与本科生辅导员的职责进行严格区分的情况，在实际的工作场域中，研究生辅导员又常常一并承担起研究生培养部门工作、导师联系工作、学科秘书等数份工作，存在着工作重复和交叉的现象。这样的设置使得研究生辅导员的时间大部分被行政工作和学科工作所占据，而对于学生思政教育的关注大打折扣。

另一方面，高校研究生辅导员一般会同时扮演多个年级的辅导员角色，面对来自不同年级、不同专业、不同地区、不同个性的大量研究生，辅导员在完成对其日常管理工作时就已满负荷运转，而对于并未接受过心理教育培训和思想政治教育方面的专业化培训的研究生辅导员而言，很难做到关注每一位学生的思想动态并进行个性化培养与思政引领。

（三）导师与辅导员协同育人意识不强、沟通不畅

大部分研究生导师与辅导员并无协同育人的意识，而是"各自为政"。辅导员致力于完成研究生日常管理工作、学科学位相关工作，对于学生学科发展并未有太多关注。研究生导师致力于完成对学生论文的指导和组织学生一同完成课

题申报、实地调研等工作，而认为学生的品德修养、道德素质、政治站位监督和培养工作都是辅导员的职责，当发现学生在意识形态、恋爱就业、学业工作中遭遇问题时，通常也没有及时向辅导员寻求帮助。双方对于合作加强研究生思想政治教育的重要性并没有深刻的认识，而这一点的缺失通常也是校内恶性事件没有得以避免的原因。

不少高校并没有建立研究生辅导员同导师定期沟通交流的会议制度，或搭建专门的信息交流平台，致使研究生辅导员和导师对于学生的认识和定位处于相互独立的状态，这种信息共享的缺失时长会导致无法全面认识评价学生，在评优评奖、就业推荐等涉及学生切身利益的实践中出现意见相左的情况，而此时学生又通常会诟病学院工作的严谨性。

四、"三全育人"视域下研究生导师和辅导员协同育人的路径探索

针对当前研究生群体的主要思想特点及当前研究生导师和辅导员协同育人实施过程中存在的问题，结合"三全育人"的德育理念要求，下面提出了研究生导师和辅导员协同育人的路径。

（一）建立联动机制，实现全员育人

建立研究生导师与辅导员的定期沟通机制，由二者之间的单向沟通模式向双向沟通改变。在推优入党、奖学金评定、思想政治鉴定工作中，辅导员应积极主动邀请导师发表意见，

减少评定结果争议，使工作开展更为有效。

针对研究生导师和辅导员在工作重心上的不同侧重问题，需要从根本上进行解决。首先，院校两级在导师工作指导及考核中，可以加入对学生心理辅导、对开展学生思想政治工作的相关培训，并在工作考核中设置相关考核指标，如由学生来对导师开展思想政治工作的程度及效果进行评价，一方面引起研究生导师对学生的德育重视，另一方面提升导师德育水平，切实推进学生从导师层面获取充足的德育培养。

其次，针对辅导员职责定位不明的情况，院校两级应协同探索辅导员的管理及培养制度，在招收专职辅导员的同时，适量录用兼职辅导员。一方面对专职研究生辅导员的职责可用建立"职责清单"的方式实现与本科辅导员工作的厘清，使辅导员工作能更高效地开展，加强辅导员工作能力培训，并鼓励在职辅导员学业深造，攻读思想政治教育博士或开展相关研究工作，使辅导员这一岗位往更职业化的道路上发展。另一方面，鼓励青年专业教师、学科（研究生）秘书兼任研究生辅导员，这一类群体对同院研究生的学科情况更为了解，与研究生接触更多，能很好地提升专职辅导员与导师之间的沟通效果。

（二）建立衔接进阶机制，实现全程育人

研究生尽管价值观已基本形成，但仍处于可塑的阶段，这几年的培养对于其整个人生而言也是关键时期。一般会在研一关注新生心理健康情况及角色转变适应情况，在研二关注学业发展情况、能力及心理素质培养情况，在研三强化社

会责任感及就业进展情况，而思想政治教育是贯穿始终的。在这些阶段的衔接中有效落实育人工作，才可达到进阶的工作目的。

高校要积极开展研究生新生入学教育、学习及科研方法指导、心理健康教育、就业指导等工作，不仅在辅导员层面可以通过年级大会、班级座谈、邀请专家开展讲座等方式来进行常规性教育，导师层面也应对新生适应及调整予以关注，可以通过单独谈心谈话、定期组会、和辅导员定期沟通等方式，在辅导学生学业的同时关注其思想政治动态，并作出引导。

同时，还应强化课堂教学与课外活动的有效衔接。被称为"第二课堂"的课外活动是拓展学生能力、丰富大学生活的重要环节，在第二课堂中，应针对困扰研究生的思想、生活、学业问题，有针对性地开展相关活动，实现在活动中关怀、关心、引导学生解决困难，寓教于课外活动，使思想政治教育工作以更易接受的方式被学生所接纳。

（三）建立立体教育机制，实现全方位育人

所谓"立体教育机制"，便是在思想政治教育工作开展的内容、方式、载体等方面达成多样化、精准化的综合施教模式。首先，需要丰富并完善思政教育内容，将具有时效性的新内容补充进去，及时更新补充如习近平总书记重要讲话内容及精神、党中央重要会议精神、时代楷模及先进人物事迹等，用生动具体的内容取代空洞抽象的材料。其次，工作方式要积极创新，充分利用校内外资源，积极开展实践活动，如志愿服务、基层调研、参观红色基地及相关文体活动等，

调动研究生在繁忙学业之外参与思政教育的积极性。最后，要利用好线上线下的科普、教学、互动资源，拓宽思政教育载体渠道，积极运用多媒体技术和现代网络技术开展思想政治教育工作，增强师生间的互动交流，提升"三全育人"工作实效。

参考文献

[1]习近平主持召开学校思想政治理论课教师座谈会强调：用新时代中国特色社会主义思想铸魂育人贯彻党的教育方针落实立德树人根本任务[N].人民日报，2019-03-19（1）.

[2]王辉，陈文东．基于"育人共同体"的全员育人探究[J]．思想教育研究，2021（4）：155-159.

[3]王艳平．高校"三全育人"的特征及其实施路径[J]．思想理论教育，2019（9）：103-106.

[4]李翔，巩建华．全媒体时代高校"三全育人"工作探究[J]．学校党建与思想教育，2021（12）：94-96.

[5]王鑫，陶思亮，朱惠蓉．"三全育人"视域下高校辅导员的育人角色与实现路径[J]．思想理论教育，2020（5）：87-91.

[6]章忠民，李兰．从思政课程向课程思政拓展的内在意涵与实践路径[J]．思想理论教育，2020（11）：62-67.

[7]于东江，王燕，姚远．人本主义理念在高校学生管理工作中的应用[J]．中国青年研究，2009（9）：3.

[8]范小凤．论新时期高校三全育人德育模式及其运作机制[D]．上海：华东师范大学，2011.

［9］沈洪豪. 试论育人为本与大学生思想政治教育机制［J］. 山东商业职业技术学院学报，2015（4）.

［10］王习胜. 以"三全育人"为导向 构建高校思想政治工作管理体系［J］. 思想理论教育，2021（4）：96-101.

［11］张启钱. "三全育人"视阈下研究生思想政治工作路径探究［J］. 江苏高教，2021（3）：109-112.

［12］董秀娜，李洪波，杨道建. "三全育人"理念下构建高校思想政治工作体系的三维路径［J］. 思想教育研究，2021（1）：151-154.

新时代背景下研究生导学思政工作探微[①]

王 芹

（中南财经政法大学外国语学院）

在我国高校，导师是研究生培养的第一责任人，对研究生的思想政治教育工作负首要责任。因此，切实有效地强化导师在研究生教育培养过程中的引领示范作用，大力推进导师思想政治教育主体责任的落实，乃是新时代研究生思政工作亟待解决的一项重大课题。近年来，我国相继出台了一系列关涉研究生思想政治教育的政策文件，详细规定了研究生导师在立德树人、思想政治教育工作中的职责，为我们开展研究生导学思政工作提供了重要的方向指引。研究生导学思

---

① 本文系中南财经政法大学中央高校基本业务费思政教育研究与高教管理研究项目"新时代研究生导学思政育人体系的探索与实践"（项目号：2722022DS019）的成果。

政是立足于研究生培养中的导学关系，在导学互动中实现情感认同、思想塑造、价值引领、行为养成的思想教育理念和方法。进行研究生导学思政的价值追问、困境梳理、路径探索等多维反思，有助于激发主体育人自觉、优化育人体系、增进育人效能，有助于新时代研究生思想政治工作供给结构重塑、提质增效、创新发展。

一、导学思政工作的价值意蕴

研究生全程培养过程中蕴藏着导师开展研究生思想政治教育的广阔空间，构建符合新时代研究生特点的导学思政工作机制，是全面落实导师立德树人职责的需要，是实施"三全育人"综合改革的需要，也是全面提升高校研究生教育质量的需要。

（一）导学思政是全面落实导师立德树人职责的坚定行动

从时间上看，我国研究生指导教师负责制可以追溯至1953年，设立该机制的初衷是便于教师为学生授课并引领其参与课题研究。研究生导师制的实施规范了导师在教学科研方面的指导行为，提升了研究生培养质量。改革开放后，研究生教育进入新的历史时期，1986年，国家教委在一次全国研究生工作座谈会上强调，研究生导师应将做好研究生的思政工作视为一项重要任务来抓，要做到教书与育人并重。1995年，国家教委在文件《关于进一步改进和加强研究生工作的若干意见》中指出，应重视和发挥导师以及学术集体对研究生思想情操和精神风貌的引导作用，尤其是要关注研究生的全面发展。2006—2012年，教育部正式启动研究生培养机制改革工作，对导师应负的各项职责做了更明确、更细致的规定，并在文件中明确提出，要"充分发挥导师在研究生思想政治教育中首要责任人的作用。教书和育人是导师的两大基本职责"①。2018年，教育部在《关于全面落实研究生导师立德树人职责的意见》中再次强调，要把立德树人作为研究生导师的首要职责，文件还规定了一系列具体职责，如提升研究生的思想政治素质、学术创新能力、实践创新能力、社会责任感，指导研究生恪守学术道德规范，优化培养条件，加强人文关怀等。总之，回顾研究生导师职责发展和变迁的历程，我们实现了从单纯聚焦于业务学习指导到以立德树人为首要职责的深刻转变，导师在研究生思想政治教育中的重要地位和作用愈发重要。导学思政工作体系就是要结合研究生培养的特殊性以及导师"立德树人"的首要职责，有效融合"教师思政"和"学生思政"，发挥导师在思想政治工作中的主体性作用，夯实研究生思想政治工作的着力点。

---

① 教育部关于进一步加强和改进研究生思想政治教育的若干意见［EB/OL］.（2010-11-17）［2022-11-29］. http://www.moe.gov.cn/srcsite/A12/moe_1407/s6875/201011/t20101117_142974.html.

（二）导学思政是实施"三全育人"综合改革的生动实践

习近平总书记曾指出，培养什么人、怎样培养人和为谁培养人是我国教育的根本问题。在全国高校思想政治工作会议上，习近平总书记高屋建瓴地提出"三全育人"的理念，该理念是新形势下高校思想政治教育工作的重要依据和载体，它要求我们不断深化"三全育人"综合改革，挖掘整合各类育人资源，在育人主体、育人时间和育人空间三个层面做到协同共进，形成人人育人、时时育人、处处育人的良好生态。在普遍实行"导师制"的研究生培养模式下，以师生双向选择为基础建立的导生关系是研究生全程培养过程中的基础性社会关系。导师对学生的价值引导、学术指导、发展辅导、成长引领贯穿于研究生求学生涯的全过程。导生共同参与的党建活动、学术实践活动、校园文化活动、职业规划指导等都是导学思政的主战场。可以说，在校期间，导师与研究生是学术实践休戚与共、价值荣辱与共的共同体，导师是"三全育人"综合改革中的重要生力军。着眼于导学关系，构建符合新时代研究生教育培养特点的导学思政工作体系，无疑是为"三全育人"综合改革挖掘新潜力，激发新活力，释放新动力。

（三）导学思政是落实研究生教育提高质量、内涵发展新任务的积极作为

在以中国式现代化全面推进中华民族伟大复兴的征程上，

高校研究生教育一方面承担着国家高层次人才培养的历史重任,另一方面也是维系和推动中国式现代化发展的重要基础和引擎。在新时代研究生教育发展背景下,随着《深化新时代教育评价改革总体方案》和"破五唯"相关政策的落实,发表学术论文、参加学术会议、学科竞赛获奖等显性智育指标不再是研究生培养质量评判的核心标准,取而代之的是强化过程评价,加强对研究生培养全过程的质量把关。导学思政是高校研究生思想政治教育不可或缺的关键环节,不仅对于缓解导学矛盾、理顺导学关系、推进导学互动具有重要意义,而且能大力提升研究生培养质量,促进研究生的全面发展。2020年,教育部等国家部委联合发文重申,应"把立德树人成效作为检验研究生教育工作的根本标准","将研究生思想政治教育评价结果作为'双一流'建设成效、学位授权点合格评估的重要内容","导师要掌握研究生的思想状况,将专业教育与思想政治教育有机融合,既做学业导师又做人生导师"。[1] 这些要求的提出既体现了国家对研究生培养工作的重视,也为高校导师提出了更高的标准和规范。因此,只有秉持"为党育人、为国育才"的高度责任感和使命感对待研究生培养工作,既做显性知识的传播者,又充分发挥引路人作用,才能为民族复兴培养一流人才,才能让社会主义现代化强国建设拥有强大的人才后盾。

---

[1] 教育部 国家发展改革委 财政部关于加快新时代研究生教育改革发展的意见[EB/OL].(2020-09-21)[2022-11-29]. http://www.moe.gov.cn/srcsite/A22/s7065/202009/t20200921_489271.html.

二、导学思政工作的现实境况

在新时代背景下,导学思政既拥有前所未有的自身优势和机遇,又在现代化进程中面临困境和挑战,只有认清导学思政工作面临的现实境况,具体问题具体分析,才能切实提高工作效果,实现育人目的和教育目标。

(一)导学思政在新形势下的既有优势

在研究生思想政治教育中,导师具有不可替代的独特优势,这主要体现在如下三个方面。

1.导师的"高势位"有利于思想政治教育"以理服人"。导师在专业领域的"权威性"让研究生折服,日常生活中的"言谈举止"影响着研究生三观的塑造,培养环节的"全程性"贯穿了研究生学业始终,上述特点决定了导师在学术科研、日常生活、职业发展中开展思想政治教育具有重要的影响力和说服力。甚至可以说,"导师的教育往往能够从思想境界和理论层次上建构和坚定学生为德为人、处世处事的价值体系、思想境界和精神家园"[1]。

2.高频多样的师生互动有利于思想政治教育"以情育人"。导师对研究生要实现全方位的育人效果,必须提高育人频次,运用多元化的方式和学生进行互动。然而,在当前中国高校,导师与研究生见面的频率并不十分密集,这一方面受制于办

---

[1] 刘晓喆.研究生导师立德树人职责何以"全面落实"[J].学位与研究生教育,2019(6):6-12.

公场所的短缺，如部分研究生导师没有专门的工作室，另一方面受制于科研教学方面的压力，使得导师们无法抽出更多的时间与学生交流。导学思政的直接目标是提高研究生与导师的交流频率，它一方面为导师提供专门的见面场所，另一方面通过开展多元化的学术活动，如导师师门组会、文献分享会、学术沙龙、学科竞赛指导、文化体育活动等，让导师在教学科研上有所斩获，最终为研究生的全面发展提供优质契机。总之，导学思政是实现全过程育人、全方位育人的重要载体，通过开展沉浸式、融入式的系列交流活动，更能使育人达到"春风化雨、润物无声"的效果。

3.小规模的师生比有利于思想政治教育"精准滴灌"。目前导学团队的师生比一般在1∶15左右，专职辅导员岗位的师生比一般不得低于1∶200，导学团队中的师生结构规模小、联系紧密，更有利于导师根据研究生的专长、兴趣爱好、成长经历、发展规划制定个性化的指导方案，实现精准指导施策。

（二）导学思政工作的现实挑战

随着研究生思政工作的加强和推进，导学思政过程中面临的问题也日益凸显，主要表现为以下几个方面。

1.部分导师育人意识淡薄、职责模糊化。新时代对研究生导师的育人意识和德育自觉提出了更高的要求，导师本应对研究生思想政治教育负首要责任，但实际上，不少导师更重视研究生科研成果及实践技能等"硬能力"的培养，而将研究生的人格塑造、文化素养、社会担当、个性特质等"软实力"的养成归为辅导员的主要职责。与此同时，尽管辅导员与导师交流的愿望较为强烈且沟通多为主动，但一些研究生导师与辅导员交流的愿望比较微弱，导师与辅导员缺乏合力育人意识和稳定高效的沟通交流机制。此外，思想政治教育本身就是一项专业性的工作，履行好立德树人职责需要研究生导师学习思政教育的艺术和技巧，但在新晋导师培训中往往缺乏思政教育方式方法的培训内容。

2. 部分导师注意力分配失衡、评价科研化。随着研究生扩招和导师群体规模的扩大，导师在工作中的科研压力日益增大，在"重科研轻教学""重教书轻育人"的氛围下，高校导师队伍的遴选和考核基本上是以可量化的科研成果为主要指标，这就导致对导师立德树人职责的落实以及考核有可能带有形式主义的弊病，无法全面评价和提升学生的综合素质。大量的实证研究和调查表明，绝大部分高校教师更愿意在科研上投入更多的时间和精力，加上部分导师除了日常教学和科研工作外，还要承担行政事务和社会服务等工作，这便使得他们与研究生沟通的时间更为稀少。此外，还存在个别导师，倾向于让研究生承担部分与学业无关的杂事，这种不良现象挤占了研究生思想政治教育的时间，严重影响了研究生培养质量和育人效果。

3. 三全育人氛围弱化、"大思政"育人格局不足。学校无一例外都达成"以人才培养为中心"的共识，促进学生全面发展的机制体制也在不断完善，但面对新的形势对大学教育提出的"四为"方针，更需要研究生教育从培养目标、培养方式和导师职责等多方面深入落实立德树人根本任务，但全国高校对思政育人的重视程度不一，有些高校"三全育人"

氛围不浓厚,"大思政"育人格局还不健全,研究生思想政治工作需要贯穿于任课教师、导师、辅导员与研究生的互动全过程,导学思政与思政课程、课程思政、日常思政需要相互支撑、协同前行。

三、新时代导学思政工作的实践路径

导学思政发生的基本机制是导师和学生的互动。与传统的知识传授不同,思想政治不仅仅涉及"真"的内容,还涉及"善"的理念,即不仅是一种事实陈述,更是一种价值引导。马克思曾说过,"理论只要说服人,就能掌握群众,而理论只要彻底,就能说服人"[①]。推进导学思政工作,要坚持以大思政观引领,抓好导师这个牛鼻子,建设和谐导学关系,理顺育人体制机制。

(一)师德高尚的导师是导学思政的关键因素

在高校,研究生导师不仅"授业",即向学生传播知识和思想,还有"传道"和"解惑"的责任,即必须告诉研究生人生的意义何在,应该做什么样的人。导学思政的效果取决于导师的思想道德素养、育人意识和育人能力。党的十八大以来,习近平总书记明确提出成为一名党和人民满意的好教师要符合"四个相统一",做到以德立身、以德立学、以德施教。

一是坚持教书和育人相统一。正如国内学者指出的,"'教

---

① 马克思恩格斯文集:第1卷[M].北京:人民出版社,2009:11.

书'是研究生导师传授知识的教学过程,'育人'则是全面培养研究生德、智、体、美、劳等方面综合品质的过程"①。优秀的导师要做研究生的知心人、贴心人、暖心人,当好新时代"传道授业解惑"的"大先生",既做学业导师又做人生导师。

二是坚持言传和身教相统一。正人先正己,导师无论学科专业出身,都应主动学习党的理论和路线方针政策,不断提高政治站位,率先垂范,以良好的思想品德和人格魅力影响和鼓舞研究生。

三是坚持潜心问道和关注社会相统一。自古以来,我国知识分子既有"板凳甘坐十年冷"的潜心问道精神,也有"治学报国"的志向和传统。导师在做好学术研究的同时,也要关注国家需求,把为党育人、为国育才的使命落实到日常教学科研工作中,教育研究生主动明确人生坐标、主动适应社会需求,引导研究生把论文写在祖国大地上,把科技成果应用在实现现代化的伟大事业中,成为担当民族复兴大任的时代新人。

四是坚持学术自由和学术规范相统一。学术研究需要有宽松自由的环境氛围,但"无规矩不成方圆",学术自由不是无限制无边界的自由,需要用学术规范来约束,导师是研究生学术科研的领路人,既要培养研究生的创新精神、创新能力、创新思维,拓展学术研究的问题域和方法论,也要引

---

① 刘宏伟,王新影,李雪梅. "四个统一":研究生导师立德树人的价值遵循[J]. 现代教育管理,2020(7):68-74.

导研究生正确处理学术自由和学术规范的关系问题，坚持学术规范，维护学术诚信，成为德才兼备的新时代高层次创新人才。

（二）良性的导学互动关系是导学思政的基础

做好新时期思想政治工作，必须以"现实的人"为中心，围绕着人的思想和行为、人的需要和利益、人的发展和解放来开展工作。导学思政在具体实践中需以导学关系为基础，构建高频多样的导学互动场景，润物无声式地实现导师对研究生的思想塑造、行为引导和价值引领，展现出全方位、全过程的育人理念，"负责任的导师与研究生之间的关系是紧密的而非松散的，是师生个体的独立及和谐互动的统一"[①]。依托导学互动关系开展研究生思想引领，就是抓住了研究生思想政治工作的"牛鼻子"。绘制导学学术实践、生活场域、职业发展三圈互动同心圆，才能让导师成为研究生的知心人，深入了解研究生群体的思想动态与真实需求，进而根据研究生的差异和需求，有针对性地调整研究生培养模式，提升育人效果。

聚焦导学学术实践互动。导师与研究生学术实践层面的互动侧重学业、学术科研、专业实践方向性引导，不仅是导学思政的基础和前提，也是导师与研究生辅导员开展研究生思想政治教育的最大区别。导生关系建立在知识联结纽带上，

---

① 刘宏伟，王新影，李雪梅. "四个统一"：研究生导师立德树人的价值遵循[J]. 现代教育管理，2020（7）：68-74.

学术科研、专业实践是导师和研究生之间的核心交集。导学思政注重导师在指导学生开展科研工作、专业实践项目的过程中发挥良师益友的榜样示范作用,强调知识教育、思想引导、价值塑造和能力培养。这就意味着"研究生在导师的科研引领下完成从知识的消费者到知识的生产者的角色转换,了解学科知识的边界、锻炼批判性思维方式、培养学术品位与志趣"①,最终达到立德树人的理想境界。

聚焦导学生活场域互动。导师与研究生个人生活层面的互动聚焦于情感交流与人文关怀,是导学思政的有力支撑。情感是交往行为的产物,马克思曾指出:"思想、观念、意识的生产最初是直接与人们的物质活动,与人们的物质交往,与现实生活的语言交织在一起的。人们的想象、思维、精神交往在这里还是人们物质行动的直接产物"②。导师与研究生的互动交往既可以包括在教室、实验室、研讨室、报告厅等教学科研场所的智育活动,还可以包括共同参加轻松愉悦、健康向上、格调高雅的体育、美育、劳育活动。而且,非正式场合的互动比正式场合的互动更容易促使导师和研究生之间的沟通交流,增加彼此熟悉度和信任感,敞开心扉,形成强有力的情感链接、心理支持。

聚焦导学职业发展互动。导师与研究生职业发展层面的互动关系聚焦于就业观和择业观引导,是导学思政的方向引

---

① 杨斌. "导学思政"凝聚三全育人合力[N]. 中国教育报,2020-06-08(5).

② 马克思恩格斯文集:第1卷[M]. 北京:人民出版社,2009:524.

导。导学思政鼓励导师带着研究生走出"象牙塔",深入社会"大课堂",共同参与专业社会实践活动。在实践过程中,研究生既可以了解本专业、本行业、本领域的真实社会需求,同时可以体会导师的科研思维并且收获解决实际问题的经验,导师通过言传身教、个人阅历和经验分享交流,做好职业规划途中的引路人,引导研究生更好地读中国、明国情、悟使命,明晰个人的职业生涯规划与发展路径,树立正确的就业观念。

(三)完备的育人机制是导学思政的重要保障

确保导学思政工作机制的实效性,一方面要强化导师育人意识,提升导师育人技能,保障导师育人资源,同时也要研究生培养单位从顶层设计高度,构建一系列具体机制保障导学思政工作顺利进行。具体而言,可从以下几个方面着手。

1. 建立"刚柔并济"的导师考核评价机制。正如国内学者指出的,"导师是相对于学生而存在的,没有'学生'就无所谓'导师',因此,对导师评价的出发点和归宿点必须是学生,学生才是导师评价的载体。"① 要从培养德智体美劳全面发展的研究生角度,构建更加完善合理、规范、科学的导师遴选考评指标体系,既要包括导师的学术成果、教学成果指标,也要包括师德考评指标、培养过程指标。针对导师工作过程、师德素质等考评要以柔性考评为主,重点考评导师思想引导、学业指导、生活辅导、心理疏导和就业督导等

---

① 李增森. 研究生导师制的问题审视与优化 [J]. 上海教育评估研究, 2018(4): 15-19.

履职情况,针对导师工作成果的考评要以刚性考评为主,两者有机结合。同时要注重考评结果的运用,坚持正向激励和反向惩罚相结合的原则,推动导师育人能力提升和育人质量提高。

2. 搭建"百花齐放"的导学思政工作平台。一是提升履职能力,搭建导师培训平台。围绕"干什么学什么""干什么练什么""缺什么补什么",构建学校层面集中培训、学院层面全员轮训、导师团队特色研修"三位一体"的研究生导师培训平台,不断明晰育人职责,增强育人意识,提升育人能力,更新育人方法。二是增进师生交流,搭建导生互动平台。通过邀请导师参加党建思政活动、校园学术文化活动、社会实践、志愿服务活动等,构建教学相长的活动体系,引导导师与研究生在同场域中深入互动、融洽感情、同向同行。三是选树先进典型,搭建激励平台。发掘导师典型,评选"四有"好导师,以及导学相长好、育人模式好、管理规范好、文化传承好的"优秀研究生导学团队",促进导学关系和谐发展。四是营造育人氛围,搭建展示平台。通过各种媒体宣传优秀导师和导学团队事迹,讲好导师育人好故事,研究生成长好故事,增强导师育人使命感和荣誉感,营造尊师重教的良好氛围,激发导师育人内驱力。

3. 完善"高屋建瓴"的全面质量保障机制。人才培养是高校研究生教育的重中之重,学校对研究生培养单位的考评制度要回归育人这一根本,切实增强导师立德树人在各项工作制度中的价值引领和导向作用,夯实人才培养职责。要深化"三全育人"综合改革,建立研究生思政工作研判机制,围绕导学关系、思想状况、学习科研状况、心理状况、就业状况等开展相关研究，把握工作主动权。推进研究生思政工作与教学工作同谋划、同部署，促进研究生教育管理与导师立德树人职责相互配合、相互促进，形成深度互动、同向同行的良好局面。健全协同育人机制，将落实研究生导师立德树人职责与发挥辅导员思想政治工作主力军、尊重研究生主体地位相结合，构建大思政育人格局。

"三全育人"背景下高校兼职辅导员队伍建设浅析①

陈 佳

(中南财经政法大学党委办公室、学校办公室)

多年来,我国高校辅导员队伍采取专职辅导员为主、兼职辅导员为辅,专兼结合的建设模式,并成为一种常态,兼职辅导员也日益成为加强和改进大学生思想政治教育的组织保证,在思想政治教育工作中发挥着越来越重要的作用。近三年全国高校专兼职辅导员增加了约5.2万人,总数超24万人。兼职辅导员日益成为高校思想政治教育工作的有力支撑,是提高高校思想政治教育工作水平的有效补充。

---

① 本文系中南财经政法大学中央高校基本科研业务费专项资金资助项目"'三全育人'视域下兼职辅导员思想政治教育作用发挥与队伍建设研究"(2722022DS003)阶段性成果。

一、高校兼职辅导员队伍建设的必要性

我国高校辅导员制度发端于抗日军政大学的政治指导员制度。[①] 新中国成立以后,高等教育快速发展,为了有效实现教学目标,一些高校开始聘任兼职辅导员参与学生管理工作,这既是我国高校辅导员制度的最初探索,也是兼职辅导员制度的初步尝试。从兼职辅导员的聘用,到辅导员专业化发展,再到专职为主、专兼结合的辅导员队伍建设,可以说,我国高校辅导员制度的逐步完善离不开兼职辅导员制度的探索,兼职辅导员在我国高等教育思想政治工作中也起到了重要作用,具有鲜明的工作优势与特色。

(一)多重身份推进思想政治教育供给多元化

《普通高等学校辅导员队伍建设规定》规定,"高等学校可以从优秀专任教师、管理人员、研究生中选聘一定数量兼职辅导员。"高校兼职辅导员角色来源相较于专职辅导员更加广泛,不同的角色使得兼职辅导员对学生的了解相较于专职辅导员也更为立体化。第一,专任教师具备渊博的知识与深厚的学术功底,担任兼职辅导员,可以通过课堂教学、科研辅导等渠道更频繁地接触到学生,更容易了解学生的学习目的、学习状态等情况,掌握学生思想动态,借助人格魅力和学识魅力,针对性开展课堂教育和课后的持续教育,实

[①] 陈洁. 基于制度史研究的高校辅导员职责定位思考[J]. 高校辅导员, 2011(3): 19-22.

现专业教育与思想政治教育有效融合，引导学生树立正确的学习观。第二，管理人员长期在学校从事党政管理工作，自身具备过硬的政治素养，掌握教育规律和学校发展目标，同时与校内各单位以及校外相关教育管理单位、兄弟高校、合作企业广泛接触，可以从国家需求、社会需要等宏观层面，更好地引导学生成人成才。第三，研究生年龄通常与本科生相仿，刚刚经历了本科阶段教育，对本科生的学业追求、职业规划、生活需求等有更具体的了解，作为本科生的学长，在与本科生的接触和交流上更具有天然的优势，能够为学习目的和职业规划较为迷茫的学生提供更具体的指导，通过自身和自己同学的例子给学生作为示范，从个人发展的微观层面更好地激励学生努力向上。

（二）精准辅助提升思想政治教育实效性

在"专兼结合"的辅导员工作体系中，专职辅导员起主要作用，兼职辅导员对专职辅导员的相关工作进行补充，在开展思想政治教育时更具灵活性和实效性。首先，专职辅导员日常工作任务重，而且在实际工作中，因为学院人员编制等原因，一些专职辅导员除了一线学生工作以外，还要承担学院的部分行政工作，这就导致专职辅导员在学生工作中时间、精力有限。兼职辅导员通常不直接参与学生日常管理，也有更多的时间精力投入学生的思想政治教育，能有效补充专职辅导员工作。其次，专职辅导员在学生管理工作中具有一定的行政管理属性，而行政化的管理容易在与青年学生的交流中产生一定的隔阂。兼职辅导员的任务一般以教育引导为主，较少直接参与学生日常事务的具体管理工作，不直接管理事关学生个人利益的事项，这就使得兼职辅导员在与学生的日常交流中少了因管理带来的隔阂，开展思想政治教育容易走进学生内心，能够更准确了解学生的真实想法。最后，相较于专职辅导员，专任教师兼职辅导员在学生的学业发展、科学研究方面可以给予更为专业的指导。管理人员兼职辅导员在解决学生对学校管理服务等方面的问题时，能够更有效地反映到相关部门进行处理。研究生兼职辅导员本身是优秀学生，与本科生又是朋辈关系，能更好起到示范作用。

（三）双向锻炼促进思想政治工作体系整体优化

兼职辅导员岗位与本身岗位的双向锻炼，有助于进一步加深对学生思想政治工作的理解，将本职工作与思想政治工作更好结合，推进学校思想政治工作体系整体优化。首先，优秀专任教师是学校教书育人的中流砥柱，参与兼职辅导员工作，能够更好地了解学生的思想动态，在实践中提升对课程思政的感悟和认识，在专业课教育中针对性加强思政教育，真正将思想政治工作贯穿到育人全过程。其次，管理人员是学校管理工作的主体，参与思想政治教育工作，能够从实践工作中更好地了解学校思想政治工作体系的整体情况，在与学生的交流中能够更直观地了解学生的"急难愁盼"，有助于在宏观层面深化对学校思想政治教育的顶层设计和内涵建设，在微观层面提出打通服务学生"最后一公里"的有效措施，促进学校"三全育人"工作整体提升。最后，研究生是学校人才培养的高地，参与兼职辅导员工作，既能够发挥他们在本科生思想政治教育中的积极作用，同时，也对自身的各方面素质提出了更高的要求，要为本科生起到示范引领的作用，必然要求他们在参与育人工作中进一步做好自我教育，有利于促进研究生思想政治教育的自我提升。

二、当前高校兼职辅导员队伍建设存在的问题

近年来，党和国家对高校思想政治工作提出了更高的要求。为有效应对高校青年学生思想政治教育工作的新任务，越来越多的高校开始重视并加强兼职辅导员队伍建设工作，鼓励和支持优秀专任教师、管理人员、研究生担任兼职辅导员，承担当前高校大学生思想政治教育相关工作。然而，当前很多高校兼职辅导员队伍建设还处在探索阶段，一些制度尚未建立完善，存在一些亟待解决的问题。

（一）选拔聘用机制不完善

当前，很多高校的兼职辅导员聘用机制尚不完善，在兼职辅导员的聘用工作方面存在较大的随意性。一是存在重数量轻质量的问题，一些高校为了符合师生比不低于1∶200的硬性要求，短时间内大量招募兼职辅导员，没有从兼职辅导员的能力、本职岗位、学历等方面统筹考虑队伍建设问题，只追求数量能够符合要求，导致兼职辅导员个体能力差异较大，队伍整体思想政治教育能力不足。二是缺乏统一的标准，通过调研发现，当前大多数高校都在积极探索兼职辅导员队伍建设工作，但只有少部分学校建立了学校层面的兼职辅导员聘用标准，大多数高校的兼职辅导员聘用由学院作为主体

开展，学院自行招募兼职辅导员，再向学生工作部门报备，这就导致兼职辅导员的招募标准不一，给兼职辅导员队伍的统一管理造成一定困难。三是个体意愿差异化，很多学校在干部选任和职称评聘中增加了学生工作经历的要求，这就导致大量专任教师、管理人员为了职务或职称晋升不得不申请担任兼职辅导员岗位，一旦获得了职务或者职称的晋升，马上辞去兼职辅导员职务，影响了后期工作的积极性，也不利于兼职辅导员队伍的相对稳定性。

（二）培训培养体系不系统

"育人者必先育己，立己者方能立人。"做好辅导员工作对老师的职业道德、工作经验、知识储备、各方面能力都有一定的要求。[①] 高校要通过有计划的教育培训不断提高兼职辅导员各方面工作能力。然而，当前很多高校在兼职辅导员的聘任工作中，对兼职辅导员的培训培养工作不够重视，没有建立兼职辅导员的培训培养机制。一是岗前培训环节存在空白，很多高校聘任兼职辅导员后，直接让兼职辅导员参与带班工作，并未对兼职辅导员进行专门的岗前培训，部分兼职辅导员对岗位工作职责不了解，在开展工作的过程中只能根据自己的理解或者向专职辅导员请教，影响兼职辅导员工作的顺利开展。二是职业能力培养方面不够重视，目前各高校在专职辅导员的职业能力培养方面都已经形成了一套成熟

---

① 李亮林. 高校专业教师兼职辅导员队伍的育人价值、困局与进路［J］. 湖北开放职业学院学报，2020，33（14）：90-91，104.

的培养体系，有定期和不定期的学习交流活动，但在兼职辅导员的培养方面还十分薄弱，部分高校将兼职辅导员的培养直接并入专职辅导员培养中，培训内容与专职辅导员一致，没有针对兼职辅导员的专门培训课程，导致很多兼职辅导员在职业能力方面存在明显不足，难以适应新时代思想政治教育工作的要求。三是培训培养的精细化不足，兼职辅导员来源于专任教师、管理人员和研究生，自身工作经历不同，参与思想政治教育工作的方式有区别，这就对不同类型的兼职辅导员的工作能力要求不同，然而，当前很少有高校在不同角色的兼职辅导员培训中实现差异化的培养。

（三）管理考核机制不健全

管理考核是实现工作目标加强队伍建设的重要手段。当前，很多高校在兼职辅导员的管理考核方面机制不够健全，导致兼职辅导员思想政治教育功能发挥效果不足。一是对兼职辅导员的管理薄弱，很多高校在兼职辅导员的聘用中，存在聘而不用的情况，兼职辅导员与专职辅导员的岗位职责没有明确的界限，部分兼职辅导员的工作既无清晰的职责，也没有明确的工作任务，安排工作任务的时候就参与相关工作，不安排具体任务的时候就脱离了学生工作，导致很多兼职辅导员在参与工作后积极性快速减退。二是对兼职辅导员的考核缺乏针对性，当前很多高校在兼职辅导员的考核中实行聘期制，具体考核内容、考核方式与专职辅导员保持一致。兼职辅导员相比于专职辅导员各有不同的本职工作，其工作量难以做到与专职辅导员一样，与专职辅导员同等考核显然不科学，强制性的考核也只会导致兼职辅导员工作形式化，不利于思想政治教育工作质量提升。三是对兼职辅导员的激励机制不足，目前，大多数高校的兼职辅导员是不兑现工作待遇的，在收入方面不会因为工作量的增加而获得经济收入，在职称评聘方面也不能像专职辅导员一样获得思想政治教育系列职称的评聘资格，一定程度也影响了兼职辅导员的积极性。

三、高校兼职辅导员制度的完善路径

高校要深入贯彻落实"三全育人"的要求，落细落实上级文件精神，不断完善兼职辅导员制度体系，推进学校辅导员队伍建设，促进学校思想政治工作高质量发展。

（一）完善兼职辅导员选拔聘用机制

兼职辅导员承担着教育引导学生的重要职责，兼职辅导员工作虽然是兼职工作，但其工作意义重大，一个好的兼职辅导员不但能有效协助专职辅导员做好相关工作，同时，也应当是学生成长成才的人生导师和健康生活的知心朋友，高校要严格兼职辅导员的选拔聘用工作。一是要严格兼职辅导员的选拔标准，高校要制定学校层面的兼职辅导员选拔标准，要坚持宁缺毋滥的原则，兼职辅导员首先要符合专职辅导员选拔的基本条件，同时根据专任教师、管理人员、研究生的岗位角色的不同，合理设置不同的选拔标准，严把政治考核、注重能力考核、加强作风考核，形成优选、优进的良性循环。二是要加强兼职辅导员聘用的统筹谋划，专任教师学术功底扎实，担任兼职辅导员有助于教学相长，提高课程思政质量；

管理人员党建工作经验丰富，担任兼职辅导员有助于提升学生党建工作水平；研究生兼职辅导员与学生年龄相近，接触时间多，更能发挥朋辈效应。学校层面，应当统筹优秀专任教师、管理人员、研究生兼职辅导员的职数和比例，确保兼职辅导员队伍数量、结构合理。学院层面，应当按照学校分配的兼职辅导员职数，结合本院专职辅导员队伍情况，整体考虑辅导员队伍岗位角色、专业、性别等结构，有序招募兼职辅导员，形成专兼职辅导员的合理搭配，最大限度激活辅导员队伍的思想政治教育效能。

（二）建立兼职辅导员培训培养体系

1984年思想政治教育学科（专业）诞生，"思想政治工作是一门科学"的认识也逐步统一。① 思想政治教育是一门专门的学科，思想政治教育工作是一项专业的工作。科学合理的培训，对于兼职辅导员掌握岗位工作重点、提升工作能力具有重要意义，高校在建立兼职辅导员队伍的同时，要加强培训培养体系的建设。一是要加强岗前培训，学校学生工作部门要定期开展兼职辅导员的岗前培训，通过培训让兼职辅导员提前认识岗位职责，把握工作重点，做好工作规划。要加强兼职辅导员的角色荣誉感，要统一为参加岗前培训合格的兼职辅导员颁发兼职辅导员聘书，增强兼职辅导员聘用的仪式感，激发兼职辅导员的使命感、责任感，让兼职辅导员

---

① 王树荫. 论中国共产党90年思想政治教育的基本经验[J]. 思想理论教育导刊，2011（8）：11-20.

进一步端正兼职工作动机，以高度的责任心投入兼职辅导员工作。二是要加强兼职辅导员的全程培养，兼职辅导员的工作不同于专职辅导员，要进行区别培养，针对兼职辅导员日常工作中的重点、难点，建立有针对性的培训培养方案，不断提高兼职辅导员的专业化水平。同时，专任教师、管理人员、研究生兼职辅导员又各有特点，在兼职辅导员的培养过程中要坚持兼职辅导员分类指导，促进不同类型兼职辅导员充分发展。三是要加强专兼职辅导员研讨交流，要搭建相应的兼职辅导员与专职辅导员、兼职辅导员与兼职辅导员之间的交流平台，方便他们在日常工作中交流心得，互相学习，相互促进。

（三）健全兼职辅导员管理考核机制

高校在兼职辅导员队伍的建设中要加强管理和考核，通过有效的管理提升兼职辅导员队伍的工作效能，同时要建立健全科学的绩效评价机制，确保思想政治教育工作任务落实到位。一是要加强兼职辅导员的管理，兼职辅导员不但要选好，更要用好，学校学生工作部门应当是兼职辅导员的主要管理部门，加强兼职辅导员的统筹管理，做好兼职辅导员的校内调配，确保兼职辅导员履职尽责。学院要做好本院兼职辅导员的日常管理，定期召集专兼职辅导员研究本院学生工作，增强兼职辅导员的归属感和责任心。二是要做好兼职辅导员的考核工作，兼职辅导员工作职责和工作量不同于专职辅导员，要根据兼职辅导员的不同类型，合理设置差异化的工作目标，同时做好工作目标完成情况的考核，加强考核结果的运用，建立兼职辅导员的退出机制，确保兼职辅导员队伍的良好发展。三是要建立兼职辅导员的激励机制，从事兼职辅导员工作既是对学校思想政治工作的付出，也是对个人能力的有效锻炼，高校要充分考虑兼职辅导员工作经历，对优秀兼职辅导员进行表彰，在职称评聘、职务晋升方面予以考虑，进一步激发兼职辅导员队伍的活力与积极性，提高思想政治教育工作效能。

课程育人篇

廉洁教育融入高校思政课的有效路径研究[①]

潘常刚

(中南财经政法大学纪委办公室、监察工作部、
党委巡察办公室)

一体推进不敢腐、不能腐、不想腐[②],既是以习近平同志为核心的党中央把反腐败融入管党治党战略全局的制度设计,又是中国特色社会主义法治体系建设的重要内容。2022年2月中共中央办公厅印发的《关于加强新时代廉洁文化建

[①] 本文获中央高校基本科研业务费("三全育人")项目"三全育人视域下廉洁文化融入思政教育的有效实效机制研究"(项目编号:2722021DQ002)的资助。

[②] 习近平在十九届中央纪委六次全会上发表重要讲话强调 坚持严的主基调不动摇 坚持不懈把全面从严治党向纵深推进 [EB/OL].(2022-01-18) [2022-09-08]. https://www.ccdi.gov.cn/specialn/sjj6cqh/toutiaosjj6cqh/202201/t20220119_165446.html.

设的意见》,明确提出必须站在用于自我革命、保持党的先进性和纯洁性的高度,把加强廉洁文化建设作为一体推进不敢腐、不能腐、不想腐的基础性工程抓紧抓实抓好。① "三不腐"是一个密不可分的有机整体,三者必须同时同向综合发力,实现效应叠加。不敢腐,重在惩治和威慑;不能腐,强调制约和监督;不想腐,则重在教育和自律。不想腐是根本,是实现不敢腐、不能腐的升华。大学生是国家富强、民族复兴的生力军,其廉洁素养关乎反腐倡廉全局。高校作为立德树人和培养时代新人的主阵地,肩负着帮助处于"拔节孕穗期"的大学生系好"人生第一粒扣子"的职责使命,应当把廉洁教育有效融入思政课堂,引导大学生养成诚信、正直、自律、清廉的优良品质,从在校阶段就树立起廉荣贪耻的价值取向,从思想源头上种下反对贪腐的"种子",切实夯实"不想腐"的思想根基,拧紧世界观、人生观、价值观的"总开关",为其将来走向工作岗位坚决抵制腐败诱惑、弘扬清风正气打下坚实基础。

一、廉洁教育与高校思政课高度契合

(一)价值取向的一致性

广义上的廉洁,既有不贪不腐、立身清白的含义,也有

---

① 中共中央办公厅.关于加强新时代廉洁文化建设的意见[EB/OL].(2022-02-24)[2022-09-08]. http://www.gov.cn/zhengce/2022/02/24/content_5675468.htm.

刚正不阿、坚持原则的内涵。首先，廉洁的概念在高校思政课教学中处于基础地位，具有先导作用。几乎所有思政课倡导的价值观念，都能与廉洁建立一定的关联性。其次，廉洁教育和思政课都以立德树人为根本目标，致力于将大学生培养为道德高尚、情趣高雅的优秀人才。最后，廉洁应当成为每一位大学生的人格底色和人生方向，思政课也必须大力弘扬"真善美"以启智润心，帮助大学生认识自身应该在哪用力、对谁用情、如何用心、做什么样的人。所以，高校将廉洁教育融入思政课，不仅能够引导大学生努力做到修身慎行、怀德自重、清廉自守，还能从源头上预防腐败和提升国民素质，也为其日后的职业发展奠定起稳固的信念堤坝。

（二）内容体系的相通性

廉洁教育大致包含传统美德、社会公德、职业道德、家庭私德等教学内容，这与思政课的主旨内容具有同质性；廉洁教育实质上属于教育的一种基本类型，需要依托一系列课程来实现教育目标，同样包含计划拟定、教学内容、组织实施、实效评估等基本环节，这就意味着廉洁教育与思政课共享比较宽泛的对接截面和融合空间。在我国，高校思政课历来受到党和国家的高度重视[①]，思政课教师也认真履职尽责、力求教育成效，业已形成比较成熟和稳定的运行系统。廉洁教育可以通过融入高校思政课，利用思政课的广阔平台，以

---

① 刘建武，伍新林. 廉洁从政：中华传统清廉文化与当代共产党人的廉洁操守［M］. 北京：人民出版社，2018：227.

先进人物作为标杆,从反面典型中吸取教训,教育引导广大大学生知敬畏、明底线、受警醒,从而进一步提升人文素养,锤炼道德素养,推崇高尚品格,保持浩然正气。

(三)方式策略的趋同性

"因事而化、因时而进、因势而新"[①]是廉洁教育和思政课都必须依循的重要理念。廉洁教育和思政课都需要从中华优秀传统文化和时代文化中汲取养料。一方面,在我国悠久绵延的历史长河中,沉淀了许多闪烁着人性光辉的古圣先贤和清官廉吏,例如铁面无私的包青天、背棺进谏的海瑞、两袖清风的于谦,代表着中华民族独特的精神标识,廉洁教育和思政课都需要深入挖掘我们民族历史的富矿,并经过提炼和认真打磨,成为大学生喜闻乐见的优质教育素材。另一方面,廉洁教育和思政课也必须主动融入革命年代、建设时期以及新时代党和国家的伟大事业、伟大工程、伟大斗争、伟大梦想中,用新思想、新理念、新观点来指导廉洁教育和思政课改革,将其置于宏大叙事和时代潮流当中,用身边事教育身边人,增强廉洁教育和思政课的政治性、时代性、鲜活性,让大学生从中感悟到思想伟力,汲取到政治智慧。

---

① 习近平. 论党的宣传思想工作[M]. 北京:中央文献出版社,2020:227.

二、廉洁教育融入高校思政课面临的困境

（一）思想认识不够深入

高校普遍建立起了对于党员干部、广大教职工的廉洁教育体系，基本上实现了对于该群体廉洁教育的全覆盖和常态化。然而，对于大学生群体廉洁教育的认识还相对薄弱，没有站在确保党和国家的事业后继有人的政治高度来理解廉洁教育的极端重要性，也没有从一体推进"三不腐"的战略考量来把握廉洁教育的基础性意义和前瞻性意义。从目前已经掌握的资料和信息来看，大学生廉洁教育与思政课融合度并不高，开展廉洁教育的效果也差强人意，普遍存在"走过场"的现象，还没有真正将大学生的廉洁教育做到融入课堂，走进心底。

（二）结合实际不够紧密

不同发展阶段和不同专业的学生具有差异化的教育需求，不能简单地用一套标准、一种规范去开展廉洁教育，而是应该遵循教育规律、专业差异化和学生成长成才特点，结合实际情况，有针对性地开展廉洁教育工作。但是，从调研的情况来看，部分大学生反映没有或者很少接受过系统化的廉洁教育，大多数还都停留在落实上级关于廉洁教育有关文件的层面，甚至仅由学生工作者照本宣科式地灌输廉洁文化知识和政策文件解读、发放或推送相关学习资料等，满足于完成"规定动作"和"应知应会"，大学生的廉洁教育结合实际不够紧密，针对性还不够强，发挥廉洁教育浸润人心、春风化雨

的效果还不够明显。

（三）载体内容不够丰富

高校廉洁教育大多还依靠传统载体来实现，例如听一堂廉洁教育课、看一部警示教育片、写一篇读后观后感等，利用新媒介、创新平台进行"精准浇灌"的举措并不多见，很多大学生表示虽然自身对于廉洁文化比较感兴趣，但是由于宣教方式不够新颖缺乏吸引力，并不能直击内心深处，灵魂洗礼不够深刻，教育效果势必大打折扣。此外，廉洁教育内容也比较陈旧和单一，很多校本教材甚至还在使用十年以上的素材和课件，大多只是古今中外廉洁人物故事和政策文件汇编等，没有与时俱进和常变常新，廉洁教育内容创新还有很长的一段路需要走。

三、廉洁教育融入高校思政课的有效路径探究

（一）优化顶层设计，建立融入机制

高校应当从推动全面从严治党向纵深发展、服务国家发展大局的高度上看待大学生廉洁教育的重要性，并将大学生廉洁教育作为"清廉校园"建设总体方略中的重要工程之一，科学规划、一体推进、确保实效，"把思想政治工作贯穿教育教学全过程"[①]。要制定大学生廉洁教育实施方案，确定指

---

① 习近平. 习近平谈治国理政：第 2 卷［M］. 北京：外文出版社，2017：376.

导思想、目标任务、工作要求等，进一步压实开展廉洁教育的"四个责任"，即高校党委对大学生廉洁教育负有主体责任，高校党政"一把手"是第一责任人，相关职能部门和教学单位要落实管理服务和教学任务责任，纪检监察机关履行监督责任，形成管理闭环，切实把大学生廉洁教育融入日常、抓在经常、落在实处。同时，还应当依托高校优势学科、立足办学特色，建立切实可行的廉洁教育与思政课的融入机制，出台办法、明确分工、加强督导，加大学生工作、教务、纪检监察、人事等部门的协同合作，全过程、全周期推进学生管理、教师培训、业务考核等工作，形成上下同心、左右协调、系统完备、高效运作、灵活机动的大学生廉洁教育"命运共同体"，将制度优势转化为育人效能。

（二）提升师资水平，加大激励机制

桃李不言，下自成蹊。思政课教师的能力素养直接影响到廉洁教育质量效果。高校应当加大对于思政课教师的"外引内培"力度，师资引进的标准应该坚持以德为先、德才兼备，在建设数量充足、结构优化、素质优良的教师队伍的同时，也要注重从校内遴选各类优秀教育工作者充实到思政课专兼职教师队伍中，建立动态调整的思政课优质师资库，并按照"政治要强、情怀要深、思维要新、视野要广、自律要严、人格要正"[①]的要求培养思政课教师。另外，还应当促进高校

---

① 冯刚，彭庆红，佘双好，等．新时代高校思想政治教育学原理［M］．北京：人民出版社，2021：92．

间、校内外合作交流,提供优质师资互促互学、社会各界贤达"上讲台、讲大课"的机会,真正让有信仰的人讲信仰,让有情怀的人谈情怀。再者,还应当设计合理适宜的激励机制,将考察考核结果与绩效分配、课题申报、评优评先、职称晋升等适度挂钩,激发思政课教师的主动性、积极性、创造性,让思政课教师内心有动力、发展有前景,让思政课教师真正成为受人敬仰、让人向往的职业。当然,对于存在师德师风问题、行为失范的思政课教师,要严格实行"一票否决"。

(三)理论实践同行,正反教育并举

脱离理论的教育难以形成深刻认识,而没有实践的教育同样没有生命力。对大学生群体开展廉洁教育,要注重理论教育与实践教育紧密结合。在理论教学上,要善于归纳总结,梳理清楚脉络和主次,让大学生在逻辑严密、例证充实、生动有趣的知识海洋中自由遨游,教会大学生透过现象看本质,使其增强廉洁认知,引导他们在内心深处用理论积淀坚定理想信念。在实践教学上,要与现实生活互动,让历史照进当下,注重温故而知新,让大学生在生动的社会实践中加深对于廉洁的理性思考,促进理论的"二次飞跃",培养廉洁情感、锤炼廉洁意志、养成廉洁自觉,推动"要我廉"到"我要廉"的转化。另外,廉洁教育同样也需要正面引领和警示震慑。正面典型一定要真实可信,切勿过度包装和加工,以免引发"拆穿""塌房"后的负面效应和反作用力;警示材料一定要鲜活深刻,警示教育后要组织大学生开展深入讨论,通过思辨和反思的力量,进一步加深对腐败、不正之风的警醒。

（四）树立精品意识，整合资源平台

廉洁教育要力求精益求精、出"一流产品"。思政课教师必须勇于担当新时代新责任，敢于尝试新鲜事，绝不能满足于已有成绩，躺在过去的"功劳簿"上睡大觉，要跳出自我的小圈子，破除"老套路"的思维桎梏，主动分析研究、求新求变，用集体备课、研讨、实验等方式，以"十年磨一剑"的工匠精神，找准工作创新点、突破口和落脚处，抓好课程研发、教材选编、教学研究等工作，开辟新路径催发新"金课"，形成系列精品套餐。古今中外的历史上和现实中，都有取之不尽用之不竭的廉洁教育资源，高校应当创造性使用相关资源，将零散的廉洁元素串点成线、织线成面，深入推动廉洁教育与历史拥抱、与现实结合、与时代共振，更好地激发大学生学习热情。具体而言，可以把廉洁教育放置于历史场景中，充分用好传统文化和红色资源，使大学生增强民族自信心和传承革命传统；也可以从现实的源头活水中获得启发，让大学生觉得廉洁可学可行，使"以清为荣、以廉为美"的观念深入人心。

（五）创新教学方式，提升教育质效

千禧一代的大学生是互联网的"原住民"，生长于物质高度富足的时代，开始使用平视的眼光审视世界，并采取多元的观点去理解周遭。当今大学生群体是一个"熟悉而陌生"的新生代青年群体。廉洁教育面临新的机遇和挑战，而创新教学方式是必由之路。教学方式应该利用专业交叉融合优势，由校内小课堂延伸到社会大课堂，多渠道拓宽教育阵地，开

辟多个导学"战场"。充分应用新技术手段，善于借助时下流行媒介，打造"体验式""沉浸式""翻转式"课堂，方便大学生时刻在"云"端学习，让学廉倡廉成为一种常态和风尚。改变大学生被动学习地位，鼓励支持大学生自主学习、增强主体意识，邀请领导干部、专家学者、退休人员指导成立大学生廉洁文化宣讲团，选聘大学生宣讲员，进社区、进企业、进村庄，扩大廉洁教育辐射半径和影响力。推动课程思政与思政课程同向同行、教师与学生同心同德、学校与社会同愿同力，让大学生感受到全方位全时段的廉洁文化的独特魅力和无限活力，让廉洁文化从"指尖"到"心头"，融入"血脉"，成为"基因"。

四、小结

孟子曰："廉，人之高行也。""非廉无以养德"，做人第一位的是崇德修身。高校是落实立德树人根本任务的主战场，是培养大学生廉洁意识的主引擎，是从源头上反腐倡廉的主渠道。大学生作为"天之骄子"、未来社会各界的精英翘楚，承载着中华民族发展的美好明天，对其进行廉洁教育是寓治标于治本之举，必将最终影响到整个社会的政治生态健康。总而言之，廉洁教育是一项重要的基础性工作，廉洁教育融入高校思政课势在必行。高校要把大学生廉洁教育纳入学校整个反腐倡廉、廉政文化建设的大格局中，教育引导广大大学生把廉洁作为必修课、常修课，综合运用系统化思维，利用新技术手段，从制度、师资、课程等方面全方位深入推进廉洁教育融入思政课，强化形势教育、纪法意识、警示震慑、示范引领，营造创新、包容、勤勉的良好氛围，让广大大学生接受优质的廉洁教育，形成强大防腐拒变"免疫力"。当然，高校并不是存在于"真空"之中，也会受到来自外部环境方方面面的影响，这种影响必然是带有方向性的，因此，这需要社会、家庭等各方面的鼎力配合，确保廉洁教育制度的有效执行和教育效能优势的顺利转化。

构建高校课程育人体系的实践与探索

邓 松

（中南财经政法大学教务部）

党的十八大以来，习近平总书记在全国高校思想政治工作会议和学校思想政治理论课教师座谈会等多个场合，从党和国家事业发展全局的高度，强调要"坚持把立德树人作为中心环节，把思想政治工作贯穿教育教学全过程，实现全程育人、全方位育人，努力开创我国高等教育事业发展新局面"。作为学校本科教学管理部门，教务部在学校党委、行政的正确领导下，聚焦立德树人根本任务，深入贯彻落实习近平新时代中国特色社会主义思想，根据学校办学定位和"十三五"规划目标，把课程育人作为深化"三全育人"综合改革的重点内容，通过加强本科课程建设、推进校领导同上一门思政课、完善课程考核相关制度等举措，不断提升课程育人质量，着力培养担当民族复兴大任的时代新人。

一、课程建设

（一）组织开展本科课程建设项目。2021年，分公共基础课程（主要包含"读懂中国"系列、财经政法融通通识课及素质教育类课程）和专业课程（包含以学科交叉课、全英文授课课程为主的专业类平台课和专业课）进行建设，遴选"中华民族共同体意识教育"等35门课程为公共课程建设项目、"社会分层与社会劳动"等26门课程为专业课程建设项目。2022年，重点建设中国系列课程、融通系列课程、国际系列课程和"五育并举"系列课程，遴选"实用逻辑学"等25门通识教育课程、"宏观政策与金融：中国实践与国际比较"等40门专业教育课程。

以"读懂中国"系列通识选修课为例，该课程主要对"四史"（党史、新中国史、改革开放史、社会主义发展史）、国家安全意识和认知能力方面的理论及实践经验进行总结和思考，结合学校学科优势和特色，紧密联系中国实际、讲好"中国故事"，引导大学生从历史和现实、理论和实践、国际和国内的紧密结合上，增进对中国共产党为什么能、马克思主义为什么行、中国特色社会主义为什么好的认识和理解，坚定道路自信、理论自信、制度自信、文化自信。截止到2021年年底，共建成"中国经济发展理论与道路"等24门"读懂中国"系列通识选修课程。

（二）加强一流课程建设。2019年，教育部和湖北省相继实施一流课程建设。截止到2021年年底，学校国家级一流课程共25门，其中：线上15门、线下6门、线上线下混合式4门；省级一流课程达到33门，线上12门、线下12门、线上线下混合式1门、社会实践2门、虚拟仿真6门，获批一流课程数量位居同类和同城高校前列。

表1 国家级和省级一流课程统计表

序号	学院名称	课程门数	
		国家级	省级
1	哲学院	1	
2	经济学院	1	2
3	财政税务学院	4	1
4	金融学院	2	2
5	法学院	3	7
6	刑事司法学院		1
7	外国语学院	1	
8	新闻与文化传播学院		2
9	工商管理学院	6	8
10	会计学院	3	3
11	公共管理学院	3	2
12	统计与数学学院	1	2
13	信息与安全工程学院		3

（三）复核本科课程库。为复核并精简本科课程库，校对并纠正课程性质、学时和学分等基本信息，学校在2021年开展了课程复核工作。第一阶段：学校原有8426门本科课程，经过分析近三年使用情况和征求学院意见，教务部建议停用课程5898门、建议保留2528门；学院意见建议停用课程5430门、保留2996门。初步确定学院建议保留的2996门课程名单作为第二阶段开展课程清理的清单。第二阶段：和各学院充分沟通，确定保留2863门课程；邀请校内6名专任教师，分成管理组、经济组和法学组对课程名称、课程性质等进行逐门核对，规范了600余门课程英文名称。第三阶段：

组织学院根据最新版本人才培养方案规范课程类别、性质等信息,将课程类别划分为专业教育课、通识教育课、素质教育课、集中性实践课等四类;课程性质划分为必修和选修两类。

表2 本科课程统计表(按类别)

序号/合计	课程类别	课程数
1	集中性实践课	82
2	素质教育课	13
3	通识教育课	397
4	专业教育课	2371
合计		2863

二、课程思政建设

(一)加强组织保障。2020年12月,学校和中央财经大学等各财经类院校成立财经类高校课程思政联盟,开展协同攻关,共同提高财经类高校课程思政质量和改善各类专业学科的育人成效。2021年7月,成立学校课程思政教学研究与实践中心,校党委常委、副校长刘仁山任主任,校党委常委、宣传部部长周巍、教务部部长钱学锋任副主任,成员单位包括党委宣传部、党委教师工作部、研究生院、教务部、教学督导与评估中心、国际教育学院,聘任朱新蓉、陈池波、邓爱民等专家为中心首批研究员,指导开展课程思政教学研究与实践工作。

(二)开展课程思政培训。2021年1月,组织召开"课程思政"集中教研活动,特邀财政税务学院王金秀教授、法学院何焰副教授、公共管理学院庞明礼教授分别作了主题为"以守正创新推进预算课程思政化教学""课程思政:熟悉的陌生人——目标、价值与教法""课程思政的教学设计：以公共政策的概念为例"的经验分享，三位教授老师结合承担的本科课程教学工作，介绍了如何挖掘思政富矿，将家国情怀、文化自信、社会责任等思政育人元素成功融入学科专业知识，并展示了各具特色的思政教学设计、教学案例、教学效果。同年9月，学校组织相关职能部门、马克思主义学院、法学院和刑事司法学院负责人，法学类课程、"思想道德与法治"课程的专任教师参加由中国法学会、习近平法治思想研究中心主办的学习贯彻习近平法治思想报告会，指导专业教师做到全覆盖学习、开展原创性研究、抓好融入式教学，扎实推进习近平新时代中国特色社会主义思想进教材、进课堂、进头脑工作，把习近平法治思想有效融入课程思政建设。同年11月，组织我校的高等学校教学指导委员会委员、学校本科教学指导委员会委员、相关职能部门负责人和学校课程思政教学与实践研究中心首批研究人员等参加高校教师课程思政教学能力培训，着力提升高校教师课程思政教学能力，努力培养广大高校教师成为学生为学、为事、为人示范的"大先生"。

（三）召开习近平法治思想"三进"工作推进会。2021年11月，在中央全面依法治国工作会议召开一周年之际，组织召开习近平法治思想"三进"工作推进会，总结习近平法治思想"三进"工作成效，分析"三进"工作过程中存在的问题、困难和之后努力的方向，提出下一步工作的新目标。人民日报客户端、《中国教育报》、中国社会科学网等相继发表《中南财经政法大学：做习近平法治思想"三进"的践行者》《构建两翼并进的课程建设模式》等专题文章,对我校推进习近平法治思想"三进"工作的典型做法进行了宣传报道,在社会上起到了良好的示范效应。

(四)组织申报教育部首批课程思政示范项目。2021年6月,教育部公布了首批课程思政示范项目立项结果,我校推荐的2门本科课程"当代中国法治""公共政策学"、1门研究生课程"内部控制与风险管理"获评"课程思政示范课程",课程的任课教师和教学团队获评"课程思政教学名师和团队"。学校以此为契机,进一步提高全体教师对课程思政工作的认识,提高教师将思想政治教育融入各类课程教学的能力,在传授课程知识的基础上引导学生将所学到的知识和技能转化为内在德行和素养,注重将学生个人发展与社会、国家发展结合起来,全面提高课程思政质量。

(五)组织认定课程思政榜样课程。为贯彻落实《高等学校课程思政建设指导纲要》,将社会主义核心价值观教育贯穿人才培养全课程,充分挖掘和运用文史哲课程、经管法课程、理工课程和艺术类课程中所蕴含的思想政治教育资源,学校2020、2021年开展了课程思政榜样课程认定工作,分别认定"社会问题与社会管理"等53门课程、"中国国家安全教育"等60门课程为课程思政榜样课程,委托北京大学出版社汇编出版《中南财经政法大学课程思政优秀案例集》(第一辑和第二辑)。

三、教材建设

(一)严格教材管理。坚持"马工程"教材100%统一使用，完成"马工程"教材年报工作，累计组织完成了3期"马工程"教材任课教师培训工作。组织开展马克思、恩格斯、列宁关于哲学社会科学及各学科重要论述摘编、国家教材建设重点研究基地申报工作，并有1名教授参编"中国金融学""马工程"重点建设教材，4名教授参编"国际私法""思想道德与法治""人力资源管理"等"马工程"教材。加大教材建设支持力度，我校教师主编的代表性教材达290余本。

（二）教材建设取得重大突破。在首届全国教材评选活动中，吴汉东教授获全国教材建设先进个人，同时其主编的《知识产权法（第5版）》获全国优秀教材（高等教育类）二等奖。学校入选首批中国经济学教材编写13所学校之一，杨灿明、常明明教授领衔的《中国财政学》《中华人民共和国经济史（1949-1978年）》团队入选，从入选总体情况来看，人大入选6本，北大、复旦入选3本，中国社科大、浙大和我校入选2本，我校入选情况位列同类高校第一。

四、校领导同上一门思政课

"校领导同上一门思政课"开设于2020年，由教务部和马克思主义学院联袂打造，是我校深化思想政治理论课改革创新，推进习近平新时代中国特色社会主义思想进头脑、进课堂、进教材的创新举措，也是学校推进领导干部上讲台的有效途径，现已成为学校思政课建设的新亮点和新品牌。

2021年是中国共产党成立100周年，全体校领导根据自己的学术研究领域，结合分管工作和《习近平新时代中国特色社会主义思想概论》的基本内容,再次走上讲台,面向全校相关课堂学生,用鲜活的案例带领同学们学习百年党史,深刻理解习近平新时代中国特色社会主义思想,内容涵盖经济、政治、文化、社会以及生态文明建设等方方面面。据统计,2021—2022学年第2学期共开设"毛泽东思想和中国特色社会主义理论体系概论(下)"(习近平新时代中国特色社会主义思想概论)课堂52个,每位校领导面向1个课堂授课,占比19.23%。

表3 2021年"校领导同上一门思政课"主题清单

序号	校领导姓名	主题内容
1	栾永玉	中国特色社会主义进入新时代
2	杨灿明	中国共产党反贫困理论的创新成果
3	陈 明	全面建设社会主义现代化国家
4	侯振发	带领人民创造更加幸福美好生活
5	闫 平	以习近平生态文明思想为指导建设美丽中国
6	覃 红	实现中华民族伟大复兴的中国梦
7	姚 莉	百年党史中的巾帼力量
8	刘仁山	中国特色大国外交
9	邹进文	"中国梦"的经济学思考
10	申祖武	坚持总体国家安全观

五、课程考核

(一)完善本科课程考核与成绩管理。制定并印发《中南财经政法大学本科课程考核与成绩管理办法》,在进一步规范考核形式与要求、命题审题制卷要求、监考管理、成绩评定的基础上,明确申请缓考的五种情形为因身体原因不能参加考核的、因心理疾病不能参加考核的、该课程的考核时间与其他课程的考核时间相冲突的、因代表学校参加上级组织的各类比赛与考试时间冲突的、与校外重大考试冲突的；其他经学校认定无法参加课程考核的。学生缓考课程的成绩，按卷面考试成绩记载。

（二）增加补考环节。第一至七学期的必修课考试不及格的学生（正常考试时缺考或有违纪舞弊行为者除外），可申请在下一学期期初参加补考。补考无平时分，补考卷面考试成绩及格的，以60分记入成绩单。经补考后仍未及格的、未参加补考考试的，均须重修该课程。学生在正常考试时缺考或有违纪舞弊行为者不得参加补考，必须重修该课程。

（三）扩大重修课堂学生范围。2021—2022学年第2学期，在两校区，为"微积分（上）""概率论与数理统计（经管）""高等数学（上）"等3门课程增开9个重修课堂，在保障2021—2022学年第1学期挂科学生重修的基础上，为其他学期挂科且重修未通过的学生增加1次重修，且在报名期间将3门课程总体报名情况（约为62.17%）反馈给相关学院，引导学院重视重修工作，提醒学生尽早参加重修。学生若在因春季疫情推迟考试的补考中通过考核，可在成绩出来后一周内由学院汇总后退课。2022—2023学年第1学期，将持续在两校区增开"微积分（下）""高等数学（下）"和"线性代数"等重修课堂。

六、结论和政策建议

课程育人没有终点，永远在路上，需要以习近平新时代中国特色社会主义思想为指导，以一流本科教育体系构建为核心，紧紧抓住"新文科"建设牛鼻子，不断推进和完善高校课程育人体系。

（一）着力打造"金课群"。进一步加大经法管主干学科"金课"建设力度，切实落实学生中心、产出导向、持续改进的课程建设理念，不断提升课程的高阶性，突出课程的创新性，增加课程的挑战度，积极构建既有理论课、又有实践课，既有公共课、又有专业课的覆盖线下、线上、线上线下混合、虚拟仿真和社会实践等各类课程的全景式"金课群"。

（二）优化课程体系建设。进一步积极构建体现我校办学优势和办学特色的课程体系，以守正为重点打造中国系列课程、以创新为重点打造融通系列课程、以视野为重点打造国际系列课程、以素养为重点打造五育并举课程。

（三）推进课程思政建设。进一步开展专任教师课程思政培训、典型经验交流、现场教学观摩等活动，不断提升教师教学方案设计和课程思政育人能力。评选课程思政榜样课程并充分发挥其示范作用，持续结集出版典型案例集。

普通高校体育课融入军事元素探讨

张 进

（中南财经政法大学党委学生工作部）

军事元素，顾名思义就是构成军事行为或行动的基本要素。在普通高校体育课中融入军事元素，既是新时代"五育并举"人才培养的创新之举，也是高素质兵源供给的治本之策。

一、问题的提出

（一）大学生成为我国军队主要兵源

当前，"00后"已成为军队兵源绝对主体，且其中本科（含在读）的大学生比重逐年稳步提升，大学生兵源质量直接关系到部队战斗力。2021年10月，从海政兵文局了解到，当年海军征接的新兵中，大学生比例高，整体质量明显提升，专业基础更加扎实。其中，大学生新兵占比82.4%，大学毕业生新兵占比33.4%,大学生新兵中理工类占比61.4%,有10名北京大学和清华大学学子加入蓝色方阵,具备一定专业特长、取得国家相应资格认证的占比37.6%,各项数据均创历史新高。由此一来,作为主要兵源的大学生,其体质强弱和军事素养高低,很大程度上影响着应征入伍士兵的身体素质基础与部队适应能力,进而影响到国家武装力量建设。

从2021年3月起,部队逐步扩大对已完成学业的大学应届毕业生的征集,以提高大学生士兵留队比例,为部队保留骨干。但是,由于完成大学学业的青年学生年龄偏大,参与部队许多高强度与技巧性的课目训练已错过了人体运动的黄金时间,且他们对部队生活紧张节奏的适应力也随年龄增长相对减弱。研究显示,尽管在最初的征兵体检中,大学生们通过率较高,但是这其中通过的应征对象身体素质的差异十分明显,军事素养差距更大:平时关注国防,加强军事素养养成的大学生,步入部队后很快能融入部队生活,投入到紧张严格的生活工作中;而鲜有关注军事,只是进行一般体育锻炼的大学生适应起来较难,这不但给部队带来诸多困难,甚至还出现一些跑兵、退兵现象。近年来,新兵适应能力差的问题已经成为士兵质量提高的一大制约因素。可见,我国大学生的体质与军事素养问题,已发展成了国防建设的重大战略问题。[1]

(二)在校大学生与同龄军人存在较大身心素质差异

笔者所在大学为一所教育部直属的"双一流"大学,学生的整体入口素质不错，入学时年龄多数为 18 周岁。每年新生军训，承训部队派出的教官大部分为 18—20 周岁，而 18 周岁教官多为入伍不到 1 年的第一年度兵。2020 年我校承训教官 18 周岁人数达到了教官总数的 46%。2021 年，由于承训部队自身任务较重，第二年度以上士兵担负普通高校新生军训教官任务较少，第一年度兵的比例增多，达到 58%。军训场上，教官展示出的沉稳、大方，管理能力、吃苦精神等诸多方面，都明显高于普通高校大学新生。2021 年在对 18 周岁教官负责的连队进行的调查如表 1 所示，绝大多数新生对教官给予了很好的评价：

表 1 各连队关于教官评价的问卷结果统计表

对教官评价	出现频次
教官非常有亲和力	46/50
教官能以身示范	48/50
教官稳重大方	48/50
教官特别懂得关心人	46/50
教官组织能力强	49/50
教官像大哥哥	50/50

笔者在与兄弟高校同仁讨论此项时，大家也有一致感受：军队是一所特殊的大学校，在军队的管理教育模式下，个体成长更快，发展更加全面。

（三）普通高校军事类社团学生综合素质较高

笔者所在的大学有两个涉"军"的学生社团，一个是学生国防教育协会，一个是国旗护卫队。学生国防教育协会主要协助校人民武装部开展学生国防教育，除日常宣传国防知识与开展国防教育活动外，协会中大数会员还会在每年新生军事训练中担任军训助理工作，协助承训教官组织训练与管理。国旗护卫队，除日常国旗文化的宣传与每周周一的常规升旗仪式外，在重大节假日或活动中都会组织较大规模的升旗仪式。为了完成好这些工作，会员（队员）们除同一般同学一样需完成自己的学业外，每天还坚持早操，假日里还会加训军事技能。担负军训助理的学生国防教育协会会员还要在新生入学前集中至少一周时间进行助理业务学习训练，内容涉及军事训练课目的训练与组织、如何定位好军训助理这个角色、如何协助管理新生及做好新生的思想工作等。他们都以任务为牵引，通过自律与常态化训练，强化能力，这些会（队）员的心智是最接近部队同龄军人的特殊大学生。可喜的是，即使这些工作占用了不少时间，但他们仍然是同学当中学习的佼佼者。表 2 是学生国防教育协会会员近三年奖学金获得情况。

表 2　2017—2021 年国防教育协会会员获奖学金情况

	2017 年（共 62 人）	2018 年（共 58 人）	2019 年（共 52 人）	2020 年（共 50 人）	2021 年（共 48 人）
国家奖学金	2	2	1	1	2
专项奖学金			1		1
一等奖学金	8	9	12	12	10
二等奖学金	18	16	16	13	15
三等奖学金	32	30	22	21	19

除奖学金所反映出的工作学习齐头并进外，这些会员在毕业就业时也因为这些经历会被用人单位高看一眼。

笔者曾调研过湖北长江职业学院"大学生雷锋连"，这个社团组织也有涉"军"性质。自 2004 年成立至今，持续 17 年连队组织活动从未间断。每年的新生军训期间，学校都会将那些训练作风过硬、不怕吃苦并自愿接受更加严格训练的学生挑选出来,按照部队的连、排、班建制和管理方式对他们进行半军事化的课余管理和封闭式的强化训练。到了第二年,这些"老兵"队员又会以军训教官的身份对下一届新同学进行为期15天的军事训练和国防教育。在一系列活动中锻造了队员们的忠诚意识、敬业意识、奉献意识、荣誉意识、团队意识,队员们的沟通能力、学习能力、自控能力明显高于学校中的其他同学。雷锋连从成立至今,系统完成训练内容能称得上"合格"二字的队员只有不到一千人,而其中当"老板"的人数竟达到130人之多,更出现了一批如甘特、张翔宇、张耀光、吕炜、陈伟才等享誉业界的优秀企业主。统计雷锋连的创、就业比率超过9∶1。没有当老板的那部分人也已多半是各单位或企业的中层管理干部或技术骨干。

(四)普通高校大学生军事类课目参与热情高

按照教育部颁发的最新《普通高等学校军事课教学大纲》,军事理论共5大内容36课时,记2个学分,军事训练共10个科目,不少于14个训练日,记2个学分。笔者所在的大学是一所"双一流"大学,金融、会计、法学、管理等专业特色明显。军事理论虽与专业所需知识关联不大,但是从多年的教学实践与学生评价来看,此课不但没有被边缘化,反而成为学生最受欢迎的课目之一。尽管新生入学军事训练是在武汉较为炎热的9月进行,新生参训率都在95%以上,教官评分优良率(80分以上)为98%以上。2019年起,笔者开设了通识选修课"军警格斗术",因为本人有20多年从军经历，在教学中发挥个人优势，采用了在军队教学时的组训模式，严肃紧张，"军味"十足的教学，不但没有让学生感到厌倦和吃不消，反而教学效果十分明显。通过口口相传，近2年"军警格斗术"成为学生选课的热门，通常是30人的课堂几百人抢选，供不应求，蹭课成了一种常态。

近十年，我校学生国防教育协会共举办湖北省大学生军事技能竞赛6次，每次赛事都受到全省各高校的普遍关注，参赛队伍都在30支以上，队员们表现出的军事素养非常高，得到广泛好评，此项赛事已成为省高校品牌项目。2021年，我校运动会新增模拟射击项目，50人的规模却吸引了近千人报名。

实践证明，青年学子都怀有一颗报国之心，缺少的是平台。

二、可行性分析

（一）国家层面高度重视

习近平总书记曾在学校思想政治理论课教师座谈会上强调，在青少年的教育中，要厚植爱国主义情怀，国防教育是厚植爱国主义情怀的有效途径。如何拓展国防教育的有效途径，我们所提出的在普通高校体育课中融入军事元素就是一种有效探索。此外，军队不断加大大学生士兵比例以应对世界军事领域的新形势，也对高校为军队输送具备相应军事素养的兵源提出了更高的要求。国家层面的重视为军事元素融入高校体育课给予了强力的支撑，大学生作为社会主义事业的接班人和军队主要兵源，应当怀揣坚定的信心和昂扬的斗志，积极参与配合军事元素融入高校体育课的改革，为实现"强国梦、强军梦"作出应有贡献。

（二）青年学生的可塑性

德国著名教育学家赫尔巴特在著作中写道："教育学的基本概念是学生的可塑性。"[2]"首先，大学生心智上正处于发展阶段，思想价值取向临近成熟；其次，大学生由于处于学校这个象牙塔与社会这个试炼场的过渡阶段，所以自我认知与定位也尚未固化。因此，大学生思想与认知的可塑性为军事元素在体育课中的融入提供了无限可能，有力地保障了爱党爱国爱军价值取向通过此类改革根植于大学生内心深处，塑造"心中有火，眼里有光"的新一代。

（三）高校教学条件优质

质量是高等教育的生命线，教学质量的提高是高等教育的永恒主题。进入21世纪，我国政治、经济、文化等各方面都迈上了一个新台阶，高校教育作为国之大计、党之大计也不断达到新的高度，随着教育评价改革的推动，高校育人模式、办学模式、管理体制等各方面统筹发展，朝着高质量、高标准、高水平更进一步。不仅如此，教师队伍的质量也持续向好发展。十八大以来，党中央高度重视师资队伍建设发展，国家陆续出台一系列指导意见。高校优质并持续向好的教学条件为军事元素融入高校体育课奠定了坚实基础。

（四）军民融合助力

新中国成立以来，党和国家依据不同时期的国内外形势，不断对国家经济发展和国防建设发展的道路进行探索，经历了三次战略性跨越，首先是"军民结合"，其次是"寓军于民"，再到2017年，习近平总书记在党的十九大报告中明确提出"坚持富国和强军相统一，强化统一领导、顶层设计、改革创新和重大项目落实，深化国防科技工业改革，形成军民融合深度发展格局，构建一体化的国家战略体系和能力"。军民融合共有三个层次的含义，其中第三层含义是军民协同，军民融合协同创新是推进军民深度融合发展的重要方式[3]。可见，军事元素融入高校体育课是对"军民协同"的现实阐释与创新性实践，而国家"军民融合"概念的提出与一系列措施也能为军事元素在高校体育课中的融入提供更大的可能性与发展空间。如青岛军民融合学院即军民融合在教育领域的先驱，该学院是全国首个军民融合学院，以制度创新为重心，是军地人才双向交流发展的重要探索。

三、普通高校体育课中融入军事元素的方法与途径

（一）科学顶层设计

顶层设计指的是由领导层落实到基层群众的关于改革的有序合理的规划[4]，在本文中指的是针对军事元素融入高校体育课这项改革措施，国家领导层所做的一系列理论规划与实际部署。

国家应就此项改革计划，实施科学严密的顶层设计，并坚持以人为本的原则，将大学生的国防与体育发展作为首要考虑因素，并在实践的过程中，不断进行调整、深化与发展，

为军事元素融入高校体育课提供有力的理论保障。

（二）强化师资配套

当前，若推行高校体育课中融入军事元素，在师资方面还有两个明显短板：

一是师资力量不足。据调查，通过走访普通高校体育教师情况得知，超过50%的高校体育教师配备不足，青年教师流动性较大[5]。且近年来，国内高校的不断扩招对师生比造成了不利影响，尤其是在新冠疫情导致出国留学不易情况出现之后，此类情况更为明显。而教师是教育资源的核心，师资数量的不足将给此项改革带来前所未有的障碍与挑战。

二是教师相应素质欠缺。目前高校教师队伍中，政治立场模糊、育人意识淡薄、人文关怀缺乏、学术研究功利性等问题不同程度存在。加之大部分体育教师本身军事素养缺乏，必将制约军事元素融入高校体育课的质量。

针对上述短板，一方面要按照教育部规定的师生比补齐师资力量，可考虑从军队转业军体教师中引进一定人才。还可聘请军队院校军体教师，军地双方共同制定教学计划，可快速弥补地方高校体育教师力量不足。

另一方面，利用军民协作机制，采取请过来、走出去的形式，对高校体育教师定期军事培训，并根据教学目标制定体育教师必备军事素质指标，并严格进行考核，实行达标上岗，先行提高教师的军事素养。

（三）军事化体育课程

就是在顶层设计的框架下，师资力量、训练条件基本成熟的情况下，尽可能地让高校体育课充满"军味"。

1. 军事训练经常化。改变过去只在新生入学时进行集中军事训练，为每学期定时进行短、平、快的军事训练。旨在提升大学生军事素质，使其保持较好的军事素养，为体育课融入军事元素奠定军事素养基础。

2. 体育课教学军事化。每周效仿军队，发挥退役大学生及军事国防类学生组织作用，至少安排学生做3次早操，训练内容为队列、体能等课目，严格考勤，严密组织。体育课教学要充满"军味"，体育教师要带头军事化，在组织教学训练时向军队看齐，使学生在课堂中耳濡目染，不断提升军事素养。

3. 体育达标训练军队化。围绕力量、速度、耐力、柔韧、灵敏五大素质，参照普通士兵军事体育达标最低标准，制定普通高校大学生体育达标标准。按照从低年级到高年级，分段设定达标标准，每学期进行考核，并计学分。通过大数据，监测学生体育达标训练情况，并采取分类指导，因人施训，一人一策，抓两头带中间，确保大学生体育整体素质向军队靠拢。

参考文献

［1］刘冬笑，王越，李国. 我国青少年体质下降与兵源建设窘境［J］. 体育学刊，2020，27（2）：4.

[2]章小亮.大学生存在的特征及其可塑性与主动性探析：基于底特利希·本纳的教育学理论[J].吉林省教育学院学报，2017，33（8）：37-40.

[3]王胜英.军民融合发展研究[D].大连：大连海事大学，2019.

[4]孟琳.改革顶层设计的战略作用及其实现路径[D].沈阳：辽宁大学，2015.

[5]李英玲，谷颖.普通高校体育教学条件的现状与对策分析[J].才智，2020（2）：167.

组织育人篇

高校党支部主题党日活动创新与效果评价研究

董星仙

(中南财经政法大学法学院)

十九大强调以党的政治建设为统领,贯穿党的制度建设。主题党日是制度治党和依规治党的重要设计,对提升制度治理效能具有战斗堡垒作用。高校学生党支部是高校党建工作的基本支撑点,学生党支部的主题党日活动是锻炼党员党性、提高党员综合素质,加强党组织自身建设的有效载体,因此对于主题党日活动的研究具有重要的理论和现实意义。

一、高校党支部主题党日活动发展现状和困境

(一)全局规划难协调,制度实施易偏离

在高校党支部中,存在不同程度的缺乏科学完善的主题党日活动制度体系的情况,基层党支部在指导、监督、评价、

激励等方面缺少系统规划与制度保障,导致全局协调难,真正落实起来偏离实际。

(二)内容形式难创新,活动推行易滞后

由于经费、场地以及时间问题,学生党支部往往更注重理论学习,在理论与实际结合等方面缺乏思考和举措。内容和形式比较传统局限,学生的心态难以由"服从""同化"转变为"内化",导致效果不佳。

(三)评价机制不科学,效果反馈不理想

党支部内部缺乏长效合理的党日活动评价机制,在主题党日的责任落实、人员参与、活动频率、参与时长、活动成效等方面没有衡量标准,在规范方面存在薄弱环节。

二、研究综述

分别从高校主题党日历史沿革、活动创新以及效果评价三个方面展开综述。

(一)高校主题党日制度的历史沿革

"党日"一词最早出现在 1936 年 9 月工农红军第十五军团政治部的《关于党支部工作的总结》中[①],文件首次要求将上党课和召开党的会议定在周日和周三。2006 年颁布的《关

---

① 胡玲娟. 提升高校党支部主题党日活动质量的思考[J]. 佳木斯职业学院学报,2019(11):56–57.

于做好党员联系和服务群众工作的意见》开始引入"主题"的概念,要求党员积极参加以服务群众为主的实践活动。随着2017年"两学一做"的开展,"党员活动日"被完全激活。紧接着2018年颁布的《中国共产党支部工作条例》明确规定党支部每月固定一天开展党日活动,组织党员进行民主议事和志愿服务。质言之,党日活动是党组织制度建设的集大成者,是党员教育的宝贵经验。

(二)高校主题党日活动的创新模式

随着党日活动从软要求到硬指标,从自选动作到规定动作的转变,高校进行党日活动常态化的实践,并且以创新推动现存问题的解决,表现在两个方面:

首先是党日活动的内容与形式。一般的党日活动局限于主题党课的理论学习和自我分析,学生易产生倦怠感,因此需要对内容和形式进行创新。陈荣武通过分析马克思主义哲学内容和形式的辩证关系,用以证明党日活动中存在的功利主义、形式主义的危害。[1]陈建华反对形式与内容同等重要的观点,鼓励形式的多样性,鼓励双向交流互动,反对单一灌输的报告式学习模式[2]。其次是党日活动的执行与落实。王元彬和李航敏结合时代特征和大学生的心理特点分析了主题党日参与积极性不高的问题。高年级的党员兼具学习、生活、

---

[1] 陈荣武. 主题党日制度的战略意蕴与实践优化[J]. 思想理论教育,2020(3):67-72.
[2] 陈建华,张天峰,李海兵. 提高主题党日活动质量的"五个环节"[J]. 学校党建与思想教育,2011(36):18-19.

就业等压力,在支部活动中花的时间和精力少[①]。周章明和叶昊认为,主题党日的开展需要建立组织领导机制,通过学生党支部以及团委、班委等团学组织形成工作合力[②]。

(三)高校主题党日活动的效果评价

上述问题都不是孤立的个体,而是统一的整体,彼此互相关联,因此需要构建评级机制,用以反馈流程是否合理。程环等认为紧贴育人实践的党日活动内容的创新,可以在结合实际的基础上服务于个人成才的要求,使个人在活动时可操作感强,获得感强[③]。宋之帅和马文革通过研究机制对个人成长的作用,从理论学习、学术研究、志愿关爱、情操陶冶方面,突出同学们对党支部参与的有效度,包括认同感、参与感等。目前较少文献研究党日活动效果评价,与之相关的实证研究更少[④]。

[①] 王元彬,李航敏. 创新高校大学生党支部建设的实践探索[J]. 思想理论教育导刊,2017(1):137-139.

[②] 周章明,叶昊. 高校学生主题党日活动质量保障机制构建探赜[J]. 学校党建与思想教育,2015(12):30-31.

[③] 程环,邓诗琪,郑娅. 高校学生党支部主题党日活动的创新研究:基于"互联网+"的活动模式[J]. 今古文创,2021(33):120-122.

[④] 宋之帅,马文革. 创新高校学生党支部设置模式的探索与实践:以合肥工业大学为例[J]. 思想理论教育导刊,2019(2):152-156.

三、高校主题党日活动研究意义

（一）理论意义

1. 发扬改革创新精神，强化党的政治建设

大学党支部党日活动的创新是对党中央党建工作改革创新发展要求的贯彻落实，符合为国家培养人才的办学理念，赋予时代性、符合规律性、具有创造性，把政治标准和要求贯穿始终，引导全员增强"四个意识"，坚定"四个自信"，做到"两个维护"，是高校实现新突破的有效尝试。

2. 完善组织治理结构，推进法治管理思维

全面推进依法治校是深化高等教育领域综合改革的目标价值和本质要求，党建工作的创新着重发挥了我校法学一流学科建设性作用，以法治管理思维完善党建治理结构。同时，党支部积极组织专题学习、党团生活，大力开展法治理念教育，以依规治党为抓手，以小促大，进一步带动依法治校，引导广大党员牢固树立法律伦理信仰，加强建设社会主义法治国家的使命感和责任心。

3. 激发党员主动意识，发挥高校育人功能

丰富多彩的主题党日活动可以充分调动广大学生党员的积极性和创造性，尊重学生党员主体地位，引领学生党员发扬主动、创新、勤思的优良作风，在活动中进一步坚定理想信念，激发服务意识，进而带动全体同学协同成长，促进基

层学生党建工作的创新发展，发挥高校育人功能。

（二）现实意义

1. 搭建党日活动体系，打造党建工作品牌

高校党支部主题党日活动在主题、形式、方法和组织方面的创新，有利于构建高校党建工作新格局，推动基层党建创新发展，提升党建研究的科学化水平，对于形成品牌影响力和品牌效应具有十分重要的意义。

2. 创新主题活动形式，提升党日活动成效

创新党日活动形式，在传统党日活动的基础上，将思想教育、学习科研、志愿服务融入形式多样内容丰富的活动中，让广大党员从中有付出、有收获、有作为、有成长，增强观念，提高政治素质，充分发挥党员先锋模范作用。

3. 制定科学评价机制，规范党员日常管理

科学化制定主题党日活动综合评价体系，有效评估党员日常表现，规范党员日常管理，贴近实际，符合需求，量化评估，有理有据。有利于提高党日活动质量，实现党支部主题党日活动在螺旋上升中实现可持续发展和开展。

四、高校党支部主题党日活动创新和效果评价体系

在新时代党的建设总要求下，做好高校党支部建设工作，办实主题党日活动，需要从活动内容创新和效果评价体系搭建多方面着手，做好党支部建设的同时，做好党建育人工作。

（一）强化法治思维理念，推进党建制度规范

习近平法治思想是全面依法治国的根本遵循和行动指南[①]。主题党日活动制度化是基层党组织适应新时代党建总要求的政治自觉和内在逻辑，也是积极响应依法治国的号召。完善服务体系，构建完备党支部管理系统，要以法治观念作为指引，以规范的流程为保障，以法治方式为路径，将法治思维融入党日活动中，运用法律化手段建立科学合理的内部治理结构，规范党建制度，将法治思维和党建引领相结合，使两者在同向互动中促进党支部高质量可持续发展[②]。

（二）围绕实践育人主题，推进党日活动创新

高质量的党日活动可以提升基层党组织活力和凝聚力。高校党支部紧紧围绕"我为师生办实事"中心实践任务，开展"三新三度"活动模式，分别从活动内容、活动形式和活动载体三方面，做到有广度、有温度和有力度，以新的观念和新的举措创新党日活动，切实做到三全育人。具体表现为：协同推进新内容服务师生有广度、新形式管理党员有温度、新载体落实活动有力度。新内容从理论宣讲、志愿服务、学习科研、就业创业四个方面切实推动我为师生办实事；新形式依托活动准备、活动招标、活动实施、活动积分四个模块

[①] 坚定不移走中国特色社会主义法治道路 为全面建设社会主义现代化国家提供有力法治保障[N].人民日报，2020-11-18（001）.

[②] 彭燕媛.以制度规范和党建引领推进出版业高质量发展[J].中国出版，2020（7）：36-39.

实现学生党员管理科学化;新载体则凭借活动载体、宣传载体、实践载体、示范载体四大板块推动各项活动有力落实。

(三)建立科学评价体系,推进党建工作建设

完善评价体系是有效评价的前提,科学完善的评价体系会对党日活动的开展产生良好的导向作用。通过问卷收集学生党员基本信息、活动信息和意愿信息等数据,运用AHP层次分析法对高校党日活动效果进行科学评估,完善党日活动评价体系。做到以党员为中心,以质量为标尺,量化标准细则,衡量考核权重,将量化结果与榜样示范相结合,增强支部成员对主题党日活动的重视程度,同心推动活动有效落地。

五、高校主题党日活动体系应用

搭建高校党日活动创新机制和评价体系,科学有效推进党支部建设,激发党支部活力,并将成果进行可复制化推广应用。

(一)搭建党日活动体系,促进长效机制建设

党的制度建设是把长期以来党的领导工作中和党内生活中的经验教训加以总结和概括,形成共同遵守的党内法规、条例、规则等制度。在实践层面,党日活动制度是高校落实落细制度建党的保障。针对党日活动缺乏制度化和系统化设计的问题,搭建"三新三度"活动体系,促进长效机制建设,在基层党支部对活动的指导、监督、评价全方面提供制度保障,提升活动质量。

（二）创新党日活动内容，促进主题多元建设

创新党日活动内容，增强党日活动的多样性和丰富性。在形式上以固定的时间、规范的流程、明确的主题营造仪式感和庄重感；在内容上侧重理论宣讲、志愿服务、学习科研、就业创业等党员关注点，调动党员参与主题党日活动中的积极性，解决内容单一的问题；让党日活动胜在形式上、赢在内容里。

（三）规范党日活动形式，促进项目规范建设

加强党支部纪律建设，构建规范化管理机制和模式，强化党日活动管理成效。从活动选题、招标、实施、积分等具体环节抓起，在巩固已有成果的基础上，推进党日活动标准化建设，通过积分体系，实行量化管理制度，引导党员积极参与党日活动，加强党日活动的意义教育，促进党日活动规范化、常态化。

（四）依托党日活动载体，促进党员素质建设

在活动开展上，选取微党课、共读书、红歌会、学生实践等载体，打破活动形式壁垒；依托互联网新媒体，宣传活动进展和成果；以灵活多样的方式，创新活动实践载体；打造标准化示范载体，发挥带头引领作用，增强活动感染力和传播力，实现教育目的。在党员党性教育上狠落实，在理论结合实际上求成效，在党员思想素质上抓成就。

（五）量化党日活动评价，促进活动成效建设

依托积分量化制建立科学评价体系，让党日活动评价标准不再局限于感官评价，而是构建系统的评价指标，科学衡量活动成效。将结果纳入党员考核，并定期公示，作为一种督促与激励的手段，激发党支部活力，促进活动成效性建设。

参考文献

[1] 陈建华，张天峰，李海兵．提高主题党日活动质量的"五个环节"[J]．学校党建与思想教育，2011（36）：18-19．

[2] 习近平．在党的群众路线教育实践活动总结大会上的讲话[N]．人民日报，2014-10-09．

[3] 周章明，叶昊．高校学生主题党日活动质量保障机制构建探赜[J]．学校党建与思想教育，2015（12）：30-31．

[4] 王元彬，李航敏．创新高校大学生党支部建设的实践探索[J]．思想理论教育导刊，2017（1）：137-139．

[5] 习近平．决胜全面建成小康社会 夺取新时代中国特色社会主义伟大胜利：在中国共产党第十九次全国代表大会上的报告[N]．人民日报，2017-10-19（1）．

[6] 孟庆云，李鉴修．"三会一课"制度的形成与发展[J]．新湘评论，2017（11）：15．

[7] 陈华．以高质量主题党日活动推动高校机关党支部建设[J]．学校党建与思想教育，2018（20）：40-41．

[8] 宋之帅,马文革. 创新高校学生党支部设置模式的探索与实践:以合肥工业大学为例[J]. 思想理论教育导刊,2019(2):152-156.

[9] 吴巧慧. 提升高校学生党支部组织生活育人功能的四个维度[J]. 思想理论教育导刊,2019(7):132-134.

[10] 胡玲娟. 提升高校党支部主题党日活动质量的思考[J]. 佳木斯职业学院学报,2019(11):56-57.

[11] 陈荣武. 主题党日制度的战略意蕴与实践优化[J]. 思想理论教育,2020(3):67-72.

[12] 彭燕媛. 以制度规范和党建引领推进出版业高质量发展[J]. 中国出版,2020(7):36-39.

[13] 庄添,黄琳,孙华玲,等. 高校学生党支部主题党日活动存在的问题及对策研究:以中山大学新华学院为例[J]. 科教文汇(中旬刊),2020(10):30-31,37.

[14] 张菊玲. 高校学生党支部主题党日活动现状、问题与对策建议[J]. 北京教育(高教版),2021(5):3.

[15] 潘靓,程涛. 高校学生党支部主题党日现状审视与路径优化[J]. 思想理论教育,2021(1):6.

[16] 程环,邓诗琪,郑娅. 高校学生党支部主题党日活动的创新研究:基于"互联网+"的活动模式[J]. 今古文创,2021(33):120-122.

后疫情时代高校学生党建工作体系构建与创新研究[①]

曾 洁

（中南财经政法大学工商管理学院）

学生党建工作是高校思想政治教育工作和基层党建工作的重要组成部分，是我国高校建设中的重要一环。高校党建工作完善与否，决定着其是否能为党组织输入更多新鲜血液，是否能为我党培养出合格的社会主义建设者和接班人。新时代赋予了新青年新的希望和任务，也对其提出了更高的要求，尤其是在2020年新冠疫情在全球暴发后，全球经济、教育和生活方式都发生了重大改变，人类社会进入了百年未有的大变局。

在党中央的英明决策和领导下，全国人民上下齐心，我

[①] 本文系中南财经政法大学"百年·百项"基层党建创新计划党建研究课题研究成果。

们虽然在抗击疫情的战役中取得了重大成果，在最大范围内控制了疫情的肆虐，但是疫情并没有完全消失，随时都有小规模暴发的可能，疫情防控成为当前高校和整个社会面临的首要问题。面对后疫情时代的高校教育管理新形势、新特点，如何在保障学生生命安全的前提之下，开展适应新时代新要求的高校学生党建工作，完善和构建原有工作体系，创新工作模式，是当前高校党建工作面临的重要课题。

一、后疫情时代高校学生党建面临的挑战与机遇

新冠疫情因其高传染性和隐蔽性，给高校的教育和管理带来了极大的影响和挑战。疫情防控期间，学生党员众多教育活动因避免聚集而无法开展，全国各地区小范围暴发导致的人员隔离也影响了学生党员发展和培养工作。同时，网络虚拟空间中的思想、言论错综复杂，导致舆论生态复杂多样、鱼龙混杂，让人无法判断是非曲直。短视频的短而快，也让这些信息呈现指数级的快速传播，对大学生党员的成长和价值观塑造产生各式影响，这些都是当前高校学生党建工作所面临的挑战。

有目共睹的是，习近平总书记带领党中央和人民对疫情防控做出统一部署和安排，各地及时有序启动公共卫生事件一级响应，全面形成从中央到地方、从城市到农村的协调联动机制，充分展现了社会主义社会的制度优势，有力彰显了中国效率、中国规模和中国速度。中国的抗疫经验为基层党员教育提供了最有力、最鲜活的教育内涵，中国共产党展现

出来的坚强领导力和执政水平，也是最具有说服力的教育素材，更能够激发广大学生党员的责任意识和时代担当。

疫情防控成为常态的后疫情时代，如何在有限的条件下发挥学生党组织教育功能，通过客观分析青年学生思想特点和思维模式，把握互联网发展规律，发挥新媒体的优势，创新学生党建工作新模式，探索符合大学生"口味"的宣传教育模式，寻找符合大学生党员成长发展规律的培养模式，生动、鲜活、真实展现相关教育内容，具有非常重要的意义。

二、构建后疫情时代高校学生党建工作体系

（一）创建党员先锋示范工程

"疫情就是命令，防控就是责任"，中国抗疫防疫工作能取得现如今难能可贵的局面，最核心的就是有党中央的统一部署，主动配合做好疫情防控工作是每一位公民尤其是党员应尽的职责。疫情防控时期校园封闭半封闭成为常态，学生党员活动范围受限，但是党员服务群众的作用不能因此减弱，全民抗疫的时代号召为学生党员提供了广阔的志愿服务机会。打造一个可以亮明党员身份、树立党员形象、鼓励党员奉献的先锋示范工程，这是当下高校党建工作中增强党员责任意识的必要措施。我们要充分发挥高校基层学生党支部在疫情防控中的能动性和主动性，引导学生党员带头履行疫情防控工作职责，坚持党建带群建，发挥学生党员的正向引领作用，带头开展防控知识宣传，落实防疫措施，坚决从思想上、行动上紧随党和国家部署与决策。

具体来说，我们要发挥学生党员在理论宣讲、服务群众、学习争先等各方面的示范引领作用。学生党员须主动学习防疫知识，自觉形成健康的生活方式，带动影响周围同学。党员还可以利用班级微信、QQ 群、易班等平台，引导同学们不信谣、不传谣，主动宣讲中国精神、中国力量，提升同辈影响力，同时协助辅导员班主任做好疫情防控摸排和学生管理工作，协助做好心理健康疏导工作。

（二）打造学生社区党建工作模式

学生社区已逐步成为国内高校学生教育管理的重要场所，诸多高校已形成较成熟的社区管理模式，并不断在环境打造、服务理念和管理方式上发展改革。疫情防控时期，学生在校在社区时间越来越多，开拓学生社区党建工作模式大有可为，同时这也是高校全员、全程、全方位育人的总体要求。无论是在课堂内外、线上还是线下，显性和隐性的教育无处不在，进一步优化学生社区管理服务模式，提升生活环境，创建学生社区党支部，在社区开拓党建宣传阵地，充分发挥社区的育人功能，将党旗插到高校疫情防控的最前线。但目前高校学生社区党建工作存在的队伍建设不全、推广度不高的问题，传统的工作模式已经不能完全满足新形势下社区党建工作的新要求，这些都是新时期高校学生党建工作面临的新课题。

（三）改革学生党建工作模式

高校学生党建工作，一直以来都坚持着党委统一领导，二级学院组织实施，组织部门联动，落实全校一盘棋的工作格局。我们的工作要坚持以这个格局为统筹，开展党员发展、培养和考核工作，这个基本工作方向是不能改变的。传统的发展、培养和教育模式，更多的是使用线下的模式，例如纸质化的入党申请材料、固定时间、固定地点的"三会一课"。这种模式在旧时代背景下没有呈现过多的不足，但在疫情防控的新形势下，却遭遇了诸多困难和挑战，主要体现在线下人员聚集可能带来的风险，以及学生党员因为隔离等原因造成缺席。改革学生党员培养模式，开发线上党员培养和考核系统，拓展"三会一课"形式和教育资源，运用新媒体工具，发挥其在党建宣传和教育工作中的重要作用，都是后疫情时代亟须探讨和解决的问题。

三、新媒体在高校学生党建工作中的创新运用

习近平总书记指出："互联网是当前宣传思想工作的主阵地。这个阵地我们不去占领，人家就会去占领；这部分人我们不去团结，人家就会去拉拢。"当代大学生群体主体是"00后"，他们是互联网的主力军，其交流、思维、情感表达以及学习、娱乐模式，都深受网络影响，他们的生活与微信、微博、抖音等新媒体工具密不可分。而新媒体因其传播速度快、信息覆盖面广、交互性强等特点，其影响力已经远远超过甚至部分取代传统媒介，尤其是在后疫情时代，新媒体成为高校学生管理、疫情宣传和教育工作的重要手段，二者在学生党建工作中一体两翼，相辅相成。

（一）依托新媒体工具，搭建立体化党建工作平台

根据调查显示，除线下学习外，当前学生党员最常使用的线上教育工具和平台包括QQ、微信群、官方媒体网站以及学习强国、易班等，其中使用频率最高的当属QQ、微信群。学校、学院官方网站使用频率则较低，这些网站使用率低最主要的原因在于网站信息更新不及时、内容单一、获取便利性不够，而且其功能以阅读、查询为主，互动交流能力弱。值得注意的是，学习强国平台因其丰富的学习内容、多样的学习形式正逐渐受到学生党员青睐。

QQ、微信等新媒体工具，可以将传统的理论课、座谈会等活动通过视频连接，实现线上线下会议同步。在疫情防控的要求下，此种方式既可以减少人员聚集潜在风险，也可以满足不能亲临学习活动现场的学生需求，网络平台还可以更好地满足学生党员及时获取多样化信息的需求。因此后疫情时代，高校更加需要依托新媒体工具，打破时间空间限制，从而打造出立体化的党建教育培养平台。平台既包含传统工作模式，也包括新媒体工具的使用，二者缺一不可。为提升教育实效，高校还可以尝试将传统书籍、报刊等纸质媒介资料以图文并茂、更生动的形式呈现给学生，并利用抖音、微博等交互媒介，给学生提供自我展现的平台，激发学习兴趣和动力，并将学习强国等官方平台的学习指标列入党员培养系统和考核要求。

（二）建设大数据中心和管理平台，重视智慧党建

立体化党建教育平台还应包括党建工作大数据中心和管理

平台的建设和使用。目前高校党建平台建设主要是"网络建设",而非"平台建设"。网络建设以官方网站建设为主,功能偏向单向输入,缺少相应的互动平台。从培养流程来看,目前学生党员培养流程缺少跟踪、实时管理,党员档案资料也停留在纸质化阶段,学校、学院、支部各层级信息存在信息不匹配,数据分散、滞后等问题。因此搭建一个统一高效的大数据中心管理平台,开展智慧党建是顺应时代的工作需求。

大数据中心包括数据联动和分析。具体来说该平台可与学校其他学生管理平台实现互通,收集学生党员的学习、表现数据并进行分析,从而有助于把握党员发展特点,掌握学生的兴趣点和关注点,提升党建工作效率、提高党员培养效果。管理平台则更有助于提升党员培养和考核多样性,提高流程管理效率,促进党员档案信息化管理。

但是目前基层党务工作人员以兼职为主,缺少足够的专业水平开展党员信息管理系统建设与维护。高校一定要与时俱进,加大智慧党建平台建设的投入,科学合理进行设计和规划,将互联网和大数据思维融入高校党建育人功能,也可开展党建教师网络培训、组建学生党员网络管理团队的方式,建设专业团队,加大网络党建投入,及时对网络进行更新和升级,保障"互联网+"党建工作体系的运转。

(三)以"线上"带动"线下",进行党建工作创新

高校大学生作为具有较高文化层次的特殊群体,他们有知识、有思想,对社会变化敏感度高,对新事物的接触时间早、接受速度快。新媒体以丰富的形式、短平快的传播效果,

对大学生的价值观念、思想和行为模式以及心理成长等各方面都产生着广泛而深刻的影响。加强新媒体创新运用，能够对学生党建工作的开展带来极大的促进作用。而要加强高校学生党建工作，首先要对其进行正确的引导，高校在党建工作中加强对新媒体的运用，加强对学生群体的思想教育工作，可以实现以"线上"带动"线下"，改变现阶段固有的培养教育模式，找到符合当代大学生需求的学习内容和培养模式。

党建工作线上与线下活动要达到协调统一，就要力往一处使，形成合力。后疫情时代人员分散，聚集难度大，线上党建活动能弥补线下活动不能顾及全体成员的缺点，但同时线上活动又具有不稳定性的特点，教育效果不如线下面对面产生的效果更真切，而且在党员发展和培养的过程中，线下流程是不能被完全取代的。所以高校学生党建工作只有发挥线上、线上两位一体的综合效果，扬长避短，相互补充，立足高校教育本质，科学设计合理规划，实现线上线下交互，构建虚拟与现实结合、传统与现代结合、严肃性与趣味性结合的立体化工作平台，才能使高校党组织不再"高冷"，才能切实满足学生党员的发展需求，拉近党组织与学生之间的距离，加强高校党建工作实效，提高党建服务水平，开创高校党建工作新局面。

参考文献

[1] 马婷，卜建华. 新媒体在高校学生党建工作中的应用探究[J]. 学校党建与思想教育，2019（2）：30-34.

[2] 韩西雅. "微时代"背景下高校学生党建创新对策研究[J]. 产业与科技论坛, 2021, 12 (20): 248-249.

[3] 张龙华, 杨春艳. 大学生党支部党建新媒体的平台选择与创新模式构建[J]. 湖北科技学院学报, 2011 (6): 18-23.

[4] 雷婧. "学习强国"平台在高校党建工作创新中的应用研究[J]. 高教学刊, 2020 (14): 40-43.

[5] 周倩. 新媒体时代党建宣传工作研究[J]. 人民论坛, 2019 (21): 90-91.

[6] 房燕. 网络空间治理视角下高校学生党建的创新思考[J]. 湖北师范大学学报 (哲学社会科学版), 2021 (5): 152-156.

[7] 罗媛, 张志国. 后疫情时代高校学生社区党建工作探索[J]. 科教论坛, 2021 (32): 305-307.

新时代高校"推优入党"四级工作模式研究

马 晴

(中南财经政法大学工商管理学院)

共青团"推优入党"工作是把好党员发展培养"入口关"的重要一环。适逢建党百年和建团百年的历史节点,在深入推进全面从严治党、从严治团的背景下,结合新形势、新制度、新要求,从高校共青团推优入党工作意识、工作程序、工作体系、工作内容等主客观方面进行深度剖析,加强对现实工作"推优入党"环节中出现的难点与问题的研究,针对存在的问题提出切实可行的解决方案,建构工作体系,探索提出优化高校"推优入党"的工作机制,确保推优入党工作能够更好展开显得尤为重要且必要。

一、提高新时代高校"推优入党"工作规范性的背景

"四个全面"是党的十八大以来,党中央提出并形成的

重要战略布局,其中明确了新时期要"全面从严治党"。针对近年来党员发展培养工作中出现的问题,党中央对发展党员工作做出了更加细致且严格的规定与要求,分别对《中国共产党章程》《中国共产党发展党员工作细则》做出修订,同时结合高等学校学生党员发展工作实际,制定出台了《普通高等学校学生党建工作标准》,并于2021年颁布《中国共产党组织工作条例》《中国共产党普通高等学校基层组织工作条例》。以上述制度为遵循,学生党员发展工作在组织化、制度化和具体化方面都有了较大改善,并在学生党员发展的总体要求、人数、程序、执行情况和发展质量等方面均得到体现。

在全面从严治党的新形势下,从严治团的系列措施也在紧密推进。以习近平同志为核心的党中央高度重视共青团工作,习近平总书记多次出席共青团活动并亲自到高校调研考察,关心指导高等教育发展、人才培养等工作,形成了新时代党的青年工作的新理念新思想新战略。推荐优秀大学生入党是高校党建工作和共青团工作的一项重要内容,《共青团改革方案》《共青团中央关于共青团推优入党工作实施办法(试行)》的出台必然要求高校的党团员发展工作依据新的规定做出适应。

高校共青团"推优"工作是培养社会主义事业合格建设者和可靠接班人、充实党的新生力量、加强党员队伍建设的重要环节。在协调推进"四个全面"从严治党新时期,如何更好地加强和改善党组织对共青团的引导,进一步完善党建带团建的工作体制机制;如何提升团组织活力,让团组织"推优"工作能够真正为各项工作的开展输送可靠人才;如何使团员发展和党员发展、团员培养和党员培养能够在规范有序的前提下,更加注重连续性和系统性从而形成协同一体的工作路径,是需要我们积极探索和思考的重要内容。

二、探索新时代高校"推优入党"工作模式的意义

1. 研究完善新时代高校"推优入党"工作机制,是加强党的自身建设的必然要求。高校发挥在大学生团建工作,尤其是吸纳先进青年入团并进行持续培养方面的作用,是提高高校党员发展质量的前提条件,是壮大党的组织基础的重要保证。在团员发展工作扎实有效的基础上,进而发挥党建工作、党员发展、党员培养、思想导向的主渠道作用,不断吸收优秀的青年大学生积极分子加入中国共产党,不仅有利于加强党的队伍建设,增强党组织的生机活力,也有助于加强团的思想组织建设。

2. 研究完善新时代高校"推优入党"工作机制,是提高党员发展质量的重要措施。推荐优秀共青团员作为党组织的发展对象,引导和帮助青年学生构筑正确的理想信念,为广大青年学子成长成才提供思想政治保证,始终以正确的理论、先进的思想、积极的实践去引领、带动、激励青年学生成长与发展,有助于培养思想先进、政治过硬、身心健康的优秀学生党团员,充分发挥学生党团员的先锋模范作用,弘扬社会正能量。

3. 研究完善新时代高校"推优入党"工作机制,是促进

党团组织衔接的有效保证。思想政治教育与价值引领是高校党团建设的核心内容，思想引领的传承性也正是党团衔接最重要的部分。高校开展"推优入党"工作是促进党团衔接的重要举措，高校"推优入党"能够让青年学生提高政治站位，树牢"四个意识"，坚定"四个自信"，做到"两个维护"。引导广大学生积极参加党团培训与学习，领会党团精神内涵，激励学生做好表率，切实做到党团衔接互动。

三、新时代高校"推优入党"四级工作模式构建理念

推行"育优—选优—推优—纳优"四阶段"推优入党"工作落实机制，结合工作实际重点，革新团建工作机制方法，改革并实施"青年团员思想引领质量工程"，优化五位一体"育优"工作体系，力求打造"推优入党"工作新格局，探索形成新时代高校"推优入党"四级工作模式。

（一）主要观点

1. 建立"推优入党"工作机制，把好高校学生党员发展"入口关"，应以新政策新要求为指导，把握"控制总量为重点，优化结构为关键，提高质量为核心，发挥作用为目的"的总体要求。

2. 建立"推优入党"工作机制，把好高校学生党员发展"入口关"，强化高校入党申请人的团员身份意识，完善团组织在党员发展过程中的工作机制。团组织针对党员发展工作中入党申请人、入党积极分子、发展对象、预备党员、正

式党员等五个具体组织程序，分阶段发挥不同作用，形成推优、考察、培养的常态机制，杜绝党员发展过程中团组织的"真空"和"缺位"现象。

3. 探索建立"育优—选优—推优—纳优"四阶段"推优入党"推进落实机制，规范"推"的程序和制定"优"的标准：丰富选优载体，有效凝聚青年，"选优"位于"推优入党"工作的最先一环，发挥重要的基础性作用；优化育优内容，全面培养青年，将"育优"作为团组织助推青年全面发展的重要手段，也是推优工作的核心着力点；健全推优机制，着力举荐青年，重视推荐程序的严肃性、规范性和准确性；做好纳优衔接，作为推优入党的最后一关，做好学生培养的党团衔接，接续发展。

（二）重点优化五位一体"育优"工作体系

通过"五大工商"青年团员思想引领质量提升工程加强团员培养，以"书香工商""榜样工商""礼冠工商""志愿工商""经管共商"特色校园活动为学生培养发展平台，推"有才学"之团员入党、"强信念"之团员入党、"知礼仪"之团员入党、"明责任"之团员入党、"广学识"之团员入党，通过举办同学们喜闻乐见的课外文化活动，引领广大新时代青年接受书籍的熏陶，传播中华优秀传统文化，以经世济民的精神担当民族复兴大任，做德智体美劳全面发展的社会主义建设者和接班人，让团组织为党组织培养和输送高质量人才。

推"有才学"之团员入党。全院团员青年中营造良好的学习氛围，开展"云水商泉"书友会经典书籍推介品读活动，围绕"读懂中国""读懂中华民族共同体""读懂人类命运共同体"开展系统读书工程,通过"普惠式"下发和"奖励式"下发形式免费供书,以各团支部为单位开展微书评、读后感分享会检验读书成果,提升学生的阅读水平;开展"书香工商杯"话剧视频大赛,引导青年同学以演话剧的形式"演经典",学理论,学党史;开展"书香工商杯"诗歌朗诵大赛,以红色经典书籍为蓝本,引导团员青年"诵经典",提高青年党团员的综合素养;开展"书香工商—涓·博"活动,通过书籍的回收再发放,提高书籍资源的利用率,实现有效的图书漂流,扩大惠及的党团员青年覆盖面。

推"强信念"之团员入党。青年榜样的力量是巨大的,通过挖掘青年团员身边的模范典型,以榜样力量来引领团员青年树立正确的"三观",开展社会主义核心价值观教育。通过开展校友导航计划,定期邀请知名型、成长型中青年校友返校与学生互动交流,促使青年学生"开窗看世界",助力青年学生成长成才;通过开展"工商十佳青年(团队)"评选活动,挖掘身边的典型,以颁奖典礼的宏大形式和十佳青年(团队)的经典故事感染每一位团员青年;通过开展"中南商科榜样伴前行"优秀毕业生专访活动,结合新媒体手段定期推送优秀毕业生党员的成长经历,发挥榜样力量,在广大青年当中宣传榜样,学习榜样,树立榜样,形成榜样群星效应。

推"知礼仪"之团员入党。弘扬五千年中华优秀传统文化,融入广大青年的成才成长,融通中华文化与社会主义文化,营造社会主义中华文化氛围。在大学本科的培养全过程,根据不同学习阶段的特点，在青年团员群体中普及各类场合的社交礼仪规范，通过"礼冠工商"新生礼仪风采大赛，从新生入校开始即引导其知礼仪、行礼仪；通过"礼冠工商"高年级本科生职场礼仪风采大赛，对即将步入职场的高年级本科生再次进行专业化引导，推动中华礼仪、个人礼仪、学术礼仪的深度结合，以实现思想引领与就业服务的双重目标。

推"明责任"之团员入党。提升青年团员的志愿服务意识和无私奉献意识，培养商科青年的社会责任感，以引导广大青年服务社会、奉献社会，通过开展"青鸟筑梦"关爱农村留守儿童志愿服务项目，引导广大青年团员关注留守儿童群体，助力青少年群体的心理健康成长；通过开展"志承党魂"大学生承宣红色文化项目，引导广大青年团员通过志愿服务生动开展党史学习；通过开展"爱洒桑榆"阳光助老志愿服务项目，关注银发群体，关注老年群体的社会保障和社会福利问题，在志愿服务的同时开展调查研究；通过开展"乐翼筑梦"关爱特殊儿童成长项目，关注特殊青少年儿童，引发广大青年党团员对弱势群体的关注，在未来参与社会治理的过程中培养全方位思考的意识。长期的积淀和志愿服务精神的传承将更有利于带动广大团员青年投身志愿服务，抒写"奉献的青春最美丽"之华章。

推"广学识"之团员入党。通过系列学术科研活动提高青年大学生理论联系实践的能力，以引导青年团员参与实践、服务社会。开展"经管共商"系列学术讲座，引导广大青年团员听名家之言、思学术之意；开展"经管共商"之案例分析大赛，引导广大青年团员运用已学知识分析问题、解决问题；开展"经管共商"之经济管理学论坛暨年度最佳论文奖颁奖典礼，为青年学生提供展示学术科研成果的平台；开展法商复合型拔尖人才培养实践计划，通过"知法商·科研项目""悟法商·社会调查""行法商·实习实践"引领团员懂经济、知法律、善管理。

以全面从严治党和高校共青团改革工作为背景，研究新时代高校"推优入党""育优—选优—推优—纳优"四级工作模式，促进"推优"工作提质增效，在"推优"前重教育引导，在"推优"中重规范指导，在"推优"后重党团协同，有助于推动全面从严治党背景下的团员和党员发展工作的规范性和科学性；有助于提升团组织和基层党组织的吸引力，激发活力；有助于壮大党员队伍，优化党员结构，提升党员质量，发挥核心作用，最终推动基层党团组织先进性建设。

参考文献

［1］《中国共产党组织工作条例》（2021年4月30日中共中央政治局会议审议批准，2021年5月22日中共中央发布）。

［2］《中国共产党普通高等学校基层组织工作条例》（2021年2月26日中共中央政治局会议审议批准，2021年4月16日中共中央印发）。

［3］《共青团中央关于共青团推优入党工作实施办法（试行）》（中青发〔2019〕9号）。

［4］徐文海，关海，刘博.高校党组织在共青团推优入党工作中的效能发挥研究：以同济大学为例［J］.上海党史

与党建,2021(3):6.

[5]高静,王丽雅,索天艺.高校基层团组织推优入党工作的实践与思考:以北京大学为例[J].北京教育(德育),2020(6):5.

"五育并举"视域下的基层党组织育人功能实现路径研究

徐一菱

(中南财经政法大学工商管理学院)

高校基层党组织作为高校党建工作的前沿阵地,是发挥大学生思想政治教育主体作用的重要组织依托,是高校全面落实"立德树人"根本任务、推进"三全育人"工作的重要组织载体。立足新时代,党中央和国务院重提德智体美劳"五育并举"的教育方针具有划时代的深远意义。高校基层党组织作为高校育人工作的基石,要主动适应建设"五育并举"教育体系的新形势和新要求。因此,以"五育并举"工作模式为基础,搭建育人平台、创新育人机制、丰富实践活动,探索实现党组织育人功能的路径,对于充分发挥党建在育人格局中的核心作用具有重要意义。

一、"五育并举"体系的时代内涵

面对当前错综复杂的国际形势，构建新时代"五育并举"的教育体系具有丰富的时代内涵。"五育并举"是新时代提升高校育人质量的重要途径，五育之间相互联系、相互渗透、相互滋养。虽然"五育并举"的理念自民国时期就已提出，但是对于它的思考却从未停止。2018年9月10日，习近平总书记在全国教育大会上发表重要讲话，强调要"培养德智体美劳全面发展的社会主义建设者和接班人"。2020年10月，中共中央、国务院印发《深化新时代教育评价改革总体方案》，再次强调要坚持"五育并举"，促进学生德智体美劳全面发展。在新时代中国特色社会主义的背景下，唯有构建"五育并举"的教育体系才能培养出德智体美劳全面发展的社会主义建设者和接班人，为建设社会主义现代化强国的目标服务。

二、基层党组织在育人工作中的作用

基层党组织是党在高校的一线组织，不仅是高校党建工作和战斗力的重要组成部分，还承担着基础建设的政治任务，更肩负着组织育人的责任，需要向高校师生宣传党的路线、方针与政策，关系到高校人才培养、学科建设等各项重要事业的发展。作为"三全育人"的基石和主阵地，基层党组织在师生群体中发挥着重要的育人作用。通过探索党组织育人的新模式，不断激发高校基层党组织的活力，增强党支部的凝聚力与战斗力，才能让高校在迈入新时代、实现新发展的道路上走得更顺畅，完成"为党育人，为国育才"的光荣使命。

三、当前基层党组织育人工作面临的问题

当前，高校基层党组织育人工作主要面临如下问题。

第一，党支部和党员的考核评价标准和体系还不够完善。目前高校基层党组织对于党员的教育、培养和管理主要集中在入党积极分子阶段。部分党员存在"入党前积极，入党后松懈"的问题，除了完成规定的"三会一课"任务，对于校院两级组织的特色党建活动的热情度和参与度都有所下降。

第二，基层党组织在党员发展工作中的考核评价存在形式单一、指标不全等问题。目前党员发展工作的考核形式包括党校培训与结业考试、提交思想汇报等，主要以文字描述为主，没有充分结合入党积极分子在体美劳等其他方面的综合表现，缺乏个性化和针对性，忽视了实践活动，造成教育的实效性较低，导致党员的培养教育缺乏一定的科学性。

第三，党组织育人的方式较为单一。目前基层党组织育人主要通过"德育"的形式开展，和"五育并举"的教育体系不够匹配。"五育并举"强调的是德智体美劳缺一不可，也是对教育整体性或完整性的倡导，单一的组织育人模式不仅会影响育人效率，更会影响高校的育人质量。

第四，没有发挥好红色资源和学科特色的优势。当下较多的党建理论学习工作停留在表面，形式主要依托传统的说教方式，内容和当前国家和国际时事政治结合不够紧密，缺少深入解读，导致理论学习的深度、广度和精度不够，导致大学生的学习兴趣不高。

四、"五育并举"视域下基层党组织育人体系构建的基本要求

(一)提升党员培育质量,推进高校党建工作

高校学生党员的发展工作对党的事业发展至关重要。基层党组织是党员发展和培育的平台,在"五育并举"视域下,探索建立鲜活生动、富有时代特点的实践育人载体,对党支部的入党积极分子、发展对象和党员进行的德智体美劳五个方面的综合培养教育,能有效提升理想信念教育、爱国主义教育和思想政治教育的感染力与说服力,在实践中增强大学生对党的认识、情感与信心,提升高校党组织育人的质量。

(二)拓展党建育人阵地,提升组织育人质量

打造基于"五育并举"的党组织育人模式,有利于进一步拓展学生党支部的育人方法和育人途径,使传统的培养模式转变为五个维度,有效拓展党组织育人的阵地。基层党支部开展具有深刻内涵、多样形式的"五育并举"主题实践活动,能将学生党员"打磨"成德智体美劳全面发展的社会主义建设者和接班人,切实发挥党支部战斗堡垒作用和党员先锋模范作用,促进学生党建工作与人才培养深度融合、共同发展。

(三)发挥党建育人功能,强化思想引领作用

单一的基层党组织育人模式难以保证大学生党员队伍的质量,而高校学生党员作为大学生中的骨干力量,在学生群

体中起着示范和榜样作用。因此,通过探索基于"五育并举"的党组织育人路径,从五个维度来评价、考核党员及基层党支部,发展和培育入党积极分子,能充分保障学生党员这支队伍的先进性和纯洁性,能保证党员示范引领和党支部战斗堡垒作用的有效发挥,进一步加强党内带党外、党员带群众的作用,发挥党建领航的乘数效应,强化高校党建的思想政治引领作用。

五、"五育并举"视域下基层党组织育人功能实施路径

(一)做好顶层设计,推进制度建设

在构建"五育并举"教育体系的背景下,加强顶层设计,是创新和提升党组织育人效果的前提和基础。高校应围绕"五育并举"教育体系,形成党组织育人工作的制度引领机制,为新形势下党组织育人体系的创建提供行动指引。首先,要加强制度对接。要根据中共中央、国务院、教育部等上级组织关于教育的最新政策,配套出台具有学校特色的工作制度。其次,要加强制度覆盖。高校党建工作涉及方方面面,基层党组织在育人过程中,应以党支部自身建设为基础,推动基层党建与各项工作同谋划、同部署、同推进,打造"党建+思政""党建+学业"等"党建+N"工作模式,发挥党建的引领作用。最后,要加强落地落实。基层党组织在对党支部和党员进行管理和教育的过程中,要结合"五育并举"的育人模式,鼓励和引导支部成员积极参与形式多样、内容丰富

的各类实践活动，在实践中端正入党动机，培养服务意识和奉献精神、坚定理想信念，达到党组织育人的目的。

（二）创新评价机制，强化考核管理

为更系统地做好党员发展和党员及党支部管理工作，高校基层党组织应依托"五育并举"模式，遵循目标管理原则，建立健全党员发展和党员考核评价体系，细化量化指标和考核办法，通过严发展、保质量、定指标、强考核的方式，建立入党积极分子和党员的培养和管理长效机制。一方面，在党员发展工作中，着重考核入党积极分子在德智体美劳五个方面的综合表现，将综合表现和党校结业成绩相结合作为学生党员入党的重要依据。另一方面，在党员管理工作中，党支部应对党员每年度参与五育活动的次数和表现进行记录和综合评价，并将结果纳入党员年度评优工作，将评价结果真正用起来，有效保证党员发展和党员培育质量。同时，要建立健全党支部的工作评价体系。党支部的考核评价工作应抓在平时、重在日常，对于表现优秀的党支部要及时表彰，例如基层党组织可以通过设置"特色党支部组织生活案例"奖项表彰宣传党支部的典型案例，有效动员各党支部开展特色鲜明的主题活动，在党内形成良性竞争。对于存在问题的党支部，要及时批评并督促整改。

（三）"五育并举"视域下党组织育人新模式

针对目前基层党支部对学生党员的培养教育现状，基于"五育并举"模式，将德智体美劳五个模块落实、落细，每年度根据时间分布特点组织开展多样化及多元化的主题实践活动，以德育为首，智育为关键，体美劳齐头并进，实现德育主体多元化，智育方式多样化，体育活动新颖化，美育形式丰富化，劳育活动深刻化。

1. 德育主体多元化

"德育"是高校人才培养的核心与根本，在"五育并举"教育体系和基层党建工作中都居首要位置。但传统的德育工作主体较为单一，以党支部书记和专业老师通过讲授的方式为主，导致大学生的学习兴趣不高。因此，要做好德育工作需要丰富育人主体。例如可以通过在学生身边挖掘一批在学术研究、就业实习、志愿服务等各方面树得起、站得住、立得稳的先进典型，进行访谈和故事分享，发挥学生榜样的力量；组织支部党员共同参访革命圣地，通过实地走访的形式，在身临其境地感受红色故事中，筑牢党员的理想信念之基；组织全体党员观看红色专题纪录片，加深党员对党史的认识，并选取优秀的观后感推送；组织学生深入社区访谈基层党员，树立向优秀党员看齐的意识。

2. 智育方式多样化

党的理论学习教育是增强党员党性修养的基础，需要通过多样化的渠道来开展，还需要和学生的培养层次相结合，以增强理论学习教育的吸引力和渗透力。例如，面向研究生这类高培养层次学生，可以通过打造"科研党建"工程，推进党支部建设与专业特色深度融合，发挥学生党员的主观能动性,强化党建在学习研究中的方向旗帜作用。活动可以由党总支牵头,各专业成立学习小组,分别从不同专业视角,基于专业知识理论选取社会热点政策进行解读,加强党建活动与科学研究相结合,进一步深化全体党员同志对国情社情民情的认识,发现社会问题,助力科研创新,实现党建与科研"双核"协进、相融相促。此外,还可以通过举办党史知识竞赛,加强党员对于国内外时政热点的把握,进一步提升党员的知识储备水平。多样化的智育渠道能够提高党建活动的吸引力,提高党的理论学习教育的参与度。

3. 体育活动新颖化

体育活动对于增强学生身体素质、改善情绪压力和调试积极心态具有重要作用。加强大学生党员群体的体育素质锻炼,有利于在先进群体中打造出心态积极、健康向上的队伍,通过党员的"辐射"效应,进一步带动周围的同学主动参加体育锻炼,用健康心态迎接美好生活。例如,党支部可以通过鼓励全体党员每天锻炼半小时,根据党史的不同关键时间点设置获奖等级,让同学们在运动中感受中国共产党一路走来的艰辛历程和辉煌岁月。此外,党支部应该定期举办体育活动比赛,如羽毛球赛、篮球赛等,通过体育比赛培养党员坚忍不拔的意志品质和团队团结协作的能力,帮助大家在体育活动中释放压力,调试积极健康的心态。

4. 美育形式丰富化

2018年9月,习近平总书记在全国教育大会上强调,"要全面加强和改进学校美育，坚持以美育人、以文化人，提高学生审美和人文素养"，将美育纳入学校人才培养全过程。在审美实践中，可以提升学生对于美的感受，提升内在美和心灵美，树立正确的审美观。针对目前党支部美育氛围不浓、美育资源缺乏、美育形式单一的情况，党支部可以通过组织学唱红歌、赏析红色电影，鉴赏优秀文学作品等活动来达到美育的目的。通过活动让支部成员在体验美的过程中，联想到劳动人民伟大的创造力，激发大家爱祖国、爱人民的情怀，进一步弘扬中华美育精神，激发基层党建工作活力。

5. 劳育活动深刻化

劳育可以让学生理解劳动的意义，感受劳动的魅力，从劳动中感悟生命的意义。因此，党支部可以通过构建互通互利、互帮互助的党建社区联建模式，建立完善的志愿服务进社区长效工作机制，鼓励支部成员身体力行深入基层、了解社会、磨炼意志。活动结束后还要引导支部成员总结在实践中的感悟，深化学生的理想信念，让劳动教育深入人心。此外，定期组织支部党员开展校园清洁行动，让劳动教育常态化，通过亲身实践，强化学生的感恩意识和主人翁意识，增强爱校荣校之情，培养良好的社会责任感。

六、结语

立足新时代，高校基层党组织应该依托德智体美劳"五育并举"的教育体系，构建党建育人新模式，充分保障学生党员队伍的先进性，切实发挥党员的先锋模范作用和党支部的战斗堡垒作用，提升党组织育人水平，为高校全面落实"立德树人"根本任务保驾护航。通过做好顶层设计，形成党组织育人工作的制度引领机制，为新形势下党组织育人体系的创建提供行动指引。在党员发展和管理方面，要建立健全党员发展和党员考核评价体系，细化量化指标和考核办法，保证党员队伍的先进性。在实践活动方面，把德智体美劳五个模块落实、落细，以德育为首，智育为关键，体美劳齐头并进，组织开展多样化及多元化的主题实践活动。

"三全育人"视域下高校党建工作与思想政治教育工作协同融合研究

范 媛

(中南财经政法大学金融学院)

新时代背景下,社会经济和教育水平正在大幅度提高,市场对高层次人才的需求也逐步提升,对大学生的培养工作也提出了更多元更深层的要求,应对新形势下的新要求,有效提升专业知识水平的同时强化培养大学生思想品德与政治素养关系到新时期社会的进一步发展。习近平总书记站在了全局育人的角度上,提出了要"全员全过程全方位"调动育人力量以实现"立德树人"等一系列高等教育理念[1]。顺应时代发展,响应方针政策,在"三全育人"视域下,积极探究高校大学生党建工作与思想政治教育工作协同融合路径,实现同向同行协同育人是时代所需且具有重要意义。

一、推动高校党建工作与思想政治教育工作协同融合的意义

（一）有利于坚定思想政治教育的育人导向

党建工作的总体目标是培养广大青年成为坚定的马克思主义信仰者、传播者和践行者，从中培养拥有更深厚基础、更坚定信念的社会主义事业建设者和接班人。思想政治教育的总体目标是培养德智体美劳全面发展的时代新人，以积极乐观的心态，平等客观的思维应对复杂多变的世界。党建工作的顺利开展为思想政治教育提供了正确的理论指导，习近平新时代中国特色社会主义思想、马克思主义中国化最新理论成果已经作为高校大学生思想政治教育的育人导向和核心内容[2]，为有效开展大学生思想政治教育提供了科学长久的理论根基。

稳固有效开展党建工作，才能充分发挥思想政治教育"意识形态教育"功能，其工作方式方法才能有据可循、有理可依。此外，党组织重点培养了优秀的学生成为党员和发展对象，为党的理论成果传播带来了群众基础，为思想政治工作广泛开展提供了组织保障，为青年大学生群体注入了榜样先锋力量。

（二）有利于促进党员队伍素质的提升

当前，高校开展思想政治教育工作包含了"十大育人体系"，全方位贴近大学生群体，引导大学生从思想理论、实践创新、心理健康等各方面成长成才。党员队伍素质的提升，

对提高党建工作效力至关重要。充分利用开展思想政治工作过程中的方法和理论成果是开展大学生党建工作的必要途径。思想政治教育应当作为必要环节贯穿在大学生党员队伍的发展和大学生党员的培养的整个过程中[3]。通过入党前组织谈话与党课培训，引导培养对象端正入党动机，学习共产党的发展历程，掌握党的基本思想理论，以及重视入党后的教育和再教育环节；通过课堂教学、互联网课程、思政类讲座等形式对广大学生进行思想政治教育，宣传党的理论知识、方针政策，不断帮助大学生提升理论素养，坚定政治立场，增强对党组织的认可度，不断向党组织积极靠拢；通过开展实践类党建活动，如参观红色景点、做好党员志愿服务、宣传普及党史知识等，将理论与实践相结合，促使学生对党的理论知识有更深刻更全面的理解和领会，并贯彻落实到具体实践中。

在结合思想政治教育工作方法开展党建工作过程中，发现入党动机不纯、发展过程中出现思想偏差、入党后党性修养不足等情况，更需要结合思想政治教育的途径，通过组织谈话、介绍人谈话、辅导员谈话、系统性学习等方式查明原因、及时纠偏。

（三）有利于推动高校立德树人根本任务的落实

党建工作与思想政治教育工作在工作内容上有所区别，但为经济社会发展培养社会主义合格接班人的目标是一致的。党建工作的理论指导和思想政治教育的培养内容共同作用于大学生的学习、生活、实践与成长，其协同融合开展两项工作,在一定程度上推动了高校党组织和思政队伍提升科研、教学、管理能力,由单方面、浅显地开展工作进化为多维度、深层次给学生提供内化指导,并以协同育人为目标增强教师队伍的整体素质。"三全育人"背景下,新时代高校提倡构建全员育人、全过程育人、全方位育人的育人大格局。党建工作与思想政治教育协同融合,可以充分调动党政工作队伍、思想政治教育工作队伍以及专业教师队伍的育人力量,从党组织建设、党员发展、党的理论传播、谈心谈话、思想政治教育、心理健康教育、思想政治理论课、课程思政等多种方式,将实现育人目标贯穿于学生自入校到离校的整个过程中,大力推动高校落实立德树人的根本任务。

思想建设是大学生党建的基础,两者在开展过程中具有政治立场统一、理论思想统一、育人目标统一的特性[4],且都严格坚持党中央的领导,为高校推进全面实现立德树人的根本任务作出共同努力。

二、新时代高校党建工作与思想政治教育工作协同融合的困境

(一)传统教育方式和内容的滞后阻碍协同融合创新力发展

传统的教育方法和内容对新时代党建工作和高校思想政治教育工作的协同融合产生阻碍。中国化马克思主义理论、中国共产党的指导思想都在随着社会的进步日益丰富,与时

俱进。然而，当前高校在实际工作时，为了避免出现教学内容上的偏差，确保教育教学的严谨性和正确性，教师队伍和领导者的教学理念在根本上缺乏创新性和灵活性，存在教育教材更新不及时，教师也选择将传统保守的思想政治教育方式和内容全部保留，未能充分发挥思想政治教育和党建教育的时代性，更无法引导大学生结合先进的思想理论对当今时代的新事物、新思潮进行正确分析和科学判断。

（二）党政工作队伍良莠不齐影响协同融合的高质量发展

高校为加快提升大学生党建工作和思想政治教育工作的质量和水平，不断加大党政建设工作人员的招聘力度，力求配齐党政工作队伍。然而，因存在招聘把关力度不够强，后期教育培训不充分，部分管理人员没有将党的思想理论和思政的育人理念入脑入心，更有甚者存在缺乏基本的专业素养、思想文化基础和管理经验，难以满足有效开展党建工作和思政工作的要求。

与此同时，经济社会的发展带来的不良社会风气不断蔓延，同时也对党政工作队伍造成了不良的影响，党政工作队伍对有效开展党建工作和思想政治工作的重要性产生了错误的认知，片面地认为党建工作和思想政治工作是务虚的，对学生的成长成才不重要，故在工作中拖延怠慢、弄虚作假、只做表面工作，无法将党建和思政教育的政治理论、价值理念传递给学生。党政工作队伍日常事务性工作繁杂，精力时间都消耗在完成事务性工作上，然而在开展育人工作中缺乏热情与创新，无法有效引导学生对党建和思政的学习主动性。立德树人落地成效差，更难以实现二者的协同融合。

（三）育人工作领域探索不深入阻碍协同融合可持续发展

党建工作队伍与思想政治教育工作队伍是由不同的部门负责的，存在仅"各司其职"，缺乏衔接和协同开展工作的情况[5]。此外，由于两项工作的严肃性、严格性，为确保工作方向的正确性，两项工作往往只在相应的行政工作上联系亲密，而党建工作在思想政治教育的引导监督上的作用未能发挥，思想政治教育作为党建工作有效开展的理论抓手价值也常常被忽视。教育阵地上，仅限于课堂、讲座以及会议，形式单一、内容浅显，忽略了二者对于大学生在宿舍阵地、社会实践活动、就业创新、校园网络平台等方面也具有不可或缺的引导教育作用。教育方式上，高校党建工作者和思想政治教育工作者与学生联系是单向的、"灌输式"的，面向不同的群体缺乏针对性、互动性。更有高校的党组织管理者仅仅将工作开展的要求全权交给院系党组织工作者、辅导员或教师，工作安排不考虑育人的实际情况，更是脱离学生的成长需求。制度落实上，大部分高校都缺少协同融合的制度文件，管理者、组织者、实施者对于如何更好地开展党建工作与思想政治教育工作协同融合无章可依、无迹可寻。

三、新时代高校党建工作与思想政治教育工作协同融合育人路径研究

（一）倡导思想理论协同，坚定育人导向

1. 坚持理论统一，全面武装思想。党建工作与思想政治教育工作应坚持以党的一切理论作为指导思想和核心内容，坚定共同的思想理论和指导方向。通过开展讲座、培训、线上课程学习等方式引导高校大学生、思政教师与党务工作者在学习工作中加强理论知识武装头脑。在实际开展工作中，为强化融合协同力度，应将育人理念相互渗透。将习近平新时代中国特色社会主义思想、马克思主义中国化最新理论成果等核心内容贯穿在开展党组织建设、党员发展培养全过程中；在开展思想政治教育工作中，也要将新时代党的重要会议精神、新时代党的思想理论、党的光辉历史和优良传统传授给新时代青年，为提升协同融合质量用活"指挥棒"。

2. 创新教育方法，强化协同理念。利用互联网和大数据等现代手段，不断寻求具有时代前瞻性的党建发展理念，以新的党建理念引领高校思想政治教育，提升思想政治教育的党性内涵，强化党建工作与思想政治教育协同融合的有效性、创新性、可持续发展性。

（二）打造协同育人环节，稳固育人根基

为全面落实三全育人，增强党建工作与思想政治教育工作融合实效，需要充分利用关键育人阵地、构建优质育人平台、

挖掘核心育人要素，促成从"量"到"质"的飞跃，形成提升树立协同融合"好品牌"，解决突出的实际问题。

1.提升课堂教学质量，推动育人实效化。利用思政课、专业课、党课、座谈会、交流会等等多种育人场所将党的先进思想理论充分融入课堂，不断推动思政课程与课程思政在改进中提升课程质量、在创新中保证建设水平。革新党建与思政实践活动的形式，利用案例研讨、党史宣讲、三支一扶等方式深化先进思想的影响力。

2.开拓校园文化建设，引领育人红色化。深入挖掘高校所蕴含的红色文化教育内容，将校园文化中蕴含的历史底蕴融入党建与思想政治教育工作，充分发挥自身的文化优势，打造符合教师、学生与各级党组织发展的特色路径，不断夯实学校的文化根基，在授课或开展活动中将红色文化精神嵌入其中，创新文化教育话语，传递红色文化精神。

3.打造网络育人平台，创新媒介多样化。以互联网作为"新媒介"为高校思想政治工作与大学生党建工作搭建新时代协同育人新平台。通过互联网及时学习党中央召开的会议、传达的精神、社会和国际时事政治，提升育人工作时效性；党的理论与思政教育理论通过网络渠道转化成及时、先进、科学的思政网络课程，提升育人工作先进性；利用平台大力宣传榜样人物、先进事迹、创新理论，创造协同发展的良好环境，提升育人工作时代性。

（三）建设协同育人队伍，提高育人水平

由学校党委统一领导，各个行政部门和思想政治理论课

教学队伍相互配合，推进全方位、全过程、全员育人模式。

1. 制定相关政策，引导党建工作者融入思政教师队伍。将其师资队伍在可交叉融合的工作环节和领域有机结合，将党建工作中的指导思想和主体内容与大学生思想政治教育相结合。如党建工作队伍可以开设"不忘初心，牢记使命""学党史、悟思想、办实事"等主题教育课，以网络微课堂、实地讲学等方式开拓思想政治教育新思路。

2. 设置奖励机制，鼓励思政教师参与党建工作。委任一些教学经验丰富、教学水平高、专业素养较高的思政教师在教学的同时可以兼任一些党建工作，充分发挥思政教育者的专业素养和教学能力。如在党员发展过程中，可以委派思政教师对入党积极分子"一对一"开展入党谈话、思想考察，在培养过程中充分发挥思政教育者传递育人思想、灌输理论知识的作用。

3. 强化管理举措，培育提升辅导员队伍素养。辅导员是思想政治工作的骨干力量，在思想政治引领上要做好学生的良师益友，在党建工作上也要做好学生的指导者和引路人。辅导员兼任好党务工作者和思想政治工作者的双重角色，确保两项工作在学生群体中协同并进，有效开展。始终保持终身学习理念，以身示范；注重先培育一批优秀的学生党员和学生干部，以点带面；做好党建工作和思想政治教育工作协同融合的桥梁，以面带全。

（四）强化协同育人机制，提升育人质量

构建逻辑明晰、运行良好、完善有效的协同育人机制既

是引导党建+思政协同融合创新发展的"指挥棒",也是保障举措高质量落实的"安全阀"。

1.完善各级工作机制,有效覆盖全员参与。高校主要负责领导、党组织在决策党建与思想政治教育协同融合工作时应站在加强改进党的全面领导格局中来布局人员,站在为推进学校改革发展的高度上来谋划工作安排。注重学习习近平总书记关于高校党建、思政工作领导体制机制的重要论述,建立学校的年度、季度工作清单。二级学院领导班子应按照学习发展整体目标,科学、高效、创新落实各项举措,在学院内营造良好的氛围,提高全员的使命意识、角色意识和团队意识。

2.强化协同任务标准化。制定《高校党建工作与思想政治工作协同融合质量管理办法》,将工作推进规则、抓手、操作办法等分解为具体指标,把抽象的工作规定转变为具体的使用说明。同时,可以着重推动协同融合内容项目化,组织各部门、各单位围绕学校指定的目标导向和任务清单,将协同融合内容以项目的形式进行过程管理和总结推广,最终形成同向发力、深度融合、长效发展的工作机制。

参考文献

[1]雷虹艳.新时代高校学生思想政治教育与党建工作的协调发展研究[J].学校党建与思想教育,2019(21):53-55.

[2]吴少进,邢存海.高校党建质量提升路径研究[J].学校党建与思想教育,2019(23):55-57.

[3]赵子乔,郝哲,胡悦秀.改进高校党建与思政工作探讨[J].中学政治教学参考,2022(19):98.

[4]潘勇军,沈劼.高校党建与思政教育融合策略探究[J].中学政治教学参考,2022(11):98.

[5]王萃.新形势下高校大学生党建与思政教育工作的协同发展[J].教育观察,2020,9(10):13-14.

积分制考核在大学生入党积极分子培养中的应用探析①

彭 倩 邓兆锦

（中南财经政法大学刑事司法学院）

当代大学生是与新时代同向同行、共同前进的一代，做好大学生入党积极分子的确定与培养工作，是高校党员发展工作的前提和根基，是落实高校思想政治教育工作的应有之义，是实现为党育人、为国育才的必然要求。关于包括入党积极分子确定和培养在内的高校党员发展工作，党中央、教育部先后出台了《关于加强新形势下发展党员和党员管理工作的意见》《中国共产党发展党员工作细则》《普通高等学校学生党建工作标准》等政策文件，但是在实践中依然出现了落实不力、执行走样的现象。针对高校入党积极分子培养

---

① 本文系 2022 年度党建理论研究与实践创新计划（党建研究课题）研究成果。

教育过程中存在的问题,本文将通过剖析其成因,提出积分制考核在大学生入党积极分子培养中的应用,为积分制考核在高校入党积极分子确定与培养工作中的具体实施提供理论上的参考。

一、大学生入党积极分子培养过程中的问题

(一)入党动机的多元化和功利化

政治标准是党员发展工作中的首要标准,而入党动机则是入党积极分子在政治素养上的直观体现。在高校发展党员工作的实践中,许多大学生在申请入党时思想认识不到位,理想信念较为薄弱,在入党动机上的多元化和功利化倾向较为严重。有研究人员就武汉市部分高校非党员学生的入党动机进行调研发现,近一半的学生是为了"增强就业竞争力"而申请入党,"追求政治荣誉感""谋求仕途发展""随大流"的学生也不在少数,为理想信念而入党的学生占比不到一成。[①]虽然该项调研样本数据和结果分析仅能表征我国部分地区的大学生入党动机现状,但入党动机的多元化和功利化问题可见一斑。

(二)理论学习的轻视化和单一化

一些大学生在盲从效应和功利主义之下申请入党,忽视

---

① 王昭,唐永木.大学生党员质量现状调查与应对策略研究——基于武汉 9 所高校的调查[J].山东社会科学,2015(S1):16.

对党的政治理论的学习，认为入党只是一种程序上的"走过场"和身份上的简单转化，没有在理论素养和政治觉悟上从严要求自己，从而出现了"组织上入党，思想上没有入党"的现象。对理论学习的轻视，致使入党积极分子政治理论学习不够深入，个人政治素养的提高完全依赖于学校的党课培训，党课培训成为入党积极分子理论学习的唯一渠道。大部分高校学生缺少主动学习党的理论知识的观念，从而对党的政策、路线、方针无法系统掌握。①

（三）社会实践的匮乏化和形式化

全面建设社会主义现代化国家要求广大党员和知识青年投身实践，习近平总书记在讲话中也多次强调"空谈误国，实干兴邦"。社会实践相比理论学习，需要入党积极分子投入更多的时间和精力。但是入党积极分子对理论学习尚且不够重视，缺乏扎实的理论功底难以稳妥地推进社会实践，入党积极分子在理论学习上的薄弱必然引发其在社会实践上匮乏的连锁效应。更有甚者怕吃苦、怕吃亏，对社会实践缺乏主动性，不愿意参照党员的标准履行自己的道德实践义务，对社会公益等活动表态调门高、落实效果差。②而在高校层面，部分高校对入党积极分子的培训仅开设几天"突击性"的理论学习课程，忽视或未严格执行政策文件对入党积极分子在

---

① 林龙，马思思. 新时代高校入党积极分子培养机制探析［J］. 文化创新比较研究，2019，3（32）：9.

② 周静. 大学生党员发展质量现状分析［J］. 学校党建与思想教育，2019（11）：52.

主题实践活动上的要求，由此加剧了入党积极分子在社会实践上的鲜少参与、流于形式。

二、大学生入党积极分子培养问题的成因分析

（一）政治标准内涵不明晰

政治标准在党员发展工作的首要地位是《党章》明确规定的，在发展大学生党员的工作中需要一以贯之。根据中共中央办公厅印发的《关于加强新形势下发展党员和党员管理工作的意见》，"把发展大学生党员工作的着力点放在对入党积极分子培养教育上，重视做好思想上入党工作。坚持把政治标准作为发展学生党员的首要标准"。对于入党积极分子的确定和培养，必须牢牢把握政治标准的导向，坚持政治标准的根本性地位。只有具备正确的政治立场和良好的政治素养的入党申请人，才能被确立为入党积极分子。在对入党积极分子的培养中，要继续强化其理想信念、政治信仰、政治品格、入党动机与宗旨意识教育。高校对入党积极分子培养的政治标准执行存在三个方面的漏洞：一是大学生党员政治标准的内涵不够明确，没有体现新时代党的事业对大学生党员的要求；二是大学生党员的政治标准不够统一，不同高校的党务工作者和思想政治领域的学者对政治标准的具体解读加剧了高校间对政治标准理解和适用上的分歧；三是大学生发展党员的政治标准不易衡量，在具体操作中缺乏较为明晰的评价标准和评价尺度，以便客观考察入党积极分子的政

治表现。①

（二）教育培训模式单一

入党积极分子的教育培训是培养入党积极分子的重要环节，高校开展对入党积极分子教育培训的实践中，对入党积极分子进行"填鸭式""灌输式"的党的基本知识教育的情况较为普遍。培养模式上也趋向单一，没有积极结合大学生的思想实际，缺乏在社会实践上的引导，仅依托第一课堂的理论教学，没有抓好第二课堂的实践教学；对于教育培训的质量也把控不严，缺乏对入党积极分子学习进度的监督和检测，党课培训沦为"走马观花"，学生"座堂旷课"的现象较为严重，结业考试毫无筛选性。②

（三）评价考核机制不科学

一些高校缺乏制度性的入党积极分子考核体系，在制度设计和实践应用上有的评价方法主观性强、层次性差，评价标准模糊，评价以文字性评价和定性评价为主，缺乏定量评价；有的评价形式化、模式化严重，对入党积极分子的评价仅停留在书面化、表格化评价，没有深入考察学生的个体差异，考察过程沦为形式；有的评价指标过于单一，将学习成绩作为党员发展的唯一标准，忽视对入党积极分子政治立场和政

---

① 张磊. 发展大学生党员严把政治标准研究［J］. 学校党建与思想教育，2020（23）：49-50.

② 孙强. 大学生入党积极分子培训质量现状及对策［J］. 江苏高教，2013（6）：128.

治素养的考察，致使入党名额奖品化；考察不全面的问题也较为严重，当前大学生申请入党的热情空前高涨，而学生党支部中正式党员的数量极为有限，一名党员往往要担任多名入党积极分子的培养考察人，培养考察人难堪重负，促使其对考察工作"蜻蜓点水"。①

建构合理的考核制度是对入党积极分子进行全面、准确的考察的前提条件，借助考核制度内的各项指标，能够实现对入党积极分子在培养期间各项表现的适当评价，考核后的评价结果既能够检验入党积极分子培养的成效，及时弥补缺漏、改进工作，亦能够作为确定发展对象的标准，对于评价结果不合格的入党积极分子，暂缓将其确定为发展对象。

三、积分制考核在大学生培养中的应用

当前高校在入党积极分子培养质量上遭遇的难题，亟需我们根据问题背后的原因，探索新的制度措施。前述培养质量问题成因分析中，指出考核机制的缺位和不完善加剧了入党积极分子的考察难题。基于此，引入新的入党积极分子考核制度——积分制考核，从考察路径上打开突破口，进而带动入党积极分子的培训教育、发展程序和政治标准的落实，实现入党积极分子培养质量上的提升。

---

① 温雅. 大学生入党积极分子量化考察制度探索与实践［J］. 中国冶金教育，2015（1）：70.

（一）实现政治标准的量化引领

积分制考核是高校将入党积极分子在培养教育过程中的各种表现通过赋分及累计积分的方式进行量化评价，并以此作为检验培养质量、确立发展对象的依据的制度性考核方式。[①] 在入党积极分子的考察中，政治标准常常难以为党务工作者所准确把握。对入党积极分子政治立场和政治素养的评价，也成为考察实践中的难题。对入党积极分子政治标准的把握，往往要通过对其政治立场和政治素养的考察才能实现，而政治立场和政治素养大多体现于个人的思想意识，或言曰主观层面。入党积极分子的考察应当是一种偏向客观性的考察，对于主观层面的政治立场和政治素养的评价则显得力所未逮。但是，通过对思想政治教育进行量化指标式的考量，能够缓解政治立场和政治素养的主观性难题。高校可以将入党积极分子的理论学习内容和主题实践活动予以细化，对于完成理论学习和实践活动的入党积极分子，可以对其理论学习和实践活动的时长和参与度进行衡量。依靠这种带有指向性的明确标准，引导入党积极分子学习党的理论、制度、道路、文化，对入党积极分子的政治理论学习热情和学习成果也能作出适宜的评价，从而充分发挥政治标准的引领作用。[②]

[①] 王正坤，庞翠. 大学生入党积极分子培养教育的积分制管理探究：以山东青年政治学院为例［J］. 学校党建与思想教育，2021（2）：45.

[②] 曹莉. 高校学生入党积极分子评价体系的构建［J］. 教育教学论坛，2018（20）：45.

（二）推动发展程序的客观规范

入党积极分子前承入党申请人，后接发展对象，是发展党员的先导环节。由于入党积极分子距离成为正式党员尚有一段距离，部分高校在确定入党积极分子和发展对象的过程中，把关不严，人为放低推优标准。积分制考核以一种客观化、具体化的指标体系尽可能剔除在入党积极分子培养、教育、考察过程中的主观判断程序，代之以严格的量化考核，减少人为的主观因素发生改变而对党员发展的异化，促成了党员发展程序由"因人发展"到"因规发展"的转变，增加了党员发展工作的公开性和透明性。[①] 对于积分制考核所形成的评价结果，亦能够作为入党积极分子确定为发展对象的客观依据，使得发展对象的确定有迹可循，让真正具备党性修养的入党积极分子实现向发展对象的过渡，保障党员发展程序的规范执行。

（三）保障教育培训的长效实施

由于不对教育培训的实效进行实时的跟进和检测，入党积极分子政治理论学习的积极性未能充分调动，党课教育培训沦为"过场"，难以收获实效。引入积分制考核，能够强化入党积极分子的培养考察环节的竞争效应。在明确了党课教育培训的内容和培训所应达到的要求情况下，入党积极分子有了较为明确的党课学习目标和合格标准，进而在群体中

---

① 董杰，江寅紫，翁海浩. 高校积分制入党积极分子考察评价体系探索与实践［J］. 浙江纺织服装职业技术学院学报，2018，17（1）：92.

营造了一种争先创优、你追我赶的竞争氛围,充分调动入党积极分子学习政治理论和参与社会实践的积极性。[①]并且,在量化标注和赋分制之下,入党积极分子之间可以通过相互比较,来查找自己在学习和实践方面同其他入党积极分子之间的差距,以便查漏补缺,弥补自己在教育培训过程中的不足。积分制考核能够提高入党积极分子对教育培训的重视程度,从而调动自身积极性,增强教育培训的实效。

(四)促进考察体系的全面系统

对入党积极分子的考察,关乎入党积极分子培养教育的实效,关乎党员发展程序的顺利推进。高校在入党积极分子考察体系上的缺陷和落后,导致在对入党积极分子的评价存在主观性、个人性较强的倾向,唯学习论的评价模式更是偏离了入党积极分子的培养初衷,对学习成绩的一味追求排挤了思想政治在党员发展中的首要地位,也忽视了对入党积极分子其他方面的考察。积分制考核是一个全面、具有连贯性的系统工程,内容涵盖入党积极分子在大学各个阶段中思想、学习、工作、社会活动和生活等各个方面。既是全面素质的体现,也具有典型性和代表性。在评价方法上可以采用问卷、评分、谈话和汇报展示,并在此基础上对各种评价结果进行汇总分析,以量化的指标在条件相当的入党积极分子当中进

---

① 董杰,江寅紫,翁海浩.高校积分制入党积极分子考察评价体系探索与实践[J].浙江纺织服装职业技术学院学报,2018,17(1):95-96.

行筛选评估。① 积分考核制的综合考察和量化评价的考核方式能够对入党积极分子在考察期间的表现进行全面的考察，扩张考察体系的涵摄范围，提高考核标准的科学程度。

参考文献

[1] 王昭，唐永木. 大学生党员质量现状调查与应对策略研究——基于武汉9所高校的调查[J]. 山东社会科学，2015（S1）：3.

[2] 林龙，马思思. 新时代高校入党积极分子培养机制探析[J]. 文化创新比较研究，2019，3（32）：9.

[3] 周静. 大学生党员发展质量现状分析[J]. 学校党建与思想教育，2019（11）：52.

[4] 张磊. 发展大学生党员严把政治标准研究[J]. 学校党建与思想教育，2020（23）：49-50.

[5] 孙强. 大学生入党积极分子培训质量现状及对策[J]. 江苏高教，2013（6）：128.

[6] 温雅. 大学生入党积极分子量化考察制度探索与实践[J]. 中国冶金教育，2015（1）：70.

[7] 王正坤，庞翠. 大学生入党积极分子培养教育的积分制管理探究：以山东青年政治学院为例[J]. 学校党建与思想教育，2021（2）：45.

---

① 尹斌斌，代莉莎. 学生党员发展培养量化考核体系探索[J]. 教育教学论坛，2017（18）：131.

[8]曹莉.高校学生入党积极分子评价体系的构建[J].教育教学论坛,2018(20):45.

[9]董杰,江寅紫,翁海浩.高校积分制入党积极分子考察评价体系探索与实践[J].浙江纺织服装职业技术学院学报,2018,17(1):92.

[10]尹斌斌,代莉莎.学生党员发展培养量化考核体系探索[J].教育教学论坛,2017(18):131.

高校师生支部共建的意义及实践探索
——以中南财经政法大学党委学生工作部党支部为例[①]

郭小义

(中南财经政法大学党委学生工作部)

一、引言

党的十九大报告强调要加强基层组织建设,为如何把基层党组织建设成为坚强的战斗堡垒提供了理论遵循,高校党委得以在做好新时代基层党建工作上明确清晰的方向,在党的十九大精神的指引下,基层组织建设得以从战略全局的角度出发[1]。面对国内外波谲云诡的政治经济博弈局面、西方

---

① 本文系中南财经政法大学实践创新计划项目"教工党支部与学生党支部联动共建模式的实践——以党委学生工作部党支部和统计与数学学院本科生党支部为例"(编号:2022DJSJ034)的研究成果。

多元化的文化思潮侵袭以及高校内部不断深入的多项体制改革等多种复杂因素，高校师生党建工作面临着诸多新挑战，这就要求高校党组织始终坚持解放思想、与时俱进，不断改革高校学生党支部的运行机制、创新活动载体、丰富活动内容，不断开创高校师生党建工作的崭新局面[2]。中南财经政法大学党委学生工作部党支部（以下简称"学工部党支部"）自2020年6月与学校统计与数学学院本科生党支部结对共建以来，围绕"立德树人"根本目标，开展了许多形式新颖、内容丰富的共建活动，取得了良好的育人成效。

二、高校师生"支部共建"的必要性

（一）教工党支部师德师风建设的需要

习近平总书记在中国人民大学考察时强调："培养社会主义建设者和接班人，迫切需要我们的教师既精通专业知识、做好'经师'，又涵养德行、成为'人师'。"师德师风建设，关乎党对学校的领导，关乎全面贯彻党的教育方针，关乎中国特色社会主义事业薪火相传。开展师生结对共建，教师党员与学生党员共同工作、共同学习，无形中增加了教师和学生深入交流的机会。而大学生党员正处于学习知识、三观塑造的重要阶段，具有较强的学习模仿能力，此时教师党员的一言一行都会被学生看在眼里、记在心里。因为这种影响力的存在，所以高校对教师党员的政治素质、业务能力和育人水平都提出了新的更高要求。在支部共建中，教师党员必须时时刻刻严格自我约束、规范职业行为、强化道德自觉，以时不我待的紧迫感来加强学习,以立德树人的使命感来提升自身的政治素养和理论水平,坚持立德修身,把为学、为事、为人统一起来,当好学生成长成才路上的引路人,进一步增强立德树人、教书育人的责任感和使命感。

(二)提升学生党支部战斗堡垒作用的需要

学生党支部是基层党组织的重要构成,是广大青年了解党、认识党的窗口,在开展思政工作方面具有重要作用。当前,学生党支部往往会随着本科生的毕业而解散,对于党支部工作经验的传承往往不能达到预期效果,也会造成优秀学生骨干资源的损失,支部不能很好地规避建设中遇到的常见问题,从而弱化学生党支部的战斗堡垒作用。而师生党支部共建将有助于学生党支部增强战斗力,提升战斗堡垒作用。首先,教工党支部具有踏实稳定的支部文化。在支部共建活动中,教工党支部能起到感染带动作用,有利于在学生党支部内营造稳定的工作作风。其次,教工党支部的成员架构相对稳定,教工党支部通常由同一个二级单位、学院、系所的教师党员组成,成员变动不频繁,有利于将好的做法延续下去,师生支部共建能够有效解决学生党支部骨架建设不稳定等问题。最后,在师生支部共建完成周期性建设之后,新加入支部的学生党员能够迅速了解支部工作制度条例,快速适应支部生活,从而增强支部的战斗力。

(三)扎实开展思想政治工作的需要

《中共中央 国务院关于全面深化新时代教师队伍建设改革的意见》明确指出,要把提高教师思想政治素质和职业道德水平摆在首要位置，把社会主义核心价值观贯穿教书育人全过程，突出全员全方位全过程师德养成，推动教师成为先进思想文化的传播者、党执政的坚定支持者、学生健康成长的指导者。学生党支部作为党的一级组织，肩负传达、宣传、落实党的政策方针的职责，同时具有反馈学生的意见和需求的作用。支部共建能够架起师生之间沟通的桥梁，是党的政策的上传下达、为学生需求和权益发声的重要活动载体。首先，师生支部共建打破了课堂的束缚，给予学生在课堂外表达意见的机会，也给教师提供了为学生开展思想引导、学业辅导、心理疏导等工作的机会，进一步促进师生关系，便于教师开展思政工作。其次，在支部共建中，学生的意见和建议能够及时反馈给教师，这使得教师可以及时调整工作策略和方向，不断提高学生的获得感和满足感，不断提高思政工作的质量和效能。

三、师生支部共建的实践探索

（一）学工部党支部推进组织生活标准化，用"严"的标准保质量

从严落实制度，严格按照标准步骤和规定程序落实"三会一课"、组织生活会、民主评议党员、谈心谈话、党员领导干部双重组织生活等基本组织生活制度，确保规定动作一丝不差、关键环节一步不漏，切实增强党内政治生活的仪式感和神圣感。对习近平新时代中国特色社会主义思想，特别是总书记最新讲话和中央最新部署，第一时间在支部党员中

学习传达，让党员干部及时掌握中央最新精神，并迅速贯彻落实到行动中[3]。

为了深刻领会习近平新时代中国特色社会主义思想、深入学习贯彻落实习近平总书记关于高等教育的重要论述，在建设周期内，学工部党支部组织共建师生党员集体观看"庆祝中国共产党成立100周年大会直播"和"中国共产主义青年团成立100周年大会直播"。与会师生认真领会并热议习近平总书记的重要讲话精神，相关活动报道得到校新闻网和校机关党委新闻网的转载，在校内展示了支部共建所带来的良好育人实效。此外，为了深入学习贯彻习近平总书记重要讲话精神，增强与青年大学生的联系，切实提高师生党员政治理论素养，凝聚发展合力，助力学校双一流建设，学工部党支部还组织师生共同开展2022年5月支部主题党日活动。在活动中，学工部党支部严格按照上级党委要求，通过组织师生党员共同交流学习、共同探讨如何培养和成为堪当民族复兴重任的时代新人以及选拔青年教师党员和学生党员担任主讲人讲授主题党课以增强师生理论水平和政治修养。除了理论研学，学工部还积极采取仪式教育，首先邀请学生党员代表为过政治生日的教师党员赠送生日贺卡，巩固深化师生间的友谊；此外，全体师生党员共同庄严宣读入党誓词并交纳党费，进一步增强了师生党性意识，提高支部凝聚力。

（二）学工部党支部推进党员教育管理创新化，用"活"的形式保参与

学工部党支部不断创新举措，打造有温度、有情怀的思政课。2021年11月，学工部党支部在扎实完成理论学习之外，还将思政课堂搬出教室，走进社会，打造课内课外相贯通、教学实践相衔接的"行走思政课"，有效破除机械化同质化现象，充分发挥武汉市丰富的红色资源的铸魂育人功能。学工部党支部组织共建师生前往武汉市著名红色教育基地，带领师生党员们徒步走过老一辈无产阶级革命家走过的"铁军路"，支部还提前邀请学校人武部教师在大家路过李先念等老一辈无产阶级革命家议事会谈的三棵老树时，为大家讲授党课，做到了把讲台搬进红色教育基地，让学生在"行走"中学、思、践、悟，推动党史学习教育走深走实。除此之外，学工部党支部充分利用信息化平台以满足党员多种多样的学习需求，让组织生活有创意有新意，学工部党支部多次邀请校外专家为共建师生开展信息化技能培训，扎实提升师生信息化素养与技能，让师生在课堂上共同学习、共同成长，切实提升党组织的凝聚力、号召力和引领力[4]。

（三）学工部党支部推进政治建设常态化，用"常"的惯性保长效

学工部党支部积极鼓励党员同志通过讲授党课、开展技能培训、举办趣味答题等方式，充分调动党员参加支部活动的主观能动性，增强师生对于党员的身份认同以及建设支部的主人翁意识，在支部内营造良好的党政工作氛围，引导党员养成支部生活"生物钟"，激发个体身份意识，在党务、业务中形成合力，确保党建坚实引领业务常态化长效化[5]。在建设期间，学工部党支部积极为学生解难题、办实事，在

某次开学时，由于当时国内疫情仍处于多点散发态势，为了给学生提供安全的学习生活环境，学工部"察民情、解民忧、暖民心"，开设"返校直通车"，累计接回11班次共计约500名学生，切实维护了学校的教学、工作秩序。资助管理中心在建设期间切实发挥"资助助航"育人作用，为统计与数学学院9位特别贫困和16位一般贫困的本科生持续发放补助，助力贫困学子在中南大追逐梦想。某学期末，由学工部党支部牵头，其他相关部门配合的毕业典礼隆重举行，在筹备以及开展过程中，学工部党支部高度重视，党员同志齐上阵，为毕业典礼的成功举行作出了巨大贡献。毕业典礼获得了全校师生以及社会各界人士一致好评，共有《人民日报》《新华网》《光明日报》等50余家主流媒体报道了我校毕业典礼，在社会引发强烈反响。

四、师生支部共建的成就与经验

（一）学生党支部建设取得突出成就

青年大学生作为新时代马克思主义的信仰者、传播者和践行者，是肩负起时代重任、成为新时代有为青年的重要力量。学工部党支部将学生的"思想引导、学习辅导、心理疏导、职业指导"纳入支部共建整体工作布局之中，形成了师生支部协同发展的良好局面。

1.党建引领，践行学生骨干使命担当。学工部党支部在开展各项业务时将学生骨干的培养落到了实处，仅2022年上半年，就有20位统计与数学学院学生骨干加入学工部各个学生工作团队中，并担任了重要角色，学工部党支部的育人效果得到了彰显。

2. 树立榜样，营造朋辈教育浓厚氛围。选树了荣获校级奖学金并保送至国内顶尖学府的优秀榜样，以及荣获"优良学风宿舍"的优秀集体，依托校新闻网、部门官网、科室公众号等平台，充分发挥网络思政作用，在学生中起到了良好的示范作用。

3. 结对帮扶，取得学风建设良好成效。学工部党支部招募统计与数学学院十多名品学兼优的本科生担任"朋辈导师"，帮助二十多位挂科学生全部通过重修考试，在学生中营造了良好学风。

（二）师生支部共建的经验

1. 充分发挥教工党支部战斗堡垒作用

学工部党支部充分发挥基层党组织的政治引领作用，凝心聚力抓党建，全面提升党支部组织力。在共建过程中采取的"五个一"工作法已经成为支部共建的品牌活动，在校内产生了良好的示范带动效应。学工部党支部坚持看长远、顾全局、高起点、重根本，不断推进党史学习教育常态化长效化，充分发挥结对共建的示范带动作用，通过与学生支部共建，进一步了解师生思想动态、掌握师生实际诉求，在工作中支部书记带头关怀共建支部建设情况、支委不断探索共建活动载体、支部定期高质量开展共建活动、各业务科室以党建为引领共拓宣传渠道，学工部党支部层层落实党建工作责任制，上下联动、形成合力，让组织体系的经脉气血通畅起来，党支部真正发挥了战斗堡垒作用。

2. 师生支部结对共建，优势互补、共同提升

第一，师生支部共建为党组织的党务、业务、服务三者的融合提供了平台，为党员共同商议、共同建设、共同落实提供了契机，从角色上，师生支部共建让每个党员都成为支部建设的主人翁，大大增强支部对党员的吸引力，提升党支部的凝聚力。第二，在师生支部共建活动中，教师党员可以将党务和业务相结合，对学生党员开展具有专业特色的个性化指导，不仅彰显了教师党支部的特色，还提升了支部活动对学生党员的吸引力，将吸引到更多的学生党员加入组织中来，不断增强党支部的号召力。第三，师生支部结对共建，共同开展"三会一课"，既能够充分发挥教师党员的理论优势，又能充分展现学生党员的创新和活力，可以丰富学习教育手段、提高学习质量，增强党支部的创造力。

五、结语

教工党支部和学生党支部共同构成了高校的基层党组织，这些基层党组织在培养堪当民族复兴大任的建设者和接班人的过程中扮演着重要角色。开展师生党支部共建活动，能够增强学生党支部的引领力和革新力，能够满足学生党员个性化的发展需求，能够有效拓宽学生党员思想政治教育的途径。高校教工党支部和学生党支部具有显著的特色和差异，高校对基层党组织的创新型设置是实现师生党支部形成优势互补建设模式的有效途径，支部共建将使得师生党支部对于学生

党员的教育形成合力。在未来，学工部党支部首先会积极加强顶层设计和资源支持，将好的经验做法制度化，制定清晰的共建目标、任务和周期；其次成立共建工作小组，充分发挥"领头雁作用"，共同优化共建方案，改进支部共建模式，积极总结和传承经验；最后，充分利用网络媒体平台，丰富学习资源，创新学习模式，让更多党员主动地参与到共建活动中来，积极地表达自己的观点。学工部党支部将持续以提升支部组织力和共建质量为重点，提前统筹谋划、坚持创新举措、不断完善机制、持续狠抓落实，以更严的要求、更高的标准、更有效的办法，强化支部服务学生、教育学生、管理学生的事业推动力和思想引领力。

参考文献

［1］张芳，林真. 以"支部共建"为抓手，提升新时代高校党支部组织力研究［J］. 湖北开放职业学院学报，2021，34（17）：3.

［2］郭茜. 高校基层党组织组织力的内涵与提升路径［J］. 思想理论教育，2019（2）：6.

［3］甘肃省直机关工委. 以党支部标准化建设为抓手 全面提升基层党建工作质量研究［J］. 机关党建研究，2020（3）：54-56.

［4］张庆峰. 全面提升机关党的建设质量［J］. 江淮，2020（5）：32-33.

［5］田海燕. 大力建设标准化党支部 推动基层党建工作迭代提升［J］. 宁夏林业，2020（2）：3.

高校功能型党支部发挥铸牢中华民族共同体意识育人功能的实践路径探究
——以湖北青年美美追梦人大学生民族团结骨干学校为例①

于苏甫江·玉山

（中南财经政法大学党委学生工作部）

一、研究背景：通过功能型党支部开展铸牢中华民族共同体意识教育的理论和实践基础

（一）高校开展铸牢中华民族共同体意识教育工作的现状

在第五次中央民族工作会议上，习近平总书记明确提出"以铸牢中华民族共同体意识为主线"，推动新时代党的民

---

① 本文系中南财经政法大学2022年度党建理论研究与实践创新计划（主题实践活动）项目"高校功能型党组织育人功能实现路径探究——以湖北青年美美追梦人大学生民族团结骨干学校为例"阶段性研究成果。

族工作高质量发展，中华民族共同体意识也已被写入宪法，成为国家统一的基本遵循，成为各民族团结的根本指引和中华民族精神力量的内在魂魄。高校青年作为这种精神力量的接承者，应当对此有感应，感受到中华民族共同体意识的召唤。有学者指出，高校开展的铸牢中华民族共同体意识培育工作还停留在理论"强"，实践"弱"的阶段，缺乏教育平台和载体，忽视观察言行、陶冶渗透、学以致用，缺乏教育感染力和实效力。因此，探究如何通过创新平台和载体，以便加强铸牢中华民族共同体意识教育对大学生的覆盖和影响，将成为新时代下大学生思想政治教育工作和民族团结教育工作必须应对的课题。

（二）高校基层党组织开展铸牢中华民族共同体意识教育工作的重要性

铸牢中华民族共同体意识教育可以借助高校基层党建工作获得更强的传播效能，发挥这种效能能够增强新时代高校青年的强国志向、报答国家的行动以及拥有一颗热爱国家的赤子之心，中华民族的意识让高校各民族师生拥有更强的凝聚力和向心力。高校基层党组织通过理论学习所开展的铸牢中华民族共同体意识教育工作都能够发挥出良好的促进作用，但值得我们重视的是，这一促进作用却存在着层层削弱的情况，其中最为关键的原因就是基层党组织育人方式过度简单化和从上自下作用力单一化。因此，高校基层党组织要不断发掘、整理中华民族优秀传统文化，打造中华民族共同创造和享有的中华文化符号和中华民族形象，不断提升高校各族人民的精神文化风貌，增强各民族的向心力，从而服务党和国家的发展大局。

（三）功能型党支部发挥作用的理论支撑和实践参考

《普通高等学校学生党建工作标准》规定：探索学生党建工作向最活跃、最具创新能力的组织拓展，做到哪里有学生党员哪里就有学生党组织。近年来，随着高校基层组织构建和设计的不断成熟，以及共青团"党建促团建"的提出，发挥团员群体中党员的先锋力量成为共青团深化改革的方向，因此更多高校开始对在各类学生组织层面设立功能型党支部进行探索和创新，如北京科技大学在学生会成立组织党支部、清华大学设立研究生会功能型党支部、西南大学在学生园区特设功能型党支部。功能型党支部作为一种基层党组织，其独特之处在于工作实践层面，功能型党支部"善于"将党的理论政策扎实落地，解决理论和思想深入人心的末端问题。

综上所述，高校在推进铸牢中华民族共同体意识教育工作体系中，可以尝试发挥功能型党支部的作用。本文将介绍在美美追梦人骨干学校建设中，由各民族学生组成的党员群体具有独特的角色定位和作用，在发挥思想引领和组织育人功能方面有其特殊优势，抓住这种特殊优势开展铸牢中华民族共同体意识教育，具有十分重要的现实意义。

二、美美追梦人骨干学校功能型党支部发挥的效能

美美追梦人骨干学校成立于2020年，是由团中央立项的全国民族团结进步创新试点项目，首先在中南财经政法大学试点实施,适时再面向湖北省各高校推广。其招募的学员主要为在校优秀少数民族大学生骨干,兼顾各民族学生,其中党员学生约占总体人数的五分之一。美美追梦人骨干学校通过理论学习、社会实践、社会观察、榜样引领等主题教育活动,引导青年大学生铸牢中华民族共同体意识。在两年的实践育人过程中,党员学员们积极贡献力量,成为团小组中、班级中的"特殊力量",成为美美追梦人骨干学校的政治核心,在潜移默化过程中成为一种"隐形功能型党支部",并逐步发挥功能型党支部政治功能、组织功能、统战功能、服务功能,进一步扩大了工作的有效覆盖面,在引导各民族大学生铸牢中华民族共同体意识教育工作方面初见成效。

(一)政治功能:引领组织发展方向

做好铸牢中华民族共同体意识教育是高校基层党建工作当中极为重要的一环,可是在实际党建工作中,有的基层党组织对铸牢中华民族共同体意识内涵的学习较少,例如学院党支部,理论学习任务重、学习范围广,或因为开展铸牢中华民族共同体意识教育方法匮乏、形式简单等原因,导致入党积极分子和党员无法真正领悟铸牢中华民族共同体意识的深刻内涵;有的学生组侧重于锻炼成员的业务能力和组织能力,对政治能力方面则极为淡化,更是错失了学习实践铸牢中华民族教育的最佳时机。

功能型党支部的设立,完成了党组织深入到学生当中的"最后一公里"跨越,有力地解决了部分学生社团在运行中存在的党的领导虚化、理论学习弱化、政治意识淡化的问题。

以美美追梦人骨干学校为例,党员学员们定期组织铸牢中华民族共同体意识教育学习,围绕"读懂中国""读懂中华民族共同体""读懂一带一路"三个专题开展理论学习,邀请国内有关知名专家学者就习近平新时代中国特色社会主义思想、中华民族共同体发展史、党的民族理论和政策、"一带一路"倡议、人类命运共同体理念等进行深入解读,同时要求党员通过"一对多"的模式宣讲内容,通过教授非党员,加强了自身的铸牢中华民族共同体意识教育方面理论功底,也将相关内容覆盖到了组织成员,并且党小组鼓励各民族学生主动参与党小组的学习生活,培养组织内非党员学生,教授他们如何写好入党申请书。美美追梦人骨干学校党员们积极的作为,为加强党对学生社团的政治领导、政治引领、政治教育提供了坚实的组织依托。

(二)组织功能:发挥模范带头作用

高校团委负责管理的学生团体中,一般由学生干部团队负责组织的建设和管理,比如学生社团、志愿服务组织、课题团队等,对于学生干部团队的选拔一般不考虑政治面貌,党员和团员均有可能成为学生干部,简单的上下级管理模式,使得部分学生干部忘记对自身严格要求,也使得组织成员对学生干部"望而生畏",从而对组织丧失信心。近些年社会上对高校学生组织有负面的舆情事件,例如学生任免文件中出现"正部级"干部事件、某高校学生会主席"不能被直接@"事件、学生干部包厢敬酒官僚化作风事件等负面事件。这就要求学生干部,除了要精于活动组织,也要有更高的政治素养，尤其是对自身有严格的要求，才能引领组织正确的发展方向。因此，学生团体中的党员应当发挥模范带头作用，通过"党员携手党员、党员引领团员"的模式，带动其他团员更加积极地投入组织工作和活动，充分激活团队的组织效能。这种模式在美美追梦人骨干学校形成良好效应，在美美追梦人骨干学校的组织运作中，数位党员和入党积极分子以身作则，冲锋在前，例如踊跃参加第五次中央民族工作会议主题学习、主动在官方新媒体平台"发声亮剑"，不仅强化自身作为组织成员的身份认同感，也获得了其他同学的点赞和效仿，进一步激发了团队成员对学习方向的认同。

党员无论走到哪里都不能忘记自己的"标杆性"作用，这是党员自我修养的充分体现，在美美追梦人骨干学校，各民族的党员齐聚一堂，他们在团小组中亮明党员身份，虽然有的党员不是学生干部，但依然发挥着模范带头作用，"党员批评与自我批评、党员批评学生干部"的模式引发了良好的组织风气，监督指正学生干部团队发展方向，促进了组织内部的团结，使得组织建设和作风建设得到明显改善。

（三）统战功能：激发交往交流交融活力

2022年7月29日至30日，中央统战工作会议在北京召开，习近平总书记用"十二个必须"对关于做好新时代党的统一战线工作的重要思想作出精辟概括，其中就有"必须以铸牢中华民族共同体意识为党的民族工作主线"，在面临百年未有之大变局之际，随着国际环境的日益复杂，高校大学生群体与统战工作的关系也变得越来越密切。西方霸权主义国家企图扭曲大学生价值评判标准的事件频发,例如"新疆棉"事件、美国国会的非法人权法案事件等,都在试图影响青年大学生的价值观,削弱高校凝聚力,增加了统一战线资源整合的难度,影响和谐校园的构建。

因此,做好高校铸牢中华民族共同体意识教育将有助国家统一战线工作。有学者指出,以学生党、团、学生会骨干培训为载体,加强高校民族学生骨干的培养将有助于推动学生统战意识的形成。美美追梦人骨干学校坚持由内而外加强各民族同学之间的交往交流交融,做好铸牢中华民族共同体意识教育工作,从而服务学校统一战线工作。美美追梦人骨干学校作为学校不同民族人数最多的学生团体,包含汉族、维吾尔族、哈萨克族、瑶族等在内的12个不同民族。在组织内部各民族学生党员带头做自我介绍,介绍本民族中华民族优秀传统文化,主动和其他党员、团员、青年打成一片,增进了组织内部团结,通过微信朋友圈、QQ空间、微信公众号等多媒体宣传各民族的优秀文化,在中南财经政法大学2021年中华民族文化节,党员带头整理收集各民族党史故事,将"彝海结盟"、库车人民的"包青天"林基路等共产党先烈们的感人事迹制作成易拉宝,活动当天吸引了数千在校学生的驻足观看,让各民族在校青年对民族地区尤其是边疆民族地区的党史故事有了进一步了解,通过伟大的"党史人物"拉近了现实中各民族青年之间的距离。中华民族文化节已经成为中南财经政法大学统一战线工作的"特色窗口"。

(四)服务功能：共同发展进步

习近平总书记指出："各民族要相互了解、相互尊重、相互包容、相互欣赏、相互学习、相互帮助，像石榴籽那样紧紧抱在一起。"铸牢中华民族共同体意识不是某个民族的事情，而是全部56个民族的共同责任，各民族之间应当相互支持、相互帮助。美美追梦人骨干学校学生党员能够有效强化学生组织的"服务本色"，首先，学生干部党员带头在前，在组织内部改进学生组织的服务作风，解决形式化问题；非学生干部党员协助学生干部团队用心策划铸牢中华民族共同体意识教育主题活动，得到学员们的认可和欢迎，主动以服务铸牢中华民族共同体意识教育工作实际需求为组织的努力方向，办出了学生喜闻乐见、益于立德树人的精品活动。其次，针对边疆地区少数民族同学普通话能力有待加强的情况，党员群体进行一对一结对帮扶，并策划"美美荆楚"青年宣讲团活动，引导更多边疆少数民族同学共同参与，增强了同学们的普通话表达能力，增强了自信心和对组织的认同感。

三、思考与探讨：功能型党支部对发挥铸牢中华民族共同体意识教育的启示性

美美追梦人骨干学校从成立开始一直注重党员的个人力量和集体力量，并不断探索，让党员聚焦目标，让组织目标真正落于实处，虽然没有正式成立功能型党支部，但所有党员凝聚力量，在组织当中发挥着"隐形党支部"的作用。经过两年的理论学习和实践，探索出了"党员引领青年""党员团结青

年""党员帮助青年"的工作经验，成为在组织学习和实践铸牢中华民族共同体意识教育过程中的深度引擎。

（一）让党员帮助青年，坚定培养各民族青年铸牢中华民族共同意识的使命

全面从严治党是党的十八大以来党中央作出的重大战略部署，高校学生党员从递交入党申请书到成为正式党员的过程中经历了层层选拔和党组织理想信念方面的教育，每个党员都应当严格要求自己，发挥一名合格党员的先锋性、模范性作用。美美追梦人骨干学校集体中，数位党员坚持以身作则，通过点对点、点带面的方式对周围青年群体开展帮助，例如开展石榴籽学习小组学业帮扶，国家通用语言面对面帮扶、并且成为组织当中关于中华民族共同体理论学习的"知道老师，以兴趣、丰富多彩的中华优秀文化、自身学习领悟开展铸牢中华民族共同体意识教育小课堂"；在组织中，通过个人的行动、多人的智慧，为开展铸牢中华民族共同体意识为主线的主题活动出谋划策。

（二）党员引领青年，不断创新功能型党支部对大学生立德树人教育的作用

《中国共产党支部工作条例（试行）》规定：结合实际创新党支部设置形式，使党的组织和党的工作全覆盖。高校开展铸牢中华民族共同体意识教育要找准方法，很多时候可以通过创新寻求精准落地。功能型党支部属于基层党组织，是为了实现某一具体目标或阶段性目标而设立的临时党支部，

不发展党员，在任务周期结束后党支部也将自动解散。功能型党支部为加强专项理论学习和实践某一理论提供了党的"专属方式"，为党的深刻理论内涵能够在基层入脑入心解决了"最后一公里"，例如美美追梦人骨干学校党员学员始终在团体当中践行铸牢中华民族共同体意识教育，将理论言传身教给其他成员，通过党员群体的自身影响力，助力理论的精准落地。

（三）让党员团结青年，加强交往交流交融覆盖面

继续做好高校民族团结教育工作，进一步加强铸牢中华民族共同体意识教育是新时代高校"立德树人"根本任务当中的重要环节。面对国际复杂局势，实现民族复兴的伟大使命依然艰巨，在高校通过建立临时功能型党支部，让党员团结青年，抱团学习，在行动上增进交往交流交融，践行铸牢中华民族共同体意识，还要将中华民族共同体意识扎根于各民族青年大学生心中，让"中华民族"概念在青年当中"流行"起来，进而在国家当中流行起来，为国家在国际复杂局势下稳定后方。

参考文献

[1] 刘伟杰，卢姿悦. 新时代高校铸牢大学生中华民族共同体意识研究 [J]. 黑龙江教师发展学院学报，2022，41（7）：97-99.

[2] 陆海鹏，吴金光. 铸牢中华民族共同体视域下高校基层党建工作的思考 [J]. 民族大家庭，2022（4）：3.

［3］中国共产党支部工作条例（试行）［M］.北京：人民出版社，2018.

［4］顾明远.新时代教育发展的指导思想：学习习近平总书记在全国教育大会上的讲话［J］.北京师范大学学报（社会科学版），2019（1）：5-9.

［5］张琳.高校民族团结教育的经验、问题及路径［J］.高校辅导员，2018（6）：18-23.

［6］徐姗姗，宋之帅，程萌萌.高校学生党支部设置的一个创新模式［J］.合肥工业大学学报（社会科学版），2018，32（6）：141-144.

［7］刘丹，王连花.功能型党支部发展的现实语境与发展展望［J］.湖南行政学院学报，2021（6）：9.

高校学生会（研究生会）功能型党支部建设研究①

黄丽琼

（中南财经政法大学党委研究生工作部）

高校学生会（研究生会）是学生自我管理、自我教育、自我服务的组织，在营造风清气正的校园文化环境、促进学生德智体美劳全面发展方面发挥着重要作用。中共中央2021年4月印发的《中国共产党普通高等学校基层组织工作条例》第九条规定："可以依托重大项目组、科研平台或者学生社区等设置师生党支部。"2020年，教育部、国家发展改革委、财政部印发的《加快新时代研究生教育改革发展的意见》（教研〔2020〕9号）提出"创新研究生党组织设置方式"以"提

---

① 本文系中南财经政法大学2020年度中央高校基本科研项目（"三全育人"）（项目编号：2722020SQY22）；中南财经政法大学2022年度基本科研项目高等教育管理研究项目（项目编号：2722022DG009）的阶段性成果。

高研究生党建工作水平,强化党组织战斗堡垒作用"。在全国各高校积极探索"一融双高"建设路径的背景下,高校学生会(研究生会)等学生组织建立功能型党支部,优化基层党组织设置模式,有助于全面增强学生会(研究生会)的政治性、先进性和群众性,弥补高校学生会(研究生会)思想政治性弱化、组织管理不规范、组织活力待激发[①]等不足,是新时代加强和改进高校党建和思想政治教育工作的有益尝试和生动实践。

一、高校学生会(研究生会)功能型党支部的内涵

功能型党支部,是按照"以功能型设置为主、单位型设置为辅"的原则,在确保基层党组织基本建制的基础上,依托重大项目组、学科组、课题组、创新团队、科研平台、中外合作办学项目、学生公寓、社团组织等设立的党支部。秉承"不收党费、不转党组织关系、不发展党员"的"三不"原则,实现党员一方隶属,多重组织生活的党员活动新局面,全面提升党支部组织力,真正让支部严起来、实起来、活起来,全面提升党支部组织力,推动全面从严治党向基层延伸。

学生会(研究生会)功能型党支部是依托高校学生会(研究生会)建立的功能型党支部,以学生会(研究生会)中的党员同学为支部成员,原则上由学生会(研究生会)的党员

---

① 王帅.治理视域下高校学生组织建设的价值意蕴[J].高校辅导员,2020(5):30.

担任党支部书记。成员组织关系隶属于原党支部，功能型党支部主要任务是把握政治方向，对学生会（研究生会）的重大事项、重要工作做好政治把关，服务人才培养，加强对大学生的政治引领和思想政治教育[①]。

2019年以来，清华大学、武汉大学、华中科技大学、中国农业大学、苏州大学、宁夏大学等高校陆续在学生会（研究生会）试点建设功能型党支部。我校于2021年3月依托校研究生会成立了功能型党支部，承担培养入党积极分子和教育管理党员的职责。对高校功能型党支部进行研究的文章，研究对象多为课题组、学术团队、学生社团等，聚焦学生组织功能型党支部的理论研究较少。整体而言，全国各高校学生会（研究生会）功能型党支部尚处于成立摸索阶段，在功能作用、职能定位、支部建设等方面还未形成可供借鉴参考的先进经验和成熟做法。鉴于学生会（研究生会）组织的特殊性，有必要对高校学生会（研究生会）功能型党支部的功能作用和建设路径展开深入研究。

二、高校学生会（研究生会）功能型党支部的作用

高校党支部作为党在高校工作中的"神经末梢"，是落

[①] 袁伟，刘婧媛，常华. 高校课题组功能型党组织建设研究：以首都师范大学化学系课题组功能型党支部为例［J］. 北京教育（德育），2021（3）：22.

实立德树人根本任务的关键基础、基本单元和核心力量[①]。建立在学生组织基础上的高校学生会（研究生会）功能型党支部，对于加强政治引领，促进学生会（研究生会）深化改革，夯实新时代高校党建"双创"工作成效，构建"三全育人"工作格局，培养中国特色社会主义合格建设者和可靠接班人具有重要意义。

（一）以政治引领加强和改进学生会（研究生会）工作

高校学生会（研究生会）是高校党委领导下、党委学生工作部门和团委指导下的主要学生组织，在党的领导下开展各项工作，是高校学生活动的主要阵地。建立学生会（研究生会）功能型党支部，能切实加强党对学生会（研究生会）的领导，扩大党的组织和党的工作覆盖面，[②]让学生会（研究生会）与高校党委之间的联系更加紧密，在学生会（研究生会）的重大工作和重要决策部署上更好体现党的意志、反映党的主张、传播党的声音。同时，能增强学生会（研究生会）政治属性，变革领导体制与运行机制，确保需要长期推进的改革任务落地落实，助力学生会（研究生会）履行工作职责、健全工作制度、转变工作作风，增强凝聚力和服务能力，写

[①] 胡吉芬，刘明. 高校党支部组织育人机制的构建［J］. 学校党建与思想教育，2021（20）：47.

[②] 胡锦涛，赵晓春. 高校学生会功能型党支部建设刍议［J］. 学校党建与思想教育，2020（2）：36.

好学生会（研究生会）深化改革的"后半篇文章"，提升党组织和学生组织的双重育人功能，支持和引导学生会（研究生会）更好地服务青年学生成长成才。

（二）以基层党建夯实新时代党建"双创"工作成效

自2018年以来，教育部办公厅先后面向全国高校开展新时代高校党建示范创建和质量创优工作、"百个研究生样板党支部"和"百名研究生党员标兵"创建工作，辐射带动全国高校党建。学生会（研究生会）是高校优秀青年学生的汇集地，学生干部党员比例高、综合素质高，凝聚青年、引领青年、服务青年的能力强，具备设立党组织的基础条件。建立学生会（研究生会）功能型党支部本身从形式上创新了基层党组织设置方式，为高校学生党支部设置方式创新提供了实践范式。相较于其他依班级、年级等横向设置的党支部，不受学生毕业导致班级、年级解散等因素影响，组织更稳定、资源更集中，创建成果更具延续性，特色经验更易积淀传承，[①]党支部战斗堡垒作用和党员先锋模范作用发挥更充分，更容易在新时代高校党建"双创"工作成效创建方面凝练特色、总结经验、积累成果、打造品牌、占据优势。

---

① 宋之帅，马文革. 创新高校学生党支部设置模式的探索与实践：以合肥工业大学为例［J］. 思想理论教育导刊，2019（2）：153.

（三）以组织建设构建"三全育人"思想政治工作体系

《中共中央国务院关于加强和改进新形势下高校思想政治工作的意见》提出全员全过程全方位"三全育人"的高校思政工作基本原则，《高校思想政治工作质量提升工程实施纲要》（教党〔2017〕62号）进一步提出构建"十大"育人体系。其中，"组织育人质量提升体系"提出"把组织建设与教育引领结合起来，强化高校各类组织的育人职责……发挥工会、共青团、学生会、学生社团等组织的联系服务、团结凝聚师生的桥梁纽带作用，把思想政治教育贯穿各项工作和活动，促进师生全面发展"。学生会（研究生会）作为特定的治理架构具有独特的角色定位，在发挥思想引领和组织育人功能方面有其特殊优势[①]。学生会（研究生会）党支部作为发挥思想政治教育功能的育人载体，其工作内容覆盖课堂、科研、管理、服务、实践、网络、心理等育人各领域各环节，与"三全育人"体系高度吻合，是"三全育人"工作格局在学生党建领域的缩影[②]，是开展大学生思想政治教育工作的重要载体和战斗堡垒。

[①] 胡锦涛，赵晓春. 高校学生会功能型党支部建设刍议[J]. 学校党建与思想教育，2020（2）：36.

[②] 吴珊. "三全育人"视域下大学生样板党支部建设的实践与创新[J]. 学校党建与思想教育，2022（14）：24.

三、高校学生会（研究生会）功能型党支部建设的路径

当前，高校学生会（研究生会）存在思想政治性弱化、组织管理不规范、组织活力待激发等不足，作为学生组织的功能型党支部，需进一步明确职能定位、规范组织管理、着眼特色创建，真正发挥功能型党支部的作用。

（一）明确职能定位，加强思政引领

从服务思想成长到组织实践活动，从帮扶困难同学、维护正当权益到促进和谐校园建设，从助力交流交往交融到助力经济社会发展[①]，高校学生会（研究生会）职责范围不断扩充，同时也出现职能定位不明晰、主责主业不聚焦、思想政治性弱化的问题。要明确学生会（研究生会）功能型党支部的职能定位，必须将其与学生会（研究生会）、普通党支部区别开来。

1. 明确学生会（研究生会）功能型党支部与学生会（研究生会）的区别

高校学生会（研究生会）功能型党支部与学生会（研究生会）学生组织的工作职责既有联系也有区别。两者的根本区别在于组织性质不同，高校学生会（研究生会）是学生自

---

① 共青团中央办公厅 全国学联秘书处关于印发《加强和改进新时代学联学生会工作实施方案》的通知。

己的组织,主要工作职责是团结凝聚服务广大学生群体。学生会(研究生会)功能型党支部是党领导的基层组织,也是学生自己的组织,其主要工作职责是教育管理监督党员、组织宣传凝聚服务师生。因此,功能型党支部工作侧重点在于教育管理监督党员和组织宣传党的路线方针政策,从政治引领、思想引领和价值引领三个向度提升思想政治引领力[①]。高校学生会(研究生会)功能型党支部的主要工作任务是引领青年思想进步,成为党联系青年的桥梁纽带和紧跟党走在时代前列的先进组织,从政治上着眼、从思想上入手、从青年特点出发,引导青年从内心深处厚植对党的信赖、对中国特色社会主义的信心、对马克思主义的信仰,更好组织动员广大青年坚定跟党走、奋进新时代,为党和国家事业发展作出新贡献。

2. 明确学生会(研究生会)功能型党支部与普通党支部的区别

普通党支部依托班级、年级、专业等建立,学生会(研究生会)功能型党支部依托学生会(研究生会)学生组织建立,随之带来的是"不收党费、不转党组织关系、不发展党员"的"三不"管理原则的区别,剔除功能型党支部对党员的管理职责,学生会(研究生会)功能型党支部的主要工作职责是教育监督党员和组织宣传凝聚服务师生。同时,由于学生会(研究

---

① 吴巧慧. 新时代高校学生党支部思想政治引领的内涵与路径[J]. 思想理论教育导刊, 2020(5): 146.

生会）是团结凝聚服务广大学生的学生组织，深深扎根在学生群体中，在加强思想政治引领、组织宣传凝聚服务师生方面具有先天优势。因此，学生会（研究生会）功能型党支部要在学生会（研究生会）职责范围基础之上，以基层党组织的身份定位进一步夯实学生会（研究生会）思想政治引领的主责主业，紧扣服务青年的工作生命线，履行巩固和扩大党执政的青年群众基础这一政治责任，既把青年的温度如实告诉党，也把党的温暖充分传递给青年。

（二）完善运行机制，规范组织管理

随着高校学生会（研究生会）组织机构改革的深化，学生会（研究生会）在政治理论学习和干部队伍建设上的不足逐渐凸显，而功能型党支部能从制度层面保障理论学习、从支委班子建设入手提升干部素养，为学生会（研究生会）完善运行机制、规范组织管理提供可行思路。

1. 建强制度保障

当前，学生会（研究生会）政治理论学习弱化的不足日益凸显，学生干部对理论知识的学习研究不够扎实、理解领悟不够深入、宣传教育不够透彻，在广大学生中发挥的思想政治引领作用有限。党支部的理论学习制度和组织生活制度能为学生干部理论学习提供制度保障。通过检索网络资料，目前仅有天津商业大学制定了《中共天津商业大学委员会功能型党支部建设工作规范》，湖南省委组织部出台了《社会组织功能型党支部规范化建设标准（试行）》，可见高校学

生会（研究生会）功能型党支部建设制度依然不够健全。

高校学生会（研究生会）功能型党支部应认真贯彻落实"三会一课"、主题党日、组织生活会、民主评议党员、谈心谈话等组织生活制度，建立支部党员大会、党支部委员会会议等工作机制，制定完善党组织领导和运行机制，规范党组织会议制度和议事制度，明确对功能型党支部和党员的各项职责要求，从制度上保障基层党组织规范化建设。通过制度化、经常性的理论学习，接受原党支部和学生组织党支部的双重教育，过双重组织生活，不断提升学生干部理论水平和党性修养，更好发挥思想政治引领作用。

2. 抓好队伍建设

随着学生会（研究生会）轮值制度的实行，校级学生会（研究生会）主席团成员人数被限定为5人，且不再设主席职位，主席团集体负责重大事项，执行主席由主席团成员以学期为周期轮值担任。这一制度的实行有助于加强作风建设、营造平等氛围，但也使得学生会（研究生会）缺少了"灵魂人物"，出现主席团积极性不高、分工难协调、工作执行不力、履职尽责不理想等情况。学生会（研究生会）功能型党支部能弥补学生会（研究生会）"领头雁"的缺乏，并通过党支部书记与支委会成员帮助主席团强化落实部分工作职责。

支委会是党支部各项工作理解传达、联络策划、组织协调、执行落实的主要承担者，而党支部书记又是支委会的领导核心，是基层党组织的"火车头"，是支部各项工作的带头人。① 党支部书记和支委会能力越强,越有利于发挥党支部的战斗堡垒作用和党员的先锋模范作用。因此,学生会(研究生会)功能型党支部要通过竞争机制选拔党支部支委,尤其要选拔理想信念坚定、综合能力过硬、群众基础广泛的学生党员担任党支部书记,加强对党支部书记和支委的培训,建立支委会工作奖励制度,选优配强党支部委员会,提升组织战斗力。②

(三)着眼特色创建,激发组织活力

不可否认的是,高校学生会(研究生会)在代表和维护学生权益、团结和组织群众等方面的作用日益弱化,组织内生动力和生活活力需要激发。高校学生会(研究生会)功能型党支部要将学生组织的职能瓶颈作为突破口,真正办到单凭学生组织的力量办不到的事情,才能创建品牌特色,激发组织活力。

1. 与职能部门党支部共建,践行服务宗旨

有序参与民主治理是大学生政治生活的重要方面。学生会(研究生会)已建立完善的学生(研究生)代表大会制度并每年召开,通过提案收集反馈制度将同学们的意见建议传达到学校职能部门,但整体处理结果不尽如人意,能得到解

---

① 谢玮,卢少云. 高校学生党支部合作治理的作用及其影响因素研究[J]. 思想政治教育研究,2018(34):136-141.
② 薛云云,周薇. 新时代高校基层党组织提升组织力的思考[J]. 思想政治教育研究,2020(36):132.

决的问题大多简单容易，很多疑难杂症得不到解决。因此，学生组织功能型党支部可与学校职能部门教工党支部结对共建，开展"我与职能部门面对面"活动，由党支部选派党员代表参加职能部门主题党日活动，加强理论学习的同时，就同学们关于学校各项工作的意见建议，与职能部门探讨交流，推动提案解决。学生干部党员在学生中有较高威信，对提案的反馈能得到同学的高度信赖和支持，从而切实发挥学生干部党员的桥梁纽带作用，让广大学生的意见建议和职能部门的反馈处理得到更加充分的交流沟通，促进学生行使民主权利、构建和谐校园。

2. 与团支部共建，党建带领团建

习近平总书记强调："历史和实践充分证明，中国共青团不愧为中国青年运动的先锋队，不愧为党的忠实助手和可靠后备军！"党组织与团组织的发展是同向同行的，在加强党组织建设的同时，要充分发挥团组织在思想引领、促进成长方面的重要作用[①]。党建带团建工作是落实全面从严治党、促进共青团工作改革和青年成长成才的必然要求[②]。在高校学生样板支部创建中，党建工作与团建工作的协同是基层党组织建设的创新点和重难点。学生会（研究生会）与团组织同属于团学组织，在带动团组织工作方面具有天然优势。因此，

---

① 邵莉莉，肖微. 高校学生样板党支部建设创新路径探讨[J]. 学校党建与思想教育，2022（2）：22.

② 王俏. 全面从严治党背景下党建带团建工作路径创新研究[J]. 思想政治教育研究，2022（38）：141.

学生会（研究生会）功能型党支部可在方向协同、路径协同、活动协同的原则指导下，与团支部结对共建，开展"党团共建携手行"活动，由党支部选派党员代表参加团支部团日活动，为广大团员提供思想引领、党建工作、学业科研、就业创业、考研升学、社会服务特别是在抗击疫情、脱贫攻坚等方面的示范引领作用和指导帮助作用，帮扶困难同学，发挥党员同志的先锋模范作用，增强学生会（研究生会）功能型党支部的内生力和凝聚力。

管理育人篇

全面依法治国背景下培养大学生法治素养策略探究

曾怡然

(中南财经政法大学法学院)

党的十八大后,中国法治发展进入全面依法治国的新阶段,明确了要坚持走好将依法治国和以德治国相结合,实现德法共治的道路。党的十八届四中全会上首次明确指出了要建设社会主义法治国家的总目标,为构建"法治中国"指明了方向。十九大报告及十四五规划进一步强调了在新时代做好法治建设的重要性和必要性。同时,十九大报告指出,要培养担当民族复兴大任的时代新人,这已成为新时代我国高校人才培养的根本目标和任务。时代新人肩负建设好社会主义新时代的重大使命,其培养应以当下时代的发展需求为导向,打造出一支素养全面的优秀队伍。法治素养对于构建法治社会、实现全面依法治国具有至关重要的意义,已成为时代新人应具备的必要素质。

我国有超过四千万高等教育在校学生，占据了庞大的青年群体比例，尤其需要精心引导、重点培养。高校法治教育的开展能够为建设法治中国提供强大的动力源泉，具有重大意义[1]。因此，在高等学校开展好法治教育，在大学生群体中牢固树立法治观念、培养法治素养对于我国全面推进建设社会主义法治国家具有重要意义，也是实施依法治国的重要路径。将思政教育和法治素养教育融合互促，能够实现道德自律与法律保护共同作用于维护社会秩序，是推动国家治理体系与治理能力现代化的必然要求，也是培养担当民族复兴大任时代新人的必然要求[2]。

高等教育的目的在于立德树人，要通过专业课程、思政课程、劳动教育等一系列学习来培养塑造全方位发展的新时代社会主义建设者、接班人。对大学生开展法治教育既是实现依法治国的必要要求，也是为构建法治国家和社会输送大批急需人才。辅导员作为最为接近学生群体学习和生活的高校教育工作者，理应在工作中勤于思索、勇于实践，将法治教育内化到学生工作的各个细节中去，努力营造出富有法治文化意蕴的校园文化生活环境。为实现这一目的，辅导员需要在学生工作中积极引导学生主动学法、守法、用法、宣传法治，将习近平新时代中国特色社会主义政法思想融入思政

---

[1] 黄佳."法治中国"背景下高校法治教育的发展[J]. 思想政治教育研究，2015，31（1）：86-88.

[2] 吴俊，庞瑞翰."思想道德"与"法治"教育的有机融合研究[J]. 高校马克思主义理论研究，2021，7（4）：84-94.

课[1]，对学生的教导应将法治教育与德治教育相结合，以此培养符合法治社会需求的时代新人大学生。

一、高校法治素养教育现实困境

随着全面推进依法治国的实施，法治素养教育在大学生思想政治教育工作实践中的重要地位不断凸显。当代大学生思维活跃，对新鲜事物接受度高、自我意识相对较强，传统的高校法治素养教育在内容和形式上很难满足新时代大学生的需要，这就导致当前高校开展法治素养教育成效受到一定限制。全国各高校通过开设"思想道德修养与法律基础""形势与政策"等课程作为法治素养教育的基本保证，并通过开设选修课程进行补充教育。但通过对学生调查访谈可以发现，多数学生对待这些课程的认真程度严重不足，对任课教师所授内容缺乏兴趣，存在敷衍了事的心态，只追求完成课程考核拿到学分，对法治教育的学习主动性严重缺乏，学习效果不够理想。

同时，由于多数法治素养课程开设方式为课堂理论教学，考核方式仅仅体现为对法律知识的考试得分，能够在一定程度上考察大学生"知法"情况，但对于实际上大学生如何正确"用法"无法进行测评，对于法治素养学习的效果难以考核确定。缺乏行之有效的课程授课效果评价方式，也就难以

---

[1] 陈驰，古剑. 高校思政课法治教育的价值、内容与路径：习近平新时代中国特色社会主义政法思想融入高校思政课教学研究［J］. 四川师范大学学报（社会科学版），2019，46（4）：5-12.

从中得到结果反馈，进而对授课进行革新改进。

这也就导致了不少大学生的法治知识水平及行为方式表现出较低的法治素养。一方面，部分大学生对学法、知法还不够重视，缺少法律知识积累，在遇到自身利益被侵犯时缺乏维权意识，也不熟悉如何使用法律武器来保护自己的方式方法。例如近年来高校学生被电信诈骗的案件频频发生，甚至不少学生具有硕士、博士研究生这样的高学历，却仍然不慎落入诈骗犯营造的圈套。究其原因，多在于学生在重视学科专业知识学习的时候，忽视了对法治知识的学习，没有掌握遇到非正常事件时的处理路径。这也暴露出学校在开展法治教育宣传工作上存在一些不足之处。另一方面，部分大学生对守法、用法还不够自觉，对自己的违法违规行为约束力不足，缺乏"红线意识"，往往在无意识中触犯法律。例如有学生在国家大型考试中舞弊，被发现后才知道这类违法行为的严重后果，却为时已晚。这些问题映射出高校大学生法治教育仍然任重道远，亟需推陈出新、提质增效。

二、高校法治素养教育受困原因

全面推进依法治国的新时代建设目标赋予了高校法治素养教育重要使命。当前我国高校法治素养教育还有很大的提升空间，在不同程度上存在着课程设置、内容安排、教学方法等难以适应现实需求的困境[1]。其原因主要在于以下几个方面。

---

① 储德峰. 依法治国视域下我国高校法治教育的现实困境及其超越［J］. 社会科学家，2017（9）：124-129.

（一）讲好法治素养课程需要较强法律知识储备和专业素养

在进行法治素养课程授课时，教师要拥有完备的法学知识储备和逻辑推导能力等专业素养，才能尽可能地保证法治素养课程的客观性、准确性，也更有助于大学生了解法律知识的实务运用场景，便于理解并在实践中加以运用。法律条文之间具有极强的逻辑性，所涉及的现实场景往往是相当复杂的；要理解这些逐字推敲的法律条文需要精准的阐释解读，因此专业且严谨的内容，往往使得法治素养课程的讲授陷入两难：讲得太过专业容易使学生受众感到枯燥乏味，讲得浅显则难以指明各项规定之下的逻辑联结。法律知识虽然具有极强的专业性，但实际上法律知识的运用每时每刻都会触及生活在这个世界中的每个人。所以基于此项意义，尽管法治素养教育课程难以兼具专业性与通俗性，这一情况也恰恰说明了法治素养教育课程存在的必要性：将大学生难以理解又亟须掌握的内容清晰严谨地传授到位。

（二）传统法治素养课程授课创新度不足

在过往开设的法治素养课程中，教师教学层面往往存在授课手段单一、以理论化教育为主、"灌输式"传授等问题。当前我国高校法治教育更多地着力于传播法律知识，只注重向学生强调守法，较少涉及学法、用法的实践教学。课程的开设方式多为在课堂上由教师讲授，同时对法治知识的教育与现实脱节，晦涩冗长的法条看起来与学生日常生活相隔甚远，这与当代大学生追求新鲜、高频刺激的需求偏好有所不同，让学生难以理解和深入钻研。法治教育的考核方式也较为简单固化，缺乏对学生主动学法积极性的引导和刺激。

（三）调动学生自主学习积极性不足

在学生自身层面存在主动学法意识不强、缺乏实践锻炼机会、难以将法治理论结合实际加以运用的问题。对于大多数非法学专业的学生来说，花时间精力去熟悉大量法律知识是一件投入产出不成正比的行为，因而很少有学生能够深刻认识到学习法治知识的重要性。并且由于大学生生活环境单纯，年龄较小且大多受到父母无微不至的关照，学生很少遇到较为严重的违法事件，对于运用法律知识的必要性意识不足，因而对待学校开设的法治教育课程不够认真。

（四）法治素养教育宣传力度不足

良好的教育效果需要全方位的教育氛围涵养，在法治素养宣传中，以往多以各类宣传展板、学习通知作为载体，在互动性和及时性上有所欠缺，也未能较好地引发学生主动学习兴趣。少部分学校在开设的新媒体公众号上推送普法宣传，但未能形成长期有效的系统宣传模式，法治素养教育宣传未产生规模效应。这在一定程度上影响着大学生对培养法治素养的重视程度。

三、增强高校法治素养教育成效的对策

新时代做好高校法治素养教育必须立足当代、与时俱进，以全面依法治国实践的现实需求为导向，科学规划课程体系、

革新教学理念和方法，提升法治教育的针对性和实效性，在法治教育中帮助大学生在法律知识、法律意识和法律行为上均具备良好的"法治素养"。提高高校法治素养教育实效具体可以尝试从以下几个方面加以优化。

（一）创新法治素养教育教学理念及方法

法治教育教师队伍可以尝试向在校学生开展调研，了解学生群体对法治教育的看法及需求方向，有针对性地制定更符合青年学生期待的课程内容。同时注重及时结合时事，将广受关注的新闻事件融入法治教育课堂，充分挖掘事件中的教育因素和法治因素，从法治视角为学生展开解读，让学生在浓厚兴趣中普法学法。在教学方式上，可以采用实践交流、翻转课堂、知识竞赛等方式灵活教学，充分调动发挥学生的积极性和主体性。

（二）增加普法宣传活动，丰富开展实践

高校可以充分利用校内法学院学科资源，为学生开设普法宣传讲座，举办日常生活中常用法律知识竞赛，利用网络新媒体平台发布普法宣传视频等。同时，可以增设普法实践活动，鼓励学生参加基层社区普法宣传活动、法治相关公益社会活动等，在实践运用中真正理解设立法条的意义，做到知法用法弘法。

（三）在日常管理中融合法治素养教育

辅导员与大学生在校学习生活中各个方面密切联系，有

利于开展法治教育；同时辅导员也是思政课教师队伍的一员，是构建法治校园中重要的实施者。辅导员应主动加强自身法律知识学习，熟练掌握与自身工作相关的法律法规，成为教师队伍的法治先行者；在学生管理工作中严格法治意识，在入学教育中明确应遵守校规校纪，为学生树立规则意识，引导学生认识到自己既是权利的主体，也是义务的主体，既不可侵犯他人合法权益，也要懂得保护自己的公民权利，自觉履行应尽义务[1]；在日常管理中做到公平公正遵照规定执行，为学生树立榜样，端正师德形象；建立健全正当有效的反馈制度保护学生合法利益，营造全员法治文化校园；深入了解学生思想动态，及时结合时事开展法治思政课，引导大学生正确认识党的领导与依法治国的关系，讲清楚社会主义法治建设基本经验[2]，真正做到依法育人，立德树人。

一代人有一代人的使命，作为高校辅导员，有责任和义务精心引导青年学子尽快认识到自己作为时代新人的使命，能够树立远大志向，勇担重任，练就过硬的本领，全方位发展自身能力，将个人的理想抱负与国家和民族的前途命运相结合，在新时代的发展浪潮中积极作为，担当起民族复兴的大任。我国进入法治时代，法治已深入社会生活的方方面面。在全面深化依法治国、建设社会主义法治国家的时代背景下，

---

[1] 蔡晓卫.论高校大学生法治思维的养成[J].中国高教研究，2014（3）：76-79.

[2] 陈大文，王一冰.全面推进依法治国背景下大学生法治教育新任务探讨[J].思想理论教育，2015（2）：21-25.

做好高校法治教育是高校教育工作者的光荣使命，必须与时俱进、着意创新。作为工作在一线的辅导员，更需要加强自身的法治素养，通过言传身教的方式教育引导大学生将法治素养内化为法治行动，做遵纪守法的合格青年，做不负期望的社会主义法治中国建设者、接班人。

参考文献

[1]贾辉．依法治校背景下高校学生管理法治化［J］．思想理论教育，2017（1）：108-111.

[2]何桂美．对高校法治环境与思想政治教育深度融合的思考［J］．学校党建与思想教育，2015（22）：59-60.

[3]谭作强．试论高校大学生网络法治教育的新思路［J］．理论观察，2015（8）：152-153.

[4]栾淳钰．"时代新人"的精神状态及其塑造［J］．理论导刊，2022（7）：46-52.

[5]耿兆辉，易崇艳．中国高校法治教育的问题与路径选择［J］．河北大学学报（哲学社会科学版），2014，39（6）：71-75.

[6]莫良元．高校法治教育实践过程中存在的问题与对策［J］．中国大学教学，2013（12）：80-82.

[7]李婧．高校加强社会主义法治理念教育的思考与建议［J］．思想理论教育导刊，2011（12）：47-50.

[8]马钰．新中国70年高校法治教育的回顾和展望［J］．当代教育科学，2020（3）：92-96.

[9]袁艳红．高校法治教育有效性研究［J］．法制

与社会，2020（1）：182-184.

[10]李栗燕.新时代高校法治教育与思政教育的互促性探析[J].法学教育研究，2019，25（2）：317-330.

[11]欧海燕.习近平新时代法治理论与高校思政教育融合路径研究[J].决策探索（下），2019（1）：54-55.

[12]彭雪华，冯雯.法治教育融入高校思政课的路径探索[J].改革与开放，2017（20）：101-102，105.

[13]何莹.以规则意识涵养时代新人的法治精神：内在机理与路径选择[J].山东理工大学学报（社会科学版），2021，37（3）：12-16.

高校法治教育的提升对策研究
——基于高校学生防范电信网络诈骗的视角

李 晓

（中南财经政法大学法学院）

改革开放以来，全国普法运动广泛开展，学校法治教育开始受到关注和重视。1982年教育部要求高等教育的内容必须包含法治教育，从此以后法律类的基础课程开始纳入高校大学生的必修课之中。此后，我国高校法治教育进入稳步发展阶段。随着我国法治社会建设的不断推进和全面依法治国的不断深化，法治观念逐步深入人心。中国特色社会主义进入新时代，高校法治教育进入深化改革发展时期。党的十八届四中全会中提出要"将法治教育纳入国民教育体系"，高校法治教育是实现全面依法治国的重要部分之一，高校法治教育开始全面深化发展。高校法治教育随着不同的发展时期，内涵也不断地丰富和拓展，始终坚持与我国法治社会发展实际相适应。法治教育的主要内容刚开始只包括基本的法律知识教育，如理解法律的本质与作用、学习相关法律的条文、了解法制建设思想等。之后延伸到法律体系教育，在知识传授的基础上增加了具体有关法律规范的教学，注重法治思维和法律实践能力的培养。高校法治教育目标经历了从传统的"传授法律知识"转向"培育法治素养"再到"树立法治信仰"的变化[①]。培养学生既要知法懂法，又要学法用法。新时代，高校法治教育作为大学生思想政治教育的重要组成部分，对促进大学生学习基本的法律知识，培育法治观念，提高法律素养具有重要意义。

一、高校法治教育的现状——基于学生电信诈骗案件的分析

此前，"法治教育"的概念经常与"法制教育"的概念重叠。在党的十八届四中全会通过的《中共中央关于全面推进依法治国若干重大问题的决定》中，使用了"法治教育"这个概念，这个概念在教育内容、形态和方式手段上和"法制教育""普法宣传"等词有所区分。现阶段，我国的学校法治教育主要是指由国民教育体系中各级各类学校实施的，以"法治"及相关知识为主要内容，以思想政治理论课及其他通识课程为主要载体的正规教育[②]。高校法治教育一般指高等院校通过法

---

① 雷高灵，秦澎润. 新中国成立以来高校法治教育研究综述[J]. 法制博览，2020（11）：218-219.

② 黄佳. 高校法治教育一体化发展的内涵、要求与对策[J]. 东北师大学报（哲学社会科学版），2022（4）：150-156.

律专业建设、法治课程建设和师资队伍建设，不断推动法治教学内容丰富化、教学方法多样化和学习成果实效化的科学体系[①]。通过法治教育，培养大学生掌握法律知识、增强法律意识、树立法律信仰。

高校法治教育在推进全面依法治国中有重要的地位。近年来，教育部陆续颁布相关文件，开展教学督导工作，对高校的法治教育工作进行指导，高校法治教学已形成较为完备的体系。当前的大学生法治意识还较为薄弱，法律知识不足，在自身权益受害时不能及时拿起法律的武器保护自己，用法能力欠缺。近些年的相关热点事件中频发高校学生违法犯罪，或是在日常生活中依法防范保护自己的能力不够导致上当受害。当前电信网络诈骗案件频发，而大学生是电信网络诈骗案的主要受害群体。在现实中，电信诈骗案件呈现出犯罪主体年轻化、受害人群低龄化的趋势。

在全面推进依法治国的背景下，国家严厉打击电信网络诈骗，高校也高度重视电信网络安全教育，加大宣传力度，扩大教育范围，但大学生依旧是电信网络诈骗的"重灾区"。尽管大学生对电信网络诈骗的认知有所提升，但法治教育还是以被动地接受为主。根据一些学者的调查，电信网络诈骗事件层出不穷，但高校学生的维权意识并不高，在遭遇电信网络诈骗之后，只有一部分学生会选择报警，少部分学生依

---

① 王晓婷，肖猛，齐蕾. 我国高校法治教育的发展及改进对策研究［J］. 法制博览，2021（32）：189-190.

旧因为"好面子"而选择忍气吞声[①]。值得注意的是，高校学生自己认为自身的防范意识很强，并不会上当受骗，但实际上处于心智尚未成熟阶段的大学生，对电信网络诈骗的态度不够重视，防范意识较为薄弱。

二、高校法治教育存在的问题

高校学生成为电信网络诈骗的主要受害者，一方面反映出高校学生自身法治意识淡薄、防范意识不强、警惕性不高等问题，另一方面归咎其深层次原因，说明我国的高校法治教育还存在一定的不足。

（一）高校法治教育的目标定位不准确

高校法治教育的性质是德育，应该重点强调高校学生对社会主义法治道路的认同。习近平总书记指出："我们要坚持的中国特色社会主义法治道路，本质上是中国特色社会主义道路在法治领域的具体体现；我们要发展的中国特色社会主义法治理论，本质上是中国特色社会主义理论体系在法治问题上的理论成果；我们要建设的中国特色社会主义法治体系，本质上是中国特色社会主义制度的法律表现形式。"实现高校学生对于社会主义法治道路的认同不是空泛的话语，具体而言就是对五项基本原则的认同，即坚持中国共产党的领导、坚持人民主体地位、坚持依法治国与以德治国相结合、

---

① 程子良，翁添富. 大学生防范电信网络诈骗现状调查与对策研究：基于746名高校大学生的实证分析[J]. 高校后勤研究，2022（5）：58-62.

坚持法律面前人人平等以及坚持从中国实际出发。只有让高校学生真正理解这五项原则的内涵，进而发自内心地认同社会主义法治道路，高校法治教育才得以具备一定的实效性。但实践中存在着只追求讲授法治教育的知识，在课堂上空讲法律条文的现象，这些都偏离了高校法治教育的最终目标。

（二）高校法治教育课程的设置不够科学合理

我国高校的法治教育以思想政治理论课为载体，主要课程为"思想道德修养与法律基础"以及其他的一些法律基础知识的选修课。除了专业为法学的学生之外，其他专业的学生中法律类的课程几乎没有，像理科或者工科等学科除了思修课之外，几乎没有设置法律类的课程。而作为公共选修课开展的法律课，并非所有学生都能选中，存在"供不应求"的现象。

（三）高校法治教育的教学模式比较单一

高校法治教育的授课方式多以课堂讲授为主，忽视实践教学。近年来，在教育部的支持下，授课方式与之前相比已有了一定程度的发展。高校积极采用翻转课堂、案例式教学等方法，取得了良好效果。然而，由于课时限制或者经费限制，实践教学活动开展得很少，导致理论教育与法治实践存在脱节。法治教育的内容本身就晦涩难懂，如果只依靠理论教学，那么很难贴近和融入学生的实际生活[①]。此外，法治教

---

① 侯建业. 高校法治教育的现状及对策研究[D]. 太原：中北大学，2016.

育的内容大多较为抽象,传统的讲授方式不利于学生理解运用,不能使师生之间实现有效的互动,学生失去学习的兴趣,学习的积极性较差。

(四)高校法治教学的内容针对性较弱

高校法治教育的教学对象具有差异性,不同学科的学生法律基础不同,知识的掌握能力和吸收程度也有差异。许多老师在实际授课中,所教授的课程内容和方法较为固定统一。从教材的结构来看,既包括依法治国等内容,也包括遵法学法守法用法等过程,但一些课程往往只强调守法过程,而对学法、用法等与高校学生利益联系更为紧密的部分较少涉及,还有些课程只是从宏观角度出发去阐释法律,却没有深入分析更为具体的法律问题,导致学生难以得到实质性的法律素养提高。也有部分老师按照法律专业学生所接受内容开展,未能根据不同学科的学生特点因材施教,相当一部分非法律专业的学生并不能很好地接受和掌握,无法形成系统性的法治思维。

(五)高校法治教育的考核机制不健全

高校对于学生是否掌握了法律知识只是通过应试教育的方式,将试卷考试的成绩拿来衡量该学生的法律素养水平。而考试成绩的考量较为片面,它只能反映出学生对理论知识的记忆程度或者理解程度,并不能反映出学生在实际生活中遇到问题时运用法律保护自己或他人的能力,也无法测量学生的法治意识。缺少科学合理的考核体系,便不能检验出学生真正的水平。

正是因为高校法治教育存在一些问题，高校法治教育并没有被学生真正地理解掌握，因此尽管高校加大了防诈教育力度，但大学生被骗事件依然层出不穷。仅靠单方面的灌输来进行反诈骗安全教育远远不能满足学生的需求。我们要用学生喜欢的、愿意接受的方式进行防电信网络诈骗教育，巩固法治教育的成果。

三、改进高校法治教育的对策研究

基于高校电信诈骗案件的分析，高校法治教育可以从以下几个方面进行改进提升。

（一）把握好高校法治教育的目标

要破解高校法治教育中的困境，提升教育的实效性，要把握好总体目标与阶段目标的关系。法治教育是连续性教育，高校法治教育的基础是前期的小初高法治教育，虽然在不同阶段所追求的阶段目标不同，但从整体来说核心价值是一样的，即让青年形成对法治的认同。从这个角度看，法治教育也是一种价值观教育。因此，要实现这种价值观的教育，要把握好法治教育追求的目标，并在教育全过程中贯穿。以培养高校学生的法律意识、践行法治理念、树立法治信仰、提升法治素养为目标，在制定培养方案、设置课程标准的时候，把法治教育目标与之融合。如果在最终阶段，高校学生仍然没有形成对社会主义法治道路的认同，对法治价值观的认同，那么毫无疑问高校的法治教育是失败的，而且这也会影响一体化法治教育的发展。因此，高校要牢固树立"终局性"意识，在法治教育中关注整体规划和目标，处理好整体目标与阶段目标的关系。

（二）优化高校法治教育的内容

部分高校的法治教育因课时设置，难以充分不满足所有学生的需求。因此为了保证每个学生都能修够一定课时的法治课，要专门设置法治教育学分，以实现法治教育的系统性开展[①]。高校法治教育的主要内容要以学生的需求为导向，可以设置专门的法治教育课程，编撰专门的课程教材。完善教材体系建设，改变原有的内容空泛等问题，将高校法治教育的内容与学生自身所学专业、学习能力、日常生活等联系起来。大学生与中学生相比，法律需求更为多样，不仅包括生活中的借贷、消费等，还包括求职就业中的法律需求。考虑到这点，可以在上课之前考察学生对基础知识的掌握程度以及自身的法律需求。这样不仅可以对学生法治素养的基本状况有一定程度的了解，在教学中有的放矢，注重内容的生活化，还可以了解学生的学习动机，帮助学生更好地掌握相关法律知识。

（三）创新高校法治教育的方式方法

要改进高校法治教育，适应学生的发展特点，就要转变原有的教育方式方法，改变以课堂灌输型为主的教学方法，引入翻转课堂、案例教学和角色体验等方法。第一，坚持理

[①] 董翼. 大学生法治教育存在的主要问题及对策思考[J]. 思想理论教育，2016（3）：62-66.

论与实践相结合，除了理论知识的学习以外，重视法治实践活动，拓宽实践的渠道，并努力落实实践活动。比如，积极组织学生走出校园，开展模拟法庭活动，引导学生参与；开展走进法院的活动，让学生参与普法和法治宣传活动，使法治教育真正贴近学生。通过实践提高学生的用法能力，提高其法治意识。第二，在互联网时代，创新教学模式，坚持线上线下相结合，利用新媒体新技术等信息化的教学工具开展网络法治教育，将教学的范围从线下课堂延伸到线上。充分利用学校数字化资源和网上共享学习平台，打造全方位的学习空间。

（四）建设高素质的高校法治教育的教师团队

学生是高校法治教育的主要对象，要想发挥学生在法治教育学习中的积极性和主动性，关键在于教师的水平。法治教育的教师在高校法治教育中发挥着重要的作用，高校可以利用本校的法学教师资源，选拔一些专业知识过硬的师资力量，担任法治教育课程的主讲人，弥补教师专业背景单一的问题，提升团队的整体素质。其次还要鼓励老师申报研究课题和项目，设置专门的法治教育经费用作老师的学习和培训，通过培训提升教学水平和能力。此外我们还可以利用学校的法学教学资源，邀请一些当地有名的律师、法官等进校开讲座、做宣讲，以生活中的实际案例，增强学生的认识和对法治教育学习的吸引力。我们需要建设一支理想信念坚定、专业知识扎实、教学水平优越、学生喜爱度高的法治教育教师团队。

（五）完善高校法治教育的考核评价体系

仅靠考试成绩的考核制度不能综合全面地反映出学生实际的法治教育接受情况，因此我们要完善高校法治教育考核和评价的方式。改变以书面考试为主的结果评价，引入对学生实践能力和用法能力的考察。从原有的静态考核，转变到动态的、连续的评价考核，不断引导高校学生将学习成果从应付考试的背书到实际能力应用的转化，切实提高学生在日常生活中运用法律知识维护自身合法权益的能力。此外考核制度的执行工作要与时俱进，随着时代的发展及时更新变化，对考核评价中与社会法治发展联系不紧密的内容进行改进。

四、总结

高校法治教育是习近平法治思想在教育领域的重要延伸，是高校思想政治教育的重要组成部分，是高校坚持立德树人和依法治校的重要使命和责任担当。新时代对高校法治教育提出了新要求，高校法治教育必须进行与时俱进的探索。电信网络诈骗案频发，而大学生作为主要受害者，其主动学习意识不强、防范意识较差、维权意识薄弱，这体现了高校法治教育的不足。当前高校法治教育存在目标定位不正确、课程设置不合理、教学模式单一、教育内容针对性不足、考核体系不健全、专业师资队伍建设不够等问题。高校在抓好课堂教学的基础上，不断探索法治教育新方法和新模式，提升法治教育实效。通过提升学生法治意识、提高学生用法能力，让法治观念内化于心、外显于行，努力把学生培养成为推动社会主义法治建设的时代新人。

参考文献

［1］雷高灵，秦澎润. 新中国成立以来高校法治教育研究综述［J］. 法制博览，2020（11）：218-219.

［2］黄佳. 高校法治教育一体化发展的内涵、要求与对策［J］. 东北师大学报（哲学社会科学版），2022（4）：150-156.

［3］王晓婷，肖猛，齐蕾. 我国高校法治教育的发展及改进对策研究［J］. 法制博览，2021（32）：189-190.

［4］程子良，翁添富. 大学生防范电信网络诈骗现状调查与对策研究：基于746名高校大学生的实证分析［J］. 高校后勤研究，2022（5）：58-62.

［5］侯建业. 高校法治教育的现状及对策研究［D］. 太原：中北大学，2016.

［6］董翼. 大学生法治教育存在的主要问题及对策思考［J］. 思想理论教育，2016（3）：62-66.

［7］高建利，郑寰宇. 新中国成立70年高校法治教育发展回顾及展望［J］. 长春理工大学学报（社会科学版），2021，3（43）：47-51.

［8］吴峰. 新时期高校法治教育的困境与出路［J］. 浙江交通职业技术学院学报，2013，1（43）：73-77.

将法治思维融入高校思想政治教育与高校管理工作中

王 浩

（中南财经政法大学法学院）

大学生是新时期社会主义事业的建设者和接班人，他们的法律素养关系到我国未来社会的整体法治水平，对我国的法治建设具有重大影响。在依法治国的背景下，法治的应用涉及国家的各个方面，对于高校来说，落实依法治校就是对依法治国的具体实施。对于学生的培养和管理要融入法治思维，结合学生的思想政治教育和心理健康教育进行分析可知，法治思维在高校管理过程中至关重要，不仅是学生法治思维的建立，管理者法治思维的形成也十分重要。高校不仅需要加强对学生的法治意识的教育，同时也要加大对高校管理者的法治素养的提升，要树立以人为本的教育理念和以法为本的管理理念。

一、高校思想政治教育过程中的法治思维

（一）法治思维与高校思想政治教育

在依法治国的背景下，法治涉及国家的各个方面，但是法治具体是什么，不同的研究学者有不同的观点。根据已有的研究文献可知，对于法治的阐述主要有两种代表性的观点，其中一种是亚里士多德的观点，他认为法治是指颁发的法律是大众都认同的，而大家都认同的法律应该是制定得不错的法律[①]。另一种观点认为法治最重要的就是法律至上，法治是在一定的规则中行使权力。因为对法治的理解不同，所以法治思维的理解也有多种观点。有的研究者认为在分析和解决社会问题时采用法治的方式来做就是法治思维，是把法律具体实施的过程。法治思维总体来说就是一种思维模式，但是这种模式是以法治为基础和前提的，因为法律既是对权力的制约，也是对权益的保障，所以它是一种具体规则的思维；法律同时是一种边界，对权力的要求不能越过边界，否则就是触犯法律的行为，所以法治思维也是一种边界思维；在法律制定的过程中要考虑民主，因此法治思维也是一种民主思维。

在高校思想政治教育中，法治思维的培养也是其中重要的因素，可以说在高校思想政治教育的各个方面都有法治思

---

① 亚里士多德. 政治学 [M]. 吴寿彭，译. 北京：商务印书馆，1965：199.

维的存在。由张玉丰所著《新时代大学思想政治教育模式创新研究》一书认为，高校思想政治教育不仅仅是德育，还包括政治教育、心理教育及法治教育。高校管理的法治思维简单来说就是，高校的管理活动是有法可依的，管理的过程中是有法可依的，任何个体和事件都不能逾越法律而存在。

（二）高校教育中法治思维的重要性

利用法治思维建设社会主义法治文化，不仅是对国家行政单位的要求，对各社会各层面都具有学习和借鉴的意义。推进法治是新时期高校发展和现代大学建设的必由之路和有力保障，这也是大学提高法治和科学治理水平的现实需要。它有助于提高师生的法治观念，实现高校的跨越式发展。

大学生的法律素养关系到我国未来社会的整体法治水平，对我国的法治建设具有重大影响。因此，对大学生进行法治思维的培养是必要的。在这一要求下，高校思想政治教育要发挥思想引导价值和政治意识培养价值，把法律意识培养融入教育工作，形成协调发展的态势，为新时期社会主义建设事业培养德才兼备的优秀人才。对于高校来说，落实依法治校就是对依法治国的具体实施，在学校的建设中，不仅需要贯彻落实国家的各项法律法规和政策方针，还要结合自己学校的情况，制定本校的一些要求和制度，这样才能使学校的各项工作在一种框架下有序开展。高校所承担的法治教育的责任也是家庭教育和社会教育所无法替代的，学生在学校的学习不仅关于专业课的知识，还有世界观、人生观和价值观的确立，对社会现象的认知，对自身的要求，按照法律的规则进行活动，对他人的行为是否符合法律的要求也需要有清楚的认知[1]；同时对学生的管理以及对教师的管理也需要法治和规则作为标准。因此在高校的教育过程中，对学生的法治思维的培养至关重要，对学校的管理应用法治思维也很重要。

二、高校管理过程中法治思维的应用

（一）高校管理过程中校规校纪的制定与实施

在高校的管理过程中，要围绕国家法律的总体要求进行，同时学校还会根据自己的情况制定一定的规则和制度，这就是每个学校的校规校纪。校规校纪的制定以法律的要求为基础，可以结合自身的实际作出规定，但不能与法律的规定相悖。因为部分高校在制定规则制度时缺少宏观性的指引，也不敢随意进行规定，所以出现一些校规校纪的不完善等问题。

在校规校纪的实施过程中也存在一定的问题。首先，具体的规定不够详细。根据《高等教育法》的相关规定，高校依法享有自主管理权，如果这种管理没有以正当的程序为基础，就会导致执行的过程留有活动的余地，就会导致有部分问题无法及时有效解决[2]。其次，一些制度缺乏科学性和可操作性，这样就会对高校的管理效率有着严重的影响。对于一

---

[1] 黄明东，孔晓娟. 从原始本能思维到现代法治思维：高校管理思维方式转型[J]. 现代教育管理，2021（1）：10-16.

[2] 何桂美. 对高校法治环境与思想政治教育深度融合的思考[J]. 学校党建与思想教育，2015（22）：59-60.

些突发事件的处理应对，如果在校规校纪中没有明确的说明，那就需要学校组织会议临时商讨，还会借鉴其他高校类似的案例，但是由于之前没有明确的规定，就导致了留有余地的情况发生。例如对学生的偷拍行为处罚，有些学校为了学生的未来，选择不报案不给学生留有案底，这是对学生的一种宽容，但是对于受害者来说就不一定公平。有的学校对此有规定，但是对于具体的执行可能因为种种因素而未能按规定进行。

（二）高校管理者需要具备法治精神和理念

在学生管理中，一部分高校管理者坚持依法治校的理念，对学生的教育管理依据规章制度进行，但是也有人认为学生就应该听老师的，是任何时候都尊敬老师的。学生尊敬老师是没错的，但是也要在老师正确的前提下，老师是教书育人者和传道授业解惑者。学生的法治意识在不断增强，所以管理者的任何行为都需要按照规则制度来进行，否则就容易引起学生的质疑[1]。对于政法院校的学生来说，法治的理念更为重要，因为学习的就是法律，如果自己在校园里不能维护自己的权益，在进入社会后如何维护正义呢。根据调查表明，在政法院校的工作人员在管理学生的过程中，如果缺乏法治精神和理念，容易在学生中失去威信，甚至会引起学生的反对行为。

---

[1] 姜玉齐.用法治思维推进高校学生事务管理的发展[J].思想理论教育，2015（9）：107-111.

高校管理人员只有重视自身法治素养的提升，自觉增强法治思维，坚持以法治的要求、严格遵循法定程序开展管理工作，才能实现管理活动的法治化和规范化。

目前，大学生中许多纪律纠纷的发生并不仅仅是因为违反现行法律法规，其深层次原因往往是学校管理者缺乏法治观念造成的。在高校的具体管理实践中，从公共停车位的私有化到高校的学科建设和战略发展规划，由于缺乏法治精神和法治理念而造成的管理混乱不计其数。如果管理者缺乏有力的约束与监督，对管理者的约束与监督也可以采取法治思维，制定相应的规章制度严格执行。

三、法治思维融入高校思想政治教育与高校管理工作的途径

（一）法治思维与学生思想政治教育

拓展教学思路与深度，融合教学与管理资源。传统的管理模式和社会转型的要求使高校思想政治教育处于二元状态，而对学生的教育则是肤浅的。教师大部分精力用于专业教学和学术研究，只有法律基础课程和其他课程用于对大学生进行法律教育，至于思想政治教育的实施情况和实效性，没有得到重视。根据《关于进一步加强和改进大学生思想政治教育的意见》（中发〔2004〕16号文），加强和改进大学生思想政治教育的基本原则是实现六个坚持的结合。首要就是把教育与管理相结合，把思想政治教育融于学校管理之中，

有效地引导大学生的思想和行为[①]。在教育引导学生的过程中要有对学生法制观念的教育，通过这些教育，不断提高学生的法律意识，也为建设法治校园奠定基础。如果学生没有法治思维，没有法律观念，自己做事的时候不会自觉地去遵守法律，当自己的合法权益受到侵害的时候，也不会拿起法律的武器保护自己。因此，在法治环境下，要进一步加强高校思想政治教育，大力开展社会主义法治教育。

建立与完善法治环境，让思想政治教育发挥主导和补充作用。在加强和改进大学生思想政治教育的主要任务中，提出了公民道德教育应在基本道德规范的基础上进行。在宣传法治、培养学生法治思想的过程中，要以道德作为引领，对于高尚的道德行为进行宣扬和表彰。法治是一种保障，它为学生的思想政治教育提供时效性的保障，法律的实施会对思想政治教育进行监督与督促。首先，对管理者的行为进行规定要求，说明在什么时候需要完成什么样的工作；其次，学生在学校享有的权利是必须有保障的，学生应该履行的义务也是受规定要求的，权利与义务都是共同存在的。因此，无论是管理者还是学生，都是受规章制度所约束的，自己建立法治思维和利用法治思维去管理都是同样重要。

---

① 中共中央国务院关于进一步加强和改进大学生思想政治教育的意见［EB/OL］.（2016-02-27）［2022-08-25］. https：//xgb.hnuahe.edu.cn/info/1999/2371.htm.

（二）法治思维与学生心理健康教育

完善高校心理健康教育的环境设施，注重法治思维的引导。学生心理健康教育也是学生管理过程重要的一环。近年来大学生心理健康问题比较突出，根据2020年心理健康蓝皮书调查结果显示，大学生中有18.5%有抑郁倾向，4.2%有抑郁高风险倾向，8.4%有焦虑倾向。大学生心理健康问题不仅影响着当前这个数量逐渐增加的群体，而且影响着未来人才的发展乃至国家的建设与发展[1]。根据高校管理规定，对于高校来说，建立心理咨询室并配备相应的师资是必不可少的。但是其中也需要注意法律的规范性，例如在程序上符合规章制度，学生资料档案的建立合规，对学生的隐私保密等问题，对于违法道德法律的行为要坚决做斗争。

凝聚多部门力量，全方面处理学生心理健康问题。在学生心理健康教育的教学过程中，可以与法治的教育相结合，与大学生的日常行为习惯有机结合，而不是各自为政，这样会有更好的效果[2]。学校的心理健康教育不是某一部门独自的工作，不仅高校不同部门之间要互相配合，做好信息的沟通以及保密工作，不同的学校以及不同学院之间要经常交流经验，分享特别的案例以及处理过程，利用心理情景喜剧等表现形式向学生宣传法律知识，使学生在学习心理健康课程的同时能够在不知不觉中接受法律教育，实现心理与法律内容

---

[1] 2020年心理健康蓝皮书《中国国民心理健康发展报告（2019~2020）》。
[2] 张雯欣. 高校辅导员工作手册［M］. 北京：光明日报出版社，2017：5.

的相互渗透。前文说到法治思维也是一种民主思维,在处理各类心理健康案例中,学生有哪些诉求以及有什么建议,都可以为高校制定心理健康教育要求时提供参考,这也是学校管理过程中更好提升管理的重要实践来源,不同学校的情况也具有很好的借鉴和预防性作用。

(三)法治思维与教育者的培养

2020年全国十三届人大第三次会议通过的《民法典》,为我们研究大学生法治意识问题指明了方向,奠定了研究的基础。在高校思想政治教育中,教育者在处理和解决学生问题时应遵循正确的法治思维方式,关注学生的生命权、财产权等基本权利,保障学生的现实主体地位和自由全面发展的价值追求。法治思维的实质是运用法治意识和法律手段分析行为人的权利、利益、义务和责任,高校思想政治教育本身就是一项义务,高校必须依法积极行使,不能忽视,否则他们必须承担相应的法律责任。

加强队伍建设,确保教育质量。高素质的教师是培养大学生法律思维的人员保障,因此,必须优化资源配置,加强师资队伍建设,实现教育力量的有效整合,不断提高大学生思想政治教育中运用法治的能力,确保法治教育的有效开展[1]。高校教师和教育管理者应充分认识到,大学生法律思想的形成和法律素养的提高不仅是法律基础课教师的责任,也

---

[1] 史银.法治思维下的高校思想政治教育创新[J].人才资源开发,2015(4):140-141.

是每一位教育者不可推卸的责任和使命。高校要积极培训教师，重视从事公法课程教学的教师的理论学习，组织辅导员进行与学生管理相关的法律实践专业指导和培训，帮助师生形成法治思维，提高教师队伍整体的法律素养。

四、结语

通过以上分析，可以看出，学生法治意识的强弱，不仅关系到对大学生自身的全面发展，也关系到全民法律素养的提升，关系到我国社会主义法治建设的进程。高校不仅需要加强对学生的法治意识的教育，引导大学生关注法律价值，逐步树立法律权威，从而提高法治思维的自觉性；同时也要加大对高校管理者的法治素养的提升，这样才能使培养出的社会主义接班人具有较高的法律素养。

高校应整合理论教学的全过程和学生管理的各个方面，发挥各自优势参与心理教育、思想政治教育和法律思维教育，形成有机整合的合力和整体效应。目前，高校新入职人员都会有培训，在培训过程中，"高等教育法规概论"是必不可少的课程，这也说明了管理者法制教育的重要性，高校管理者法律思维的确立是实现学生管理法制化的前提，管理者要树立以人为本的教育理念和以法为本的管理理念。

参考文献

[1] 何桂美. 对高校法治环境与思想政治教育深度融合的思考[J]. 学校党建与思想教育, 2015(22): 59-60.

[2] 胡静娴. 打造阳光心理 增强法制实效: 高校心理健康教育和法制教育的整合研究[J]. 湖北函授大学学报, 2016, 29(22): 48-49, 64.

[3] 黄明东, 孔晓娟. 从原始本能思维到现代法治思维: 高校管理思维方式转型[J]. 现代教育管理, 2021(1): 10-16.

[4] 姜玉齐. 用法治思维推进高校学生事务管理的发展[J]. 思想理论教育, 2015(9): 107-111.

[5] 孟瑶. 高校管理人员的法治素养亟待提升[J]. 人民法治, 2019(10): 110-111.

[6] 彭海. 法治思维下高校学生管理的现状与前景[J]. 思想理论教育, 2014(2): 4.

[7] 史银. 法治思维下的高校思想政治教育创新[J]. 人才资源开发, 2015(4): 140-141.

[8] 陶好飞, 童德毅, 涂帅. 新时代大学生法治教育与思想政治工作协同性研究[J]. 北京教育(高教), 2020(11): 56-58.

[9] 王非. 法治思维在高校思想政治教育工作中的核心价值和培养模式建构探析[J]. 思想理论教育, 2014(6): 104-107.

［10］亚里士多德. 政治学［M］. 吴寿彭，译. 北京：商务印书馆，1965：199.

［11］杨晓阳. 新媒体背景下高校思想政治教育创新研究［M］. 延吉：延边大学出版社，2017：1.

［12］中共中央国务院关于进一步加强和改进大学生思想政治教育的意见［EB/OL］.（2016-02-27）［2022-08-25］. https://xgb.hnuahe.edu.cn/info/1999/2371.htm.

［13］赵月霞. 大学生思想政治教育之地方责任浅析［J］. 学校党建与思想教育，2012（14）：26-27.

［14］张雯欣. 高校辅导员工作手册［M］. 北京：光明日报出版社，2017：5.

［15］赵丽君. 高校思想政治理论综合实践课教学探研［M］. 延吉：延边大学出版社，2019：7.

［16］郑亚娟，王忠东. 大学生法治教育研究［J］. 黑龙江教育（理论与实践），2020（10）：25-27.

习近平法治思想融入高校思想政治工作路径探究

杨 晨

（中南财经政法大学信息与安全工程学院）

党的十八大以来，我国法治建设深入推进，习近平法治思想进一步丰富了法治建设的理论和实践内容。高校作为为党育人为国育才的第一阵地，依法办学治校，深入推进习近平法治思想"三进"工作，是高校领域践行依法治国战略布局的生动写照。全面依法治国背景下，党中央进一步强调了新时代高校思想政治工作的重要性，并为开创工作新局面明确了方向。在法治视域下探索高校思想政治工作新思路，培养高水平法学专业人才和高素质法治思维人才是高校立德树人的重要工作内容，也是提升现代化的治理体系和治理能力，构建"三全育人"大思政工作格局，促进新时代教育管理改革的应有之意。

一、高校思想政治工作的法治背景

法治教育与爱国主义教育、思想道德教育、社会责任感教育、感恩教育以及学生事务管理密切相关,社会主义法治化建设离不开高校对习近平法治思想的系统学习宣传和实践支撑。习近平法治思想提出和形成以来,法治建设进程对高校思想政治工作提出了重塑依法办学治校理念,维护平安校园建设,积极宣传法治文化的新要求。高校教师和行政管理人员具备较高的专业知识储备和业务能力,在法治认知和法律知识运用上相对熟练,但在办学治校过程中也存在着教学管理服务法治化水平不均衡、覆盖面不够全面、管理制度不够明晰、忽视学生民主参与等现象。而大学生正值价值取向形成的关键时期,在校纪校规的践行、人际关系处理、日常行为习惯约束和个人合法权益保障等方面,都是对社会的初体验,加之互联网时代对当代大学生思想和行为习惯的影响,培树高校学子良好的法治思维和法律素养,明确违反法律法规、校纪校规等带来的严重后果,引导他们用法治思维看待问题,善于、敢于用法律武器维权是全面提升高校思想政治工作价值功能,探索高校思想政治工作改革的有益举措亟待推进落实的问题。

二、高校思想政治工作的法治环境

(一)高校法治环境特性

习近平法治思想进一步充实了新时代法治教育的理论内

涵，青少年作为普法工作的重点人群，在大学时期建立法治观念，有利于推动大学生尊重法律权威，善学善用法律知识维护公平正义，是法治教育立德树人的重要目标。[①]高校是培养社会主义建设者和接班人的主阵地，其法治环境具有明显的主体倾向和价值诉求：一是师生综合素质普遍较高，具有一定法治思维自觉。法律素养和法治思维是营造法治环境的关键内容，高校师生具备一定的法律常识储备和较为正确的价值评判标准，个人内心对法律权威十分尊崇，社会主义核心价值观入脑入心入行实效较为明显，在学习生活中对公平正义的价值追求逐渐成为自觉。二是学校规章制度和管理体制彰显法律原则精神。学术科研和行政管理是高校管理的核心内容，高校的各类规章制度，是为保障教育教学和管理服务良性运转而基于国家各类法律法规制定的行为规范，是法律法规和社会规则在高校领域的"普适性"体现。高校师生在遵守校纪校规中深刻感受依法治校和依法办事的法治理念，权益保障和权益维护思维习惯和平等法治关系的价值诉求不断增强。三是高校法治文化建设氛围相对浓厚，要素载体形式丰富。高校法治文化建设可以充分利用校园丰富的文化建设资源，将法治宣传融入各类载体中。如，依托学生会、研究生会、团委、社团等开展各类法治主题活动和志愿服务活动；深入挖掘地域及校园红色基因，通过传承红色法治文化进一步增强师生政治认同；将法治元素融入楼宇、场馆、基地建设等文化设施阵地建设，通过"微景观"等修饰强化校

---

① 王莹. 大学生法治观念培育研究［D］. 重庆：重庆师范大学，2017.

园法治文化形象塑造；对于开设有法学专业的高校，还应该注重将校史传承、专业发展和时代法治精神相结合，突显特色鲜明的校园法治文化，开展好法治文化国家交流各项活动，传播中国法治故事强音；同时，传统校园宣传渠道和融媒体等形成的全媒体矩阵平台也应当成为校园法治文化宣传的重要渠道。

（二）高校思想政治工作与法治思想融合现状

思想政治工作和人才培养质量是高校"双一流"建设的有力支撑，开展习近平法治思想学习教育是高校坚持社会主义办学方向，将习近平法治思想融入高校思想政治工作是促进习近平法治思想成果转化、落实全面依法治国基本方略的根本任务，也是应对法律风险，培养高水平法治思维专业人才的现实需要。当前高校思想政治工作在遵守法律法规和校纪校规"底线"的基础上，着重于人文主义关怀和道德层面的柔性约束，而高校有些管理制度尚不健全，执行过程不够规范，这就在一定程度上直接影响思想政治工作效果。习近平总书记曾为我国法学教育指明了发展方向，持续优化法学学科结构，深入完善课程体系建设，结合社会需要和行业需求开设新兴专业、促进法学和其他学科的交叉融通、在国际视野中突显中国法治特色、注重法治实践效果和思想政治素质提升等是法学教育事业开创新局面的重要发力点。[①]当前，

---

① 习近平. 论坚持全面依法治国［M］. 北京：中央文献出版社，2020：174–175.

高校对习近平法治思想与思想政治工作的协同推进在思想认识上和投入方面还不够到位，习近平法治思想融入思想政治工作在思政课堂、意识传授、社会实践、创新创业等这些渠道尚未得到很好利用。尤其是一些开设有法学专业的高校，对法治专业中的思政元素挖掘还不够深入，对法治思想和专业知识的传播较为理论化，法治思想的思政教育内涵没有得到充分体现。

三、习近平法治思想融入高校思想政治工作的重要意义

（一）全面提高人才培养质量

随着中国特色社会主义法治体系建设进程不断加快，高校法治建设和思想政治工作应当注重从教育和管理两大方面入手，培养符合国家战略需求的重要人才：一是融合高校办学特色，加强法治理论教育，培养一批高水平法学专业人才和具备法治思维的学科融通复合型人才。在理论教育中，潜移默化地将系统的法治理论、法理精神和法律素养植入专业教学，在汲取专业知识的同时建立法治思维，才能更好地在法律底线基础上表达和维护利益诉求，坚持正确政治方向，创建法治校园、维护安全稳定，释放人才活力。二是通过日常法治实践引导学生维护法律权威，促进习近平法治思想学习成果转化。在宏观层面，进一步深化对国内外复杂形势和法治建设的认识，坚决做到"两个维护"，增强对法治中国

建设的道路自信，牢牢肩负起社会主义建设和民族复兴的重任。在微观层面，在具体的法治实践中将法律知识贴近现实，用违反法律带来的危害和后果时刻警醒和规范自己的言行，尊崇法律权威，切实提升法治教育实效。

（二）全面提升思政工作质量

近年来，国家相继出台了诸多关于法治文化建设和高校思想政治工作的纲领性文件，进一步明确了工作目标和要求，为新时代法治文化建设融入高校思想政治工作提供了理论支撑，并提出了现实要求。高校思想政治工作者要以"三全育人"理念为工作指引，广泛发动法治教育工作者，因材施教，不断丰富法治教育方式，积极营造法治教育环境，将习近平法治思想作为强化思想武装、夯实师德师风建设、潜心学术探索和科学研究、营造良好学风校风以及做好学生工作的坚强后盾，用价值引导和行为示范帮助青年大学生建立法治思维和法治意识。习近平法治思想是极具理论和现实价值的成果展现，也是贴近社会规范和日常生活的精神指南，①依靠法律知识和法治思维开展高校思想政治工作，有利于在潜移默化中促进人文关怀的德育和法治文化形成合力，依靠法律的刚性为思想政治教育的针对性、有效性和实效性提供底线保障。

---

① 刘长秋. 论习近平法治思想及其突出特点［J］. 新视野，2021（5）：13-20.

（三）全面增强法治教育实效

当代高校大学生身处强国时代，面临的形势严峻多变，面对的诱惑纷繁复杂，只有更加坚定政治信仰，提升法治思维和法律素养，才能不负强国使命。当前，被称为真正的中国第一代网络原住民"00后"迈入大学校园，他们思维活跃，勇于发声，拥有更为明确的奋斗目标和个性化的价值追求，互联网的平权意识驱使他们不盲从权威，这就导致成人和外界权威不再轻易被得到认同。时代印记下的当代大学生学习生活和思维方式均对高校法治教育带来机遇和挑战。灌输式、植入式的重理论教育方式已然不符合当代大学生受众的喜好，将法治思想融入高校思想政治工作，就是不断敦促专业化的法治教育队伍和思想政治工作者充分运用网络资源，广泛挖掘典型案例，结合法学专业课学习、宪法根本大法[1]和民法等与日常生活联系较多的普法学习宣传，以及团学志各类活动，将法治精神和法治思维融入日常的法治实践当中，以高校学子喜闻乐见的方式，实现法治教育实效的稳步提升。

四、习近平法治思想与高校思想政治工作融合路径

（一）将法治教育融入课堂教学

全面依法治国与高校法学教育事业密不可分，高校法学

---

[1] 王晨. 习近平法治思想是马克思主义法治理论中国化的新发展新飞跃[J]. 中国法学，2021（1）：5-19.

教育也不应当局限于法学专业课程学习,而应当找准切入点将习近平法治思想广泛融入各类课堂教学中。一是在课程设置上,把习近平法治思想作为思政课的重要学习内容。思政课和法治教育都是全面提升大学生思想道德和法律素养、规范言行的重要手段,思政课程的本质目的是使受众群体在接受系统化的思想政治教育过程中,逐步形成特定的政治和道德认同。将法治教育融入这一系统学习过程,是帮助大学生形成法治思维的较为直接有效的方式,有利于有目的和有计划地增强综合教育实效。二是在"课程思政"中推动二者协同发力。法治教育和专业教育的育人本质是一致的,精准掌握法治教育融入专业教育的切入点,把法治精神和规则意识自然渗透和迁移到各类课程学习中,不仅能够进一步夯实专业知识传授的社会土壤,而且能够使法治教育在加强公共课、专业课和各类选修课程与习近平法治思想的融合过程中,更好地将爱国情、强国志和报国行植入个人价值的实现和国家繁荣复兴。

(二)拓展法治建设的第二课堂

校园活动类法治实践是高校法治教育和思想政治教育在课堂理论教学之外的有效延伸,日常法治实践强调学生的主动参与和积极探索,有利于法律权威树立和法律知识在现实生活中的灵活运用,为二者的互融互促提供了形式多样的载体。一是在课堂教学中提升实践教学的比重,利用案例教学分析、现场情景模拟、主题辩论等方式,通过有效的交流互动和思维碰撞,增强学生对法律知识的学习积极性,强化法治教育的价值吸引。二是以法治教育和思想政治教育为主题的各类公益讲座、志愿服务活动、普法教育和学术科研活动，均能有效调动学生的学习积极性，增强其法律知识和法治思维运用实效。此外，学校组织学生到公安局、法院、检察院、律所、仲裁委员会等机构的实习实践、观摩交流，既能让学生切身感受到法律权威，也能使之深刻认识到触犯法律带来的严重危害，对培养大学生遵纪守法和利用法律维护合法权益的意识具有重要的实践意义。

（三）增强法治育人和传授能力

在"全员育人"环境下，高校工作者亦全员思想政治工作者，高校思想政治工作队伍的能力和素质水平直接关系着思想政治工作的开展实效，影响着人才培养质量。法治教育在理论教学上依赖于法学学科专业授课，与其他学科和课程之间交叉融通还不够深入，只有将习近平法治思想融合在高校各类课堂授课和师生学习生活的点滴之中，才能避免专业知识传授和法治思维培养形成封闭孤岛。在依法治国战略高度下，高校工作者首先应当以身作则，坚持学习法律知识，提升自身法律素养，运用法治思维来处理和应对社会风险。在此基础上，高校工作者还应当结合国际国内形势变化，遵循当代大学生学习生活规律，用时事政治、网络热点和身边典型案例等开展法治探讨和学术分析。此外，还要积极搭建专任教师、行政管理人员和专职辅导员之间的交流平台，促进沟通交流，使法治教育成为专业教育和思政教育的有益支撑。在理论授课、行政管理、学生服务等工作上探索法律知识和法治思维培养的创新手段。

（四）营造协同发力的校园氛围

高校法治环境为法治文化建设提供了沉浸式法治教育氛围，课堂教学、课外活动、文化场所等都是法治文化建设的有效载体，在学校办学治校过程中，充分彰显民主法治，能够增强师生群体"法治在身边"的切身感悟，增强思想政治工作法治化实效。要进一步理顺学校管理体制机制，根据国家方针政策和有关法律法规，及时制定符合高校工作实际的规章制度，并在执行过程中强调程序正义，明确法律救济或维权渠道。加大对思政工作者法治课题和主题实践活动的立项支持，鼓励思政工作者从学生心理工作、人际关系处理、学业就业指导和危机干预等实际工作案例中积累工作经验。根据大学生特点，及时学习和掌握网络用语和热点新闻，拉近与学生的距离，为法治教育和思想政治工作积累生动素材。充分利用报纸、期刊、"三微一端"等宣传渠道，加大法治宣传力度。在强调法治建设的同时，依然不能忽视道德约束的强大能量，在日常行为中坚持道德引领，选树先进典型，促使道德约束成为师生的个人自觉。

高校"一站式"学生社区的育人功能研究

刘振兴

(中南财经政法大学工商管理学院)

高校学生社区是承担广大学生生活功能的重要场所,也是新形势、新背景下高校开展思想政治教育、提升综合育人工作效能的重要场域。教育部自2019年开展"一站式"学生社区综合管理模式试点建设工作,随后两年分两批次确定115所试点高校,在原有书院、学生宿舍园区等基础上,通过创新组织管理模式、充分凝聚育人合力,打造新型育人园地,开启了我国高校探索建设改革管理模式、创新育人机制的新模式。教育部2022年工作要点进一步指出,推进"一站式"学生社区综合管理模式,实现对1000所左右高校有效覆盖①。2023年将力争实现全覆盖。由此可见,建设高校"一

---

① 教育部2022年工作要点[EB/OL].(2022-02-08)[2022-08-25].http://education.news.cn/2022-02/08/c_1211560325.htm.

站式"学生社区是对高校教育资源各要素的一次优化配置，是对高校治理方式与管理模式的一次重构，深入推进高校"一站式"学生社区的理论研究与实践探索已成为高校深入贯彻落实"立德树人"中心任务、扎实有效开展"大思政"建设的重要高地和时代命题。

一、建设高校"一站式"社区的价值意蕴

（一）建设高校"一站式"学生社区对全面贯彻党的教育方针、落实"立德树人"中心任务、推进高等学校教育事业再开新局意义重大。教育是立国之本、强国之基，是国之大计、党之大计。党的十八大以来，以习近平同志为核心的党中央高度重视国家教育事业发展，从坚持和发展中国特色社会主义事业的战略高度作出了一系列重大部署。习近平总书记在讲话中指出，要"围绕培养什么人、怎样培养人、为谁培养人这一根本问题，全面加强党对教育工作的领导，坚持立德树人，加强学校思想政治工作"。[①] 高校在党的领导下深入推进"一站式"学生社区建设，全面开展育人工作，将党的领导自顶层设计深入学生一线，充分发挥党领导中国特色社会主义教育事业的先进性，发挥基层党组织的战斗堡垒作用和党员的榜样模范作用，紧紧围绕学生成长成人成才迫切需要设计育人新模式，将教育资源向学生社区集中倾斜，

---

① 中共教育部党组关于认真学习贯彻全国教育大会精神的通知［EB/OL］.（2018-09-14）［2022-08-25］. http://www.moe.gov.cn/srcsite/A27/zhggs_other/201809/t20180914_348818.html.

做到围绕学生、关照学生、服务学生，是高等院校为党育人、为国育才的重要体现，对于全面提高育人水平、提高人才培养质量、推进我国教育事业进一步发展具有重要意义。

（二）建设高校"一站式"学生社区对进一步深化"三全育人"、创新发展高校育人体系、打通高校育人工作"最后一公里"意义重大。新形势下，党中央、国务院出台相关文件提出要坚持全员全过程全方位育人（即"三全育人"）的工作要求，在高校深入开展"三全育人"综合改革工作，对所有从事相应工作的教育者从时间和空间等不同维度提出了相应的目标与规范，要求将育人工作与思想道德教育、文化知识教育、社会实践教育等深度融合，形成教书育人、科研育人、实践育人、管理育人、服务育人、文化育人、组织育人长效机制[1]。高校依托书院、学生宿舍等生活园区建设"一站式"学生社区，通过将学院领导力量、管理力量、服务力量、思政力量等深度凝聚到以"一站式"学生社区为核心的教育管理服务一线，有效打破各育人力量间的壁垒，将教育资源精准投放于学生身上。从育人主体上看，领导干部、行政队伍、专业教师、专（兼）职辅导员、后勤服务人员等集中进驻学生社区，即全员育人；将学习服务等资源注入学生生活园区，将"第一课堂""第二课堂"搬到社区一线，传统学生学习与生活模式发生革命性变化，教育贯穿学生学习成长全过程，

---

[1] 中共中央 国务院印发《关于加强和改进新形势下高校思想政治工作的意见》[EB/OL].（2017-02-27）[2022-08-25]. http://www.cssn.cn/zx/201702/t20170227_3432295_2.shtml.

即全程育人；教育、课程、科研、文化、管理等力量全面发力，即全方位育人。可以说，建设高校"一站式"学生社区成为推进"三全育人"、培养时代新人的重要举措。

（三）建设高校"一站式"学生社区对紧扣高等教育时代脉搏、改善管理方式与治理模式、推进高校治理水平与治理能力现代化意义重大。近年来，网络化、信息化日益普及，知识的迭代升级步伐加快，新的教育环境中成长起来的大学生群体也呈现出价值取向的多元性、开放性、实用性等特征，面对这一现象，开展思想政治工作更应因事而化、因时而进、因势而新，要遵循思想政治工作规律、教书育人规律、学生成长规律，不断提高工作能力和水平[①]。社区是社会治理的基本单元，开展高校"一站式"学生社区建设是对高等院校治校能力与治校水平的一次考验，如何从思维、行为、有为等领域打破传统教育惯习，从管理方式上实现全校范围内资源配置最优化的宏观调控，直接关系到"一站式"学生社区建设成效。高校要围绕打造集学生思想教育、师生交流、文化活动、生活服务于一体的教育生活园地总目标，结合办学实际完善顶层设计和制度建设，改革管理模式和服务机制，最大程度推动党团组织、管理部门、服务单位进驻园区开展工作，最大程度调动教师群体、管理服务群体、学生群体的力量，

---

① 习近平在全国高校思想政治工作会议上强调 把思想政治工作贯穿教育教学全过程 开创我国高等教育事业发展新局面［EB/OL］.（2016-12-08）［2022-08-25］. http://www.moe.gov.cn/jyb_xwfb/s6052/moe_838/201612/t20161208_291306.html.

用善治保障建设成效,用师生共治、共享、共同成长的良好局面反哺高校治理能力与治理水平的提升。

二、建设高校"一站式"学生社区面临的问题

高校"一站式"学生社区自2019年拉开试点建设序幕至今,短时间内成为国内各高校的主流建设方向及育人工作重点。总览各大院校的建设路径及建设成果,不难发现存在以下规律:即紧紧把握政策指挥棒,紧密结合原有特色育人举措,结合自身特点引入制度建设促成育人路径转型。从结果导向来看,不同地区、不同性质、不同层次的高校在建设过程中势必存在较大差距,在积累经验、取得硕果的同时也在不同程度上面临着小问题、大难题,这直接关系到学生社区育人功能能否发挥、发挥多少等。归纳起来,主要集中在以下三个方面。

(一)主体问题:青年学生对学生社区缺乏认识与认同

有研究者引入自我同一性理论分析学生对学生社区的态度,认为学生受自身特点、评价环境、社区管理三方面组成的成长环境约束,导致自我发展目标模糊[①]。循此研究理路可以分析,学生受多重外在因素影响面临诸多选择,不同学生对于课程学习以及"第二课堂"的认识存在差异,且部分学

---

① 陈南菲,尹金荣. 自我同一性发展理论视角下"一站式"学生社区建设研究[J]. 党建与思想教育,2021(19):85-88.

生持有学习之外应用独立生活空间的刻板观念,建设"一站式"学生社区即"筑巢"并不代表能够吸引学生认可。如何提升学生社区对于学生的影响力、吸引力与覆盖面,变消极接受为主动参与,需要进一步深化青年学生的认识与认同。

(二)客体问题:各教育对象既有工作惯习短期内难以打破

当前,无论是高校管理人员还是思政工作者、服务人员都具有明确的工作对象和内容,身处教育体系中的个体在一定程度上被工作内容完全占据。例如高校辅导员有教育部明文规定九大职责,除此之外还或多或少承担规定之外的相应职责,其他管理、服务人员亦然。在缺乏制度保障与激励措施的背景下,作为高校"一站式"学生社区建设主力的上述人员将主要精力置于原有工作,无法从时间、精力、工作地点、工作模式上全身心投入学生社区建设,认识不足、动力不足、投入不足等问题衍生"一站式"学生社区建设中的"临时性""运动式"现象,这一问题的改变有赖于领导力量、制度建设的先行保障。

(三)环体问题:高校软、硬件设施尚未满足建设需要

此前教育主管部门多次提及高校"一站式"学生社区建设,在一定程度上指明了建设方略,结合部分试点高校的建设成果,学界对学生社区的建设推进描绘出蓝图。现实中,部分高校基础设施相对落后,宿舍园区供应紧张且设施陈旧,尚不能完全满足学生理想化生活空间需要,更无力支撑建设集多种功能于一体的高质量学生综合社区。此外,虽然部分高校依托现有学生宿舍布局开辟学习区、休闲娱乐区、学生活动室等功能空间,但只是满足少数学生需要,覆盖率、利用率不高。或引入建设成本相对较低的宿舍文化墙等教育元素,但脱离了建设"一站式"学生社区的系统性规划,其育人功能将大打折扣。如何开辟渠道获得更多建设学生社区的支持力量,是高校面临的一大考验。

三、高校"一站式"学生社区育人功能实现路径

高校立身之本在于立德树人,结合"三全育人"总体目标建设高校"一站式"学生社区是培养德智体美劳全面发展的社会主义建设者和接班人的重要途径。学生社区不仅是空间物理意义上的活动场所,而且是一个兼具现实物理空间和虚拟空间,包含活动场所、各教育元素、管理服务以及特定社会关系的多维场域,处于核心地位的学生既是受教育者也是该场域中发挥作用的一环,在受教育的同时推动教育资源的再生产和组织建设的进一步完善。建设高校"一站式"学生社区要全面贯彻党的教育方针,用马克思主义哲学指导实践,面向高校育人工作整体布局,把握教育规律与学生成长规律,用全面、系统的思维分要素、分步骤、分重点理顺教育场域中的作用机制,逐步实现育人机制的合理化、育人效果的最优化。

（一）整合资源，搭建平台，形成场域

1. 整合资源。从整体上看，我国高校的教育资源相对充足，但教育资源分布不均衡现象较为突出，受以往教育资源分配方式影响，传统意义上的985、211院校较其他院校享受到更多的教育资源，在开展教育改革优化育人路径时，能够较易将既有资源转化为相对充足的软、硬件支撑。相较之下，其他院校略显捉襟见肘。此外，综合类院校、理工类院校、财经类院校、师范类院校等受学科特点影响在获取教育资源时也存在较大差别。因此，教育主管部门在组织开展学生社区建设时既要突出重点，建设"一站式"学生社区示范院校，也要结合各高校的办学条件有针对性地向"后进院校"倾斜资源，"先进"带动"后进"，在实现全国高校"一站式"学生社区建设全覆盖的同时全面提升建设质量。从个体上看，高校应打破部门、学院界限合理调配既有资源，实现目标调试最优化。前期应以建设典型社区为主，分阶段、分批次扩大覆盖范围，减少资源浪费。应积极发动校友等社会力量参与社区建设，将优质资源向学生社区聚集。

2. 搭建平台。习近平总书记指出："加强党对高校的领导，加强和改进高校党的建设，是办好中国特色社会主义大学的根本保证。"建设高校"一站式"学生社区要全面贯彻党的路线、方针、政策，成立高校党委领导小组及二级单位党委工作小组，将支部建在学生社区。围绕"德、智、体、美、劳"开展特色支部活动，大力开展支部联动，为学生社区注入外围教育资源。发挥社区党员先锋模范作用，制定学生党员责任清单、

帮扶清单、服务清单，发挥党员"旗帜"作用。结合学生成长需求做好功能区布局，合理规划学生休闲娱乐、文化交流、学术科研、创新实践、心理咨询、就业指导、自主建设等功能区域，将育人要素向学生社区靠拢。开设主题沙龙、专业讲座、院（校）领导面对面等常规活动，畅通"生生互动""师生互动""干群互动"渠道。在既有学生社区基础上引入各育人主体、要素，建立良性互动关系，随之形成以学生社区为中心的特定教育场域。

（二）师生联动，凝聚合力，发挥作用

1. 师生联动。学生社区是教育场域中的微型社会，是育人主体、育人要素及其相互关系的总和，各主体要素按其发展规律产生良性互动，学生社区才得以有效运转。师、生双方作为高校"一站式"学生社区建设的主、客体，应在理念上统一思想、行动上同向而行，即推进高校"一站式"学生社区整体性治理[1]。在党委的统一领导下，全校师生首先应达成以下共识："一站式"学生社区是高校育人工作的重要阵地，也是下一个建设高地；学生社区应采取师生共治新模式。此外，高校应注重平衡管理与服务相对关系，打破师生互动中的不利因素，达到提升治理效能的预期目标。

2. 凝聚合力。有研究者认为，高校"一站式"学生社区应包含生活空间、学习空间、服务空间、文化空间、虚拟空

---

[1] 马成瑶. 整体性治理视域下推进高校"一站式"学生社区综合管理的思考［J］. 思想理论教育，2022（3）：96-101.

间等①。上述五大空间既相互独立又彼此交织，在一定程度上匹配高校各教育主体。基于此，学校各级领导干部、管理人员、专任教师、专（兼）职辅导员、班级导师、心理教师、服务人员要将力量统一到服务学生成长成才上来，要打破工作中的无形壁垒，弥合因工作性质、工作内容差异而产生的沟壑，减少不必要的工作掣肘和资源浪费。管理干部、思政队伍开展好理想信念教育等德育工作，专业教师开展好学科知识教育等专业知识，心理教师提供必要的咨询服务等社会支持，为学生提供点多面广、专业化、精准化、针对性服务。多支力量汇入学生社区凝聚育人合力，让青年一代坚定理想信念、改善精神状态、提升综合素质。

（三）形成机制，自主能动，成长提升

1.形成机制，用制度保障运行。首先，"一站式"学生社区承载了思想政治教育、科学文化教育、实践教育等重要功能，是学生成长、成人、成才的重要场域。然而，新的管理、服务、育人形式要求上述多主体进驻学生社区开展工作，对其以往工作理念、工作形式、工作方法产生冲击。从部分高校的实践结果来看，除部分领导干部、思政工作者对"一站式"学生社区认识较明确外，部分管理、服务育人主体对此认识不足，需要在完善顶层设计的基础上，从提升高校治理能力的视角通过制度化、规范化来保障各要素顺利运转。其次，

---

① 周远，张振.高校"一站式"学生社区的空间建构逻辑与路向[J].思想理论教育，2022（7）：102-107.

育人主体进驻学生社区后何以发挥作用？要依托学工、团委、各学院等特色活动、优质项目为学生社区注入活力，总结凝练成熟经验做法并结合学生社区实际加以运用，制定社区管理制度，完善工作考核方案，保障学生社区各育人要素的运转有章可循。再次，要结合当代大学生特点及工作需要以常态化建设姿态全面提升信息化水平，向"一卡通、一网通、一站式"建设目标迈进，为全面提升育人工作水平提质、增效、赋能。

2. 充分发挥学生的主体能动性。高校"一站式"学生社区以服务学生成长为核心目标开展建设工作，同时也为当代大学生提供了自我管理、自我服务、自我成长的重要舞台。要引导学生以党团支部、社团协会、项目小组、创业团队、实践团队、志愿服务队等形式进驻"一站式"学生社区，在开展活动的同时参与学生社区建设工作，进一步丰富学生社区教育元素，让学生成为高校"一站式"学生社区建设不可或缺的重要力量。要坚持约束与激励措施相结合，建立大学生参与社区文化建设、参与社区事务管理等长效机制，在满足大学生发展需要的同时增强其获得感，在自我建设中发挥主体性、能动性，增强主人翁意识、负责任理念，促进大学生综合素质全面提升。

参考文献

［1］教育部2022年工作要点［EB/OL］.（2022-02-08）［2022-08-25］. http://education.news.cn/2022-02/08/c_1211560325.htm.

[2]中共教育部党组关于认真学习贯彻全国教育大会精神的通知[EB/OL].（2018-09-14）[2022-08-25]. http://www.moe.gov.cn/srcsite/A27/zhggs_other/201809/t20180914_348818.html.

[3]中共中央 国务院印发《关于加强和改进新形势下高校思想政治工作的意见》[EB/OL].（2017-02-27）[2022-08-25]. http://www.cssn.cn/zx/201702/t20170227_3432295_2.shtml.

[4]习近平在全国高校思想政治工作会议上强调 把思想政治工作贯穿教育教学全过程 开创我国高等教育事业发展新局面[EB/OL].（2016-12-08）[2022-08-25]. http://www.moe.gov.cn/jyb_xwfb/s6052/moe_838/201612/t20161208_291306.html.

[5]陈南菲,尹金荣.自我同一性发展理论视角下"一站式"学生社区建设研究[J].党建与思想教育,2021(19):85-88.

[6]马成瑶.整体性治理视域下推进高校"一站式"学生社区综合管理的思考[J].思想理论教育,2022(3):96-101.

[7]周远,张振.高校"一站式"学生社区的空间建构逻辑与路向[J].思想理论教育,2022(7):102-107.

时代新人培育研究
——以提升新形势下高校大学生法律素养为例

杨雅婷

(中南财经政法大学金融学院)

在党的百年发展历史中,"时代新人"立足于世情、国情和社情的现实情况,创造了历史也书写了历史,对中国的发展起到了至关重要的作用。立足于百年未有之大变局,"时代新人"的培育是我国葆有竞争力的根本和关键,关系到党和国家事业发展的根本大计,"时代新人"的培育要把握世界历史发展大势和时代发展进程,培养真正能成为合格的中国特色社会主义建设者的"时代新人"。

在依法治国的新时代背景下,培养具有法律素养的时代新人是高校教育的重要职责。党的十八届四中全会上提到"法律的权威源自人民的内心拥护和真诚信仰,法治社会建设需要全民法治观念的提升"。党的十九届四中全会对中国特色社会主义法治体系提出了更高的要求。在校大学生是中国未来的有生力量,培养其法律素养对新时代中国特色社会主义建设有着至关重要的作用。高校大学生仍处于心理建设期和价值观形成期，对其进行法律素养培养是极为有效也是迫切需要的。拥有良好法律素养的高校大学生，知法懂法守法，可以更好地维护自身的权利，增加辨别能力。同时坚定的法律信仰可以让高校大学生形成正确的学习观、人生观和价值观，成为能堪大任的时代新人。

一、高校大学生法律素养现状

在"互联网+"的新时代下，随着我国法治建设的发展和完善，对高校大学生的法治教育也越加完善和体系化，高校大学生的法律意识和法律修养有了快速的提升，不少高校大学生具有维权意识，会想到运用法治思维解决生活上的难题，但因自身的局限性，仍存在法律意识淡薄和法律知识匮乏等现象，无法完全运用法律思维来解决实际问题。高校辅导员作为学生成长成才的人生导师，培养好大学生的法治思维是辅导员工作的重要一环。

（一）缺乏法律知识

面临越发紧张的就业形势，大部分的非法学高校大学生，他们多将精力放于本专业的学习上，很少有时间和精力对非专业领域进行探索学习。特别是面对烦琐复杂的法律知识，大学生们认为学习法律也不会对工作和学习产生较大的帮助，对于法律知识的学习更为稀疏，不以为意。而基本的法律知识可以有效地保护好大学生的利益，提升大学生基本的认知判断水平。高校中频发的校园借贷，就是犯罪分子抓住学生不懂法的弱点，利用大学生的虚荣心，对高校大学生造成严重的伤害。而在近些年出现的大学生犯罪事件中，一个重要的特征就是缺少法律知识。其不知道自己的行为是犯罪，稀里糊涂下就出现了违法行为。

除学生对法律知识不重视外，法律知识匮乏的另一重要原因是，高校大学生缺少简单明确的途径和平台，去系统地学习法律知识。即使高校大学生有意愿对法律知识进行学习了解，但不明确的学习渠道也会让学生们无从下手。虽然有法律书籍、在线视频课程等供学生进行学习，但零散化的学习无法在学生脑中形成系统的法律知识体系，使得学生仍一头雾水。同时，复杂的学习渠道抑制了大学生学习法律知识的热情，也让大学生的学习效果大打折扣。

（二）法律意识淡薄

虽然高校大学生进入校园后，已经开始学习接触社会，但高校大学生毕竟还未正式踏入社会，缺少社会锻炼，思想和认知不够成熟，无法自身培养起法律意识。不少不法分子抓住大学生思想简单纯朴的特点，利用大学生的好奇心和虚荣心，对其实施诈骗，甚至引发大学生犯罪。

同时在高校的教育和管理中，多倾向于对学生进行学术文化培养，举办美育、体育等学生活动，举办的法律类活动少之又少。特别是非法学的学院，几乎很少会涉及普法类学生活动，大学生在校无法感受法律学习的氛围，也接触不到普法活动，无法提升法律素养，从而导致法律意识淡薄。缺少法律意识的大学生在遇到不法行为时，无法意识到用法律的武器去保护自身的权利，从而导致自身利益受损，更甚者产生偏激的思想。

（三）基础的法律技能使用不足

高校大学生在面对生活中的纠纷时，一方面很少第一时间选择用法律手段来解决问题，而自身解决问题的能力不足，从而导致自身的权利受到侵犯。另一方面，部分高校学生在遭遇到纠纷或侵权事件时，可以意识到使用法律手段进行反击，但却无法找到正确的维权渠道。部分学生在遭受侵权时，多选择进行投诉。有相关数据表明，学生们对相应法律部门的投诉比例不足百分之十，大部分的学生都找错了部门或走错了流程，从而导致自身的问题无法得到及时的解决。学生们在维护自身利益时，无法清楚意识到自身问题所对应的部门，说明部分学生有了基础的法律意识，但是对法律程序不够了解，错误的理解方式导致学生走错了程序，无法有效进行维权，从而没有达到自身预期的维权效果。同时，也有部分学生对法律技能使用方法有误，在维护自身利益的时候无法得到相关部门的回复，从而导致维权事件不了了之，学生对维权行为更加没有信心，从而导致对法律手段更加模糊，法律素养无法有效提升。

二、高校大学生法律素养提升措施

高校大学生具有视野开阔、好学向上、自信奋进的特点，提升大学生的法律素养不仅能帮助其维护自身的权利，还有利于其理性精神和思辨精神的培养。法治素养是新时代大学生应具备的基本素养,也是堪当民族复兴大任的"时代新人"的核心素养。

(一)完善法律相关课程设置

高校大学生法律素养的提升必须有充足的法律知识为基石,通过学习和掌握基础的法律知识,逐步培养学生形成法律思维,提高法律素养,让学生们形成以法律途径解决问题的行为习惯,有效处理学习和生活中的困难。同时,通过培养高校大学生的法律素养,提高大学生的法律意识,增强其判断力,还能帮助大学生准确识破遇到的骗局。

此外,高校还应该根据学科特色和学生特点,开展有针对性、易于接受的法律课程。如拥有法学院的高校除开放法律专业课程作为跨专业选修课外,还可以设置简单易懂、具有普法作用的法律通识课,让学生在完成学业的同时,接收更多的法律知识。通过完善的法律课程设置,让学校的学生对基本的法律知识都有所了解,特别是针对非法学的学生,可以设置有专业特色的法律课程,注重对专业相关的法律案例进行讲解,将理论和实践、专业和扩展结合起来,让学生们能听懂、能理解、易掌握,从而更好地激发学生们的学习兴趣,提高学习效果。

(二)营造浓厚的法律知识宣传氛围

浓厚的法律文化环境对高校大学生法律素养的提升有着至关重要的影响力。美国教育学家杰克逊曾提出"隐性教育",即通过间接的手段提升对教学对象的教学效果。在开展"隐性教育"同时，可以结合法律课堂教学等"显性教育"，让学生们处处感受到法律的存在，做到懂法、知法并树立正确的法律思维，全方位提升高校大学生的法律素养。高校大学生最主要的生活环境就是校园，优质的校园环境可以促进高校学生提升法律素养，因此高校必须高度重视学生的法律知识教育。浓厚的法律文化氛围，可以拉近学生和法律学习的距离感，激发起学生们学习法律知识的兴趣，拓宽学生的法律学习渠道，同时也会潜移默化地提升学生的法律素养。首先，学校可定期举办法律知识活动，举办法律知识文化节，在校园内设置普法标语，引导学生树立法律意识。其次，利用互联网平台创新法律知识宣传渠道，加大校园普法的宣传力度。移动互联网已经成为学生重要的信息获取渠道，可在学校的微信公众号、微博、短视频平台等定期更新法律知识，让学生们更清楚、便捷地获得法律知识吸取渠道。同时，对高校学生中发生的法律行为和案例进行收集和整理，分析其中涉及的法律知识和法律思维，通过各种平台向学生们进行推送，便于其对案例进行学习，加深对法律知识的认识和理解，增强高校大学生的法律意识。通过多渠道、全方位的普法宣传，学生们既可以积累基本的法律常识，又可以从真实案例中得到启发和警示学习，增强对法律的认识和理解，对生活中的违法行为有更清晰的认识，同时学会用法律维护自身的权利，丰富自身的法律认知体系，从而提高自身的法律素养。

（三）构建专门的法律知识学习平台

提升法律素养不能仅依靠法律基础知识的积累，还要通过一系列的活动或途径获取法律实践经验，在实践活动中增加对法律知识的真实感受，引发学生们的深刻反思，加深对法律知识的理解程度，将知识内化为素养。因此，高校学生对法律知识的学习不能仅靠自主学习，还需要学校提供一个畅通有效、方便快捷的法律学习平台，为学生们的学习打通最后一公里，以广阔高效的学习空间减少学生们在法律知识资源获取上的困难，更有效地激发学生学习法律知识的兴趣，有效提高学生的法律素养。首先，高校可定期举办校园法律知识讲座，邀请专业的法律教授或律师，对生活中常见的法律知识和法律规则进行讲解，让学生们充分意识到生活中存在的法律现象和可能触及的法律边线。其次，可定期举办以法律知识为主题的辩论赛和学术讨论，通过学生之间的沟通交流，加深对法律知识的认知和理解，加深对法律知识体系的理解深度。丰富的校园活动也可以增加学生们对法律知识学习的兴趣，在潜移默化中提升法律素养。

另外，学校也可定期组织模拟法庭等校园普法活动，不仅仅针对法学生，更要吸引非法学专业的学生参与其中，通过对法庭庭审过程的模拟，让学生们更真切地感受到法律的魅力，同时也从每次的模拟案件中，加深对基础法律知识的了解。同时，通过生动形象的模拟活动，让学生们更深切地感受到法律的威严和庄重，意识到法律的威力，既警示学生们远离违法边界，同时也帮助学生们提高使用法律武器的意识。通过多层次、多角度的法律知识学习平台构建，为学生们提供更专业的学习平台和更丰富的学习方式，加深法律知识的学习效果，增强高校学生的法律素养。

（四）提升高校教师的法律素养

培养高校学生的法律素养不仅要体现在校园活动中，还要融入日常管理工作和教学活动中，将法律文化内容纳入基本的教学计划中，高度重视学生法律素养的提升工作，用扎实的管理能力和职业道德素养提升高校学生的法律素养。因此，高校需要对教师队伍进行专业的法律知识培训活动，加强教师对法律知识的认识和理解，充分提升教师的法律意识，从而使教师在课程教学的过程中，融入法律文化的内容，潜移默化地向学生们灌输法律知识，提升学生们的法律素养。同时，还要注重对高校辅导员的法律职业素养培养，定期为辅导员安排法律相关专题培训，不断提高辅导员的理论知识、法律意识和行为规范。辅导员作为学生成长成才的人生导师，管理着学生事务的方方面面，其素质的高低将对高校学生管理工作的水平有着至关重要的作用。高校辅导员始终要坚持"以法为本""以学生为中心"的理念，将法律思维牢牢地记在心底，充分认识到自身的工作职责和权利范围，谨慎维护相应的法律边界，做到管理的科学规范，将法治思维运用到思想政治教育和学生管理的方方面面。一方面，辅导员需要知法懂法，学习掌握国家政策、法律法规和校规校纪等，形成法治思维，在管理学生的过程中依法办事，正确地处理大学生思想政治教育和提高日常事务管理质量。另一方面，高校辅导员是与学生最为密切的群体，在管理学生的过程中处处运用法治思维，通过规范自身的工作行为，培养学生的法治意识，提升学生的法治素养。

高校大学生正处于"拔节孕穗期",心智发展逐渐完全,思维活动最为活跃,通过精心的引导和栽培,将其培育为顺应国家发展需要的"时代新人"是至关重要的。同时,高校大学生是社会未来发展的中坚力量,提升大学生的法律素养,能够推动和维护法治社会的建设。培养高校大学生的法律素养,是辅导员工作的重要一环,辅导员需要加强价值引导,培养学生的法律意识。高校也需为学生法律知识的学习提供便捷的平台,营造浓厚的法律学习氛围,提高法律课程的教育效果,激发学生学习法律知识的兴趣,加强学生的法律意识,从整体上提升高校学生的法律素养,培育具有优秀法律素养的"时代新人"。此外,高校大学生坚定的法律信仰可以促使其人生观和价值观的形成,让学生们充分意识到自身的责任和使命,将自身的发展和振兴中华的历史进程相结合,在激扬青春、提升自我、开拓人生的进程中书写无愧于时代的壮丽篇章。

参考文献

[1] 吴思. 新时代高校学生法律素养培育现状与对策[J]. 知识窗(教师版),2022(2):114-116.

[2] 杨德新,李黎炜. 提升高校学生法律素养路径探究[J]. 法制与社会,2021(20):160-162.

[3] 徐蓓. 大学生法律素养提升对策[J]. 法制与社会,2021(14):151-152.

[4] 徐晓艺. 当代高校学生法律素养的现状及培养[J]. 法制博览,2021(10):187-188.

［5］张玉．网络诈骗风险下高校学生法律素养的提升［J］．法制与社会，2021（2）：152–153．

［6］金俊，席明龙，余竹玛，等．高校学生法律素养现状及解决对策研究［J］．科教导刊（中旬刊），2020（29）：11–12．

［7］李昱．浅谈新形势下高校学生法律素养的提升［J］．法制与社会，2019（19）：195–196．

［8］黄露．浅谈高校学生法律素养培育的意义与途径［J］．法制博览，2019（9）：211．

［9］李洁．"互联网+"背景下提升高校学生法律素养的途径探析［J］．黄冈职业技术学院学报，2019，21（1）：62–65．

［10］王庆材，陈建伟，齐宪磊，等．高校提升大学生法律素养路径规划研究［J］．学理论，2017（5）：251–252．

多元治理视域下高校继续教育发展路径分析

刘建明

（中南财经政法大学党委办公室、学校办公室）

继续教育是高等教育的重要组成部分，是完善人才培养体系的重要组成部分，也是平衡国民教育体系的有力杠杆。随着中国特色社会主义进入新时代，教育改革也逐步深化，高等学校的继续教育价值功能已然从最初单纯地开展学历继续教育，发展成为推动建设终身学习体系、服务经济社会高质量发展的重要力量。同时，由于其价值内涵的不断丰富推动了具体实践中相关主体、运行模式的快速变化，我国高校继续教育出现了新的治理困境，其运行模式和发展水平并不能很好地适应其目标价值。多元治理理论则从重构相关主体间互动关系的视角，为优化我国高校继续教育的发展路径提供了新的思路。

一、新时代高校继续教育的价值定位

1. 助力提升人力资源能级，是完善国民教育体系的组成部分

继续教育是面向学校教育之后所有社会成员的教育活动，包括学历继续教育和非学历继续教育，是完善国民教育体系的重要组成部分。《国家中长期教育改革和发展规划纲要（2010—2020年）》将继续教育单列，与学前教育、义务教育、高等教育等并列作为教育的八项发展任务之一，明确提出发展继续教育要"以加强人力资源能力建设为核心"。在人口老龄化加剧、群众精神文化需求提升等新的时代背景下，将继续教育作为普通在校教育的补充以持续提升人力资源能级和精神文明建设，不仅仅是个体发展的需要，更是国家发展的需要。

从个体发展来看，普通学历教育往往是一次性地、在工作前进行的，而高校继续教育能满足个人离开校园后，出于工作胜任或是精神文明需要而继续学习与深造的需求。在工作胜任方面，首先，普通学历教育更倾向于理论性、普及性的知识教育，在应用型、技能型方面的职业教育较为薄弱，不能完全满足个人的履职需要。其次，普通学历教育一般是在个体工作前开展的，且具有"厚基础、宽口径"的特点，由于未接触过真实的工作场景，个体无法准确判断特定岗位上所需的知识与技能，也无法在工作前进行充分的准备与学习。相较之下，普通学历教育可能是个体按部就班、义务教

育的被动化安排，而继续教育则是个体出于自我需要的主动化选择，更具针对性。最后，当前信息技术发展迅猛，这对人才在知识与技能上的更新与储备也提出了更高要求，这是一次性教育无法满足的，继续教育是个体进行知识更新、补充、拓展和能力提高的一种高层次的追加教育。

从国家发展来看，人力资源是国家发展的重要保障，李克强总理曾说过，世界总量第一的人力资源是中国发展的最大"金矿"，但当前我国"人口红利"正逐渐消退。根据国家统计局发布数据显示，自2012年起我国16岁至59岁劳动年龄人口规模和比例在近十年间持续下降，第七次全国人口普查数据显示，中国16岁至59岁劳动年龄人口为8.8亿人，与2010年第六次全国人口普查相比，劳动年龄人口减少了4000多万人，而60岁及以上人口有2.6亿人，占总人口比重达到18.70%，较2010年上升了5.44%。同时，我国的劳动生产率目前与发达国家相比还存在很大的差距，仅相当于欧美国家的1/8左右，这表明我国人力资源的发展水平还存在短板。面对建成社会主义现代化强国的战略目标，我国亟须通过加快发展教育、提升人力资源以抵消人口老龄化带来的不利影响。相较于普通学历教育，继续教育覆盖的年龄阶层更广、成效更快，能对现存的不同学历技能层次、职业类型的从业人员和劳动年龄人口提供更灵活多样的教育培训、优化升级人力资源存量，从调整和优化存量的维度提升我国的人力资源发展水平。

2. 提供高质量、专业化的教育资源，是服务经济社会发展的重要途径

随着继续教育在国家和个人发展中发挥着越来越重要的作用，其教育质量也应有更高的要求。提供继续教育服务是高校社会服务职责中的重要内容，高校作为高素质人才培养的主阵地，应按照个人和社会需求提供高质量、专业化的教育资源，实现"按需培养"；高校作为前沿科学研究与科研人员的聚集地，也在一定程度上引领经济社会发展方向，在人才培养方面"引领需求"，两个方向共同作用，推动教育与经济社会的融合发展。

一方面，高校继续教育应根据社会需要、个人需求提供教育资源。我国正处于经济转型发展的阶段，社会生产方式、产业结构稳步调整、升级，新兴行业不断涌现，技术革新日益加快，社会与市场对人才的要求更加多样。2017年，《国务院办公厅关于深化产教融合的若干意见》中提出，我国当前人才培养供给侧和产业需求侧在结构、质量、水平上还不能完全适应，需要构建教育和产业统筹融合发展格局，并明确提出"需求导向的人才培养模式"。普通一次性的学历教育无法满足当下社会与市场对人才的需求，继续教育是有力的补充，不同于普通学历教育，继续教育更能聚焦问题导向，紧扣行业企业、岗位集群对人才的需求，设计和更新课程内容，形成与经济社会发展相适应的人才培养方案和课程体系。

另一方面，开展继续教育还能发挥高校优势，引领经济社会发展和人才培养方向。创新发展离不开研发人才，高校

中聚集着大量的高素质科研人员和前沿科研成果，一定程度上能引领经济社会发展方向。同时，高校理论研究人才可以将企业行业中自发出现的优秀实践经验进行系统总结和理论升华，便于优秀实践经验固化和传播。高校继续教育可以成为高校与行业的联系枢纽，更大程度地推进产教融合，共同发挥区域在人才和产业方面的优势，推动产业升级和社会进步。高校也能在了解和满足社会和市场需求的过程中，调整学科和专业设置、科学研究方向，实现内涵式发展。

3. 丰富教育途径和方式，是建成服务全民的学习型社会的关键力量

《中国教育现代化 2035》首次将"构建服务全民的终身学习体系"作为我国教育现代化中长期发展的战略任务，《国民经济和社会发展第十四个五年规划和 2035 年远景目标纲要》提出要完善终身学习体系，建设学习型社会。这是由我国的发展阶段决定的，随着我国社会生产力水平极大提高和社会供给能力显著增强，以及全面建成小康社会奋斗目标的达成，我国广大人民在物质生活方面的需求逐步得到有效满足，人民日益增长的美好生活需要在精神文化层面愈加凸显。习近平总书记在十九大报告中指出"满足人民过上美好生活的新期待，必须提供丰富的精神食粮"。

门槛较低、内容丰富、形式多样的继续教育是满足人民精神文化需求、建设学习型社会的重要途径。2020 年 9 月，习近平总书记在教育文化卫生体育领域专家代表座谈会上指出："要完善全民终身学习推进机制，构建方式更加灵活、

资源更加丰富、学习更加便捷的终身学习体系。"与普通学历教育相比，继续教育方式更为灵活，如非全日制、在线教育、远程教育等方式途径大大拓展了个人接受教育的时间和空间。

二、我国高校继续教育面临的现实困境

1. 偏重经济效益，过程管理和培养质量待提升

我国对于高等教育体系在资金上进行双轨制管理，普通高校的教育资源与教育资金由国家财政支持，而继续教育的教育资金依靠自主招生学费，即招生学费是高校继续教育办学的重要经费来源。同时，由于相较于普通学历教育经费，高校对继续教育收入的管理和使用更为自由，因此在不少高校中，继续教育已然成为高校创收的主要渠道，甚至部分高校将创收的年产值或年利润值作为继续教育学院的唯一考核指标（李云贵，2022）。为了扩大市场份额，不少高校歪曲了继续教育"宽进严出、方式灵活"的培养原则，出现了"重招生轻培养"的现象，在校外开设大量教学点，盲目扩大招生规模、简化培养和考核流程、"宽进宽出"，甚至出现"代报名""代学""替考"等恶性抢夺生源、变相买卖文凭的乱象，导致培养质量低下，社会认可度不高。

2. 社会效益较弱，服务经济社会发展能力不足

目前，我国继续教育仍以成人学历教育为主，尚未实现对人力资源"按需培养"和"引领需求"的作用，在满足受教育者的多样化需求、服务经济社会发展方面的社会效益较弱。

首先，市场化、个性化需求对接不足，未能做到"按需培养"。我国继续教育起源于新中国成立后群众受教育水平普遍偏低的社会现状，因此发展早期，高校继续教育的主要作用是学历补偿。但随着我国高等教育规模的不断扩大，学历补偿任务的紧迫性已有所减缓，高校继续教育的价值目标也应进一步拓展，以社会实际需求为导向，更新教育内容和模式，更好地服务社会（徐作锋，2022）。当前，地区经济文化发展、产业转型升级、企业发展创新亟须培养大批高素质技能型人才，从业人员对新技术、新理论、新规程等知识更新的需求强烈，且在地方区域、专业领域方面呈现出个性化、精准化的需求。但现实中，不少高校对继续教育的社会现实需求认识不足，办学目标也不够明确，高校继续教育的办学模式、专业设置、课程内容和结构仍依附普通高等教育模式，普教化现象严重，既未能把握继续教育对象区别于普通在校学生的特质，也未能对接行业和地区发展对人才培养的需求。

此外，高校继续教育在创新发展、人才培养方面的"引领"能力未能彰显。高校是区域经济发展的重要组成部分，肩负着为区域创新发展传播知识、培养人才的关键作用。据《教育规划纲要（2010-2020年）》中期评估《高等教育第三方评估报告》显示，2005-2013年，高校基础研究经费在全国占比超过一半。基础研究是指一种不预设任何特定应用或使用目的的实验性或理论性工作，其主要目的是获得（已发生）现象和可观察事实的基本原理、规律和新知识，是原始创新，基础研究经费往往是创新投入的重要体现，但根据《2020年中国专利调查报告》显示，高校有效发明专利产业化率仅为

3.8%，科技成果转化成效明显不足。高校继续教育是高校对接社会需求、提供社会服务的重要渠道，在建设高技能人才培养基地、推进科研成果转化方面的作用发挥得还不够充分。

3. 办学力量未能有效整合，管理体制尚未健全

首先，目前我国大多数普通高校采用开设继续教育学院的方式办学，但在人事和财务管理上实行学校统一管理，师资的管理权归相关教学学院，继续教育学院一般无专门师资，往往是根据课程需要从各二级学院临时借用专家教师，未形成数量充足、结构合理、相对稳定的继续教育师资队伍，不利于课程的持续开发优化，难以形成精品课程体系。同时，高校内各部门由于在教育理念、重视程度上存在差异，导致各办学实体、教学单位之间的权、责、利边界难以界定，有待进一步明确和理顺。

其次，目前我国继续教育培养"学分银行"尚未建立，各单位、各高校的教育成果不能互通互认，例如成人教育、自学考试、开放教育和网络教育等不同类型的继续教育由于组织和培养单位不同，学习课程无法转换，受教育者根据个人需求进行的学习深造，也难以在不同高校、不同用人单位中获得标准化的认证，导致学习成果难以流动和持续，不利于继续教育普及和持续化发展。

最后，产教融合、校企合作不够深入。随着学历教育的弱化，职业技能培训在高校继续教育中的比重日益提升，办好需求导向的继续教育，需要高校和企业深度融合。但目前，由于高校和企业在价值取向上存在差异、协同机制不畅、约

束机制不强等因素，并未实现真正融合，继续教育力量不能有效整合。

我国高校继续教育出现以上困境的本质原因在于，其运作和治理模式单一粗放，无法满足当下国家和人民的需求，亟待从根本性的治理体系上进行转型。

三、治理理论对高校继续教育发展的适用性分析

（一）治理理论概述

1. 发展脉络

"治理"理论（governance）相对于传统的"统治"（government），兴起于20世纪90年代，是基于对市场失灵和国家失败反思后的"第三条路径"，是人们对于市场与政府间力量不完善组合的又一次选择（郁建兴，2008）。经过诸多学者持续的研究与发展，治理理论已经成为公共管理领域最核心的理论之一，被广泛运用于社会领域。

20世纪中期，西方资本主义发达国家信奉市场主义，即国家和社会的运行均以市场为导向，追求经济理性、专业分工，社会的利益分配与资源配置完全依靠市场这只"看不见的手"进行调控，政府的作用不仅在于维护国家主权、维持市场与社会的规范运行。大规模、机械化、标准化的生产和交易模式迅速建立，在发展初期大大提升了社会的劳动生产率。但很快人们发现，在这种完全市场导向下，连工人的权利也被雇主视为影响经济利益的因素，人们的基本权利和个性化需

求得不到保障和满足，公共建设无法开展，公共利益得不到保障，同时竞争带来的垄断现象也限制了生产的进一步发展，完全通过市场力量进行配置资源的社会机制陷入危机。

20世纪60年代后期，基于对市场失灵的反思与调整，突显政府作用的"福利国家"概念兴起，即政府作为公共利益的代言人，成为社会运行和资源配置的主要力量，通过市场之外的再分配机制来保障个人的利益，被视为"全能政府"。但很快，人们又发现，由于决策信息的不完全性以及决策人的有限理性，政府并不具备控制一切的能力，且日益扩张的政府机构甚至给社会带来了新的经济负担，还会出现浪费、寻租等负面作用。

20世纪80年代以来，随着全球化、信息化时代的来临，全能政府在机构膨胀、财政压力巨大、公共物品供给能力薄弱方面的困境日益凸显，以英国、美国为首的西方国家开始掀起一场以"有限政府"为核心理念的新公共管理运动，主张削减政府职能，将市场机制和企业家精神引入公共事务管理。学界对于政府和市场间力量的组合也开始有新的思考，查尔斯·沃尔夫（2009）指出，"市场与政府之间的选择不是单纯的二择其一，往往是两者间不同组合的选择，以及在配置资源模式的不同程度之间的选择"。我国学者俞可平（2002）指出治理理论兴起的直接原因在于，西方的政治学家和管理学家在社会资源配置中既看到了市场的失效，又看到了国家的失效。

随着强调"非中心化、多元分散、平等"后现代主义的兴起，以及民主理论的进一步发展，公民参与公共事务的呼声日益增高，因此治理理论除了讨论市场与政府的作用之外，还纳入了对于社会组织、民主力量的讨论。Boyte（2005）指出，治理意味着"民主的新范式"，开启了民主和公民能动性意义的范式转换，将公民转变成为公共问题的解决者、公共物品和服务的共同提供者，将公共领导人转变为公民行动的组织者，建立民主的社会。进一步地，奥斯特罗姆夫妇（2000）提出多中心治理理论，以自主治理和自发秩序为基础，反对权力的垄断和集中化，主张政府和各主体间通过自发的合作、协商、谈判来解决公共治理问题，而非行政命令。

2. 核心观点及在教育领域的运用

不同于单一集权和完全自由市场机制，治理理论强调多主体参与的合作管理、共同治理。治理意味着国家、市场和社会以新方式互动，以应付日益增长的社会及政策议题的复杂性、多样性和动态性。治理同时涉及公、私部门，因此治理主体是多元化的，随着公民社会的兴起，除了政府与市场的力量，还引入了社会组织和公民自治，各主体间的权力具有依赖性和互动性。

治理理论的优势包括以下三个方面：第一，治理主体更加多元，主体的权力来源不仅仅是行政权力，更多的是相关主体诉求的直接表达，因此决策过程将更加包容、合作，决策结果也将更民主有效。第二，正是强调多主体参与，将生产者与消费者统一，能有效减少搭便车现象，让相关主体均能发挥作用，通过合理分工提高效率性。第三，供给方和需求方均参与到治理过程中来，能提供更精准、适当的公共物品或服务，避免出现供给过量或不足。

教育作为一项公共事务，教育治理也是国家治理的有机组成部分，教育领域的管理改革也受到治理理论的影响。褚宏启（2014）指出，我国教育管理中存在着政府错位、越位现象严重，学校自主性不够、办学活力不足，其他利益相关者参与不足等问题。教育治理则是以多元共治为目标，以构建政府、学校、社会新型关系为核心内容，旨在形成政府宏观管理、学校自主办学、社会广泛参与的格局。

（二）多元治理视域下高校继续教育的本质属性分析

1. 高校继续教育兼具公共和私有属性

根据政治经济学原理，是否具有外部性、具有竞争性和排他性是判断一种物品（或服务）是公共物品（或服务）还是私人物品（或服务）的重要依据。教育因具有较大的外部性，能对整个国家和社会的发展产生影响，在很大程度上由公共部门提供。继续教育虽不同于义务教育，其教学运行的成本和收入更贴近于市场经济模式，但在教育的教化、引导，以及构建学习型社会等方面仍具有很强的外部性。

高校继续教育的公共性体现在以下两个方面：第一，高校继续教育与其他类型的教育一样，都具有教化和引导的功能，能服务区域经济社会发展，具有巨大的正向外部性，具体体现在：能为受教育者提供生产技能、职业能力、管理技巧、人文素养等方面的知识供给，在个体层面能促进个人全面、持续发展；也能利用继续教育的契机，引导受教育者关注国家和社会发展动向，实现在社会层面的调节和引导作用，如能通过对劳动者工作技能的再培训，调整就业结构；还能助力社会生产力的增速发展，推动创新战略落地、促进产业转型升级。第二，高校继续教育是构建全民学习、终身学习的学习型社会的需求。纵观我国关于继续教育的政策文本，相关表述从成人教育到继续教育，再向终身学习和学习型社会的变化，更加凸显出其社会的公共属性。2020年联合国教科文组织在《拥抱终身学习的文化》中提出：期望在2050年建成终身学习型社会，人人都是终身学习者，不论年龄、性别、种族、经济状况、社会地位如何，都可以进行积极且自由的学习。继续教育作为建设学习型社会的重要部分，将成为社会的普遍性需求，当人人都可以进行自由的学习时，高校继续教育也将成为非竞争性和非排他性的公共物品。

高校继续教育的私有属性也十分明显，具体表现在：从教育资源的供给上来看，目前高校继续教育在很大程度上是自负盈亏的，其教学运行成本和教学资源投入，受到不同地域、不同项目、不同教学层次等因素的影响。从教育资源的获取上来看，高校继续教育是非义务教育，个人根据自身需求缴纳学费后获取，且招生名额有限，具有排他性。

2. 高校继续教育治理涉及多方主体

因高校继续教育兼具公共属性和私有属性，一方面要受到公共部门，即各级政府主管部门的管理和监督；另一方面又受到市场调节力量的作用，相关主体既包括作为其消费者的学生、用人单位，也包括可能存在竞争关系的其他高校；

同时，因教育与个人的发展息息相关，高校继续教育还将受到社会公众的关注与监督。

在高校继续教育治理中，无论是政府干预或是市场机制都无法进行单一力量的垄断控制。完全由政府力量来组织办学，虽然能依靠强大的行政力量在短时间内快速推进，降低办学运行风险，但可能脱离现实需求，无法激活高校积极性，且成本较高、易造成资源浪费。完全由市场机制来调节，则不利于高校继续教育的快速普及，办学方向和办学层次也将受到限制。因此，需要政府、市场和社会的协调合作，在各自的职责领域内发挥作用，综合发挥政府干预的集中性、市场化方式的高效性以及社会自主组织的灵活性，通过多元共治提升治理效率。

四、高校继续教育的多元治理体系构建

（一）高校继续教育治理中的多元主体分析

构建高校继续教育的多元治理体系，即要回答两个基本问题：治理主体是谁，治理主体之间是什么关系？近年来，学界多位学者基于利益相关者视角研究分析了高校继续教育的相关利益主体，孙立新和李梦真（2018）在对相关文献进行整理和述评的基础上，依据米切尔评分法，从合法性、影响力和紧迫性三个维度对高校继续教育的利益相关者群体进行界定和分类，并通过问卷调查和实证分析确定高校继续教育的利益相关者包括学生、教师、学校及行政管理人员和用人单位、校友、捐赠者、家长、贷款者、其他学校和社会公

众。利益诉求的充分表达和有效整合是教育治理的基本要求，因此利益相关者必须成为治理主体，提升高校继续教育治理水平和能力的关键就在于妥善处理核心利益主体间的关系（于莎，2022）。

结合治理理论中对治理主体进行的政府、市场和社会三大分类，可将高校继续教育的治理主体进行以下分类和整合：第一，在政府干预方面，各级政府主管部门被视为行政权力机构，需要兼顾高校继续教育办学的经济效益和社会效益，有着引导高校继续教育办学方向、监管办学市场的职责。第二，在市场机制方面，高校继续教育的产品供给直接受到受教育者和用人单位需求的影响，作为消费者，受教育者和用人单位可以"用脚投票"，选择更优质、更适合自身需求的继续教育产品；同时还需考虑在教育过程中办学机构、教师方的利益诉求；此外，还会与同区域、同类型的其他高校形成竞争或合作关系。第三，在社会治理方面，社会公众既可以通过向有关行政部门投诉，或是在媒体上发声等行使监督权的方式参与治理，也可通过提供捐赠、贷款等方式直接参与到高校继续教育办学决策和过程中。各主体之间的关系不是"一对一"的简单互动模式，而是复杂的网络化结构，需要实现有序整合、共同治理（乐传永和于莎，2019）。

表1 高校继续教育治理主体

类型	具体对象
政府	各级政府主管部门
市场	受教育者、用人单位、高校办学机构、教师、其他高校
社会	社会公众、校友、捐赠者等

（二）高校继续教育的发展路径优化

在多元治理视域下，为保证高校继续教育治理体系的顺畅运行，需要协调各主体的利益诉求，并明确各自的权责范围。在治理实践中，可从以下几个方面进行优化。

1. 加强政府统筹，彰显高校本位，细化监督调控机制

高校继续教育作为准公共物品，离不开政府的宏观管理，尤其是在我国高校继续教育发展起步较晚，目前在管理运作、品牌建设等方面尚未完善的情况下，更需提升政府的统筹引导能力。政府作为宏观调控力量，可通过政策供给和评估督导的方式为高校继续教育发展创造良好的制度环境。具体地，首先，要做好高校继续教育区域性、中长期的规划工作，明晰高校继续教育的价值定位和发展方向，明确高校继续教育与普通学历教育具有同等发展地位，将继续教育纳入高校高质量发展新格局。其次，在当下高校继续教育发展进程较为落后的情况下，加大对高校继续教育的资源投入和政策倾斜，引导其办学理念转变，不再局限于当下的经济效益，而是以更加长远的视角看待投入与收益的关系，促进高校继续教育可持续发展。此外，规范制定高校继续教育的评估考评标准，加强对办学资质、教学质量的审核与监管，坚决遏制非法办学、过度逐利行为。

但另一方面，也要避免进入政府"大包大揽""事无巨细"的管理误区，需秉持"有限政府"原则，在做好宏观管理的基础上，扩大落实高校办学自主权。首先，在招生计划制定、办学经费使用、学科专业设置、教学课程安排等办学具体事

项方面进一步简政放权,彰显高校本位。其次,提升服务意识,整合各层级相关部门的权限职责,形成责任清单向高校和社会公开,简化办事流程,帮助符合政策规定和社会需求的办学机构快速顺利落地,牵头建设区域人才培养基地,推进资源整合。最后,积极营造全民学习、终身学习的社会氛围,持续推进对在继续教育方面表现积极优异的高校、企业或公民进行表彰和宣传,如教育部职业教育与成人教育司征集推介"百姓学习之星"和"终身学习品牌项目"活动,以官方认证的方式提升公众和社会的积极性,扩大社会认可度和参与度。

2. 激活市场机制,满足社会需求,走精准化、特色化办学之路

激活高校继续教育的私有属性,利用好市场机制推进转型步伐。随着我国迈入高质量发展阶段和信息技术的迅猛发展,各行各业由传统粗放型的经营模式逐渐向精细化发展,对强专业化、高素质性的人才需求日益凸显,再加之人们对美好生活的需求日益提升,社会对继续教育的内容需求呈现出专业化、个性化、高质量的特征。因此,高校继续教育办学应当紧贴时代特征,提供符合市场需求的教育产品。

第一,精准对接市场需求。改变以往依附普通高教模式的课程结构,积极开展市场调研对接行业、群众,把握继续教育对象的特征和需求,例如区分受教育者所在行业领域,用人单位则可划分为政府、事业单位还是企业,岗位类型需区分管理型还是技能型等推出定制服务,分类别、有针对性

地开设专业、开发课程，以实现供需高效匹配。

第二，引入市场运行机制。可与用人单位通过订单式、项目制的方式建立专项人才培养供给的长期合作；吸纳企业、行业等社会力量参与办学，合理分配办学投入和收益；对参与办学的教师、管理人员实行绩效考核并与收入待遇挂钩，提升工作积极性和责任心；提升信息技术水平，整合线上线下学习资源，打破教学在时间和空间上的限制，运用大数据技术实现招生的精准化、管理的便捷性，推动学分认定系统、终身学习档案建设，提升继续教育的普及化。

第三，打造高校特色品牌。在区域内引入市场机制，为争取生源，作为继续教育办学主体的各高校间也将存在竞争关系，倒逼高校走高质量、特色化发展之路。高校在保证教学质量的同时，还应发挥自身办学优势，将王牌专业、优势学科与区域经济发展格局和市场需求结合起来，创立校本品牌，走特色办学、差异发展之路，以此丰富继续教育的内容供给，确保教学质量。

3. 整合办学力量，筑牢资源基础，发挥辐射带动作用

高校继续教学办学力量可分为校内和校外，由于涉及主体较多，相互关系有待进一步梳理整合，可通过加强校内合作、深化校企合作、开展校校合作、推进校社合作，筑牢高校继续教育办学的资源基础，更好发挥在服务经济社会、建设学习型社会中的辐射带动作用。

加强内部合作，提升运行效率。应在学校层面将继续教育纳入大学章程，并制定办学目标和方向、建立完善学分制度，

并明晰不同管理部门的职责所在。例如对于单独设立继续教育学院二级单位的高校来说，需要做好继续教育学院和其他教学单位的资源整合和分工配合，继续教育学院应更多地承担调研市场需求、承接教育订单、协调师资力量、开展行政管理服务的作用，教学单位则需推荐符合市场需求的师资，协助进行课程开发和教学设计。同时，在专业设置和课程开发方面，还应整合专任教师和行政管理人员的意见，实现教育产品在确保高质量和符合市场需求两方面的兼顾。

整合外部力量，筑牢资源基地。第一，深化校企合作，推进产教融合。根据企业和行业的人才需求，共建人才培养基地，结合现实岗位需求确定人才培养目标，开展"校企双师型"培养模式，通过人才供需的精准对接提升人才培养效率；建立稳定的校企双方人力资源交流渠道，高层次人才相互聘任，实现理论与实践的有机融合。用好企业实践中的教学资源，尤其是要汲取行业中龙头企业的优秀经验，提升高校实践教学能力，着力培养应用型人才；同时，发挥高校理论研究水平强的优势，共同梳理挖掘企业实践中的优秀经验做法，进行系统总结和理论升华，便于成果固定和推广。关注区域发展格局和企业战略，发挥高校智库作用，为企业的转型升级提供咨询建议，在产教融合视域下实现校企双方的资源共享、互惠共赢。

第二，开展校校合作，促进优势互补。一定程度的竞争会促进各高校提升办学质量，但过度竞争则会造成资源浪费和效率损失，如通过"宽进宽出"等非法方式吸引生源；或是为了扩大市场占有率，实行"大而全"的办学理念，不利于高校特色品牌的树立；高校间培养成果认定上的壁垒，也不利于继续教育的推广。因此，开展校校合作，组建高校继续教育联盟，促进高校间资源共享、优势互补，是务实之举。一方面，同类型高校可以在招生培养、师资力量、研究成果等方面加强交流合作，发挥优势资源的规模效应，合力解决重大问题，带动高校继续教学的办学水平和人才培养质量整体提升。另一方面，不同类型高校可实现资源互补，通过联合培养、学员互通、学分互认的方式，既能为学员提供更加丰富全面的继续教育资源，推动学分银行、终身学习档案的建立，也能使高校更专注于建设自身的优势特色学科。

第三，推进校社合作，拓宽教育场域。社会服务是高校的基本职责之一，社区作为社会的最基本单元，可与高校开展多种形式的合作互动。建设学习型社会是一个宏大的概念，其落地实现可从社区开启探索尝试，高校可将继续教育场域从学校搬到社区，将教育资源对社区开放，并积极参与、引领社区的文化建设，既能发挥大学文化的辐射带动效应，为社区居民提供便捷的学习渠道，助力终身学习体系的建立；也能通过与社区的互动了解社会需求、提供社会服务，在办学过程中也能凸显地方文化特色。

参考文献

[1] Boyte H C. Reframing Democracy: Governance, Civic Agency, and Politics [J]. Public Administration Review, 2005 (65): 536-546.

［2］郁建兴．治理与国家建构的张力［J］．马克思主义与现实，2008（1）：86-93．

［3］埃莉诺·奥斯特罗姆．公共事务的治理之道［M］．上海：上海三联书店，2000．

［4］查尔斯·沃尔夫．市场，还是政府［M］．重庆：重庆出版社，2009．

［5］褚宏启．教育治理：以共治求善治［J］．教育研究，2014，35（10）：4-11．

［6］高晓宇．新时代普通高校继续教育的定位与转型［J］．继续教育研究，2022（8）：12-16．

［7］乐传永，于莎．集体行动视域下高校继续教育治理的实践逻辑与推进路径［J］．高等教育研究，2019，40（12）：35-41．

［8］李云贵．高校继续教育的误区及发展路径［J］．继续教育研究，2022（5）：1-4．

［9］孙立新，李梦真．高校继续教育利益相关者分类实证研究［J］．教育发展研究，2018，38（9）：76-84．

［10］徐作锋．转型与重构：新时代高校继续教育发展路径研究［J］．成人教育，2022，42（4）：16-21．

［11］于莎．利益相关者视域下高校继续教育治理的博弈分析［J］．职教论坛，2022，38（1）：105-111．

［12］俞可平．中国公民社会的兴起与治理变迁［M］．北京：社会科学文献出版社，2002．

高校假后复学管理工作中的典型案例及对策

张 娇

（中南财经政法大学新闻与文化传播学院）

近两年每逢假后复学，各高校除了提前安排常规工作外，重中之重怕就是严防死守疫情卷土重来，可以说，病毒不灭，战疫不止。学生从不同地方返校复学，在疫情管控区域随时处于动态调整状态的形势下，如何确认学生返校前和在途的健康状态、防止出现学生返校后的群体性健康问题、在出现紧急情况下如何有序开展工作并防止疫情扩散等是各高校在实际工作中需要解决的一系列问题。

在各项防疫实施方案推进落实之前，有关部门均会就方案的可行性及有效性进行几轮论证，以保证迅速落地。中小学校在出现紧急情况时一般会立即停课停学，全面筛查，其主要原因在于中小学基本是走读教学，用这样的方式来切断扩散可能较为合理，但却并不适用于高校疫情管控工作。大多数情况下，在发现确诊、疑似、"时空伴随"等情况时，高校可以采取的最高效的措施只能是尽快形成闭关，截断所有可能的传播渠道，必要时可采取全面筛查加集中隔离管理，以保障大多数师生的健康安全。

以 2022 年春季开学期间，高校防疫管理工作出现的典型问题为例主要有以下两类。

一、有关集中隔离管理工作中出现的问题

（一）案例背景

大规模的聚集或流动会增加疫情集中暴发的风险，尤其须在假期后复学复工的短期时间范围内加大防控力度。2022年春季武汉再次发现阳性感染者，部分高校也发现疑似密接和时空伴随者。为了抓细落实流调、排查、管控、救治等系列工作，各校从严从快，迅速做出反应，开展多轮省外返校师生核酸检测，同时对涉及疑似密接学生学习生活区域做重点消杀，对寝室楼做临时集中隔离管理，多方联动，闭环处理，防控效果明显，校园形势稳定。

但纵观全局，相关案例所暴露出来的问题也显而易见。比如，对于疫情闭环管理，现在人们基本上都能快速明确形势并积极配合。但管控通常只涉及小部分区域，大多数情况下，人们对于管控工作的认知来源于新闻和身边人的转述。所以当事情真地发生在自己身上，有情绪波动也是人之常情。再如，接到流调短信或电话的学生不清楚如何配合调查，有时因担心个人信息被泄露而瞒报漏报谎报，疫防工作涉及各类

数据的收集、统计和报送，因此学生配合流调给出的数据是否准确及时从一定程度上直接决定着疫防工作的效率。此外，还存在集中隔离之后学校各部门如何协调，以尽可能保障相关学生在隔离期间的正常学习生活，对于有特殊情况的学生（比如确有身体或心理健康问题需定期治疗的学生、出现临时意外状况的学生等）如何应对和处理，对"时空伴随""序贯免疫接种"等疫防新名词如何及时对学生进行解释宣传等问题。

（二）对策建议

1. 畅通信息反馈通道，建立资源共享平台

搭建公开固定的沟通通道，及时披露相关信息，避免学生因过度猜忌导致情绪波动，滋生疫情讹传；同时第一时间进行最新形势通报，结合及时有效地宣传教育，促使学生在理解的基础上主动配合相关工作。

2. 优化管控体系，注重工作细节

成立院校疫防工作领导小组，全员联动，分工协作，细化职责，固化工作模式并通过实践不断优化调整，实现"'疫'来有保障，行动有指南"。同时，要注重工作开展中的细节问题，比如针对省外返校学生开展流调工作时，须注意对学生隐私的保护，保证所涉学生不会因配合疫防工作导致个人信息泄露；做好前期数据统计，做好动态管理，必要时配合技术手段，实现大数据共享，避免重复工作，保证统报效率，提升疫防工作实效。

二、学生不重视、不配合学校管理工作要求，缺乏纪律意识

（一）案例背景

疫情期间，高校学生除了要遵守日常管理工作规范之外，还需要严格严肃纪律要求。"返校前需在学生网上事务大厅填写'学生返校申请'，并提交48小时内核酸检测阴性证明，审批通过后方可返校"、"返校后非必要不出校，非必要不离汉，非必要不出省"、"省外返校学生须配合完成核酸检测工作"、"返校后确有特殊需要的，须严格履行请假手续，以作流调备查"等疫防工作要求是基本。在具体实践过程中，很多学生习惯于辅导员的人文关怀，对于纪律的遵守常常心存侥幸，以至于"先斩后奏"甚至瞒报谎报漏报等情况层出不穷。学生并非不明确道理和规则，院校时常强调，辅导员耳提面命，师生全员配合均是常态，耳濡目染之下也应谨言慎行。在这样的情况下仍明知故犯，可能的原因就是纪律要求出现了权责不对等。

简单地说，辅导员在落实具体工作时抱持着"保姆式"统管心态，把规则掰开揉碎，逐条跟地跟学生确认落实，间接纵容助长学生的"巨婴"心态。高校大学生已是成年人，自律和担当是其在社会中生存时最基本的行为准则，在行为规范具备可操作性的前提下，遵守规则就是理所应当。但在实践操作中，有关部门着重阐述具体操作流程，对责任细化和惩罚机制却不明确，从而容易造成学生"我不遵守，好像

也没什么后果"的错觉。

（二）对策及建议

辅导员需要做的并不是事无巨细手把手的"贴心"服务，而应教育引导学生形成自主责任意识，内化于心，外化于行。同时有关部门在制定相关规范，做具体工作部署的同时，需要进一步明确责任主体和配套的奖惩措施，以提高学生纪律意识和责任意识。必要时，高校须正视学生问题，严肃纪律要求，严格执行落实，不打折扣，不纵侥幸。

三全育人视域下高校二级学院管理路径探赜

——以中南财经政法大学刑事司法学院为例

万里雪

(中南财经政法大学刑事司法学院)

2017年,中共中央、国务院颁布的《关于加强和改进新形势下高校思想政治工作的意见》强调,要"坚持全员、全过程、全方位育人,把思想价值引领贯穿教育教学全过程和各环节"[1]。2020年,教育部等八部门发布的《关于加快构建高校思想政治工作体系的意见》明确提出,要"建立完善

---

[1] 中国政府网. 中共中央 国务院印发《关于加强和改进新形势下高校思想政治工作的意见》[EB/OL]. (2017-02-27) [2022-06-11]. http://www.gov.cn/xinwen/2017-02/27/content_5182502.htm.

的全员、全程、全方位育人体制机制"①。二级学院是高校实施"三全育人"的前沿阵地，具有集中式、系统化、持续性进行思想政治教育的独特优势。进入新发展阶段，二级学院应主动聚焦新时代高等教育的新要求、新使命，围绕"双一流"建设和"新文科"建设的发展目标，深刻理解和充分践行"三全育人"理念，建立系统完备、科学规范、运行有效的管理机制。在育人实践中，刑事司法学院始终围绕立德树人根本任务，立足守正创新，积极探索学院管理新路径，通过构建"一个体系"、建设"一支队伍"、搭建"一个平台"，努力构建全员、全过程、全方位育人"大格局"。

一、构建多维导师体系，在教育主体上从"单"转向"全"

（一）创建"纵向—链式"的本科生素质导师模式

在"纵向—链式"本科生素质导师模式下，学院公开遴选治学严谨，具有高度责任心和奉献精神，具备良好职业道德和品德修养的教师担任本科生素质导师，每位素质导师在大二、大三、大四3个年级分别指导3~5名本科生。素质导师对不同年级学生实行"分类分级"指导。在具体实践中，低年级学生的工作重点在于针对学生个体差异，在学习进度

---

① 中华人民共和国教育部政府门户网站.教育部等八部门关于加快构建高校思想政治工作体系的意见［EB/OL］.（2020-04-28）［2022-06-11］.http://www.moe.gov.cn/srcsite/A12/moe_1407/s253/202005/t20200511_452697.html.

和方法、课程选择以及专业方向选择等方面给予学生指导；高年级学生的指导重点在于引导学生进行科学研究或开展专业实践，指导学生承担或参与大学生创新创业训练计划项目，引导学生做好职业生涯规划，等等。在素质导师的开展过程中，出台相应的导师关心帮助本科生就业的激励措施，采用"以奖代罚"形式，向所带学生就业率超过学院总体就业率的导师发放奖励性补贴，以激发导师提高指导水平，强化导师与学生在思想、生活、学业、科研、实践以及就业的全方位互动联系。

（二）推行学年论文+学士学位论文即"1+1"导师指导模式

本科学年论文与学期课程论文和本科毕业论文之间，既有联系，又有区别。学者谢一锋认为，"学年论文应该有着比课程论文更高的学术定位和写作要求，在内容和形式上具备了一篇真正意义上学术论文的基本条件；另一方面，学年论文作为毕业论文的准备和前奏，虽然在一定程度上同毕业论文相衔接，却不能简单地界定为毕业论文的替代品和初稿，而必须在选题内容、论文篇幅和评价机制方面与本科毕业论文有所区别"[①]。当前，我国高校本科生毕业论文的原创性不高、应用性不强、创新性不足、质量参差不齐等问题突出，如何加强本科毕业论文（设计）过程管理、提高本科毕业论

---

① 谢一锋.研究型大学学年论文制与本科生导师制的互动[J].大学教育科学，2018（5）：55-60.

文（设计）质量是我国高校本科生教育亟须解决的重要问题。在本科生教育教学中，我院将学年论文指导机制与毕业论文指导机制相结合，推行学年论文+学士学位论文即"1+1"的导师指导模式。在"1+1"导师指导模式下，学年论文的指导教师继续担任该学生毕业论文的指导教师，一位老师全程指导学生的学年论文选题、写作以及毕业论文的选题、开题、写作与答辩。在"1+1"导师指导模式下，导师的功能更加彰显，教师对学生的影响不仅仅是短短几个月的昙花一现，而是连续一贯的耳濡目染，导师与学生的交流也与具体的学术实践任务紧密地融为一体。

（三）实施研究生导师履职"培养第一责任人"考核与评价

2018年，教育部发布的《关于全面落实研究生导师立德树人职责的意见》指出，"要落实导师是研究生培养第一责任人的要求"，"健全研究生导师评价激励机制"，"明确表彰奖励机制"[①]。实施研究生导师履职"培养第一责任人"考核与评价是对导师在研究生的培养方面的价值认定，旨在促使导师提高指导水平、改进工作成效。在具体实施中，我院出台相应的导师关心帮助研究生就业的激励措施，将研究生导师所带学生就业率与该导师的年终绩效挂钩，向所带学

---

① 中华人民共和国教育部政府门户网站. 教育部关于全面落实研究生导师立德树人职责的意见［EB/OL］.（2018-01-08）［2022-06-13］. http://www.moe.gov.cn/srcsite/A22/s7065/201802/t20180209_327164.html.

生就业率超过学院总体就业率的导师发放年终奖励性补贴；而对所带学生就业率连续两年低于学院总体就业率的导师，则缩减其下一年度的招生人数。

二、加强学生工作队伍建设，在育人过程上从"分"转向"合"

（一）成立"行思辅导员工作室"，促进辅导员队伍专业化、职业化发展

辅导员作为思政教育一线骨干力量，在三全育人实践中发挥着不可替代的作用，其队伍建设水平事关学生成长、学校发展。当前，专职辅导员的构成结构呈现年轻化、多元化状态。因此，要注重辅导员核心职业能力的发展，促进辅导员队伍专业化、职业化发展。我院通过成立"行思辅导员工作室"，加强辅导员与辅导员之间的沟通交流，以期达到"1+1＞2"的实际效果，推动我院辅导员队伍专业化、职业化发展。在每周一的辅导员晨会上，各年级辅导员深入开展岗位工作交流，学习朋辈经验，汇聚多方想法，从而更好地解决学生工作中的"疑难杂症"，实现思想集聚效应。具体而言，通过辅导员晨会，各年级辅导员针对工作中的问题进行思考，深入开展岗位工作交流，学习朋辈经验，汇聚多方想法，从而更好地解决学生工作中的"疑难杂症"，实现思想集聚效应。此外，"行思辅导员工作室"以落实"共同成长"理念为目标，在服务学生的基础上，有意识地抓住辅导员职业成长的方向和关键节点，实现

辅导员的职业生涯全过程陪伴。

（二）推动兼职辅导员队伍建设，提升育人实效

2017年教育部发布的《普通高等学校辅导员队伍建设规定》第三章"配备与选聘"中明确指出，"高等学校应当按总体上师生比不低于1∶200的比例设置专职辅导员岗位，按照专兼结合、以专为主的原则，足额配备到位"，同时强调"高等学校可以从优秀专业教师、管理人员、研究生中选聘一定数量的专业教师作为兼职辅导员"[1]。在育人实践中，我院在全校范围内选取优秀专任教师以及优秀行政管理人员担任兼职辅导员，其具体工作职责执行《中南财经政法大学辅导员队伍建设实施意见》相关要求，侧重于对学生在思想、学业、生活、职业规划、党建、团学、双创以及安全稳定等方面的指导，学院负责对兼职辅导员进行统一的业务指导和日常管理。兼职辅导员队伍是辅导队伍建设的重要补充力量，加强兼职辅导员队伍建设有利于加强我院学生工作队伍建设，优化学生工作队伍结构。

（三）成立教学助理员工作小组，充分发挥桥梁纽带作用

教学助理员制度设置的目的在于进一步加强学风建设，

---

[1] 中华人民共和国教育部政府门户网站. 普通高等学校辅导员队伍建设规定［EB/OL］.（2017-09-29）［2022-06-13］. http://www.moe.gov.cn/srcsite/A02/s5911/moe_621/201709/t20170929_315781.html.

激发教师的授课热情，创造更加浓厚的学习氛围，协助相关单位责任人实时掌握本单位学生动态与教学常态，将学校的强学理念在本单位贯彻落实。教学助理员工作小组由指导老师、督导小组以及各年级任用的教学助理员组成，以学生内部管理引导为原则，学生自我监督与自我管理为两翼，在进一步增强和培养学生能力的同时为学院营造良好的学习风气。作为学院党委工作的"眼睛"和"喉舌"，教学助理员接受指导教师与督导小组的指导，深入学生，扎根课堂，及时向上汇报课堂的学生缺课情况，帮助各年级辅导员了解学生当前学习状态、思想动态，协助任课老师完成教学任务，充分发挥任课教师与课堂学生良好互动的桥梁纽带作用。

三、搭建资源共享平台，在育人空间上从"点"转向"面"

（一）探索实践教学新模式，组建实验室兴趣小组

为了加强我院国家级司法鉴定中心与本科教学、人才培养深度融通，激发学生学习兴趣与培育后备人才，我院发起"走进实验室"倡议和号召，师生共同组建实验室兴趣小组，汇聚全方位育人的强大合力。创新能力的培养需要良好的科研条件和科研氛围，学院通过组建测谎小组、痕迹检验小组、文件检验小组、声像资料小组、电子证据小组、微量物证小组以及人眼识别等7个研究小组，为学生进行科研训练开辟了通道，使得本科生进入实验室开展创新实践的机会大大增加。与此同时，小组成员在了解科研的过程中不仅能巩固知

识和培养思维，还能提高自身的专业综合实验技能，提升自身的核心竞争力。

（二）整合校友资源，搭建校友交流平台

为加强校友之间联系，增进校友感情，传承"聚是一团火，散是满天星，群飞是大雁，单飞是雄鹰"的刑司精神，我院拟启动成立中南财经政法大学校友总会刑事司法学院分会，以加强校友之间、校友与母院之间的联系、合作，继承并发扬母校的优良传统，促进校友与母院、母校的共同发展，协同推进母校"三全育人"。分会的业务范围和主要任务为：联络校友，接受校友和社会各界捐赠，推动对困难学生的帮扶活动，搭建学院与校友之间的合作平台，促进各地校友的横向联系，等等。

（三）成立学院学习发展中心，打造学习品牌

刑事司法学院学习发展中心以服务学生学习发展为核心，以激发学习动力、培养学习能力、提升学习效能、整合学习资源、促进学生全面发展为主旨。中心立足校情、院情、学情，遵循教育规律，关注学生个性化、多层次学习发展需求，努力提供全过程、全方位指导服务，在学生学习成长道路上提供支撑和守护。学院学习发展中心育人模式分为以下四个模块，每个模块又侧重不同的学习阶段。模块一为"品格养成——点滴启智，微语润心，辅导员主题班会引领学生成长"。本模块的主要对象为大一新生。新生品格培养，是整个四年学习及未来就业成功的基础，这一时期要从品格、习惯、学习、

生活、做人等全方位进行引导与养成。模块二为"学习引领——专业课老师讲师团言传身教，揭开专业学习之奥秘"。这一阶段主要针对大二、大三学生，由专业课老师组成讲师团，每周由一位老师担任讲师，与学生交流学习和生活，从自己的成长故事说起，引领学生认识专业之美、专业之乐、专业之妙。模块三为"就业导航——有的放矢，分类引导"。这一阶段主要面向大三学生。进入大三，学生们就普遍有了紧张感与焦虑感，面对未来既迷惑又倍感压力，对考研没信心，对考公务员没信心，对就业没信心……这一模块将对有不同就业意向的学生进行分类，根据不同学生的类别帮助他们分析问题、解决问题、提高就业能力。模块四为"朋辈互助——前辈经验教训之价值"。本模块中，由经验丰富的师兄师姐们组成学霸交流团、考研交流团、考公交流团、保研交流团等，由他们现身说法，分享信息，传递成功经验，等等。概言之，学院学习发展中心四大板块设计立足于学生个性化、多层次的学习发展需求，旨在促进学生全面发展和高层次发展。

四、结语

2020年9月9日，习近平总书记向全国广大教育工作者提出"不忘立德树人初心，牢记为党育人、为国育才使命"。总书记的指示为广大教育工作者指明了社会主义教育的本质、方向和内涵。贯彻落实教育初心和使命是新时代高校坚持社会主义方向、提升现代化治理能力、建设中国特色世界一流高校的核心内容。二级学院作为高校的基本行政、教学、科研、学生管理单位,也是高校贯彻落实教育初心和使命的基本承担单位。在"三全育人"中处在第一线。高校二级学院应秉承立德树人初心,勇担"为党育人、为国育才"使命,建立和完善"三全育人"机制体制,努力形成全员、全过程、全方位育人大格局,持续增强德智体美劳全面发展的社会主义建设者和接班人的培养能力。我院上述工作模式旨在将全院的人、财、物整合在一起,通过项目模式为学生个体提供更多、更优质的物质条件。总之,我们的目标不是让孩子们戴着镣铐起舞,而是让他们插上强壮的翅膀飞翔!

参考文献

[1]中国政府网. 中共中央 国务院印发《关于加强和改进新形势下高校思想政治工作的意见》[EB/OL].(2017-02-27)[2022-06-11]. http://www.gov.cn/xinwen/2017-02/27/content_5182502.htm.

[2]中华人民共和国教育部政府门户网站. 教育部等八部门关于加快构建高校思想政治工作体系的意见[EB/OL].(2020-04-28)[2022-06-11]. http://www.moe.gov.cn/srcsite/A12/moe_1407/s253/202005/t20200511_452697.html.

[3]谢一峰. 研究型大学学年论文制与本科生导师制的互动[J]. 大学教育科学,2018(5):55-60.

[4]中华人民共和国教育部政府门户网站. 教育部关于全面落实研究生导师立德树人职责的意见[EB/OL].(2018-01-08)[2022-06-13]. http://www.moe.gov.cn/srcsite/A22/s7065/201802/t20180209_327164.html.

［5］中华人民共和国教育部政府门户网站. 普通高等学校辅导员队伍建设规定［EB/OL］.（2017-09-29）［2022-06-13］. http://www.moe.gov.cn/srcsite/A02/s5911/moe_621/201709/t20170929_315781.html.

依法治校在高校管理育人工作中的践行机制探究

熊 灯

（中南财经政法大学党委宣传部）

党和国家高度重视高校思想政治工作，将这项工作作为重大的政治任务和战略工程来抓。2020年，教育部印发了《关于进一步加强高等学校法治工作的意见》，对高校依法治校工作提出了明确的要求。在"三全育人"的总体要求下，做好管理育人工作必须高度重视依法治校要求在高校管理实践中的贯彻落实，确保依法治校成为学校治理的基本理念和基本方式，同时服务于高校立德树人的根本任务，为培养德智体美劳全面发展的社会主义建设者和接班人提供有效路径。

一、依法治校是管理育人的根本遵循

管理是高校育人过程中重要的环节和方面，高校管理者所提供的管理和服务工作也直接对学生的成长发展起到重要影响。在一定程度上，高校的管理服务工作也直接影响着学生对高校的整体评价和认可程度。依法治校作为高校办学治校的基本理念和方式，必须融入、贯彻到学校工作的全过程和各方面。高校管理者开展各项工作必须始终坚持法治思想和法治方式，通过切实的践行让学生们在具体的接触中感受到法治思维和法治方式，从而达到管理育人的目的。

依法治校是党和国家全面推进依法治教对高校提出的要求。在具体落实上，要求将法治工作作为学校发展规划、年度工作计划以及重要工作的基本内容，将法治观念素养和遵守法律、依法办事作为衡量和评价高校干部的重要内容。同时，要将推进习近平法治思想进教材进课堂进头脑与学校的规章制度体系构建、法人治理结构完善、法治工作机构与队伍建设、法治工作落实与评价机制等结合起来，通过依法治校引领、推动、保障学校的改革与发展。因此，依法治校是高等教育内涵式发展的整体形势对高校提出的外在要求，同时还是对高校管理工作和管理者提出的基本要求，也是评价高校管理水平的重要维度[①]。

依法治校也是高校强化管理育人的内在要求。推进高校治理体系和治理能力现代化首要的便是要将法治理念践行到高校治理的方方面面，建立健全高校以《大学章程》为核心的体系完整、科学规范、高效运行的制度体系，构建切实可行、行之有效的落地机制，将法治理念落实为广大师生员工

---

① 蒋慧.新时代依法治校视域下高校学生管理研究[J].才智,2022(12):116–118.

的行动自觉,特别是管理者的行为习惯。管理者要发挥管理育人作用,首先要做到的便是依法依规规范管理。在科学规范的管理基础上管理者才能大胆探索教育的人文性,将依法治校的严肃性与教育的艺术性有机融合到具体的管理工作中,充分彰显"管"和"育"的张力,形成育人合力,进而实现管理育人的目的。

因此可见,依法治校是高校管理的外在要求,也是高校管理的内在动力。建立管理育人的质量提升体系,需要将依法治校作为根本遵循,并推动这种理念和方式转化为管理者的行动自觉,让管理者通过科学规范的管理模式和兼具管理严肃性及教育艺术性的管理行为浸润、引导和培养学生,让学生在良好的管理氛围中受到教育和影响。

二、依法治校理念在管理育人工作中践行存在的问题与困难

教育部先后对提升高校思想政治工作质量和加强高校依法治校做出具体的部署,并提出明确要求。这充分说明当前我国高校在推动依法治校理念在管理育人工作中的践行离理想的目标还存在一定的差距。同时,在高校管理育人的实际工作中,也可以切实感受到依法治校理念的践行还有进一步改进和完善的空间。

(一)依法治校整体理念与管理实践衔接不够

依法治校既是理念也是方式,当前高校中对依法治校的认识还存在不能够全面看待的问题。有的时候只是将其作为

一种理念，在实践中没有形成具体的举措；有的时候又仅将依法治校作为一种治理方式来看待，从宏观上把握不够全面。当前高校在推进依法治校的过程中，对依法治校的重视程度不断提升，也形成了较为统一的认识，但在具体推行过程中将理念转化为可以经得起检验、见得到实效的管理制度、管理方式和管理行为等具体实践活动上还存在不顺畅的问题。一些高校虽然从理念上重视依法治校，但在具体管理实践中落实尚未形成有效的机制、缺乏有力的举措、没有及时的跟踪评估，造成了理念向实践转化中过程脱节。这种情况会导致的后果是管理体系、管理能力和管理水平在依法治校深入推进的背景下带来的改观不明显，师生对依法治校的直观感受不强烈，甚至会直接造成师生对高校管理和依法治校工作的评价不高[①]。

（二）制度建设跟不上依法治校的要求

制度是依法治校理念的直接体现，制度的建立、完善和运行也直接反映了高校的管理状况，同时也对育人工作产生重要的影响。依法治校理念一方面要通过思想认识深入到高校管理者的头脑当中，作为开展管理工作的基本遵循；一方面要通过制度落实到具体的管理实践当中，通过约束与规范，成为管理者和管理对象的行动自觉和行为习惯。各高校在教育主管部门的部署和要求下，结合高校实际基本上已经建立

---

① 刘小亚，刘骥才，张磊．"依法治校"在高校管理中的应用思考与探究［J］．法制与社会，2020（36）：145-146．

起了以《大学章程》为统领的制度体系。随着各方面制度的不断完善，制度的规范性和完整性也不断提高，在高校管理中起到了指导性作用，为管理育人创造了较好的环境。但当前高校的制度建设还存在着各种各样的问题，从制度运行过程来看主要表现在以下几个方面：一是制定制度的规范性有待加强。高校的管理工作由不同的职能部门具体负责，制度作为开展管理工作的指导和抓手起着十分关键的作用，但由于不同的业务分属不同的职能部门负责，具体业务在高校的发展中由于内外环境的变化也会随之变化等原因，相关制度的制定有时缺乏统一的规范，导致高校内部的制度与上级主管部门的相关规定不一致、内部制度与制度之间存在差别、部分制度缺失、制度发布前的论证及试行程序不到位等问题。二是制度的可操作性不强。一定程度上存在为了制定而制定的问题，有些统筹某一具体业务领域的制度虽然出台了，但在实际工作中对指导工作的开展起不到规范管理的作用，制度条款往往只作原则性的表述，对实际管理工作并不能产生指导作用；一些制度的制定未从整体上考虑，解决了单一的问题，但对需要联动解决的问题未作充分考虑，导致在实际执行过程中，涉及需要不同职能部门配合时无法形成合力；还有一些落实上级主管部门制度要求的制度存在没有充分结合高校自身实际制定的问题，在具体执行过程中发现与学校的实际情况存有冲突。三是部分制度未及时进行更新完善。在中华民族伟大复兴战略全局和世界百年未有之大变局的背景下，高等教育的发展面临的形势也在不断变化，对高校的要求也在随之调整，与之相伴的必然是高校管理的内容和方式变化，制度也需要及时更新。但当前高校中还存在制度年久失修、部分制度一直处于试行状态、已经失效的制度仍未废止、部分条款已经过时等不同的更新完善不及时的问题。

（三）管理干部践行依法治校理念存在差距

在理念确立和制度到位的情况下，管理干部便是实现管理育人目标的关键。高校在内外环境变化的情况下，新形势、新任务、新要求以及高校师生群体呈现出的新特点，对管理干部践行依法治校理念提出了更高的挑战。管理干部践行依法治校理念，除了要从认识上高度认同外，更需要做的是严格落实科学的制度，建立并不断完善管理工作的机制，并将理念、制度和机制落实到具体的管理行动当中去。而这一方面，高校管理干部也表现出了一些共性的问题，具体表现有：重制定轻落实。部分管理干部在制度制定后，没有将制度精神融入自己的思想意识当中，认为制度已经制定了就完成任务了，在实际管理工作中抛开制度作决策、提要求的现象还有发生。管理机制是将制度精神转化为科学管理行为的重要衔接，也是对管理行为的有效规范。在实际工作中，部分管理干部对机制的理解和认识存在一定的偏差，不能结合管理工作的经验形成有效的机制，一方面导致制度执行效果打折扣，另一方面因为缺乏相对稳定和明确的要求导致管理行为走样。如此，作为管理育人责任直接承担者的管理干部，因为自身在践行依法治校理念中存在的不同问题，通过不当的行为或者沟通，会导致作为管理对象的师生产生直接的反感或者抵触情绪，使管理育人难以见到效果，甚至还会让管理工作难以正常开展。

三、如何进一步发挥依法治校在管理育人中的重要作用

依法治校理念不仅是开展管理育人的基本遵循,也有助于管理育人取得更好的效果,同时也有利于增强大学生的法治观念。如何进一步发挥依法治校在管理育人中的重要作用,是依法治校的基本要求,更是管理育人的重要内容,需要高校从学校整体上来谋划推动,也需要广大高校管理者从理念、制度、行动等多个维度来思考并落实。

(一)持续推动依法治校理念内化于心

随着高质量发展要求的提高,依法治校在高校受到的重视程度也越来越高,对依法治校的强调也成了高校开展各项管理服务工作中的重要部分。同时,依法治校也作为宣传教育的重要内容,在组织履行相关职能中提要求、作部署、评效果所出现的频率和所占的分量都越来越高。要发挥依法治校在管理育人中的重要作用,首要的是要将依法治校的理念深入到高校整体和各级管理者的内心,确保依法治校理念成为高校管理的精神内核,成为高校管理者的基本准则。一方面,对依法治校理念的落实要按照教育主管部门的统一要求,结合高校实际形成本校的实施方案和细则,同时对照《高等学校法治工作测评指标》定期进行自我检查和逐步完善,坚持将长期规划与近期工作结合,确保各项理念转化为管理思想,融入高校的整体工作体系当中。另一方面,要坚持将依法治

校作为各级管理者培训学习的重要内容，既要学习基本理论，还要结合所在部门的实际工作开展深入学习研讨，深刻认识到依法治校工作不是某一个部门或者是牵头部门的责任，而是全校上下共同的责任，更是各级管理者工作要落实的基本责任；此外，也要促进理念转化为管理者的管理思想，在弄懂的基础上确保悟透，在悟透的基础上再确保在管理者中入脑入心，真正成为管理者思想深处自己的认知，如此才能形成下一步的行动自觉。

（二）建立制度制定、执行、评价系统化的完整体系

制度是推进依法治校理念落实的抓手，也是管理工作开展的依据。因此，要发挥依法治校在管理育人中的作用，不可避免得要从抓制度入手。高校内部的制度体系应该建立以《大学章程》作为顶层制度、涉及各业务模块的中层指导性制度以及到基层具体落实的制度等不同层级的"四梁八柱"。《大学章程》是依照教育部发布的《高等学校章程制定暂行办法》来制定的，并且发布前要经过教育部核准。同时，对于校内规章制度的制定也需要有统一的规范来进行，一方面，制度制定是一项严肃性的工作，制定后需要能保持一定时间的稳定，要慎之又慎；另一方面，高校的内部制度往往是相互关联的，在具体起草制定时往往又是根据职能分工由不同的主责单位牵头来具体完成，需要有一个统一的要求确保制度的相互协调和内部的整体一致。制度制定过程中，既要充分考虑管理工作的现实情况，又要充分听取管理对象的意见和想法，确保制度在制定过程中的民主和科学论证。执行制

度是直接跟管理育人工作相关联的，科学的制度需要执行好才能产生育人效果。因此，制度的执行也尤为重要。制度执行的基本要求是执行不走样，既包括执行不打折扣、不搞变通，更要做到执行不发生偏差和误解。实现这一点，既需要管理者和管理对象通过学习和理解对制度达成一致性认识，更需要管理者在执行的过程中形成相对稳定和合理的机制，同时管理者还要结合制度运行的实际情况对制度原本没有预想到而执行效果不理想的情况及时予以反馈并针对性地完善相关制度条款，确保制度和具体工作的完成在制度预设的轨道上有序运行。制度的评价往往是最容易被忽略的环节，但这恰恰又是制度是否合理有效的关键环节。管理工作是否能达到目标必须依赖结果评价这一重要环节，依靠制度来推动管理育人的长效化、常态化和规范化关键是要通过制度运行的实际效果来进行评判。同时，通过制度来实现的管理也需要对制度是否符合工作实际、是否符合管理对象的正常状态、是否符合新形势的新要求以及新旧制度是否实现了合理过度等现实问题来进行评判。因此，需要定期对制度进行评价，看其是否依然有效、是否过时、是否要进行存废及修订等调整。

（三）培育管理育人示范岗，发挥示范引领作用

依法治校理念在管理育人实践中能否发挥理想的效果，关键取决于管理者的科学管理。管理和育人都是具有艺术性的工作，要通过管理达到育人效果，更需要通过艺术的方式达到管理的效果。从高校的育人职责来看，育人是管理者的天然使命，也在一定程度上要求管理不能只是简单的刚性要

求,而要有教育春风化雨、润物无声的特点。对于一条管理措施,如是要求性的内容,简单地明确要求是什么肯定是难以达到效果的,而要从大学生的特点来向其讲明要求的合理性在何处,对作为管理对象的大学生的积极作用在哪里,甚至是要求落实后会带来的良好预期是什么,简单地说就是要耐住性子、俯下身子、想好法子将为什么要求、要求什么、怎么达到要求、要求带来的结果给学生讲清楚,既让他们顺畅地接受管理,同时也明白和学习到要求背后的内在逻辑;同时,如是禁止性的内容,更要将相关的工作做细,而不是简单生硬地禁止,否则不仅起不到管理效果,更会引起学生对学校管理的质疑和反抗,育人效果更无从谈起。在具体工作中,高校可以结合党员示范岗、模范机关工作者等不同形式的创先争优活动,针对性地培育一批管理育人示范岗,并定期进行经验总结与分享,带动全体管理人员在依法治校的理念指导下从管理的角度思考和投入育人工作。一方面要形成高校内部良好的管理模式和管理行为,另一方面更要促进依法治校与科学管理、管理与育人的有机结合,真正让管理在培养和影响学生方面释放出最大功效[1]。

---

[1] 马利凯,王庆.依法治校视阈下高校服务型行政管理体系构建研究[J].吉林省教育学院学报,2020,36(8):118—121.

（四）引导学生主动有序参与，共同营造良好管理育人氛围

法治理念也是大学生理应具备的基本素质，依法治校在管理育人中作用的发挥虽说主要是靠管理干部来实现，但作为管理对象的大学生积极参与才能形成完整的良好管理育人氛围。管理本来就应该有双向沟通，依法治校理念的有效实施更是要经得起管理者和管理对象一致的检验。因此，要让依法治校理念在管理育人工作中充分发挥作用，大学生是不可或缺的主体。激发大学生主体的作用，就是要引导大学生有序参与到管理工作中来。一方面，高校的民主管理本身就要求大学生代表要以管理者的身份参与到学校的决策和民主管理当中来；另一方面，大学生以管理对象的身份也可以有序参与到管理工作中来，通过参与前期论证、执行监督和后期评估等不同形式表达意见、维护自身权利、提升管理效能。因此，在管理过程中要充分激发大学生参与管理的积极性，通过管理者与大学生的座谈如书记校长午餐会、通报校情的校务面对面、解决个别疑难问题的校领导接待日等不同形式畅通大学生的诉求反映渠道，以及学生代表作为成员参加学校理事会、重大决策听证会、党代会等形式直接参与管理决策，做实学生直接参与管理工作的举措，让学生通过参与和监督管理受到管理的影响和教育。

参考文献

[1] 蒋慧. 新时代依法治校视域下高校学生管理研究[J]. 才智, 2022(12): 116-118.

[2] 金科, 刘超群. 依法治校视野下的高校学生事务管理法治化研究[J]. 大学教育, 2021(11): 192-195.

[3] 刘小亚, 刘骥才, 张磊. "依法治校"在高校管理中的应用思考与探究[J]. 法制与社会, 2020(36): 145-146.

[4] 王浩. 探究基于依法治校视野下的高校学生管理工作[J]. 辽宁省交通高等专科学校学报, 2020, 22(5): 63-65.

[5] 马利凯, 王庆. 依法治校视阈下高校服务型行政管理体系构建研究[J]. 吉林省教育学院学报, 2020, 36(8): 118-121.

网络育人篇

论网络思想共识凝聚的三重维度[①]

朱诚蕾

（中南财经政法大学金融学院）

目前，我国网民人数达 10.32 亿，互联网普及率达 73.0%，网民数量的大幅增加、网民结构的多样化以及网络信息的良莠不齐在网络空间中尤其突出。在这个人人都是传播者，人人都有麦克风的网络时代，每个网民既是生产者、传播者也是接收者。如何调动网络空间中不同层次、多个层面的不同阶层、不同民族、不同收入、不同年龄的广大网民，形成统一的思想共识，聚集更多的智慧和力量，是网络思想共识凝聚的重要任务，也是形成网络育人巨大合力、推动网络育人工作深入系统开展的关键因素。

---

① 本文系 2022 年度省教育厅哲学社会科学研究项目指导性项目（项目编号：22G039）、2022 年度中央高校基本科研业务费（三全育人）（项目编号：2722022DS016、2722022DS015）阶段性成果。

一、凝聚网络政治认同

政治认同是一种综合性的、递进式的政治心理和政治行为过程，在社会政治生活中具有举足轻重的作用。网络政治认同是现实政治认同在网络空间的表现形式，是现实政治认同在网络领域的拓展和延伸，是"基于网络展开的政治身份识别、信息共享和政治行为趋同的共识认同，是受政治心理影响、政治文化引导、政治结构形塑的合力认同"[①]。

信息化时代下，复杂的国内外环境，中西思想文化斗争的深刻复杂，网络信息传播的即时性、海量性、全球性、互动性、流变性，广大网民明显增强的思想上的多变性、差异性、独立性等特点，给社会成员和广大网民的政治认同带来了根本性的转变，不仅提高了广大公民和广大网民政治参与的意识和参与的能力，也丰富了广大公民和广大网民政治参与的途径、空间和平台。但是，我们也要看到，政治认同在网络空间也面临着更大的挑战，网络政治认同面临着严峻的危机，主要表现在以下三个方面：一是网络政治参与泛化。互联网的发展打破了时间和空间的限制，使信息传播成本降低，更新速度加快，为网民参与政治生活、表达意见诉求提供了平台和场域，也激发了网民参与政治生活的热情和积极性。但是，由于网民年龄结构、学历层次、认知水平等方面的不同，网络空间政治认同的主体也呈现出多元化层次化特征，使网

---

① 张爱军，秦小琪. 网络空间政治认同：特性、失范与改进［J］. 中共天津市委党校学报，2020，22（5）：9.

络政治参与变得参差不齐。二是网络政治认同弱化。互联网的去中心化、虚拟性和隐蔽性等属性,冲击并改变了政治认同的传统逻辑和认同趋势。信息环境在网络空间中正在被具有规模巨大、类型复杂、速度飞快等特点的网络大数据冲击,并改变着国家与国家、国家与社会、社会与社会、社会与人、人与人之间的关系,动摇了传统社会政治认同和主流意识形态共同的认知、情感和态度,弱化了网络空间的政治认同。三是网络政治认知非理性化。由于网络空间的虚拟性和隐匿性、网络信息的快速增长和飞速传播使网民之间的沟通、交流、互动日益频繁,对一些政治敏感事件容易产生冲动、激烈等非理性化的局面,或者是产生理性与感性、认同与反动等并存的现象,产生冲动盲从的心理倾向,从而影响和扭曲网络空间广大网民的政治认同。

习近平总书记说:"凝聚共识很重要,没有广泛共识,改革就难以顺利推进,也难以取得全面成功。"[1] 在互联网高度发展的时代,凝聚网络政治认同在当代中国政治建设和社会发展中具有特殊意义。如在这次抗击新冠肺炎疫情的突发公共卫生事件中,全国人民上下团结一心,同舟共济,充分体现了人民群众和广大网民对中国共产党领导是中国特色社会主义最本质特征的高度认同、对中国特色社会主义制度优越性的高度认同、对中华民族精神的高度认同。正是在对这些认同的基础上,凝聚起了强大的中华民族必胜的思想共识,

---

[1] 中共中央文献研究室.习近平关于全面深化改革论述摘编[M].北京:中共中央文献出版社,2014:45.

激励和引导着广大人民群众和众多网民。在中国式现代化建设的过程中,实现中华民族伟大复兴是全国各族人民也包括所有网民的共同理想,也是增强人民群众和广大网民政治认同的力量源泉,因此,要用中国特色社会主义道路自信、理论自信、制度自信、文化自信的"四个自信"来增强网络空间的"对伟大祖国、中华民族、中华文化、中国共产党、中国特色社会主义"的"五个认同",形成对国家政权、大政方针、阶级利益、重大问题以及意识形态等方面的思想认同和一致看法,从而凝聚起实现中华民族伟大复兴的最大合力,在增进网络政治认同的同时凝聚网络思想共识。

二、凝聚网络价值共识

网络价值共识,是指在网络空间中,网民对事件发生发展过程中,各个利益主体能否就某些网民所倡导与推行的价值观达成基本一致的态度。[①] 在网络空间中,网民来自不同的群体、不同的阶层、不同的组织,尤其是在价值多元化的现代社会中,达成某种一致性的理解一定程度上是网民对某种或某类价值认可并形成了共同的价值观念。它是网络共识达成的内在本质层面,是隐藏在最深处的网络共识的形态,指引或决定着其他共识的形成。目前,网络已经成为人们生产、生存、生活、交流、沟通的新空间和新场域,那么网络也成

---

① 何明升.网络治理 中国经验和路径选择[M].北京:中国经济出版社,2017:271.

为我们党和国家凝聚价值共识的新空间。

现阶段，中国特色社会主义进入新时代、新阶段，经济、政治、文化等发展不平衡不充分的问题日益突显，各种社会矛盾交织叠加，经济体制的转轨、社会阶层的分化、利益格局的调整、思想文化的碰撞，使得中西价值观念、不同价值诉求、各种社会思潮相互激荡、相互碰撞、相互涌动。尤其是在网络空间中，这些观念、诉求、矛盾、冲突、激荡、碰撞和涌动体现得更为明显。一是中西价值观念相互激荡。由于制度体制、意识形态等方面的差异，我国与西方资本主义国家在制度、政策、理念、价值上的冲突和矛盾在网络空间中交互存在、相互激荡。以美国为首的西方发达国家打着"网络自由"的旗号大肆宣扬西方拜金主义、极端利己主义等腐朽价值观念和西方的自由、民主、人权等所谓的"普世价值"（"普世价值"实际上也就是西方国家的"价值共识"）等，甚至刻意美化西方的政治模式和国家形象，以此诋毁、诽谤我国的意识形态和政治制度，弱化和瓦解中国网民对中国特色社会主义的认同感。西方国家从思想上对我国进行的"西化""分化"无所不在，无处不在，可以说，西方意识形态的网上渗透花样不断翻新，各种花哨而又错误的社会思潮迷惑着广大网民的判断能力，也严重威胁着我国的主流意识形态。二是不同价值诉求相互碰撞。生活在现实的社会关系之中的网民，他们表达的利益诉求、思想观点和价值观念既有他们那个群体的共性，也打上了不同民族、不同地区、不同环境和不同家庭的烙印。甚至有的网民包括广大青年网民的利益诉求、价值观念和思想观点各不相同、互有分歧，从而导致不同利益诉求、思想观点和价值观念之间的相互碰撞。三是各种社会思潮相互涌动。伴随西方意识形态的渗透，各种社会思潮在互联网上或交互或隐蔽地传播，大有向大众扩展之势，新自由主义、历史虚无主义等思潮充斥在网站论坛、专栏，甚至是个人博客、微博、微信中，穷尽其所能表达，引起了网民的热烈讨论和肆意宣泄。这些社会思潮在价值、实践和问题取向上可能不尽相同，但都聚焦在"中国向何处去"这个根本问题上，并提出与我国现行道路相背离的方案。除了这些，某些西方国家甚至在中国国内寻找那些遵循西方价值观念的话语代理人，一些所谓网络写手、"公知""大V"就充当了他们的"传声筒""代言人"，他们凭借在网民中的影响力，有意无意地将生活小事政治化，个别事件普遍化，现实问题网络化，社会矛盾扩大化，极力推动突发事件的负面效应。尤其是在面对各种热点焦点和带有争议点的社会问题时，各种个体化主观性的各派言论之间甚至形成巨大的冲突和对抗，以及谣言泛滥造成对真相的掩盖。

在互联网时代，各种价值观念、意识形态、社会思潮之间相互激荡、相互交锋，也在很大程度上冲击了网民的正确认知，某种程度上减弱了社会主义意识形态对当代社会的主导地位。深入研究和探讨在各种价值观念冲突、多种利益并存的网络空间中凝聚价值共识、形成社会主义建设的强大合力，是凝聚网络思想共识的重要课题。首先，作为一个网络技术上的"后起之秀"，我国如何维护马克思主义在意识形态领域的指导地位，击破西方国家分裂、西化的图谋，不仅是增强网络育人实效性的需要，也是凝聚网络思想共识工作紧迫而艰巨的任务。其次,网络空间价值共识的凝聚要坚持以人民中心,增强中国特色社会主义道路自信、理论自信、制度自信、文化自信,更好地构筑中国精神、中国价值、中国力量,最大范围内凝聚网络价值共识,为人民群众和广大网民提供精神指引。三是我们要认识并尊重这种价值差异,认清"主流价值"与"多元价值"在网络空间中交织存在的现状,通过网络空间的思想碰撞、情感交流找到思想价值的交集,求同存异,凝聚网络价值共识。这些都是网络育人工作中的现实问题,也是通过有效应对这种问题来塑造网民价值观的大好契机。网络育人工作者要时刻警惕社会热点问题在网络上的发酵和扩散,警惕网络舆情或网上意识形态论争引发的群体性事件,在包容、理解广大网民利用网络平台表达不同诉求、观点、想法和意见的基础上,注重与网民的有效沟通,进而加强价值引领和思想疏导。

三、凝聚网络爱国情怀

爱国情怀是爱国主义情感的升华,是中华民族和中国人民力量凝聚的纽带,是全国各民族人民共同的精神支柱,是中华民族伟大复兴的动力和源泉。网络爱国情怀是网络上有关爱国的理性表达和主张,是以数字符号为核心来传递和表达爱国的情感、思想和行为的关切和精神追求。网络爱国情怀是现实爱国主义的网络化和信息化,是现实爱国主义在网络空间的延伸和拓展。网络空间是亿万民众共同的精神家园,互联网应该成为我们凝聚爱国情怀磅礴力量的新空间。

网络信息时代，人们对"爱国"的内涵有了更深刻的理解，表达爱国情怀的方式也变得多样化。一方面，网络爱国情怀的凝聚呈现大众化特征。在网络空间中，网络爱国主义的表达更加多元多样，更大程度地将不同阶层、不同身份、不同地域、不同民族的网民凝聚起来，最大限度地调动网民的爱国力量。如在2020年武汉抗击新冠肺炎疫情的突发公共卫生事件中，全民抗疫，6000万人同时"监工"火神山、雷神山医院施工现场，成为人们与抗疫一线心连心最直接的方式，在"云监工"的同时也凝聚了广大网民的浓厚的爱国热情和爱国情怀。另一方面，网络爱国情怀的凝聚线上线下联动，提升网络爱国主义的号召力。网络爱国情怀的表达通过线上、线下联动的方式，将线上具有影响力的爱国主义阵营转移到线下，或将线下的爱国理论转移到线上，实现虚拟与现实的结合，提升爱国情怀的凝聚力和号召力。

爱国情怀看似是无形的，尤其是在网络领域的爱国情怀，它却又是最有力量的。这种力量可以唤起广大人民群众对祖国的最深厚的感情，唤起继续前进的坚定信念，汇聚一往无前的强大合力。任何一个国家，任何一个民族，只有在爱国情怀中凝聚共识、激发力量，才能不断攻坚克难，在发展的航程中劈波斩浪，汇聚推动实现中华民族伟大复兴的磅礴之力。凝聚网络爱国情怀要通过"一对多""多对多"的网络立体化传播，拓展爱国主义呈现形式，增强爱国主义宣传引领，扩大爱国主义舆论影响。互联网时代，网络爱国情怀培养要以《公民道德建设实施纲要》为基础，要着重培养网民的爱国之情、强国之志、报国之行。一是涵养网民爱国之情。

在涵养网民爱国情怀的过程中，要通过各种形式对网民进行包括我国历史、地理等灿烂的文化以及我国从站起来到富起来再到强起来的奋斗历程等国情教育，也要通过各种形式向网民展现我国的基本情况，使网民不断加深对祖国的认识，并形成深厚的爱国之情。通过形式多样的爱国主义内涵和意义的理论教育，使网民懂国家之事、明爱国之理，使自己内心的知国之理更加彰显。最后，要把爱党和爱社会主义融入爱国之情中。二是砥砺网民强国之志。所谓强国之志是不怕困难、奋力追求目标的坚守力量，是一种强大的爱国力量。只有国家富强，个人才能有安定、幸福的家园。砥砺网民立志强国是一种勇气，也是一种追求。广大网民要砥砺强国之志，把浓厚的爱国之情转化为不懈奋斗的意志，要把个人理想追求同祖国的前途命运紧密联系在一起，把个人的梦想融入民族伟大复兴的中国梦。三是强化网民强国之行。爱国情怀不仅是内在的精神，也是外部的行为。无论是爱国之情还是强国之志，最终都需要落实到行动中去，把爱国之情强国之志转化为报国之行。报国之行是爱国情怀的外化，也是归宿。不论人的思想，还是感情，最后都要落实在行动上。凡是真正的爱国者，总是以实际行动来体现和证明自己是爱国的。因此，爱国主义是具体的现实的，终归于个人的具体行动，也就是说爱国情怀不仅要内化于心，而且要外化于行。

当前，凝聚网络思想共识是要用占社会主导地位的思想凝聚共识，最重要的是要以习近平新时代中国特色社会主义思想凝聚民众和广大网民的思想共识，最大限度地实现社会动员，凝聚网络空间的最强大力量。中国特色社会主义事业越是向前推进,越需要凝聚最广泛的力量,因此,凝聚网络思想共识要最大限度地凝聚网络政治认同、凝聚网络价值共识、凝集网络爱国情怀,并坚持凝聚网络政治认同、凝聚网络价值共识和凝聚网络爱国情怀的有机统一。

参考文献

[1] 张爱军,秦小琪. 网络空间政治认同:特性、失范与改进[J]. 中共天津市委党校学报,2020,22(5):9.

[2] 中共中央文献研究室. 习近平关于全面深化改革论述摘编[M]. 北京:中共中央文献出版社,2014.

[3] 何明升. 网络治理 中国经验和路径选择[M]. 北京:中国经济出版社,2017.

数字赋能，智慧思政
——大数据背景下的高校思政教育研究

杜中敏

（中南财经政法大学统计与数学学院）

当前，大数据引发的社会革命贯穿经济、政治、文化、科学等各个社会领域，正在成为一种势不可挡的时代趋势。自 2015 年大数据战略正式上升为国家战略以来[1]，大数据广泛应用于我国政务、电商、医疗、交通、教育等各个行业并产业了深刻影响。随着大数据在教育领域的应用愈加广泛，高校思政教育作为为党育人、为国育才的重要保障，在新的时代背景下也面临着全新的机遇，其创新发展更需要数字赋能。数字赋能具体来说可以体现为赋能手段、赋能资源、赋能队伍三个维度：首先，大数据作为一种技术手段，聚合了

---

[1] 五中全会，大数据战略上升为国家战略［EB/OL］.（2015-11-08）［2022-08-24］. http://politics.people.com.cn/n/2015/1108/c1001-27790239.html.

思政教育主体，优化了思政教育方法，改进了内容呈现方式，使之更为生动、更具感染力；其次，大数据作为一种信息资源，丰富了思政教育内容集合，使之在"质"和"量"上都有了显著提升，使之更为个性化、精准化和智慧化；最后，大数据作为一种思维理念，重塑了思政教育队伍建设，拓宽了思政教育观察视野，更新了思政教育工作思路。与此同时，我们也应该看到，大数据作为一把"双刃剑"，其所带来的"信息茧房"效应、"数据爆炸"现象和"数据依赖"风险也给高校思政教育带来了新的挑战。要想应对大数据带来的全新机遇和挑战，更好地促进大数据与高校思政教育的融合，需做到以下三点：一是坚持马克思主义为指导；二是坚持贯彻以生为本原则；三是坚持理论与实践相统一。

一、大数据背景下高校思政教育面临的机遇

（一）赋能手段，助力实现"三全育人"

"三全育人"即全员全过程全方位育人，是加强和改进高校思政工作的基本原则之一，要求高校把思想政治工作贯穿教育教学全过程，把思想价值引领贯穿教育教学全过程和各环节。传统的高校思政教育呈现出孤立化和碎片化的特征，具体来说体现为以下两个方面：一方面，育人主体缺乏合力，传统的高校思政教育实施者主要是思想政治理论课教师和辅导员这两个群体，且这两个群体职责界定不清、无法有效协同，随着高校思政教育面临的环境复杂化，单纯依靠这两个群体来开展思政教育力量过于淡薄，难以取得理想效果。另一方面，

育人过程无法协同,这种割裂性既体现在传统的高校思政教育与义务教育阶段思政教育在不同时段上的割裂,也体现在线上线下、学校家庭等不同空间平台上的割裂,制约了高校思政教育的育人视野。大数据对于推动高校思政教育实现"三全育人"具有重要意义:首先,推动"思政课程"向"课程思政"转化,依托大数据技术可以充分挖掘梳理各门专业课程蕴含的思政教育元素和所承载的思政教育功能,发挥专业教师课程育人的主体作用。其次,大数据的数据共享特性使每一个思政教育参与者都能真实、平等地了解受教育者的各类信息,实现信息共享,从而打破了不同时空平台间的信息壁垒,及时进行交流沟通,充分发挥协同效应。最后,大数据作为一种技术手段,充分提升了信息资源利用效率,其强大的信息获取、解读、呈现、预测能力使教育方式更具针对性、教育模式更具精准性、教育路径更具感染力,进而总体上提升了高校思政教育工作的时效性和说服力。

(二)赋能资源,推动建设智慧思政

新的时代环境下,学生作为高校思政教育的对象也面临着更为复杂的线上舆情环境和线下生活图景,其个性多样化和需求多元化的特征也愈加凸显。相比于传统的千篇一律的教育内容和教育方法,依托于大数据因材施教,探索个性化的智慧思政教育模式才能与时俱进适应学生群体的发展需求。实现高校思政教育的精准模式,要从"供给侧"和"需求侧"两端下功夫。传统高校思政教育多侧重于"供给侧",也就是要求作为高校思政教育的实施者的教师筑牢理论功底,提升教育水平，但提供的仍是单一的、统一的内容和方法，其思政教育效果势必会大打折扣。新时代高校思政教育应深入了解"需求侧"一端也就是作为高校思政教育对象的学生的现实需求，探索适合他们的教育方式。依托大数据的深度挖掘和分析技术，不同类型学生的个性画像和现实需求被清晰呈现出来，大数据作为一种信息资源，将海量数据直观清晰地呈现出来，为高校思政教育提供了生动鲜活的素材，以其丰富多元性弥合高校思政教育的单一薄弱性，以其紧跟时事性解决高校思政教育的脱离现实性，以其贴近生活性降低高校思政教育的枯燥乏味性，以其底蕴深厚性改善高校思政教育的空中楼阁性，真正实现智慧思政、以生为本、因材施教。

（三）赋能队伍，激发教师主导作用

教师作为高校思政教育的发动者和实施者，在高校思政教育中发挥着不可替代的主导作用，具体表现为以下三个方面：一是对教育对象的认知，二是对教育内容的呈现，三是对环境资源的运用。传统的高校思政教育模式中，这种主导作用受诸多因素的限制难以得到充分发挥，大数据背景下，这种主导作用得以被灵活运用。首先是对教育对象的认知上，传统的高校思政教育中主要采取日常观察、谈心谈话、调查问卷等方式了解学生的思想动态，并以此作为开展思政教育的依据，这种认知方式无疑是片面固化的。大数据背景下，学生的主体意识增强、表达方式多元化、沟通渠道丰富化，依托微信、微博等各类信息平台，对学生思想动态的掌握也更为全面智能。其次是对内容呈现的把握上，传统的高校思

政教育内容往往偏理论化、知识化、政治化，脱离学生现实需求和社会发展节奏，缺乏感染力和生动性。大数据背景下，教师可以即时获取海量信息，紧跟时事热点事件，从而使教育内容更为贴近学生实际生活和社会发展动向。最后是对环境资源的运用上，传统的高校思政教育中的环境资源主要是指校园环境、硬件资源等物质环境，对环境资源的运用也停留在开发和使用这些物质资源。大数据背景下，高校思政教育辐射的环境资源概念更为广义，除了传统的物质资源环境，还有网络空间、文化空间等信息空间，此外还有在线教育、云课堂等软件资源，教师对环境资源的运用也随之更加灵活多样。

二、大数据背景下高校思政教育遭遇的挑战

（一）"信息茧房"造成思维受限

高校思政教育应用大数据技术的一个重要领域就是运用其算法逻辑进行个性化推荐，使受众在海量的信息资源中迅速找到契合自身兴趣点的内容，这在一方面为受众提供了便利，另一方面却极易造成"信息茧房"。所谓"信息茧房"是指在大数据的算法推荐机制下，人们并不是主动选择信息，而是被动地接受不断呈现在我们面前的信息，于是人们关注的信息领域会被自己的兴趣所引导桎梏于蚕茧一样的封闭空间之中。长期沉浸在"信息茧房"中的人逐渐失去与不同观点交锋的机会，无法接触到其他领域的信息，长此以往，其思维的开阔性必然会受到极大的限制。无论是对于教师还是

学生，一旦思维受限，都不利于高校思政教育的开展。教师作为高校思政教育的主导者，一旦思维受限、故步自封，其施行的教育效果大打折扣。学生作为高校思政教育的对象，一旦思维受限，钻牛角尖，就难以明辨是非，保持一个温和理性的健康心态。

（二）"数据爆炸"造成精神迷失

高校思政教育的重要职责是引导学生坚定理想信念，增强"四个自信"，用中国特色社会主义思想铸魂育人，而学生群体不够成熟的心理状态和求新求奇的旺盛需求使其精神世界易于受到外部信息的影响。过去学生获取信息主要依靠电视、报纸等传统媒介，信息源相对单一，学生思想也相对单纯。大数据背景下，各种五花八门的网络平台、社交媒体、App成为学生获取信息的主要途径，数据信息的数量呈现爆炸性增长且呈现出碎片化、多元化等特征，面对这样复杂的信息环境，学生很难继续保持理性思维和辨别能力，容易滋生思维惰性，陷入"娱乐至死"陷阱，从而使精神世界处于迷乱状态。与此同时，由于审核机制的缺失，这些海量数据中难以避免夹杂着不良文化的渗入，享乐主义、暴力色情、网络谣言、颜色革命等精神污染元素以视频、图片、音频等形式无孔不入，逐渐侵蚀学生的思想认知和行为方式，造成其精神迷失。

（三）"数据依赖"造成情感缺位

高校思政教育在大数据的时代背景下应与时俱进，其创新发展需要数字赋能，但是也应当警惕"数据依赖"风险。所谓"数据依赖"是指将数据作为一切决策的依据，忽视其他因素的作用，形成的数据崇拜现象。诚然大数据技术重塑了人类生活的方方面面，但人类社会并非就此被算法所统治，人类的情感、创意、直觉、想象力依然有着不可替代的作用。人是高校思政教育的核心要素，办好高校思政教育，必须厚植人文情怀，充分发挥教师的积极性、主动性和创造性，必须充分尊重学生的认知规律和接受特点，循序渐进，水到渠成。如果教师一味强调客观数据而忽视主观情感，就会践踏高校思政教育的人文属性。此外，受限于当前的技术条件，在将大数据运用于高校思政教育中时，难以避免要将部分工作外包给外部机构，这就意味着学生的隐私可能会在不知情的情况下被泄露，给学生招致潜在的风险。这就要求高校在对外让渡信息拥有权时必须保持一个理性克制的态度，采取强有力的保护措施。

三、大数据背景下对高校思政教育的要求

（一）坚持马克思主义为指导

大数据引发的变革是剧烈的，但并非是颠覆性的，于高校思政教育而言，坚持马克思主义指导地位是不能改变的。一方面，要抓好马克思主义理论教育，尽管大数据带来的海量数据资源丰富了高校思政教育内容集合，但在对这些内容的选择上必须以马克思主义为政治性前提，高校思政教育内容必须服务于马克思主义理论的阐释和学习，为了追求内容

的丰富多样而不加甄别地加以吸收是舍本逐末不可取的。另一方面，要坚持以马克思主义为方法论指导，首先是要坚持用马克思主义辩证法观点看待问题，既要充分挖掘运用大数据的价值和优势，又要看到大数据背景下高校思政教育面临的风险和挑战消解其不利影响。其次是要用马克思主义认识论指引高校思政教育与大数据的融合，不断深化理论指引实践应用的发展，又在实践的基础上加深理论认知。最后是要在马克思主义发展观的鼓舞下，不断与时俱进，开拓创新，推动高校思政教育适应时代需求，与时代发展同频共振。

（二）坚持践行"以生为本"原则

思想政治工作本质上是做人的工作，"以生为本"理念是高校思政教育的一项重要准则，高校思政教育必须时刻做到围绕学生、关照学生、服务学生。大数据本质是一种工具，高校思政教育在应用大数据技术时要警惕被其客观性、无意识性消弭了思政教育必须具备的情感性、人文性。大数据虽然能在一定程度上反映、分析甚至预测人类社会的行为和现象，但是人心幽微，人类思想的复杂性和变化性并不能完全被大数据呈现出来，因此，完全依赖于大数据来进行价值判断是并不可靠的。尽管大数据能使学生易于获取海量信息资源，但这些资源本身对于学生成长的价值是有限的，"量的增长"并不会天然带来"质的飞越"，相比于为学生提供触手可及的海量信息，更有价值的是培养学生分析辨别、消化吸收这些信息的能力，塑造学生的批判性和创造性思维，进而使学生形成一套完整的世界观、人生观和价值观。

（三）坚持理论与实践相统一

高校思政教育在依托大数据进行创新发展时不仅要探索大数据应用实践，还应重视理论深化来提供学理性的支持，助力其合理性存在和发展，即大数据背景下的高校思政教育应坚持理论与实践相统一。首先，大数据应用于高校思政教育是一个应运而生的新的发展领域，其实践探索也需要新的理论指导。高校思政教育在运用大数据时，不是将两者进行机械嫁接，而是两个领域的融合共生，现有理论研究多囿于工具理性思维，忽视了高校思政教育的人文属性。因此，必须通过更深层次的理论研究，厘清技术的有限性和风险性，澄清人文精神的必要性和价值意蕴。其次，大数据背景下的高校思政教育必须深入大数据应用实践，具体包括：开发高校思政教育资源数据收集平台、建设高校思政教育资源数据库、完善高校思政教育数据资源管理和服务功能、制定高校思政教育数据应用规章制度等诸多板块。这些大数据应用实践对于大数据背景下高校思政教育创新发展过程来说是不可或缺的部分，对于加强和改进新形势下的高校思政教育具有重大深远的意义。

参考文献

[1]刘洋. 以智慧思政平台建设推动高校思想政治理论课信息化改革［J］. 思想理论教育，2022（8）：68-73.

[2]刘祥玲. 教育数字化转型中高校课程思政的困境与应对［J］. 中国电化教育，2022（8）：100-105.

[3]郜晖,刘立清.数字时代高校思想政治教育精准化模式的内涵要素及建构研究[J].教育观察,2022,11(19):50-54.

[4]韩俊,金伟.数字技术融合下思想政治教育智能转型探赜[J].思想教育研究,2022(6):32-37.

[5]韩承敏.反思与重构:高校数字思政教育研究[J].江苏高教,2021(5):89-93,109.

[6]袁芳.数字经济背景下精准思政的特点、动因和发展策略[J].思想理论教育,2020(12):102-106.

[7]张瑞敏.大数据背景下高校思想政治教育创新研究[D].上海:华东师范大学,2020.

[8]吴满意,王丽鸽.从精准到智慧:思想政治教育创新发展的根本态势分析[J].马克思主义与现实,2019(4):198-204.

[9]谢继华.大数据视阈下高校网络思想政治教育创新研究[D].成都:电子科技大学,2018.

[10]李梁.信息技术与思政课教育教学的深度融合研究[D].上海:上海大学,2017.

融媒体背景下高校网络思政教育研究

——以党员"微"声音建设案例为例①

杨倩文　刘　微

（中南财经政法大学新闻与文化传播学院、党委学生工作部）

习近平总书记在全国高校思想政治工作会议上强调，要坚持把立德树人作为中心环节，把思想政治工作贯穿教育教学全过程，实现全程育人、全方位育人，努力开创我国高等教育事业发展新局面。中共中央、国务院印发《关于加强和改进新形势下高校思想政治工作的意见》强调要贴近师生思想实际，以改革创新精神做好高校思想政治工作，这些都为推动融媒体背景下高校网络思想政治教育工作提供了政策支撑。中共教育部党组关于印发《高校思想政治工作质量提升

---

① 本文系中国高等教育学会2022年度高等教育科学研究规划课题"时代新人视域下高校文化育人体系构建研究（22FD2015）"与2020年湖北省高校学生工作精品项目"基于易班的多平台融合式网络思想政治教育模式探索（2020XGJPG2003）"的阶段性成果。

工程实施纲要》的通知中提出要加强校园网络文化建设与管理，推动思想政治工作传统优势同信息技术高度融合。高校承担着人才培养和文化传承的重要功能，各类思想文化在这里交流、交融、交汇，在融媒体的背景下开展网络思想政治教育，从而探索当前高校网络思想教育的新方法、新路径，打开高校网络思想政治教育新格局是一个具有重要现实意义的研究课题。

一、案例概况

当前，高校网络思想政治教育面临复杂的形势，在校大学生成长于"Z世代"，他们一出生就与网络信息时代无缝对接，在数字信息技术、即时通信设备、智能手机产品等影响下，他们的思维具有创新性、多样性、发散性等特点。那么，运用融媒体技术手段来提升高校网络思想政治教育的实效性、针对性就成为一个需要进行重点研究的课题。中南财经政法大学新闻与文化传播学院充分认识网络思想政治教育的重要性，依托新闻学院教职工党支部和学生党支部，充分发挥专业技能，结合理论要点、时政热点和学生关切点，有针对性地创作思想政治教育微视频、微文章，并积极通过"微平台"在网络上传播，讲好新时代党员故事，发出新时代党员"微声音"，获得了较好的反响。充分发挥融媒体的技术手段，实现了网络思想教育与专业学习相结合的目标，融入了本单位特色和工作特点，形成了具有鲜明特色和一定影响力的网络思想政治教育品牌，是探索在融媒体背景下做好高校网络思想政治教育的有力尝试。

二、主要做法

习近平总书记在全国高校思想政治工作会议上强调："做好高校思想政治工作"，"要运用新媒体新技术使工作活起来，推动思想政治工作传统优势同信息技术高度融合，增强时代感和吸引力"[①]。针对当前高校网络思政工作中面临的重重挑战，高校应从新媒体发展思维出发，着力打造符合时代特点的网络思想政治教育作品、平台、品牌，营造良好的思政教育氛围，提升思政教育效果。

（一）突出特色，打造融媒体精品力作

从新闻学院的新闻学、广播电视学、网络与新媒体、数字媒体艺术专业基础出发，发挥专业特长，推出特色采访。发动各专业本科生党员，链接教职工党员，策划推出《党员故事汇》杂志，通过10篇专访，挖掘身边的党员故事，坚持"学生视角、学生观点、学生出品"的原则，把理想信念教育和专业实践教育有机结合。拓展全新视野，产出特色文章。《建党百年主题征文集》从理论研究、新闻评论、网络文章、诗歌、实践案例等方面的40篇文章出发，引导师生弘扬爱国爱校精神。《共响》报出版建党百年特刊，回顾党的百年新闻传播事业，以潘梓年与新闻事业发展为主题完成与老校长"跨

---

① 周勇成，廖彩霞. 大数据时代网络思想政治教育探析[J]. 教育与职业，2019（10）：77-81.

时空"的对话。创新教学形式,打造特色课堂。读懂中国系列微党课,累计培训近千人次,从传统文化涵养家国情怀,从中国共产党党史感悟治国兴邦之道。这些不仅是新闻学院充分利用媒介载体,发挥不同媒体的特性,打造"资源通融、内容兼融、宣传互融"融媒体精品力作的具体实践,更是新闻学院师生践行马克思主义新闻观、文艺观和开展党史学习教育的生动体现。

(二)全面发力,构建网络思政平台

随着社会发展和教育教学改革,互联网已经成为高校思想政治教育的重要阵地,运用好网络媒体、发挥网络媒体的优势作用是当前高校做好网络思想政治教育的关键一步。党员"微"声音项目以微文、微课、微直播的方式筑牢网络思想政治教育阵地。其一,依托微信公众平台,发出青年强音。学院团委公众号开设"新战疫日记"专栏,发布近30篇推荐文章,展现了青年学子的战疫风采。"中国共产党百年瞬间"专栏,用30期专题文字带领师生重温中国共产党的光辉历史。"新传追踪"专栏,结合时代发展的特点有针对性地创作网络评论文章,回应网络热点话题和党员关切话题。"新新人物"专栏,通过报道青年学生专业实践、创新创业的典型事迹,展现青年学生的青年风采,发挥榜样的力量。其二,依托学习强国平台,传播中华文化。中文系教师团队运用"学习强国"平台推出系列微课近百期,弘扬中华传统文化。其三,依托互动直播平台,提升宣传效能。学院"聚焦"直播团队,策划推出了"读书点亮人生,致敬建党百年""建党百年,记

者担当""对话Z世代,一起向未来"等系列活动,在长江云、九头鸟FM、广电云、抖音等平台直播,累计获得100万+播放量,是新闻学子在专业实践领域的具体尝试。

(三)品牌为要,扩大思政教育影响

随着融媒体技术的不断发展,高校网络思想政治教育的作品越来越多,但数量多并不意味着内容精良,其传播内容也逐渐表现出了"泛而不精、杂而无序"的特点,传播内容的繁杂也与当前大学生所适应的信息传播的即时化和通俗化相背离,再加上"碎片化阅读"习惯的影响,大量的文字铺排已经很难吸引学生进行深度阅读。为了适应大学生对文化的需求,党员"微"声音项目,从两个方面着手,逐步扩大其影响力。其一,打造文字品牌,筑牢思想根基。学院学生自办刊物《共响》报,于1998年3月创刊,历时24年,累计刊发150期。该报围绕社会热点,紧扣时代脉搏,打造出了专业化、系统化的文字品牌,为新闻学子的专业实践提供平台。其二,打造竞赛品牌,助推事业新局。影像中南文化艺术节已成功举办17届,成长为华中地区知名的高校校园文化品牌活动,素有中南地区高校"小奥斯卡"的美名,曾获全国高校校园文化建设优秀成果二等奖和湖北省青少年新媒体思想文化活动项目优秀奖,至今已收到全国百所高校的超过5000份投稿,涌现如《为国守边的帕米尔雄鹰》《点亮》等一批弘扬主旋律、讴歌新时代的优秀作品。

三、项目特色与成效

（一）信息传播的全面性

党员"微"声音项目，注重信息传播的全面性，以专题报道、评论文章、微文、微视频、微直播等方式，将思想政治教育与融媒体技术相结合，从文字、声音、画面等方面全方位进行信息传播。当前，传统媒体与新兴媒体之间逐渐消除了相互独立的状态，媒介融合已是大势所趋。信息传播已不再限于电视、广播、报纸等媒介，而是将其有机整合，再通过互联网进行飞速传播。一条消息发布可以通过多种渠道，受众获取信息的渠道也随之增多，知识鸿沟在信息传播中消解，从而使得信息传播更具全面性。与此同时，经过大数据的算法，能够将优质的内容精准地对潜在受众用户进行推荐，逐渐形成更大层面的影响，进一步提高了信息传播的全面性。这种全面性，能够使得受众全方位、多角度地获取信息，提高了传播效能，增强了信息传播的影响力。

（二）传播过程的互动性

随着融媒体技术的飞速发展，互动性是融媒体区别于传统媒体的重要特征。党员"微"声音项目在进行过程中就十分重视传播过程的互动性，通过留言评论、转发投票、征集评选等方式，让受众参与其中并给予反馈，实现了信息传播的良性循环，增强了青年学生的参与意愿。当受众接收到信息时，对信息传播者进行反馈，甚至加入信息传播中，互动性就产生了。而这种互动性，打破了传统灌输式的信息传播，每当"融媒体"平台发布信息时,受众既接收到了信息又会对信息的内容进行完善、更正、核实,发表自己的观点并通过点赞、收藏、转发等方式对信息进行传播。值得注意的是,这种互动是平等的,因而增加了受众的互动意愿。这种让受众接收信息之后给予反馈的方式,增加了受众的参与感、体验感,提高了受众对网络媒体的依赖性,扩大了信息传播的广度,使得大众可以借助融媒体平台进行畅通无阻的信息交流,从而能够发挥受众的主观能动性,创作互动性强,贴合青年需求,提升网络思政教育效果。

(三)传播内容的复杂性

随着5G、人工智能等新兴技术的发展和普及,打破了原有的主流媒体进行信息传播的局面,在融媒体背景下,人人都是信息的生产者。越来越多的人加入信息传播的队伍中,海量的信息接踵而至,面对碎片化的信息,如何进行甄别已成为受众无法解决的难题,传播内容的复杂性随之产生。而党员"微"声音项目,就是借助了传播内容的复杂性,将复杂性的负面效果转化为内容丰富的正面影响,通过更多的内容来丰富项目的整体运行,再通过明确的内容规划,分区、分类、分时段等,让受众不被海量的内容困扰。这种传播特性不仅利用融媒体的信息传播优势,把握受众的阅读规律和心理特点,更是通过内容优质、形式新颖、互动灵活的网络思政精品力作,为受众提供了及时、有效的信息。

四、经验与思考

（一）强化理论学习，筑牢思想阵地

理论学习是思想教育的基础，对国家党政机关发布的融媒体相关政策的学习是高校运用"融媒体"手段推进网络思想政治教育的基本保障。随着5G、人工智能等新兴技术飞速发展，大众对融媒体的认识和使用也越来越全面。高校在此背景下，坚持正确政治方向和舆论导向，将主流价值观融入思想政治教育全过程、全方位就显得尤为重要。其一，开展职能技能培训，对从事思想政治教育的工作者定期开展网络技能和知识的培训，加强理论宣讲、政策解读，全面提升传媒素养，增强其运用融媒体手段进行大学生思想政治教育的能力；其二，加强学界业界交流，邀请专门从事融媒体工作和研究的专家、学者走进校园，开展专题讲座、主题研讨等学术交流活动，在分享、交流中获得实践经验的指引，从而促进高校网络思想政治教育的健康发展；其三，鼓励科学研究，对从事思想政治教育工作开展的融媒体理论研究和社会实践予以支持，从而为巩固宣传党中央思想文化、壮大主流思想舆论提供强大智力保障。党员"微"声音项目就通过职业培训、学界业界交流、科学研究不断强化理论学习，筑牢思想阵地。

（二）加强队伍建设，形成工作合力

习近平总书记指出，要"推动思想政治工作贯通人才培

养体系，发挥融入式、嵌入式、渗入式的立德树人协同效应"[1]。高校是主流意识形态的主要传播场域，这也就意味着从事高校思想政治教育的工作人员不仅需要具有扎实的理论知识，还需要掌握运用融媒体技术进行信息传播的技巧。因此，要做好高校网络思想政治教育，就必须加强队伍建设，培养高素质的网络思想政治教育团队。其一，高校应建好用好体制机制，选拔学术专业骨干，为从事思想政治教育的工作者提供定期培训和外派交流的机会，通过交流学习提高思想政治教育工作者的业务能力，将网络思想政治教育贯穿教育教学全过程。其二，高校应拓宽思政工作者的发展空间，激发其创造性，为思政工作提供充足的科研经费支持。其三，高校应提高思想政治工作者的主动性，加强马克思主义新闻观、舆论观、文艺观的学习与应用。

（三）创新内容形式，搭建交流平台

教育部思政司印发的《关于加快构建高校思政工作体系意见》指出，提升校园新媒体的服务力、吸引力、粘合力，高校网络阵地的示范性、引领性、辐射性，发挥新媒体平台对高校的促进作用。其一，高校应加强"一站式"学生互动社区、主题教育网站、专业学术网站和两微一端的建设，运用大学生喜欢的表达方式开展大学生思想政治教育，促使平台发布的信息兼具新闻性、趣味性、互动性，力求得到思维

---

[1] 习近平. 思政课是落实立德树人根本任务的关键课程[J]. 求是，2020（17）：4-16.

活跃的当代大学生群体的青睐。党员"微"声音项目就以"一站式"学生社区建设为重要抓手,大力创新党建工作机制,倾力打造党建品牌活动,着力发挥党员先锋模范作用,用心用情用智打造党建引领"新高地",共建共治共享"一站式"学生社区建设"新蓝图"。其二,为了适应融媒体的快速发展变化,制定网络媒体运维管理办法,关注网络热点,创新内容形式,运用互动评论、有奖问答、现场直播等方式,提高学生参与融媒体平台的积极性和主动性,促使高校网络思想政治教育工作能够顺利地展开。

新时代高校网络思想政治教育的困境及创新发展路径探析

王 沐

(中南财经政法大学中韩新媒体学院)

中国共产党在十九大上明确指出"中国特色社会主义进入了新时代"[1],新时代中,高等教育担负着支撑和引领发展全局的重任,思想政治教育更是在国家层面上获得了前所未有的重视。习近平总书记在全国高校思想政治工作会议上强调:"要运用新媒体新技术使工作活起来,推动思想政治工作传统优势同信息技术高度融合,增强时代感和吸引力。"[2]伴随着经济的飞速发展,青年人的生活已离不开互联网,互联网也逐渐演变为高校进行思想政治教育的主阵地,新媒体平台更是成为高校思政教育不可缺少的手段和方式。

及时性的传播速度、全球性的传播范围、互动性的传播方式都是新媒体的传播特点,这些特质让新媒体成为高校学生日常生活中不可或缺的一部分,对大学生的价值观及人生观产生了重要影响。高校如何用好互联网这个主阵地、如何正确引领网络思想政治教育的正确方向，成为各大高校思政教育的首要研究课题。

一、促进高校网络思政教育路径创新发展的必要性

（一）新时代国际发展形势的需要

在经济全球化的背景下，我国日益提升的经济实力为网络思政教育工作的开展提供了必要基础，但同样也带来了各种挑战。互联网的普及带来的是媒体融合的大环境，在这样的环境下，高校学生不仅仅是信息接收者，也是信息传播者，信息的生产与传播途径均出现了变化。基于这样的变化，高校在开展网络思想政治教育工作时需要联系实际情况，践行新的发展理念，对教学方式、路径、内容等进行创新与改革，才能让网络思政教育工作的先进性得到充分体现。

（二）新媒体时代带来的新机遇

新媒体给予了网络思政教育多元化的载体，并为其开辟了一种崭新的模式。

传统的思想政治教育大多采用严肃刻板的传授方式，但在新媒体时代下，高校可以借助各类新媒体平台引导学生自主地进行思考交流，给理论知识的传授提供了多元化的形式，给原本枯燥的课程增添了乐趣，学生更易接受。高校学生拥有与同龄人相似的言行方式、社交圈和思维方式，通过利用新媒体中的"众包"理念引导学生们进行互助式学习，有助

于营造互相帮助、互相学习的氛围。

依托各类多媒体平台,网络思政教育的效果得到显著提高。新媒体可以打破时间限制及地域限制,及时让学生们知晓全球时事热点,将最新、最有益的讯息传递给他们,还可以便于其利用碎片化的时间随时学习最新的思政理论,还可以线上及时与老师沟通在学习过程中的疑惑。新媒体平台的后台大数据能让思政工作者及时掌握并处理舆情危机,还可以使用直播的形式,引导学生们与文化底蕴深厚的思政专家或学者开展直播互动交流,学生们在聆听这种不同形式的"思想政治教育课"的同时有机会在直播间里与其他不同高校的学生进行互动交流,青年人之间的思想碰撞会产生新话题、新思路,思政教育的受众与传播者之间的良性互动也就此产生。通过各类新媒体平台让青年人的思想在潜移默化中受到思想政治教育的影响,这样既可以提高思政工作的水平和效率,也能让思政教育受到大学生的广泛接受和认可[3]。

(三)实现立德树人根本任务的重要前提

高校既需要传授知识,也需要培养学生成人,这是切实履行立德树人根本任务的基本要求。互联网的广泛应用让传统的思想政治教育面临着前所未有的挑战,但同时也为培养社会主义时代新人提供了全新的载体、方式及途径。只有充分掌握网络舆论话语权,利用好各类新媒体平台,营造健康的网络思政教育生态环境,依托各类多媒体平台开展网络育人的工作,才能切实履行立德树人的根本任务。现如今,高校学生的学习生活都已离不开互联网,网络也对高校学生的价值取向及思想观念产生了全方位的影响。新媒体时代高校思政教育理念与模式等都离不开互联网，因此，新媒体时代高校网络思政教育要想拥有足够的感染力，必须运用新型多媒体传播手段，不断创新教育方式与教育理念，掌握网络意识形态领域的话语权、主动权，促进新媒体传播形式与传统思政教育相结合，满足高校学生的多方面需求，才能提高网络思政教育的吸引力、扩大影响力，落实立德树人的根本任务[4]。

（四）维护意识形态安全的迫切需求

网络思政教育不仅仅关系到高校意识形态的安全问题，更关乎国家主流意识形态安全问题。我国正面临着开启全面建设社会主义现代化国家的新征程，高校思政教育需要利用互联网开展好高校学生思政教育，为他们提供精神指引。部分专家提出，高校思政教育的挑战主要体现在高校学生对社会主义政治意识形态的漠不关心，甚至提出思想政治教育要"去政治"，要用"公民教育"代替"悬在空中"的思政教育[5]。面对这样的形势，高校思政教育者需要加强危机意识，运用新的传播方式科学应变、主动求变，切实维护好高校网络意识形态的稳定和安全。

二、高校网络思政教育发展的困境

（一）高校网络思政教育在新媒体时代的挑战

高校思想政治教育必须依托互联网这个新阵地，互联网既是社会舆论迅速传播扩散的加速器，也为思政教育提供了丰富的资源及形式。但互联网在为主流意识形态的传播提供全新平台的同时，也给高校网络思政教育带来了多个难题。

1.新媒体的广泛应用给了所有受众"发声"的权利，所有的信息接收者同时也是信息传播者，这样的双重身份带动了网络参与主体的多元化及大众化，却动摇了高校在思想政治教育工作中的主要导向地位。

教育的过程通常来说就是教育者向受教育者传授知识、道德规范以及政治观点的过程。在传统的网络环境中，教育者具有权威性，他们掌握着制造信息、传播信息的资源，在整个教育过程中发挥不可替代的主导作用。随着抖音、微博等为代表的自媒体和融媒体平台的高速发展，信息发布渠道与传播方式都发生了极大的变化，由曾经的集中式、单方面传播转变为互动式、多向传播。这样平等交互的过程让教育者失去了掌握信息发布平台的优势，受教育者在接受教育的同时可以与其他受众进行互动，从而形成新的声音，进而互相影响。新媒体自主、开放及互助的特性动摇了高校思政教育者的权威及主导地位。

2.互联网传播内容有碎片化和庞杂性的特点，这些主流的、非主流的、精英的、大众的信息与资讯混杂在一起，影响了高校思政教育的导向地位。网络上不乏为了高点击率或关注度刻意制作刺激眼球的内容，传播无道德底线、破坏社会稳定内容的"网络红人"，这些视频或是文字通过各类自媒体、新媒体平台自由传播，占据了主流思想政治教育的空间，削弱了主流教育的吸引力。高校学生正处于世界观、人生观、价值观形成的关键阶段，面对如此庞杂、难辨是非的网络内容，极易成为网络意识形态斗争的"牺牲品"，被不当言论引导，最终迷失方向。

（二）高校网络思政教育所处的困境

网络思政教育的创新发展逐渐被高校重视，网络思政教育在高校教育体系中的重要性不断提高，但新兴事物在实践中总会遇到挫折，而新媒体作为新兴的教育手段与方式，在网络思政教育的实践中也遇到了难题，这极大地制约了高校网络育人的影响力。

1.网络语言与思想政治教育语言体系之间的差异，限制了网络思政教育的形式亮度。互联网中多样化的内容形式，是能吸引青年人的关键，网络思想政治教育同样需要利用好多样化的新媒体平台，制作能够抓住学生的内容，才能发挥好网络育人功能，但有亮度的、能吸引学生的内容制作是建立在高校思政工作者与高校学生主体之间网络语言顺畅沟通的基础之上。互联网技术极大地提高了社会的发展速度，致使不同年龄和不同角色背景的教师与学生之间存在语言习惯的不同，而语言作为沟通的基本途径，语言习惯的不同使得高校思想政治教育工作者无法深层次融入学生群体，难以制作出学生喜闻乐见的教育内容。存在于大学生网络生活中的"圈层化"特性，让学生们始终习惯于个人网络交流圈，只在自己固定的圈层中进行信息传递与交流，学生们"走不出来"，高校思想政治教育教师"走不进去"，网络思想政治教育平台缺乏吸引力与聚合力，其内容形式也陷入了低水平的重复循环，无法很好地引导学生到网络思想政治教育的特有空间自觉接受教育。

2.互联网交互场景虚化的特质打破了时间和场域的限制，但无法传递有温度的情感。网络思想政治教育打破了时间和空间的限制，提高了网络育人效率，但也因为其交互场景的虚拟性导致了情感教育的缺失。通过视频、照片及文字等载体向学生传授思想政治教育的内容，这种方式虽然能够提高思政教育的效率，但却无法兼顾并满足学生的情感需求，长久下去，学生会对网络形成认知固化、行为僵化的刻板印象。因此，高校网络思想政治教育工作者需要将情感关怀融入网络思政的内容传授中，将教师的关心与关怀传递给学生，这样有利于加深学生与教师、学生和学校之间的情感，也可以让网络思政教育功能最大化。

3.高校需要加强网络思政教育平台建设力度。多媒体平台是高校实现网络思想政治教育的重要途径与手段，许多高校已经设立了专门的思政教育专题网站或是新媒体账号，但这些平台普遍反响平平，点击率低、更新慢、专栏设置单一是常态，究其原因，是没有贴近高校学生的实际问题，忽略了对本校学生特色的深度挖掘，无法准确把握本校学生的多层次需求，导致学生的自主参与度和关注度偏低，网络思政教育平台没有发挥最佳效果。

三、高校网络思政教育创新发展的路径探析

"创新是引领发展的第一动力"，习近平总书记曾明确

指出这一点。网络思想政治教育是提升高校思想政治教育质量及创新工作方式的重要部分,其发展必须因势而新、因时而进,其创新应该始终面向高校学生的迫切需求、面向意识形态主战场、面向世界科技的最前沿,切实履行立德树人的任务[6]。

(一)提升高校网络思政教育的针对性,坚守以学生为主的教育理念

高校思想政治教育的根本落脚点之一就是促进学生全面且有个性地健康发展,满足学生的主体需求并保障他们的个性自由是学生能够成长成才的前提。互联网的虚拟性、开放性、交互性的特点,让思政教育进入网络场域后出现了教育对象"反客为主"的情况,学生的自发性对于提升思政教育的有效性来讲至关重要。

需求激发兴趣。要重视学生的多方面需求,每个人在不同的成长环境、人生阶段会有不同的需求,人的需求具有多层次性、多样性的特点。高校学生处于三观形成的重要时期,这个阶段的学生有追求拼搏向上的理想需求和追求公平正义的社会需求。立足于学生需求,以学生的需求为关注点和出发点,将解决学生的疑惑以及信仰危机放在首要位置,充分运用互联网的特质突破空间及时间的限制,对学生所关注的社会热点问题以及自身成长发展的困惑进行有针对性的讲解,能够有效地引导学生主动学习网络思想政治相关内容。

（二）强化线上线下相结合的交互体系建设，关注学生的情感体验

情感是态度的一部分，而在网络思政教育过程中，情感甚至可以起到延缓或推动的作用。高校学生正处于情感最敏感、最丰富的阶段，也是情感表达最冲动、最强烈、最脆弱的时期，人生阅历的不足使他们极易被误导。高校思政教育工作者要善于引导网络虚拟空间中易被渲染的情绪，给学生们营造一个轻松愉悦、有温度的网络思政教育环境，坚持站在育人的角度看待并支持学生的发展，在传授知识的同时及时发现并疏导学生日常生活中的思想困惑与实际困难，这样才能使网络思政教育平台成为聚集关爱、富有温度的坚固的网络思政教育阵地，使网络思想政治教育迸发出生机与活力。

高校思政教育需要坚持以线上网络思政教育为主，线下思政教育实践为辅，两者相结合，在线上解决学生在思政教育方面的共性问题，在线下则主要解决学生的特性问题，加强在线下实际工作中对学生的引导与关心，将情感与温度教育有效融合进思想政治教育中，致力于将学生培育为同时具备较高知识水平与道德素养的时代新人。

（三）促进网络语言与思政教育语言的转换

对话是进行一切教育的前提，建立教师与学生之间的对话是网络思政教育的基石，但是师生之间网络语言的差异致使网络思想政治教育对学生缺乏吸引力，学生没有主动参与网络思政教育的兴趣与积极性。因此，高校思政教育工作者需要意识到掌握网络话语体系的重要性，使用学生乐于接受

的语言方式，积极融入学生的互联网社交圈，推动网络语言在教师与学生之间的转换。使用学生们喜欢的短视频、网络直播或微信推文等形式，搭建高校思想政治教育工作者与学生的对话平台，切实提升思想政治教育的亲和力。

总之，新媒体的高速发展，给网络信息的传播提供了多元化的传播渠道，而对于高校思政工作者来讲是机遇与挑战并存，因此，迫切地需要高校创新网络思想政治教育工作，充分利用和把握契机，借助多样化的媒体平台与工作手段，跳出困境，创新高校网络思政教育工作路径，强化思政教育的传播效果，持续提升网络思想政治教育的质量与水平。

参考文献

［1］邓宇. 传统与现代的融合：新时代高校网络思想政治教育发展审思［J］. 延边大学学报，2019（5）：132-144.

［2］李杨. 新媒体融入高校网络思想政治教育策略探析［J］. 教育理论与实践，2019（21）：32-34.

［3］李杨. 新媒体融入高校网络思想政治教育策略探析［J］. 教育理论与实践，2019（21）：32-34.

［4］张培卫. 新时代高校网络思想政治教育创新发展逻辑理路［J］. 网络思想政治教育，2021（3）：60-66.

［5］教育部思想政治工作司、全国高校思想政治教育研究会. 思想政治教育学科设立30周年［M］. 北京：中国书籍出版社，2016.

［6］任昊. 高校网络思想政治教育创新研究［J］. 现代教育管理，2022（2）：9-16.

实践育人篇

社会实践视域下加强大学生劳动教育的路径研究
——基于三全育人新模式下的探索①

韩睿子 曾曦颖

（中南财经政法大学财政税务学院）

一、引言

党的十八大以来，以习近平同志为核心的党中央高度重视学校思想政治工作，要求坚持立德树人，全面推进教育改革。2021年是中国共产党建党100周年，我国开启全面建设社会主义现代化国家新征程、向第二个百年奋斗目标进军。处于此重要历史交汇点上的中国，对高质量发展下高校学生

---

① 本文获中南财经政法大学基本科研业务费"思政教育研究"项目的资助。

的培养提出了新的要求。各大高校为响应国家"三全育人[①]"的号召,围绕人才培养的中心任务,推陈出新、不断探索"三全育人新模式",完善人才培养机制体系。

"三全育人"不仅要求全员育人,更要求全程育人、全方位育人,在目前的教育体系中,全方位育人显得尤为重要而艰难。习近平总书记在陕西榆林考察时指出:"德智体美劳全面发展,字字千金,都是经过多年总结摸索才得出来的。"然而当代大学生在劳动素养这一块尤为欠缺,劳动意识淡薄、劳动功利化现象严重。究其原因,有学生劳动意识缺乏,家庭劳动氛围缺失,学校劳动教育缺位。面对问题,我们可以参见教育部针对中小学生印发的《义务教育劳动课程标准》,从2022年秋季学期起,将多种劳动技能纳入课程,要求中小学生学会煮饭炖汤、种菜养禽、维修家电等基本劳动技能。所谓"根之茂者其实遂",孩子们在动手中增强劳动素养,那么"00后"的大学生们也应在学校接受劳动教育。大学生的必修课中尽管没有煮饭炖汤,却少不了社会实践。那么以过去的社会实践活动为借鉴,以现有社会实践活动的开展为抓手,创新化活动开展,多元化活动形式,将劳动教育孕育其中,最终完善三全育人体系的建设,是培养新一代人才的有效途径。

本文将劳动教育作为完善"三全育人"体系的切入口,从与大学生联系紧密的社会实践角度出发,立足于中南财经政法大学财政税务学院的社会实践活动背景,探索"烛火计划"

---

① 中共中央、国务院《关于加强和改进新形势下高校思想政治工作的意见》提出坚持全员全过程全方位育人的要求,简称"三全育人"。

利辛支教活动、寻访红色遗址活动、"读懂中国·小我融入大我"活动等财税学院特色社会实践活动与劳动教育的结合点,以期发现其中的问题,总结其中宝贵经验,为社会实践视域下的高校劳动教育提供路径建议。

二、社会实践里的劳动教育

(一)"烛火计划"利辛支教活动

"烛火计划"是清华大学的社会实践项目,由高校大学生组成"烛火计划"支教队共赴安徽省亳州市利辛县支教。2016年举办第四期烛火计划活动时中南财经政法大学财税学院学子加入支教队伍,与清华大学组成联合支教队,实现跨校合作,共同赴安徽省亳州市利辛县支教。该支教队采用"支调结合"的形式,在支教的同时完成调研,关注农村留守儿童心理健康教育,并对解决关于留守儿童心理健康问题提出相关建议。本次实践活动得到了利辛县望疃学区丹凤学校、望疃中学、卢沟中学与相关部门的大力支持。小老师们给上千名留守儿童带去了有趣的课堂,带去了温暖关怀和欢声笑语。哪怕是疫情肆虐的2020年,大学生们依旧坚守初心,热忱不改,按照防疫要求开展了线上课堂。

有人说,教师是这样一群劳动者,日复一日地授课是平凡普通的,但也有不普通的东西——不仅是劳作的充实、创造的兴奋、灵魂交汇的愉快和温暖,最重要的是,有爱!我想,每一位牺牲假期前去支教的大学生不仅能感受到三尺讲台三寸舌的不易,更能体会一分耕耘一分收获的快乐。他们点燃自己，照亮他人。他们儿时熟读"春蚕到死丝方尽，蜡炬成灰泪始干"，长大后通过社会实践能深切感受到其中的含义。正如活动宣传语"也许一个人的力量，还不足以让孩子的眼睛里铺满阳光和爱，但我们或许，可以点燃火把"，让一个个尚在象牙塔的学子踏出舒适圈，去往希望的田野，用汗水播撒下知识和快乐的种子。

（二）寻访红色遗址活动

十九大指出，要充分发挥社会主义核心价值观的引领作用，把培育践行核心价值观作为文明校园建设的根本任务。读懂中国，培育党性，是新时代对青年的召唤。2018年7月23日，中南财经政法大学财政税务学院两位教师带领延安实践小分队走进革命圣地，重温红色记忆。在这里，师生们和延安市财政局党组成员参加了"读懂中国·新时代青年党性培养及财税专业人才培养实践基地"挂牌仪式，并展开座谈。本次座谈让同学们意识到只有实践检验真理，才能做到知行合一。团队成员抓住了这次机会，去财政局农业科进行访谈、走访延安果业局、探索川口果园，此外，实践团队还走进梁家河，重温习近平总书记知青路，乘坐"红色专列"参观了多个纪念馆。

师生们在此次实践中，对总书记的知青岁月有了更全面的了解。一名不足16岁的城市少年，突然来到一个贫穷、落后的小山村，从之前有整洁的住所变成跳蚤满床，食物也从精米白面变成了粗粝杂粮，何况当时的青年习近平还"扣着帽子"，但他积极适应当地生活，在陕西的七年知青岁月里，他热爱劳动、不怕吃苦，成为百姓口中人人称赞的"好后生"。所以大学生们当以习总书记为榜样，劳动最光荣。

2021年是中国共产党建党100周年，全国掀起寻访红色遗址的热潮。2021年7月，财政税务学院"探访上海红色精神"暑期社会实践队来到上海红色基地，作为先进党员的师生代表，他们接受红色文化的滋养，感悟中国共产党百年征程上的波澜壮阔，从中汲取了宝贵的精神营养，进一步增强了自身作为青年党员的责任感和使命感。回校之后，他们积极分享个人的实践体会。这支实践队伍主要任务是参观学习红色文化，接受党史教育，在党的百年生日之际，汲取砥砺奋进的精神力量。正如实践队成员的分享："树高千尺有根，水流万里有源，一百年的历史让我们谨记伟大建党精神。鲁迅有言，希望中国青年都摆脱冷气，'能做事的做事，能发声的发声。有一分热，发一分光'。我们应该不负时代、不负韶华，去发热、去发光，永远向上。"相信坚持将党史学习教育作为高校思政工作的必修课，贯穿于学校立德树人全过程，是培养德智体美劳全面发展的社会主义建设者和接班人的有效途径，是建立健全"三全育人"体系的有效保障。

（三）"读懂中国·小我融入大我"活动

为深入学习贯彻习近平新时代中国特色社会主义思想、党的十九大和历次全会精神，迎接党的二十大胜利召开，庆祝中国共产主义青年团成立100周年，引领广大团员青年在实践中看发展、悟使命、长才干、展担当，财政税务学院开展了"读懂中国·小我融入大我，青春献给祖国"社会实践活动。活动内容包括"青年红色筑梦之旅"和"融入新发展格局·公司调研与创建"。"青年红色筑梦之旅"活动要求实践队围绕国情观察、经济发展、志愿服务、乡村振兴、基层治理、劳动实践等内容，以微团课、"云宣讲"、线上线下相结合等形式，在实践中厚植家国情怀，勇担时代使命，在青春的赛道上奋力奔跑，书写青年故事，成就青春华章。"融入新发展格局·公司调研与创建"活动则鼓励团员青年围绕疫情防控常态化背景下企业在产业发展、经营管理等方面的现状与问题，调研经济双循环背景下企业加快转型升级、实现高质量发展的途径，并通过调查研究，模拟创建公司等内容，体验模拟公司运作管理。

内容一的实践队需要根据实践调研所得去拍摄微团课或者做"云宣讲"，这是一个从输入到输出的过程，是脑力劳动与体力劳动的结合，身心结合，在劳动中增长见识，提升能力。内容二的实践队深入企业内部，结合当前形势发现、寻找公司运行和发展中存在的问题，将所学的理论知识运用到实践中去解决问题。他们深入到基层去了解实情，发现问题、分析问题、解决问题，绞尽脑汁，在劳动中拓展思维，有的放矢。

三、社会实践视域下加强大学生劳动教育的路径

在现有的社会实践活动中，我们不难发现社会实践活动与劳动教育的结合点较少，联系也不紧密。显然，主要原因是劳动教育并未成为社会实践的内容和目的。本文将高校常

见的社会实践活动分为以下几大类型，以过去的社会实践活动为借鉴，以强化深化劳动教育为目标，提出创新性建议。

（一）义工型

义工型的社会实践主要有大学生支教活动、环境保护清洁活动等。在支教活动这块，上文的"烛火计划"是很好的例子，但支教活动的主要目的是奉献爱心、赠人玫瑰，所以要想同时兼顾劳动教育，可以增添一些新元素，如：大学生在支教时帮忙烹饪自己的一日三餐；带领孩子们举行烹饪大赛；大学生在支教地区助力农忙，学习相关农耕技能。

在清洁活动这块，我们借鉴财政税务学院每学期坚持举办的"美丽校园创建活动"，按照学校对于全面加强新时代大学生劳动教育的要求，扎实推进劳动教育工作常态化，大力培养新时代劳动精神，弘扬雷锋精神和志愿服务精神。学校号召全校志愿者联合开展"学雷锋·心向党"美丽校园创建行动，财政税务学院积极响应，多次组织学生志愿者参与活动。每次活动学院都会提前备好劳动工具，学生们集体领取劳动工具并负责指定场地的校园清扫工作。从实践的范围来看，这是校园实践，何不拓展一下，开展社区清洁、街道清洁呢？相信大学生对参与这样的劳动型社会实践的积极性会很高。

（二）红色型

在大力提倡党史学习教育的时代背景下，红色社会实践活动在各大高校十分普遍，但值得我们深思的是红色实践越来越浮于表面，"打卡式""拍照式"实践成为常态，宣传做得好、分享写得好，思想获得却并不充实。但这并不是红色教育的初衷，除了要加强大学生的思政教育，还要让大学生的红色教育与劳动实践相结合，走出咫尺课堂。"红色＋劳动"教育实践模式将理论与实践相结合，一改红色教育的枯燥，是一场有趣的劳动课，更是一场别开生面的党课。

2021年6月，深圳职业技术学院传播学院组织师生前往校外劳动教育基地——深圳大学龙华生物创新研究院，开展劳动教育实践活动，践行"红色＋劳动"教育实践新模式。活动中，学生们开展了下地锄草、移栽鲜花、采摘食材等田间劳作，感受到稼穑的辛苦，体会到劳动创造美好生活的真谛；通过小组分工合作，参与餐食烹饪，在洗菜、切菜、做菜中提升生活技能；通过参观基地实景打造的"嘉兴红船、瑞金红井、延安窑洞"等场景，在田间地头聆听老党员讲述的红色故事，重温党的历史，赓续红色基因，传承红色精神[2]。

（三）调查型

作为社会实践的一类，调查型活动在大学生的寒暑假实践活动中非常常见，其目的是让大学生深入基层了解国情。大学生要想更好地实现社会价值，必须以人为本，关心社会问题，并通过社会调查和社会实践来增长见识、开阔视野。目前的调查型社会实践偏重于完成一篇调研报告或者是拍摄剪辑一个视频，大学生在社会实践中很少受到劳动教育。

上海财经大学"千村调查"[①]自2008年启动,迄今已经连续实施14年,2万多人次学生走千村,访万户,读中国。2021年的暑假,调查小组来到慈溪坎墩街道大学生农业众创园进行劳动教育活动,做农家饭、扫农家院、学农具、会农活、识农作物等。农场主热情陪同并向师生介绍大学生农业众创园的现状、新型经营主体、产业结构等,学生在劳动中收获了知识和乐趣。对于大学生的乡村调研类社会实践,设立定点大学生众创园、产业园很有必要,学生们在这里付出劳动,同时收获知识和乐趣。

四、结语

面对百年未有之大变局,社会亟需担当民族复兴大任的时代新人,高校培养社会主义建设者和接班人的任务愈加凸显其重要性,然而大学生的社会实践与劳动教育的培养要求已然上升了一个新的高度,这对高校的育人者提出了更高的要求。如何将劳动教育融入社会实践的全过程,培养出精于理论、勤于动手、善于创新的优秀人才,这是我们开展劳动

---

① "千村调查"项目是上海财经大学"211工程"三期创新人才培养项目,已成功实施十期。"走千村,访万户,读中国"。"千村调查"项目是以"三农"问题为研究对象的大型社会实践和社会调查研究项目,旨在通过专业的社会调查获得我国"三农"问题的数据资料,形成调查研究报告和决策咨询报告,供国家相关部门决策参考;同时"千村调查"也是国家教育体制改革试点项目之一"财经创新人才培养模式"项目的重要内容,是集社会实践、专业学习、科学研究、创新能力培养为一体的人才培养模式探索。

教育所需思考的重点。

然而，在当前人才的培养过程中，仍存在一些制约因素，如课程体系陈旧，呆板的教学模式抑制学生个性发展，各大高校普遍的重理论轻实践的培养模式弊端暴露，重科研项目轻社会实践的培养思路不利于学生综合能力的提升。所以学院积极响应习近平总书记的号召，借鉴以往的社会实践活动，探索社会实践与劳动教育的结合点，将社会实践和劳动教育贯穿到"三全育人"的全过程。

长远来看，社会实践活动不仅在劳动教育方面能发挥作用，在整体育人方面的作用也将更加突显，高校在研究劳动教育路径的同时，要注重以学生为本的理念，学生是活动的参与者，是三全育人的对象，所以学院应最大限度地结合学生的专业与需求，激发学生的兴趣，让学生主动去追求实践活动的价值意蕴[3]，这样可以达到事半功倍的效果。学院还应及时向学生争取反馈，再对社会实践方案进行改革、创新，形成良好循环，以实现高校立德树人的根本目标。

参考文献

[1]习近平：坚持中国特色社会主义教育发展道路 培养德智体美劳全面发展的社会主义建设者和接班人[EB/OL].（2018-09-10）[2022-09-26]. http://www.rmzxb.com.cn/c/2018-09-10/2166075_1.shtml?n2m=1.

[2]吴吉.红色+劳动，深职院传播学院探索实践教育新模式[EB/OL].（2021-06-16）[2022-09-26]. https：

//baijiahao.baidu.com/s?id=1702706759367365830&wfr=spider&for=pc.

[3]王朕,赖世海."三全育人"视域下加强大学生劳动教育的路径：以高校暑期社会实践活动为载体[J].开封教育学院学报,2019,39(12):120-121.

习近平关于高校党建工作重要论述的具体实践[①]

徐金花

(中南财经政法大学法学院)

一、实践背景

新时代背景下,国内各高校以习近平新时代中国特色社会主义思想为指导,突出政治功能,着力培养爱党爱国爱社会主义的时代新人。随着社会经济的发展,高校中少数民族学生数量越来越多,这些少数民族学生,特别是藏族学生,毕业后几乎全部要回到家乡求职就业。他们是少数民族地区经济发展的重要人才资源,其政治素养、思想水平、专业素

---

① 本文系中南财经政法大学中央高校基本科研业务费专项资金资助项目"财经政法类高校学生党支部建设创新研究"(项目编号2722020SQY14)研究成果之一。

养等综合能力水平,将直接影响少数民族地区的发展质量。高校在培养少数民族学生党员的过程中,要重视党建思想的落实,重视党建引领,尤其是团体辅导要坚持正确的政治方向。

二、实践模式与构想

西藏少数民族学生综合能力提升特色小组是践行习近平关于高校党建工作重要论述的一种团体辅导形式。这项工作将数名藏族学生和多名非藏族学生团结在一起,以提升少数民族学生综合能力为目的,持续开展党的理论知识学习、语言培训、专业强化、求职能力训练等活动。特色小组固定活动时间,指定负责人,借助学习强国APP、中英文学习平台、专业知识学习平台等已有平台,对学生的思想政治素养、普通话和英语、专业知识、求职考试面试基础知识等内容进行阶段性、系统性训练。

西藏少数民族学生综合能力提升特色小组的设立具有一定的工作基础。这就是充分调研了解少数民族学生在文化习俗、人际交往、知识基础方面的特点。经济发展情况、生活习惯、宗教信仰、语言交流、行为方式等民族文化的不同,使得少数民族学生进入大学之后适应较慢。绝大多数少数民族学生在本民族聚居地长大、生活,在民族学校学习。部分少数民族学生进入聚居地以外的大学学习,面对学院少数民族学生少、学习任务多、自身知识基础薄弱等问题,受到文化冲击,交流困难,学习动力不足,难以适应大学生活。此外,在学生毕业就业及工作情况中发现,少数民族学生特别是西藏少数民族学生在语言（包括普通话和英语）、专业技能或资格考试、求职就业、组织发展过程中都存在着一些困难和问题。针对这些实际情况，学校成立特色小组，将少数民族学生和汉族学生组织起来，搭建互动交流平台，有助于突破零交流的障碍，帮助藏族学生了解大学环境和教学模式，加强知识学习，缓解外部压力。

西藏少数民族学生综合能力提升特色小组作为高校少数民族党建实践探索活动，主要针对少数民族学生的学业问题，在综合能力上对少数民族学生进行帮扶，为少数民族学生进入党组织打下基础，促使少数民族学生自发自觉地在学业上、生活上奋发向上，主动向党组织的标准靠齐。

三、实践模式完善与推广

根据特色小组实践发现的问题，结合实践的推进，西藏少数民族学生综合能力提升特色小组在基础模式之上，逐步探索综合能力指标体系，充分利用整合已有平台和资源，深挖潜在资源和学生潜力。

（一）尊重民族特色，重视思想教育

由于经济差异、生活习俗、宗教信仰、行为准则、教育质量等不同，少数民族学生在内地高校往往面临文化适应问题，而高校作为意识形态交锋的前沿阵地，往往是宗教势力、民族分裂势力的重点渗透对象，当少数民族学生在学业、生活上难以适应内地高校环境时，极易出现思想上的不坚定，最终迷失自我。因此，对于少数民族学生，首先需要加强思

想教育，帮助少数民族学生树立坚定的政治信仰，主动适应内地高校环境。

1. 选优配强思想政治队伍。[①] 在特色小组实践中加强辅导员配备，可以招聘选任思想水平高、道德品质优良、专业素养突出的少数民族教师或学生担任专、兼职辅导员，借助他们对民族文化的了解和与少数民族同学交流的便利，侧重从事少数民族同学思想教育工作，制定特色方案，对少数民族同学开展一些符合民族特色的思政教育活动。

2. 着力营造民族文化氛围。中华民族是56个民族的大家庭，少数民族学生对于中华民族总体的认同感、归属感将极大地帮助他们树立正确的思想信仰。特色小组实践积极营造民族文化氛围，举办民族文化活动、民俗知识竞赛、民族节日体验活动等，重点促进汉族同学和少数民族同学之间的交融与理解，增强少数民族的自信心，坚定爱国情感，融入内地高校环境。

3. 创新思想宣传工作方式。内地高校少数民族学生类别多、生源广、分布散、思想状况差异大，特色小组实践应通过广泛、科学、深入的调研，准确地把握少数民族学生的思想动态，[②] 通过创新型的思想宣传方式帮助少数民族学生始终树立正确思想观念。制定奖励措施鼓励少数民族学生参与，

[①] 胡宝国. 内地高校少数民族学生教育管理工作的内涵、挑战及对策分析［J］. 思想理论教育，2015（7）：99-102.

[②] 董刚. 普通高校少数民族大学生党员培养机制的探索和构建［J］. 社科纵横，2009，24（6）：175-176.

将思想教育真正融入生活中,以发挥实效。

4.以党校党课为抓手,加强思想教育内涵建设。特色小组实践应把思想教育贯彻始终,不只在入党前开展培养教育,也要通过党课教育保证少数民族入党积极分子或者少数民族预备党员的思想水平,避免入党前积极肯干,在党组织的培养教育阶段就懈怠不前。因此,特色小组实践高度重视党课教育质量,从"灌输式"教育方式向贴近党员思想、心理、知识结构、经济社会发展要求转化。①

(二)坚持以生为本,切实解决困难

习近平总书记在从严治党中提出了"标本兼治"——要坚持治标不松劲,不断以治标促进治本。在推进少数民族的党建活动中也需要"标本兼治"。特色小组重视从最直观的层面帮助少数民族学生克服学习困难,在学业上有所收获,从而提升知识水平和综合能力,这是实现成长成才目标的直接路径。

1.学业帮扶,注重实效。由于地区教育水平的差距,许多少数民族学生进入大学后,在基础知识、学习方法方面都有一些障碍,经历时间较长的打击之后,容易产生放弃心理。在实践过程中,为了促进民族团结,培养优秀的后备党员队伍,对少数民族学生进行专门的学业帮扶是重要的一环。②具体而

---

① 董晓鹏,李铁莉,刘锐.高校少数民族大学生党员教育培养的路径研究[J].科教导刊,2011(1):138-139.

② 杨雄.内地高校少数民族学生教育管理服务工作的维度构建与实践探索[J].高教学刊,2018(6):126-128.

言,根据特色小组总结出的经验和模式,可以细化"一对一"的帮扶方案。首先,细化学业辅导项目。其次,调整辅导的开展方式。最后,完善辅导方法。

2. 生活帮扶,全面关注。少数民族学生在大学期间面临的一个极大的困难就是适应内地高校的生活,集中体现在家庭经济负担较重、饮食方面的不适应、语言交流存在障碍、难以融入同学相处等,这些都会打击和阻碍他们向党靠拢的积极性和动力。因此,在开展党建过程中,要注重在生活上帮助少数民族学生解决困难,帮助他们树立积极向上的生活态度。通过建立档案和一对一交流,走进学生的日常学习生活,熟悉少数民族学生的思想、学习、生活、家庭情况,知悉困惑困难,帮助少数民族学生锻炼语言表达、提升个体和民族自信,感受高校温暖和党组织归属感,拉近与党组织的心理距离,增强入党意愿,促进成长成才。[①]

3. 就业导向,坚定信念。当前,西藏等民族地区由于经济发展的限制,招收人数少、招收岗位单一等问题集中,造成许多少数民族学生就业困难。部分少数民族学生在职业规划和获取职业信息方面存在不足,缺乏竞争意识和主动就业意识。因此,加强就业导向和培养,也是促进少数民族学生成长成才的重要一步。

在特色小组实践中把握少数民族学生的特殊性,开展有

---

① 廖梦雅,邱开玉. 三扶一带:内地普通高校少数民族学生党员培养机制的创新研究——以丽水学院为例[J]. 丽水学院学报,2016,38(3):30-37.

针对性的职业生涯规划教育和就业能力定向培养。充分激发少数民族学生在就业指导课或者职业生涯规划课中的积极性和主动性，自觉提前确定目标，认识自我和环境，提高就业能力，促进职业决策。通过介绍和了解国家奖励扶持少数民族政策，树立少数民族学生典型，营造良好的回家乡、到基层、到边远地区贡献的氛围，引导少数民族学生树立正确的择业观。[①]

---

① 杨雄. 内地高校少数民族学生教育管理服务工作的维度构建与实践探索［J］. 高教学刊，2018（6）：126-128.

大学生法律援助志愿服务参与社区治理的困境与对策[①]

钟开炜

（中南财经政法大学法学院）

社区是大学生开展志愿服务的重要场域。社区治理是指"政府、社区组织及单位、其他非营利组织、居民自组织等多方合作形成合力，供给社区公共产品，优化社区秩序，推进社区持续发展的过程"[②]。目前，武汉市洪山区已有184个

[①] 本文系2022年度湖北省青年志愿服务课题一般项目"湖北省应急志愿服务政社协同机制研究——以新冠疫情为例"；2022年度中南财经政法大学党建理论研究与实践创新计划项目"高校党建带团建工作长效机制建设研究——以中南财经政法大学法学院为例"；2022年度中南财经政法大学基本科研业务（"三全育人"）项目"高校'明星'师生育人示范作用长效机制研究"（项目编号：2722022DS008）阶段性成果。

[②] 易臻真，文军. 城市基层治理中居民自治与社区共治的类型化分析［J］. 安徽师范大学学报（人文社会科学版），2017，45（6）：741-749.

建成社区，常住人口达172万人。社区居民彼此熟悉程度不深，且对公共服务的期待较高，对社区治理形成了较大挑战。洪山辖区内有20余所高校，被称为"大学之城"。大学生参与志愿服务的积极性高，因而志愿者资源较为丰富，在弥补政府公共服务的盲区方面发挥越来越重要的作用[①]。高校大学生志愿服务组织往往容易赢得居民的信任，"奉献、友爱、互助、进步"的志愿服务精神与中国"崇德向善"的优秀传统文化相契合，也能快速融入社区治理之中。而相较于关爱少年儿童、阳光助残、为老服务等类别的志愿服务活动，法律援助志愿服务对大学生的专业素养、人际沟通、知识储备等方面提出了更高的要求，在参与社区治理的过程中遇到的困难和挑战也更具有代表性。

一、大学生法律援助志愿服务参与社区治理的困境

（一）市场原则：供需不相匹配

大学生法律援助志愿服务组织在初次"进入"社区时往往存在"供需不相匹配"的困难。社区治理需要多方主体共同参与，但具体是由哪些主体来参与治理，社区在有选择的条件下，也会依据市场原则进行筛选。大学生的人际沟通交往能力需要长期的培养和锻炼，往往怀着一腔热情，在与社区沟通后却又感到失望。与高校距离较近的社区往往可选范

---

① 张敏，胡建东. 提升社区志愿服务质量路径探究[J]. 人民论坛，2020（26）：70–71.

围广,工作人员时间和精力有限,承担着大量琐碎繁杂的事务性工作,除非大学生志愿服务组织所提供的服务内容与社区当前的重点工作相匹配,否则社区工作人员很难抽出时间和精力,来与大学生一起筹备与当前重点工作无关的内容。没有社区的支持,大学生志愿服务组织就无法真正"进入"社区。社区工作人员精力有限,难以做到热情接待每一个大学生志愿服务组织。N社区工作人员在访谈调研中表示:

我们也很想为每一所高校的志愿者们提供周到的服务,但实际上这不可能,我们这个小区平常就很忙,有时候可能没帮上忙还添了乱,有的志愿服务组织开展活动需要我们提供场地和资金,如果场地没有冲突的情况下这个都还好说,但是资金我们真的是无能为力。[①]

因此,社区工作纷繁复杂,而大学生法律援助志愿服务具有特殊性,社区更倾向于选择"随时都能派上用场"的志愿服务组织来参与治理。而对于真正需要法律援助志愿服务的社区,可能距离学校较远或者志愿服务组织无法获取信息,难以建立起稳定的联系。

(二)专业能力:知识储备不足

大学生法律援助志愿服务组织在提供服务时往往存在"知识储备不足"的困难。在对洪山区10所高校的大学生法律援助志愿服务组织调研中发现,本科生占比达80%,远高于研究生所占比例。而在学业压力逐渐增大的背景下,近5年来,

---

① 由访谈记录整理而来,访谈编码:F20220710。

大学生法律援助志愿服务组织能够动员和招募的高年级本科生也呈逐年下降的趋势。低年级本科生的优势在于有时间和精力组织和参与志愿服务，但由于法律专业知识的储备不足，难以在居民进行法律咨询的过程中提供高质量的服务，更多适合开展提前进行过充分准备的普法宣讲活动，而这类活动大多符合社区居民的基本共性需要，宣讲内容并不深入，难以满足社区居民的个性化需求。W大学法律援助志愿服务团队负责人在访谈调研中表示：

  知识储备不足确实是我们志愿者的"硬伤"。有的时候，居民向我们提出了非常具体的问题，但由于我们对法条还不熟悉，对案件的处理也没有什么经验，只是听老师讲过一些案例，所以经常无法现场解答居民们的问题。在普法宣讲活动中，最让我们紧张的也是居民提问，所以后来我们一般也就不设置互动环节了。这确实会让居民对我们的能力产生怀疑，也会让我们志愿者有些难过。[①]

在大学生法律援助志愿服务中，知识储备对志愿者参与社区治理形成了较大挑战。有精力参与志愿服务的时候，"基本功还不牢靠"；等"基本功"初步形成的时候，又没有精力来参与志愿服务。现实的矛盾需要志愿服务组织反思和创新提供服务的模式，目标是既能帮助居民解决问题，又能增强志愿者的信心和能力。

---

① 由访谈记录整理而来，访谈编码：F20220712。

（三）公共利益：认知存在误区

大学生法律援助志愿服务组织在分析公共利益时往往存在"认知存在误区"的困难。当下，大学生法律志愿服务已经被视为社区治理的重要内容，也确实符合居民的现实需要，但部分居民担心大学生志愿者的能力不足，服务成效难以完全显现。大学生志愿者充满朝气和斗志，希望能运用所学的法律知识维护正义。但大学生的法律专业素养正在形成之中，缺乏社会阅历，难以分辨居民所说的是否属实，容易听信一面之词，也难以辨别部分居民的维权行为是否会对社区治理产生负面影响。对于社区的"共建共治共享"治理方向，大学生志愿者容易着眼于"共享"，在"共建"和"共治"方面缺少与其他社区治理主体的协同与合作。

S社区居民在访谈调研中表示：

我们这里是一个新社区，居民之间基本都不认识，交流也不多，彼此不熟悉，大学生在开展法律志愿服务的时候，没有注意配套开展增进居民人际交流的志愿服务活动，所以在我看来更多的还是服务于居民个人，并没有为增进社区和谐做出实质性的贡献。[①]

S社区居民的这段话反映出在志愿服务组织看来，由于能力储备的不足，更多是面向整个社区的居民提供普法服务，而现实是居民认为志愿服务组织在服务个别居民。这说明大学生法律志愿服务组织设定的目标和对服务成效的认知是存

---

① 由访谈记录整理而来，访谈编码：F20220713。

在误区的。

（四）社区认同：缺乏长效机制

大学生法律援助志愿服务组织在建立社区认同时往往存在"缺乏长效机制"的困难。目前，全国的村（居）委会任期由3年改至5年，而大学生法律援助志愿服务组织是每年都开展换届工作，人员流动大。志愿服务组织在顺利"进入"社区后，没有和社区签订服务协议，开展活动的随意性较大，双方的权利义务没有明确，也基本不受任何制约。同时，社区对大学生法律援助志愿服务组织的支持力度也存在较大的不确定性，这与社区工作重心以及社区相关工作的负责人存在一定关系。W大学法律援助志愿服务团队负责人在访谈调研中表示：

我们之前服务过的一个社区，在换届过后就负责其他工作了，新任负责人在和我们交流时说希望我们团队能把重心调整到养老服务方向，因为这一块已经成为社区近几年的重点工作，如果我们无法调整的话，他们可能就需要引进其他的志愿服务团队。我们可以把为老服务调整为我们法律援助志愿服务的重点工作，但是我们没办法完全转变为一个专业为老服务的团队。所以最后只好选择退出。

对于大学生法律援助志愿服务组织而言，一方面，对社区具有强烈认同感的志愿者不一定能够在换届中顺利留任；另一方面，留任的新一届组织负责人，也可能倾向于新开辟一个社区服务点，对合作基础不好的社区果断选择放弃。因此，大学生法律援助志愿服务组织对社区难以建立长久的认同感。

而作为社区治理的主体之一，也难以让社区居民和其他治理主体产生强烈的认同。

二、困境产生的成因

（一）政府层面

政府对大学生法律援助志愿服务参与社区治理的重视不够。首先，政府目前搭建的志愿服务信息化平台功能不全，社区和大学生法律援助志愿服务组织无法在平台上发布和对接供需信息，平台更多是面向志愿者个体提供服务。其次，在建设法治中国的背景下，将大学生法律援助志愿服务引进社区本应是政府鼓励和倡导的，但政府层面暂未出台具体办法在志愿者招募、培训与分工、激励与评价、风险管理等方面进行细化。最后，政府在法律援助志愿服务的协调联动方面出现缺位，没有有效整合社会资源为大学生法律援助志愿服务组织和社区提供可靠支撑，使得法律志愿服务在社区治理中存在一定程度上的失灵。

（二）高校层面

高校对大学生法律援助志愿服务参与社区治理的支持不够。首先，高校志愿服务组织数量多、规模大，在资源有限的条件下，难以做到充足的资金支持。其次，大学生法律援助志愿服务属于专业性较强的内容，需要一定规模的专任课教师提供专业支持，成为志愿服务组织的专家顾问团，但高校教师时间宝贵、工作繁忙，很难长期依靠情怀从事这项工作。

最后，高校作为教育单位的宗旨是"立德树人"，本职工作是传道授业解惑，学生参与社区治理是"实践育人"的重要体现，但是高校参与社区治理却不是其中心工作，并且"实践育人"的渠道有很多，学生参与社区治理只是其中的一种，因此高校对大学生法律援助志愿服务缺乏支持的强劲动力。

（三）社区层面

社区对大学生法律援助志愿服务参与社区治理的认识不够。首先，社区更多的是将大学生法律援助志愿服务组织作为助手，而非治理主体之一。社区由于工作繁忙、人手紧张，首先会把大学生志愿者定位为"人力资源"而非"合作伙伴"。其次，社区在基层治理中会更倾向于结果导向，工作过程中可能会"不拘小节"，这在大学生法律援助志愿服务组织看来，可能会成为"不负责任的表现"，社区在明知大学生偏理想化的情况下，并不愿意和大学生志愿者进行充分沟通。最后，社区没有认识到在大学生法律援助志愿服务组织的背后是其所在的高校，因而也没有通过志愿服务组织带动高校的资源投入，或在没有尝试的情况下直接认定"这不现实"。

（四）大学生法律援助志愿服务组织层面

大学生法律援助志愿服务对参与社区治理的理解不够。首先，参与法律援助志愿服务的大学生绝大多数都主修法学专业，而社区治理更多是属于管理学和社会学的范畴，因此很多大学生法律援助志愿者对社区治理的含义并不理解。其次，志愿服务组织在"传帮带"的文化中，更多强调的是对志愿者的培养，忽视了对组织服务社区所积累的情感传承。最后，大学生法律援助志愿服务组织是社区治理主体中偏弱势的一方，社区治理的其他主体在年龄和身份上都不是大学生可以直接对比的，因此志愿服务组织更多的是配合其他治理主体开展工作，而缺少对社区真正全面的了解。

三、突破困境的对策

（一）校地企联动，互通供需信息

大学生法律援助志愿服务参与社区治理需要高校、地方、企业（律所）的协同配合。在信息获取方面，需要地方政府主动作为，积极完善志愿服务信息化平台的相关功能，让社区能够及时发布志愿服务的需求，方便高校和企业（律所）组织志愿者提供志愿服务，参与社区治理。高校可以发挥智库优势，为政府采集社区治理需求建言献策，并且和地方政府加强沟通，寻找共同发力方向，为大学生法律援助志愿服务参与社区治理提供更有力的支持。企业（律所）可以将常见的社区治理矛盾纠纷案件进行整理，与高校和地方政府共同分享，将难度较低的一般事项交由大学生法律援助志愿服务组织参与，及时发现和解决社区治理中存在的问题。

（二）产学研结合，培养专业能力

法律援助志愿服务与法学教育紧密相连。大学生在课堂上的学习为其提供法律援助志愿服务打下专业基础，而法律援助志愿服务成为法学学科"培养德法兼修高素质法治人才"

的重要体现。将产、学、研相结合，为大学生法律援助志愿者提供更高水平的专业能力培养，有助于提高志愿者的学习和参与热情，更好地解答社区居民的实际问题，并且也能为高年级法学生参与法律援助志愿服务提供更强的驱动力。引导学生正确看待和认识学术论文的写作，鼓励学生深入社区，参与社区治理，及时记录总结，把论文写在祖国的大地上，而"接地气"的论文有助于激发学生的荣誉感和获得感，在新冠肺炎疫情等公共危机状态下也能积极参与社区治理，成为一支不可忽视的应急志愿服务社会力量。[1]

（三）党建带团建，提升学生认知

要做好社区治理和群众工作，要将民生服务推向新的高点，就需要在继承党的优良传统的基础上不断探索、持续创新。[2] 始终坚持党建带团建，引导大学生法律志愿服务组织正确分析和判断公共利益，真正理解"共建共治共享"的内涵及外延。鼓励学生在参与社区治理的同时，要分辨主要矛盾和次要矛盾，以及主要矛盾的主要方面和次要方面，支持大学生法律援助志愿者去抓主要矛盾的主要方面。同时要引导学生看到社区治理的整体和部分，在开展法律援助志愿服务的同时，也要配套开展能够增进居民人际交流的其他志愿服务活动，鼓励大学生志愿服务组织间的合作，在活动内容上

---

[1] 谌鸿燕. 大学生志愿者参与社区治理的文化动员机制[J]. 当代青年研究, 2022（1）: 42-49.

[2] 张万兵, 黄丽. 社区治理、志愿行动与民生服务: 重庆个案[J]. 重庆社会科学, 2014（10）: 62-66.

互相补充，争取达到"整体大于部分之和"的社会效益，更好展示学校整体形象，为法治中国建设贡献青年担当。

（四）项目化运营，全面系统规划

社区和谐是社会和谐的重要基础。[①]社区治理是一个多维融合的复杂概念，并不是说大学生志愿服务组织定期在社区开展法律援助志愿服务活动，就能够参与社区治理并使其有效。高校和地方可以加强对大学生法律援助志愿服务参与社区治理的指导和支持，组织签订合作共建协议，社区展示近期及远景目标，志愿服务组织可以在整个社区治理的框架下进行系统规划，与其他治理主体进行全方位协同配合，按照项目化运作方式，逐渐"扎根"于社区。此外，地方要支持高校培养大学生社区法律援助志愿服务"明星"，形成较好的社会影响，进一步鼓励大学生法律援助志愿者参与社区治理，同时邀请大学生在社区居民中间培养更多的"法律明白人"，在大学生与社区居民深厚的感情中建立增进社区认同的长效机制。

参考文献

[1]易臻真，文军.城市基层治理中居民自治与社区共治的类型化分析[J].安徽师范大学学报（人文社会科学版），2017，45（6）：741-749.

---

① 李妙然，王彦东.志愿服务组织社区教育功能提升路径研究[J].齐鲁学刊，2019（4）：100-107.

［2］张敏，胡建东. 提升社区志愿服务质量路径探究［J］. 人民论坛，2020（26）：70-71.

［3］谌鸿燕. 大学生志愿者参与社区治理的文化动员机制［J］. 当代青年研究，2022（1）：42-49.

［4］张万兵，黄丽. 社区治理、志愿行动与民生服务：重庆个案［J］. 重庆社会科学，2014（10）：62-66.

［5］李妙然，王彦东. 志愿服务组织社区教育功能提升路径研究［J］. 齐鲁学刊，2019（4）：100-107.

将红色大学文化融入学校三全育人的有效路径研究

水晶晶

（中南财经政法大学工商管理学院）

红色大学文化是立足于大学校园的红色文化的存在形式，伟大的中国共产党自成立以来，带领人民革命、开展社会主义建设、实行改革开放，这些社会实践历史经验以及党在此时期基础理论上所积累丰富的红色理论成果，构成了党史、国史、新中国史和改革开放史，是宝贵的民族文化精华，也是高等学校校园文化的组成部分。红色大学文化既有革命战争年代形成的战争理论、红色革命精神，也有在社会主义现代化建设进程中所发生的先进事迹，既有物质内容，又有精神成果，也包括凝聚着大学的办学历史、办学理念、校园人文精神等的红色文化体系。红色大学文化源于革命实践，在高校的办学实践中得到发展。

当今国内，关于开发利用红色文化、文化资源理论实践的研究较多，关于把现有传统红色文化研究成果与大学思想政治教育实践融合运用的有关研究项目中，理论性研究大都集中于中国共产党在革命实践中所形成的广泛的红色文化资源的利用，主要方向有传统红色文化、红色资源及其与我国高校传统党建研究工作成果的交叉融合，红色文化建设与新形势下高校校园文化建设的体系构建，红色资源理论与思想政治教育工作的无缝对接，红色文化传播与青年大学生社会主义核心价值观文化建设，如何运用红色文化资源走进高校思想政治理论课教学第一线等。在推进红色大学文化阵地建设问题方面，一些相关研究也仅仅只从其中某一研究视角，如红色大学文化建设的基本内涵，建设红色大学红色文化网络的实现途径，红色校园文化基地的文化德育传播功能等。尚未有对将红色大学文化融入学校思想政治引领和价值引领工作的系统性研究，鲜有学者结合实证研究。

红色文化是带有浓厚中国特色的本土文化，有着特定的概念和内涵，和中国共产党的起源、发展、壮大有着极其紧密的关联。而国外对于红色文化鲜少研究，仅有部分西方学者对于和红色文化相关联的马克思主义文化、中国共产党、社会主义革命等部分词汇有所关注。

一、将红色大学文化融入学校三全育人的重要意义

习近平总书记强调："用好红色资源，传承好红色基因，把红色江山世世代代传下去。"这为当前高校弘扬和继承红色文化基因，发挥红色文化教化育人功效指明了道路。推动

高校培育与传承红色文化基因，正是让当代大学生理解、认同我国伟大斗争、伟大工程、伟大事业、伟大梦想的价值理念和深远意义，引导激励我们每个新时代大学生在实践中始终做到跟党走、听党话，把奋斗青春融入中华民族伟大复兴。在落实立德树人教育任务的过程中，发掘大学红色文化资源，运用现代红色文化理念贯穿全员育人、全程育人、全方位育人，深入、细致地对青年学生进行思想政治引领和价值引领，确保青年一代成为社会主义的可靠建设者和接班人。

（一）红色大学文化融入高校三全育人，有助于筑牢高校意识形态主阵地

习近平总书记高度重视意识形态建设，旗帜鲜明地指出："意识形态工作是党的一项极端重要的工作。"这为推动当前的高校积极弘扬革命和优良传统继承红色文化基因，发挥红色文化教化育人功效指明了道路。高校是各种思想和思潮的策源地和汇聚地，大学生处于价值观念的形成期，他们对事物的认知、价值取向都呈现多元化，同时具有不确定性的特点。西方国家为了达到分裂中国的目的，会在青年大学生身上做文章，试图通过意识形态的渗透，歪曲历史，否定中国共产党的领导。复杂多变的现实环境与意识形态较量形势下，将红色大学文化的培育和传承作为高校意识形态教育的切入点，贯穿高校的办学全过程，对于增强大学生的政治素养，有效防止西方意识形态传播渗透，巩固社会主义主流意识形态具有重要的意义。坚持正确的红色文化教育导向，引导学生在大是大非面前立场坚定、旗帜鲜明，让高校的主流意识

能够紧密围绕习近平新时代中国特色社会主义思想，将高校的主流意识形态打造成马克思主义为核心内容和理论指导的社会主义意识形态。

（二）用红色文化引领校园文化建设，是坚持用社会主义文化培育时代新人，加强高校思想政治工作的重要方法

全国高校思想政治工作会议上，习近平总书记指出："要更加注重以文化人以文育人，广泛开展文明校园创建，开展形式多样、健康向上、格调高雅的校园文化活动，广泛开展各类社会实践。"大学红色资源为高校校园文化思想建设和党建工作提供了有力的支撑，具有鲜明的时代价值与现实意义，其承载的历史是中国共产党的领导和中国特色社会主义事业发展的有力见证，能够引导青年学生增强中国特色社会主义的道路自信、理论自信、制度自信、文化自信；其蕴含的精神力量，能够坚定大学生的理想信念，厚植爱国主义情怀，加强品德修养，培育奋斗精神。

（三）红色大学文化融入高校三全育人，提高高校思想政治教育的实效性

高校思想政治工作教育改革要想进一步取得实效，必须通过以习近平新时代中国特色社会主义思想教育来武装学生头脑，把树立社会主义核心价值观这一正确的理想信念系统和基本道德素养体系传授给全体学生，更重要的是这些内容要易于被大学生所理解和接受，并推动高校学生内化于心，外化于行。红色大学文化围绕在大学生的周边,具有直观性和易接受性,消除了历史距离感和政治严肃感,克服了核心内容的空洞无物和理论传授的苍白无力,并能时刻渲染教育大学生,让育人工作本身更具魅力、说服力与感染力。

(四)红色大学文化融入高校三全育人,有助于推动高校红色文化的凝练与传承,促进红色大学文化开发深度发展

以期让高校红色历史与精神研学教育更加可触可感,高校需要重点凝练、倡导优秀红色大学文化精神,展现校园红色文化底蕴。深度整合研究并挖掘、开发校园典型红色资源,构建各类学校红色资源文献文库,开设学校系列高校红色文化专题研究课题,自主开发一批具有更深层次思想性、艺术性价值取向和具有思想教育性特点内涵的校园系列红色文化产品。以爱国主义为核心,通过多种形式进一步创新组织管理形式、丰富德育内容,提升各类先进校园文化主题实践活动的参与度。依托学校的思想政治理论课、党团活动等丰富拓展校园红色物质文化和精神文化,弘扬学校红色文化、传承革命基因,塑造既蕴含高校历史传统又具有时代特色的人文教育艺术作品,引领高校建设好、发扬好社会主义先进文化。

二、红色大学文化融入学校三全育人的有效途径

红色大学文化集中系统地展示了学校的历史传统、精神

风貌、校园文化、办学目标和理想、信念与追求，不仅能够增强大学生的凝聚力、向心力，引导大学生树立正确的思想政治方向，还有助于培养青年学生的主人翁意识和历史使命感。习近平总书记在全国教育大会上强调，"要在坚定理想信念上下功夫"，"要在厚植爱国主义情怀上下功夫"，"要在加强品德修养上下功夫"，"要在增长知识见识上下功夫"，"要在培养奋斗精神上下功夫"，"要在增强综合素质上下功夫"。明确新时代教化学生的基本方向和重点领域，是我们做好新时代人才培养工作的行动指南。将红色大学文化纳入学校思想政治引领和价值引领，正是在教育实践中将六个下功夫落实、落细、落小。新时代青年通过优质丰富多彩的校园红色文化熏陶，自觉匹配新时代新青年的基本要求，努力奋斗，增长才干，为美好青春积聚力量，把青春融入祖国和人民需要的地方，自觉肩负起为实现中国共产党的远大理想和实现"中国梦"而贡献力量。

（一）将红色大学文化与习近平新时代中国特色社会主义思想相融合，建设成校园文化的核心和灵魂

要在习近平新时代中国特色社会主义思想的指导下，以社会主义核心价值观引领大学文化建设。认真学习、深刻领会、全面贯彻习近平总书记关于文化、教育、青年学生成长成才等的重要论述，形成独特的红色学术文化、红色环境文化。精心组织"微说党史""微说校史"等红色文化活动，通过参与式教育、沉浸式体验，在实践和行动中接受熏陶，打通红色文化教育的各个环节，实现校园文化和红色传统深度融合。

（二）从物质层面、精神层面建设红色大学文化

教育家苏霍姆林斯基曾说："用环境，用学生自己周围的情景，用丰富的集体生活的一切东西进行教育，这是教育过程中最微妙的领域之一。"高校应从自身文化传统和历史积淀中挖掘根脉，将物质形态的红色文化资源加入整体规划之中，如建设校史馆、红色校园文化景观、红色宣传标识等，形成教室文化、走廊文化，营造处处是景观、到处是课堂、个个是教师、人人受教育的校园红色环境。

精神层面的红色文化是一种无形资源，是在校园红色文化建设和创造过程中积累、凝练出来的深层内涵，是整个大学师生员工的精神信念和价值追求的反映，如校风校训、校园内创办的红色学术团队、红色社团、红色学术活动、红色党团教育课等。利用红色节日活动的体验、校庆纪念日的庆典，提炼、发扬红色大学文化的精神内涵，使大学生的思想政治引领和价值引领得以深化。

（三）构建红色大学文化融入教育教学、实践育人、网络育人、校园文化"四融入"模式，为我校青年成长和学生成才筑牢信仰之基，补足精神之钙，把稳思想之舵

将蕴含红色元素的思想教育贯穿于教书育人的全领域。发挥学科优势和智力优势，将红色大学文化融入学科专业建设、课程教材建设、教育教学改革等，增强红色文化育人功效。发挥课堂主渠道的作用。上好思政课程，用好课程思政，将我校具有的悠久厚重社会历史文化底蕴沉淀下来，将有着

巨大深刻社会现实影响作用的优秀的大学文化、学校建设发展历程中的一些好故事以一种创新教育和学生喜闻乐见的方式融入思想政治理论课程群、文化选修课程中，注入"四史"元素。把经过岁月沉淀和历史打磨的优秀大学文化、学校改革发展中的感人故事融入课堂教学，把红色校史研学置于富有内涵的情境中，通过实践讲学、授课，提高学生参与度，培育充满"红色味道"的课堂文化。

把高扬红色旗帜的政治教育融入网络阵地的全时空。高校要适应融媒体时代信息传播方式和传播特点的变革，遵循青年学生的思想习惯和行为特点，总结凝练优秀红色大学文化资源体系，在深入理解的基础上创新表达方式，创作出图文并茂、视听结合的宣传片和文化产品。建立专题网站，利用"两微一端"平台，把"红色校史""旗帜""领航"等传统红色文化成果转化为符合时代特征、贴近学生需求、符合生活实际的新媒体作品，推动红色文化传播由空洞无物、脱离实际的说教转向立体式展示，纠正青年对于红色大学文化的理解与认同偏差，对错误思想与言论勇于亮剑，从而充分展现和发挥红色大学文化的政治导向功能。

把弘扬红色传统的理想信念教育融入校园文化建设的全方位。以红色文化引领大学文化活动新潮流，打造红色精品活动。广泛开展党史、新中国史、社会主义建设史和改革开放史的学习讨论活动，借助新颖的教学工具和特色活动，结合大学校园内的生机活力，让历史上传奇革命事迹和伟大的民族精神引导学生思潮、校园风尚。运用与时俱进、喜闻乐见的教学理念与方法开展青年学生更愿意参与的思想政治教育和理想信念教育，进而推动优秀的红色文化精神烙印在学生心中，丰富的红色资源深深根植于高校校园之中。

让激活红色基因的价值观教育融入实践活动的全过程。深入开展红色文化的实践活动，激活实践活动的红色基因。通过搭建一个主题政治理论教育、党团活动、社团文化、创新创业四位一体的学习实践新平台，引导大学生深刻理解和传承红色基因，把红色基因转化为实践动力。巧妙契合重大时间节点，开展第二课堂活动，如红歌传唱、征文比赛、党史演讲、红色志愿服务、红色社会调研等特色实践活动，在体验中感悟、在参与中学习、在教学中研究，发挥红色文化基因的育人潜能。

参考文献

[1] 熊辉，沈婷婷. 大学校园红色文化在高校思想道德教育中的运用[J]. 井冈山大学学报（社会科学版），2015，36（5）：7.

[2] 张岚岚，魏代强. 深度开发红色资源 丰赡校园红色文化[J]. 扬州大学学报（高教研究版），2009（6）：23-25.

[3] 王立兵. 红色教育如何融入高校思政工作[N]. 光明日报，2018-09-12（5）.

[4] 谭备战. 论高校校园红色文化建设的意义与途径[J]. 南阳理工学院学报，2013（1）.

[5] 诸葛毅. 大学校园红色文化建设的内涵与的德育功能[J]. 江苏高教，2010（3）：2.

［6］吴布林，张明瑞. 新媒体环境下增强大学生思想政治教育成效性研究——以临沂大学红色文化教育为例［J］. 民族高等教育研究，2014（1）.

［7］徐雪薇. 红色资源在高校思想政治教育中的应用研究［D］. 南京：南京工业大学，2017.

［8］刘越，杜刚. 红色文化对高校大学生思想政治教育的意义和价值［J］. 中北大学学报（社会科学版），2018，34（2）：4.

［9］李源锋. 试论红色资源在高校思想政治教育中的运用［J］. 学校党建与思想教育，2014（8）：3.

［10］王春霞. 论红色文化资源在大学生思想政治教育中的功能定位及实现路径［J］. 思想政治教育研究，2018（5）：4.

［11］王炳林，张秦城. 高校红色文化资源育人发展报告（2016）［M］. 北京：人民出版社，2017.

浅议大学生美育提升及其有效路径[①]

胡 阳

(中南财经政法大学金融学院)

美育自古有之,从早期人类自发地开始追逐美、创造美,到近代中西方美育体系的科学完善,到当代教育中被正式纳入"五育"并举之一,美育在人的生存、发展中一直都具有不可替代的价值。党的十八大以来,党和国家高度重视学校美育工作。习近平总书记在全国教育大会上强调:"要全面加强和改进学校美育,坚持以美育人、以文化人,提高学生审美和人文素养。"

美育,即人感受美、鉴赏美、创造美的能力的培育。美,不简单等同于艺术,而是包含艺术、自然、生活等各方面各领域的能给人精神愉悦、身心健康的熏陶。因此,大学生美

---

① 本文系校团委青年研究中心第八期课题项目"新时代大学生美育教育融入思想政治教育的路径探究"(项目编号:TW202210)的阶段性成果。

育对于人格、性情成型关键时期的青年学生具有十分深刻的影响,加强大学生美育,能够全面促进青年大学生向德、智、体、美、劳全面发展的社会主义建设者和接班人发展。

一、美育的功能

(一)美育能够促进青年大学生建立更完备的知识体系

大学生的学习主要以专业为导向,但大学时期同样是一个青年学生学习能力最为突出、学习精力最为旺盛、学习兴趣最为浓厚、学习形式最为自由的时期,这个时期在加强专业知识学习的同时多积累文化艺术类知识,对整个人的知识素养提升、品位提升都大有裨益。而人的全面发展、幸福生活,离不开精神领域的愉悦,而精神领域的愉悦,很大一部分来自美的熏陶和感受,青年学生需要在美学气息浓厚的学习环境中发展个性、优化性情、提升思维能力,积累丰厚科学文化知识。

(二)美育能够提升青年大学生审美能力

狭义来讲,审美事关对自然、文化、艺术的感受和品鉴能力,广义来讲,审美会影响到一个人为人处世的风格,工作生活的心态,乃至整个精神世界的追求,这些都是人的生存发展必须协调好的因素,否则就会出现人生观、价值观缺失或不当,给人生带来困惑。纵观人的一生,光有工作、职业、收入,人的精神还是匮乏的,幸福感就会大打折扣。同时,在审美活动中，主观能动性越强，对美的体验越深刻，获得的美感享受就越充分。那么如何提升这种感受美、追求美、创造美的能力，就要注重在人格形成的关键时期加强培养。

（三）美育能够激发大学生创造美的能力

大学生是思维活跃、接受能力强、有理想有追求的一个群体，又是未来社会发展的中流砥柱，大学生的创造能力很大程度上决定未来一代人的创新能力，未来的物质文明、精神文明的创造也是有望于接受了高等教育的大学生群体去开拓，那么大学生受教育期间，积累美育实践、激发创新能力，全面蓄积能量，有助于全面发展为德、智、体、美、劳综合素质兼备的后继之人。朱光潜在《无言之美》《谈美》等著作中阐明，美育对于大学生，可培养其志趣、提升其思想、提高其创造力，能够让其志趣高雅、增强美丑意识、荣辱意识，减少行为偏差。

二、美育的界定

（一）美育不等同于简单的美学教育，而是以美学教育为手段，促进人的全面发展

美育的终极目的是提升人的思想境界，而不是简单教会人什么是美。比如我们鉴赏一首诗，柳宗元的《江雪》，"千山鸟飞绝，万径人踪灭，孤舟蓑笠翁，独钓寒江雪"，有小孩说是作者家里很穷揭不开锅，虽天寒地冻然没办法，还是要戴上蓑笠去江边碰碰运气，看能否钓到一条鱼充饥，着实

令人哭笑不得。实际上我们知道这是作者柳宗元纵使被贬官至边关苦寒之地，仍保留有孤傲的心境，他感受到天地之间是如此纯洁而寂静，一尘不染，万籁无声，也反映了作者内心一股凛然不可侵犯的骨气。所以说，没有美感的教育，这么美的诗也只是停留在世俗、物质的层面，而不能从精神、意境的层面去深度地感受和剖析，进而体会一种思想境界。所以我们说，美育并不是让每个学生去学唱歌、学跳舞、学画画，成为一个个艺术家，而是美感的培养，是对大自然的鬼斧神工所创造出来的美，对艺术家匠心绘制创造出来的美，对存在于生活中的一点一滴的美要有一种感应能力。人活着不仅仅是为了填饱肚子，而是要成就自我，和谐的、愉悦的自我，进而达到一种高雅的思想境界。

（二）美育不是简单的艺术门类的叠加，而应有完备的美育体系

当前在中小学进行美育的内容，主要有艺术教育，包含文学、音乐、图画、戏剧、电影、舞蹈等，组织学生观察和欣赏自然美，引导学生体验社会生活美和劳动美，组织学生参加各种艺术实践活动，发展他们创造艺术美的才能和兴趣，可以说较为科学，层次也很丰富，有实践和体验，但中小学的美育很大一部分功能是承担了发现、培育、发展有艺术才能的学生的功能。而到了大学阶段，专业门类已经划分很清晰了，艺术类专业生的美育自然不在话下，但对于非艺术类专业的学生来说，更应发挥"三全育人"优势，尤其是包含环境育人在内的全方位育人，比如，优美的校园环境设施自

然能培育学生健康向上的精神风貌，丰富的校园文化活动能够满足学生成长的精神需求，多元的实践途径平台能够激发学生的创造热情，进而构建全覆盖、多样化、高质量的具有中国特色的现代化学校美育体系。

（三）美育不仅是特定时间场合的教育，而是无处不在的熏陶

美是有形的，也是无形的，对美的感知、鉴赏、创造自然是具体的，也是抽象的，这就要求美育不能被局限在特定的时间场合，而是无处不在的感染熏陶。比如一堂课，老师精美的PPT、清晰的讲解、优美的语调是一种美育，环湖跑，塑造优美的形体也是一种美育。校园里的谦卑礼让是一种美育，同学间、师生间的彬彬有礼是一种美育，来自食堂宿舍大叔大妈的关爱带给学生的舒心也是一种美育，课表上的文学鉴赏、诗词曲赋是一种美育，校园里的一草一木一景一物也是美育，每年的樱花绽放，引多少学子赏花惜花，就是一种美的熏陶，继而激发多少善意美好。在这个过程中，注重情绪体验与理性逻辑相结合、思想性与艺术性相统一岂不是以美润心、以美化人！

三、加强大学生美育的途径

（一）加强课程育人，抓住美育的主阵地

课程育人仍然是目前高校教育的主要形式与载体，因此，美育的第一阵地依然是课堂。课堂的设计最具有科学性与系统性，因此能将美育内容与学生实际相结合，开展系统完整的美育。具体可分为三个层次：

一是直接开设文化艺术鉴赏类的课程，如文学作品赏析、艺术鉴赏、音乐绘画、语言表演、陶艺花艺、社交礼仪、形体训练、瑜伽体操类的课程，直接传授美的内容。特别值得一提的是，中华民族历史源远流长，传统文化博大精深，丰富的文化知识能提升大学生的意趣美和思想美。

二是注重在课程中融入美育元素，比如管理学、建筑学、语言学等，不仅讲授对象本身的功能，而且令这些功能以更优雅、更艺术的姿态呈现。比如，管理本身就讲究艺术，建筑也追求美的效果，语言文学更是博大精深，单一本文学经典《红楼梦》，就蕴含探究不尽的美学。再比如吴哥文化，有建筑的美，更有人类文明的美。甚至物理学中的自由落体，形同体育竞技中跳水带给人们的美感。

三是将美育纳入大学课程教育的方方面面，在各类智育课程中凸显人文情怀，将每门课程以更美的效果呈现，这就涉及传授者本身的魅力，如教师本人的仪态、言语、情感、姿态，都给学生最直接的感官印象，还有精美的板书，这些都经常为学生所津津乐道。历来最受学生欢迎的课堂，一定是因为有最受学生喜爱的教师，这样的教师一定是言谈举止得体、讲课生动、与学生有情感交流融通、富有个人魅力的老师。很多时候，教师的个人魅力与卓越的学术品质，就是对学生最好的美育。

（二）促进活动育人，增强美育的生动性

丰富多彩的校园文化活动是大学美育最丰富生动的载体，同时也更具有互动性、参与性和体验感，美育的效果会更直接内化到参与者的内心。各类文化活动也是直接锻炼大学生综合能力、促进大学生全面成长的有效补充，并且在活动中得以以美启真、以美储善、以美育人。主要也是分三类：

一是直接引进高雅艺术进校园，给学生最直接的感受，比如各类经典话剧、戏曲节目等进校园，都给学生最震撼的精神触动。主动引进这类活动进校园，在提升学生审美品位的同时，还能主动占领大学生美育主阵地，避免一些低俗的网络短视频、网络游戏、缺乏深度的影视作品占据大学生过多的精神生活空间，也可以将大学生引导至正确的审美观。还有，邀请德艺双馨的文化艺术工作者进校园，能够直接成为青年学生学习追随的对象，也为大学生的身心健康成长树立了良好的标杆。

二是在各类党团活动、艺术展演、公益志愿、校园文化品牌活动中传递美的理念，这些活动往往由学生自发组织、自己参与，与学生的年龄特点相符合，是他们喜闻乐见、乐于参与的形式，学校可以通过提供平台、支持各类大学生社团来开展。比如大学中一些高品质的文化活动演出，往往在学生中一票难求，充分说明了这些活动对学生的吸引力。学生在这些自发的活动中了解美，感受美，向往美。

三是支持学生开展志愿公益活动。在这些活动中，学生往往主动走出熟悉的舒适圈，深入到社会生产生活的各个领

域,去实地感受祖国大好河山的自然人文,在这个过程中,他们体会到的各行各业生产建设的井然有序、砥砺奋进、追求卓越,对学生的心灵触动大,是爱岗敬业踏实勤劳等美好品质锤炼的最好课堂。在志愿活动中,学生自觉举一己之力,依托专业知识与学科特长,在奉献中与他人产生链接,产生共鸣,既助人也助己。社会公益活动,学生更是奉行大爱无私的胸怀,在精神层面体会获得感,美育是最需要有情感共鸣的一个领域,这对于青年学生向善向美起了极大的积极促进作用。

(三)重视环境育人,确保美育的丰富性

著名教育家蔡元培先生指出,"为达到美育实施之艺术教育,除适当课程外,尤其应注意学校的环境,以引起学者清醇之兴趣,高尚之精神。"[①]事实上,中国近代美学体系的完善也是得益于蔡元培先生的伟大思想与实践。显然,蔡元培所指的环境,既包括学校的硬件设施,如其文化艺术品位,也包括学校的人文环境,如校风校训。环境育人是大学教育不可或缺的重要组成部分,要高度重视环境育人工作,紧紧围绕育人理念统筹推进校园环境、设施与文化建设。具体来讲也分为如下三个层面。

一是要提升学校的环境设施。环境对人心性的影响是无处不在的,学生在校园里看到草色青青、树木成荫,到处琅琅书声,一定感受到的是大好青春的勃勃生机。相反,如果

---

① 高平叔. 蔡元培美育论集[M]. 长沙:湖南教育出版社,1987:184.

到处破旧杂乱，人声嘈杂，叫卖声、车辆鸣笛声不断，那一定会受到感染，懒散随意。近些年，各高校不断出现的"网红食堂""网红图书馆"，都是非常受学生欢迎、被学生喜爱的，这些网红地最大的特点是不仅舒适，而且时尚，非常符合学生的审美，学生在这些时尚休闲的环境下或热情交流、尽情研讨，或清心研读、潜心钻研，既快乐又充实，美好的感受无处不在。

二是要丰富学校的各类文化设施，比如艺术馆、校史馆、博物馆、文化长廊等，这些对于大学精神传承至关重要，也可作为日常思政教育、劳育美育的重要场所，艺术馆不仅可以承接各类高雅艺术进校园，也可以为丰富多彩的学生活动提供场所。校史馆、博物馆承载着一校的基因、血脉，可以培养、筑牢学生的爱校情怀，文化长廊更是艺术之美的直接呈现，为学生的身心健康发展提供精神食粮，完善的体育场所、设施，有益于学生强身健体，塑造健康的体魄，促进人格完善。

三是营造清朗的校园文化氛围。一所大学里，人文的因素当然是更重要的，人杰方能地灵。一所大学，培育出诸多优秀校友，有诸多知名教授学者，有诸多受学生欢迎的老师，学子中有诸多优秀的先锋模范、榜样力量，这所大学一定处处充满励志、向学的氛围。相反，如果总是绯闻不断，负面新闻频出，对于师生情感、校园文化绝对是很大的负面冲击。除此之外，校园的任何一个角色，行政、管理、后勤人员都发挥着育人作用，与"网红食堂""网红图书馆"如出一辙，近些年也涌现不少"网红宿管"，他们在兢兢业业做好本职工作，为学生提供贴心温暖服务的同时，更是用他们特有的精神和情怀感染大学生，甚至成为"他们想成为的人"，这是人性之美最润物细无声的教育力量。所以一所大学，应该统筹每个环节，令校园里的一草一木一景一物都富含美育能量。

四、结语

当前我国正处于决胜全面建成小康社会、实现中华民族伟大复兴中国梦的关键时期，更加应该重视大学生美育的融合发展。伟大复兴中国梦是全体中华儿女的审美观，包含着和谐之美、道德之美、团结之美、富强之美。因此大学之任务，更应在赓续中华传统美育精神、落实立德树人根本任务、回应学生精神生活需要中守正创新，切实发挥大学以美育人、以美化人、以美润心、以美培元的独特功能。

德育、体育、美育相结合，扎实推进五育并举
——以经济学院研究生"纸鸢寄我心"风筝艺术节活动为例

岳明泽　罗玨尧

（中南财经政法大学经济学院）

一、工作背景与总体思路

（一）工作背景

大学生是国家建设、创造发展的主力军，是推动社会进步的主要人群，加强对大学生的爱国主义教育是高校思想政治教育的永恒主题。国家于 2017 年提出了"三全育人"的政策要求，同时提出了人才培养德智体美劳全面发展的"五育并举"的工作要求，如何在研究生思想政治教育中将"五育"有机结合起来便成为新时代给我们的新要求与新挑战。高校

应积极落实构建三全育人体系，扎实推进五育并举，创新育人因素，完善育人机制，不断丰富研究生思想政治教育工作的具体形式，积极从中华传统文化中寻找思政教育工作方向，把传统文化的发扬和思政教育结合起来。同时，在时代的新形势、新背景下，树立正确的爱国观念，理性爱国显得尤为重要。作为大学生成长成才的人生导师与健康生活的知心朋友，高校辅导员应该引导大学生客观、辩证地认识历史和现实，适应社会和国际的发展趋势，从国家民族的整体大局和长远利益出发，为维护国家和民族的根本利益作出自己的贡献。

"纸鸢寄我心"风筝艺术节将传统文化和德育、体育、美育有机结合，重点围绕"喜迎二十大，抒发爱国情"引导学生爱党、爱国，化爱国情为报国行，同时积极推动学生们进行户外获得，强生健体，为推进"五育并举"积极探索新思路，找寻新路径。积极响应国家育人要求，坚持将传统文化与育人工作相结合，坚持将体育运动和品德修养紧密联系，融入美术元素，筑牢研究生思想政治教育育人实践的新高地。

（二）总体思路

高校思想政治教育工作推进时，要把握关键，聚焦"育人"思想内涵，围绕核心价值观塑造加强学生工作的顶层设计，结合学院的优秀传承，将传统文化色彩融入五育并举工作。当代大学生均存在一个普遍现象，对传统文化了解不够深入，从而导致对传统文化缺少兴趣。此外，研究生在日常学习科研中运动量小，身体素质逐步下降，研究生体育活动亟待加强，因而学院开展"纸鸢寄我心"风筝艺术节，坚持以"立德树人"为思想引领，以爱党爱国思想为主题，以奔跑放飞为体育锻炼形式，以手绘为表达方式提升美术素养，多管齐下，围绕五育并举要求促进研究生德智体美劳全面发展，优化创新育人体系，推进学生身体素质的提升，全新开启学院思想政治工作新征程。

二、案例基本情况

学院开展创新思想政治教育，将德育、体育、美育有机结合融入"纸鸢寄我心"风筝艺术节活动中，优化创新思想政治教育的实践工作。学院认真组织筹划，利用新媒体平台，开展多种形式的宣传，教育引导广大学生积极参加，在风筝绘制过程中培养审美和动手能力，在放飞风筝的过程中增强体质、团结同学，树立起牢固的家国情怀。

此活动极具创新性、独特性。风筝本属于我国传统文化产物，最早由古代哲学家墨翟制造。唐宋时期，风筝进入人们生活，成为民间休闲娱乐表达思想的物品。风筝在中国已有二千多年的历史，传统风筝大多是采用传统图案，如燕子、龙、灯笼等。多年来，我们的祖先运用智慧和美学素养，创造了很多寄予美好寓意的形态与图案。人民通过风筝的外形和图样传达喜庆、吉祥如意和祝福之意，其中也结合了人民的美学欣赏层次，以此来反映出人们善良健康的思想感情，后来也形成了民族传统和民间习俗，在民间普遍流传，深得老百姓和达官贵人喜爱。本次活动营造了良好的艺术教育和劳动教育氛围，艺术节把美育、劳育和体育结合起来，得到广大学生的好评。

传统文体活动是在新时代背景下对传统文化的继承与发展，是以思政教育为基础，通过各式各样的活动来传递价值和思想为主要目标的思想教育方式。疫情背景下，高校辅导员应根据新时代爱国主义精神的丰富内涵，营造爱国主义教育的氛围、推动爱国报国行动，努力探索思想政治教育工作的创新方式、途径和手段。

三、组织实施

"纸鸢寄我心"风筝艺术节的开展，把传统文化和三全育人相结合，是学校文体建设和学生身体素质提高的突破口，为我院精心打造的"文体特色"活动。文体活动深受学生喜爱，形式活泼，足以提升学生活动吸引力，提升参与度。经济学院认真组织和规划了此次风筝艺术节活动，经济学院研究生会带领党员团员青年们在学校绿茵场上开展了此次"纸鸢寄我心，迎建团百年"风筝艺术节活动。本次活动共有两个年级的75名学生组成15个队伍参加。我们将本次活动分为风筝创作和放飞风筝两个部分：

一是"纸鸢寄我心，迎建团百年"主体风筝设计大赛比拼。在活动现场，学生们运用画笔，抒发情怀，在纸鸢上绘出心意，致敬百年前的青年先驱们，以风筝之魂，逐五四之魂。他们用五颜六色的颜料勾勒出自己对党和国家的美好祝福，祈愿党和国家繁荣昌盛，祈愿早日实现中华民族伟大复兴。每一个作品都是学生们为想象插上翅膀，用各种颜料笔，在风筝上涂上五彩斑斓的颜色,描绘自己的思想色彩,绘制自己的专属风筝,同时感受到千年传统的文化魅力。

二是各组学生齐心协力,一起把风筝放飞空中。完成彩绘创作后,迎风奔跑放飞纸鸢,将自己对党和国家的美好祝愿送上了蓝天,欢声笑语体现自由与惬意。当天,现场洋溢着青年研究生学子自由创作的幸福感与满足感。

四、成果梳理

在本次活动的组织进程中,学院坚持以学生的创造创新和审美为原动力,借此提升研究生的身体素质和动手能力为突破口,将三全育人体系落到实处,营造良好的文体活动氛围。文体活动将传统文化和品德修养相结合,让学院的育人方案焕发生机,更贴合研究生的喜好,取得成果如下:

第一,创新思想政治教育工作,让思想政治教育实践活动"活"起来。文体活动不应该仅仅依靠线下活动开展,我们还应该结合线上协同开展活动。时代的幻化,要求我们应随时做出变化,顺应发展,改进以前的活动形式和活动内容,提升思想政治教育实践活动的时代性、创新性和实效性,在原有线下文体活动的基础上不断进行创新,采用线上打卡、视频拍摄等方式进行体育活动打卡,使文体活动"活"起来,鼓励学生们积极运动,培养研究生广泛的兴趣,以此培养研究生成长的精神素养和创新思维,推动研究生全面发展,保障思想政治教育实践工作与学校党建要求相协同。

第二,践行"五育并举"政策要求,培养研究生的综合水平。一个艺术节把德育、体育、美育结合了起来，实现了文体活动的"多育"融合。本次活动的举办将文艺与实践相结合，既带领同学们体验了传统文化，丰富了课余文化生活，又提高了学生们的审美情趣，培养了学生们的创新精神和实践能力，增强了合作意识，展现了有理想的新时代青年形象，并且借助纸鸢将学生们内心真挚的祝愿直接展示出来并放飞，给人以精神寄托，激励学生们为了自己的梦想勇往直前，同时积极引导学生深入理解和学习中华优良传统文化和爱国主义精神。

第三，定期举办文体活动，营造良好的艺术环境。传统文体活动推动学生素质拓展工作的长期开展，不断提升研究生活动品质，积极引导研究生树立正确的三观，培养研究生扎实的文化素质，提高综合素质能力，为校园文化建设增添新维度，突出校园文化品牌的独特性，不断丰富研究生的校园文化生活。

第四，欢快活泼的活动形式，培养研究生优良心理素质。通过举办文体活动，拉近学生们之间的距离，提高其合作意识，促进互帮互助，奔跑放飞帮助学生疏解学习科研压力，舒缓学生可能存在的心理问题，助力研究生树立正确的价值观和良好的心理状态，帮助学生建立对抗负面情绪和生活挫折的能力，搭建互帮互助友爱平台，也让学生们感受到学院的关心与关爱，温馨与温暖。

五、工作思考与努力方向

思想政治教育应教育对象要求和时代背景变化，必须做出改变，结合教育对象的喜好和特点，变更实践活动形式和内容，开创结合学院特色的品牌活动，为研究生培养搭设良好平台，坚定以德育人的信心理念，坚持文体育人、实践育人、全面育人，提高实践活动的趣味性、多样性、互动性，保障现代化教育工作的建设。

（一）持续推进文体活动改革，不断提高活动的趣味性和实效性

文体活动是学生特色活动的主要组成部分，如何将教育对象的喜好、主题思想与活动有机结合，如何强化"三全育人"中全过程育人的落实，让文体活动走进研究生学习生活的各处，是值得思考的问题。活动设定上，要注重形式，突出主旨，填满兴趣，才能将思想政治教育深入学生内心并落到实处，践行三全育人理念。要遵循"多育"结合的原则，根据教育对象的不同，有针对性地开展文体活动，满足不同层面的需求。如何让文体活动丰富有趣，如何让学生成为主动的参与者，这些都是今后推进文体活动改革的方向，也是思想政治教育工作的发展方向。

（二）精准把握新时代爱国主义丰富内涵

爱国主义的本质就是坚持爱国和爱党、爱社会主义高度统一。作为一名高校辅导员，要深刻认识爱国主义精神实质和丰富内涵，切实加强理论研究与科学阐释，推进对新时代爱国主义重大实践经验总结的课题研究，围绕新时代爱国主义教育，挖掘爱国故事、先进典型事迹等鲜活素材，推出现

代爱国主义教育精品项目、优秀活动。

3. 围绕爱国主义和民族精神加强校园文化建设

在校园文化建设过程中，要善用创新思维、新媒体传播理念，牢牢把握"短视频+"，积极发掘身边优秀典型和优秀故事，丰富和创新校园网络文化建设，要充分运用全媒体科技平台，加速占领网络阵地，发挥育人功效。

（四）促进各学院学生交往交流交融

目前，学院设计开展的文体活动平台大多仅限于本学院，交流较多的是本学院的研究生。如何拓展平台覆盖范围，是今后的努力方向。这就对内容的吸引力提出了更高的要求，需要探索不同专业主体之间的兴趣连接点。拓展活动平台覆盖面可以拓宽学生交友面，使其加宽知识面，开阔视野，锻炼思维，提升素质，共同推动学院研究生思想政治教育实践活动建设。

（五）以创新的思路，激发活动活力

充分利用全媒体信息平台，如官方微信、个人微信、官方网站和宣传海报进行全面宣传，形成线上线下联动模式。在系列文体活动中，我们要突破以往的固定模式，举办创新活动。在以后的文体活动中，我们应充分发挥学生自主管理能力，引导自发组织创新各类文体活动，完善活动的工作流程。面对新形势，迎接新挑战，结合全媒体时代要求，将网络育人与实践育人相结合，打造更有吸引力和实用性的文体特色品牌活动，发挥学生活动对育人的积极作用。

心理育人篇

"后浪"还是"小镇做题家":
青年自我认同的缺失与重构

褚晶晶

(中南财经政法大学法学院)

2020年5月3日,B站宣传片《后浪》在五四青年节的节点上,一经推出即刷爆全网,引爆全民讨论。2020年5月10日,豆瓣小组"985废物引进计划"成立,反映了部分名校青年的心理状态,他们自称为"小镇做题家"。"后浪"是社会眼中的青年,而"小镇做题家"是青年眼中的自己。当两个概念放在一起时,反映出了青年群体的焦虑迷茫,以及自我认同的缺失。

一、"后浪"与"小镇做题家"的碰撞

"后浪"和"小镇做题家"恰好形成一组对比,宣传片《后浪》试图描述"前浪"和社会眼中的青年人,却遭到青年人的反对,"小镇做题家"是部分青年人的自画像,并引发社会的反思。这种认同差异折射出社会和青年自身对于青年群

体的期待和落差。

（一）"后浪"引起的争议

宣传片《后浪》推出以后，仅B站播放量就接近3000万。影片以中年的视角展现了新一代青年人阳光向上的形象，但观众对宣传片的评论却褒贬不一。有的评论抒发了对青年一代的期许和祝福，但更多的评论不认同视频的内容，主要表现在以下几点。

1. 展现富裕阶层而非普通青年

宣传片中展示的专业摄影、全球旅行、冲浪、滑雪等行为，明显超出了普通青年的经济承受范围。宣传片中"从小你们就在自由探索自己的兴趣，很多人在童年就进入了不惑之年，不惑于自己喜欢什么，不喜欢什么"的描述，事实上忽视了这些兴趣爱好需要雄厚财力的支持，是以一定的家庭经济条件作为基础的，因此意味着这样的精彩生活只属于少部分人。宣传片中强调"选择的权利"，但对于大部分普通青年来说，生活中的选择范围仍然有限，无法不顾学业、工作去接触画面中的精致生活。宣传片定位为献给新一代的演讲，但不少青年观众却认为自己被代表了，同时"寒门难出贵子"的议题再次浮现。

2. 展现消费主义而非生产行为

vlog作为近两年兴起的视频记录形式，主要以个人日常生活记录为主。B站《后浪》中的混剪素材均取材于B站热门up主的vlog，up主们大多为在一些兴趣爱好领域中的翘楚。

《后浪》的宣传观念是好的，表达了年轻人应当热爱生活、拥抱未来。但是，其选取的潜水划船、极限运动、古风装扮、高达模型收藏等方面内容，涉及的专业摄影器材、全套apple设备画面透露的是消费主义下的精致生活，并不贴合大多数年轻人的日常。

经济活动的核心环节是生产，生产决定了分配和消费。宣传片中几乎没有生产相关镜头，无从体现年轻人掌握生产技能情况。时代进步的基础是人民生活水平的提高，根源在于生产力和生产关系的超越，仅通过少数人的消费剪影体现伟大时代、社会进步难以引起大众共鸣。镜头对准了"后浪"中的美丽泡沫，却忽视了在基层、一线耕耘的广众青年，无怪乎引起网友们"何不食肉糜"的反思。

3. 展现生活方式而非精神状态

《后浪》作为五四青年节的宣传片，展现了新一代青年人光鲜多彩的生活，却忽视了五四运动的精神内核。五四运动是百年前的有志青年为了国家主权而发动的爱国运动，以彻底反帝反封建的革命性、追求救国强国真理的进步性、各族各界群众积极参与的广泛性，推动了中国社会进步，促进了马克思主义在中国的传播，促进了马克思主义同中国工人运动的结合，为中国共产党成立做了思想上、干部上的准备，为新的革命力量、革命文化、革命斗争登上历史舞台创造了条件。五四青年以天下为己任的精神火炬一直传承到百年之后。《后浪》宣传片以娱乐方式展现青年的生活，着重于少数人的消费体验，与爱国、进步、民主、科学的五四精神并不相符。新时代呼吁青年人让青春在奋斗中有为，让青春在奉献中闪光，抗疫一线的医生护士、军人、教师等默默付出的追梦身影在影片中并未提及。

宣传片中对青年群体空洞的"歌颂""美誉""期待"与新一代青年人现实中经历的"失落""无助""孤独"形成反差，因此引发了大量质疑与否定，社会认同与青年自我认同产生严重分歧。

（二）"小镇做题家"的自嘲

"小镇做题家"这个标签从豆瓣"出圈"以后，在网络引起广泛讨论。一篇名为《小镇做题家：一个211高校学生的命运陷阱》的自媒体文章，讲述了主人公赵韦从县城"高考工厂"升学进211名校后，因为缺乏规划，导致抑郁，最后甚至与父母断绝联系的故事。"小镇做题家"的自嘲背后，隐藏着青年群体的焦虑与不安。

1. 褪去高分光环

"小镇做题家"指的是出身村镇的寒门学子，依靠题海战术考入名校，但步入大学后无法适应，毕业后就业状况与自身期待不符，巨大落差带来了自我怀疑，认为自己是"失败学子"，自诩为"小镇做题家"。

在中学阶段，"小镇做题家"们埋头苦读、擅长应试，期待通过高考独木桥改变命运。但他们如愿以偿进入名校后，却发现大学和社会需要的不是做题能力，在综合素质的比拼中，"小镇做题家"们感受到无力应对，在理想与现实之间进退两难。

2. 欠缺生涯规划

"小镇做题家"们认为自身及家庭视野、格局有限，中学阶段缺乏自我探索，忽略了性格、兴趣对未来发展的影响，因而产生了大学阶段的迷茫。考上名校后，"小镇做题家"们在综合素质的比拼中不如人意，尤其是在面临就业压力时，无法再用刷题模式处理，大学毕业时迷茫转变为焦虑。豆瓣小组"985废物引进计划"中现有近10万人，小组板块"经历＆共鸣"和"讨论＆咨询"发帖数量最多，主题多是分析自身经历以及咨询毕业、择业等事项，反映的正是部分青年人生涯规划的缺失。

3. 陷入标签陷阱

"985废物引进计划"小组中，发帖人多以"five"（废物）自称，感叹错过时代红利，归咎原生家庭局限，"失败""崩溃"都是组内的常见词。事实上通过高考进入名校对于个人奋斗来说已经是一个良好的开端，做题能力也意味着专注与坚韧，发帖人们缺乏对自身优点与优势的肯定，用"小镇"与"做题"的标签紧紧约束与限制自己，着重强调小镇的困境与当前的迷茫，即使有改变的想法与能力，也堕入了"废物"的标签陷阱。

（三）两者碰撞中的共性

"后浪"和"小镇做题家"两个概念虽然从不同的视角出发，但都无法获得青年群体和社会大众的一致认可。社会期待看到朝气蓬勃、昂扬向上的青年,而青年自身却变"丧",追求"佛系"。青年在渴望自我价值实现的过程中,受到种种结构性问题的限制,由此带来了青年群体自我认同的迷茫。

1. 理想丰满现实骨感

"小镇做题家"是一部分考入名校的青年群体对自己的定义,其中隐含的是这个青年群体对自身现状的不满与失落。"后浪"在宣传片之外已成为对部分青年人的专称,在"后浪"们自由学习一门语言或技术、去全世界品尝人类文明果实的时候,"小镇做题家"仍然在题海里勉力支撑,怀揣阶层跃升的理想,又与大时代撞个满怀,他们获得了自我价值实现的空间,但又受到种种结构性问题的限制,对于光怪陆离的新世界充满焦虑,又不甘于平凡的人生。

2. 渴望寻求外界支援

缺乏自我认同的青年群体通过各种方式寻求外界肯定。"985废物引进计划"小组开设的目的即是"分享失败故事、讨论如何脱困",小组中开辟"讨论&咨询""干货&打卡"等专栏进行分享与互助。风靡一时的"夸夸群"以调侃的姿态使加入者获得心理抚慰,制造情感认同。"小镇做题家"们渴望通过外界帮助缓解自身的迷茫、焦虑、抑郁等负面情绪,从而得到积极解释和及时排解。

3. 社会支持十分有限

在青年渴望外界支援的现实需求下,社会支持系统并未及时提供足够帮扶。就业帮扶、心理疏导等环节并未及时跟上,高校中的青年学生可以向学校相关机构寻求帮助，然而初入社会的年轻人缺少向社会机构寻求相关帮助的途径。尤其是疫情来临后，原本存在的问题被进一步放大，青年群体的焦虑情况更加凸显，而社会支持网络尚无法及时回应。

二、青年群体的自我认同困境

"小镇做题家"与"后浪"们最显而易见的差别就是经济水平的差距，深层原因是贫富差距带来的教育资源差距。青年群体的自我认同突出表现为人才培养与人才需求的落差、个人发展与社会期待的偏离、经济发展与教育资源的失衡。

（一）现实难题：人才培养与人才需求的落差

疫情导致的经济波动，使得2020年的应届大学生在毕业季由于就业去向的迷茫而产生了对于"小镇做题家"这一身份的反思，引发了自我认同危机。青年的自我认同危机经过就业压力的催化由一种心理状态外化为社会现象。事实上，就业问题因为人才培养与人才需求之间的落差而成为青年们寻找自我认同的障碍之一。

1. 就业市场需求多样

随着社会经济的发展以及产业结构的调整变化，就业市场经历了从计划配置到市场配置的转变，劳动力市场对于人才的需求是多样化且多变的，不同的社会服务面、不同的工作岗位、不同的技术层次等因素导致城乡区域之间、行业之间、不同所有制经济部门之间对不同类型和层次人才的需求差异长期存在,"精英岗位"与"普通就业岗位"也因各种现实情况在需求量上断变动。

2. 人才培养模式单一

为了获得在主要劳动力市场或经济发达地区就业的机会,学生们追求名牌大学和更高学历、迷恋热门专业,教育资源的争抢导致教育系统的结构性扭曲。因为国家通过考试进行选拔,社会一直抨击的"应试",一定程度上是学生获取文化资本与社会资本的途径。为了达成考试目标,才涌现了"题海战术"这种应试手段。在进行高等教育之前,学生以升学、学历作为目标,忽视了对实际知识、能力的关注。在进行高等教育时,高等教育的学科结构和人才培养方式都滞后于劳动力市场的要求,学科设置简单遵循学科发展的逻辑,而非以经济发展的实际为依据,单一的人才培养模式难以激发学生进行自我探索。

3. 就业供需失衡

随着高等教育扩招,高校毕业生规模逐渐增大,相关就业岗位少于毕业生数量,高校毕业生就业问题日益严峻。专业需求不平衡、地区需求不平衡等就业的结构性矛盾诚然是造成"最难就业季"的原因,就业难度也因疫情的影响而加剧。但是大学生自身存在的问题,例如自我认知偏差、缺乏职业规划、实践能力薄弱等也是造成"慢就业""有业不就""无业可就"等现象突出的原因。毕业季就业压力的影响,使青年学生产生的焦虑、迷茫,而这是缺乏自身认同的直接原因。

（二）情绪低潮：个人发展与社会期待的偏离

社会对于学生群体的评价标准主要以分数为参考，但职场对毕业生的要求又以能力为参考，分数与能力并不完全一致。青年群体有时个人发展不如人意，而社会对青年群体期待颇高，由此带来的情绪低潮也是影响青年自我认同的原因。

1. 社会思潮的冲击

经济发展方式的深刻变革导致各种社会思潮纷纷涌现，当前我国正处在社会转型时期，社会分化明显，利益分配调整，价值观念的碰撞在"时空压缩"的转型时期显得尤为剧烈。毕业生刚一进入社会即受到拜金主义等社会思潮的冲击，青年人在理想与现实之间的巨大落差面前出现了价值选择的困惑。校园评价标准与社会评价标准相去甚远，分数导向的高考标准与能力导向的就业标准有明显差异，导致青年人无法顺利实现人生阶段的过渡，步入社会后受到社会思潮的冲击，引发自我认同的危机。

2. 同辈压力的困扰

同辈群体作为青年与社会联结的重要部分，在青年构建自我认同的过程中产生重要影响。因渴望被同辈群体接纳、认可、肯定而产生的心理压力被称为"同辈压力"。一方面，同辈压力有"近朱者赤"效应，"小镇做题家"们在大城市的名校中开阔眼界，见识优秀同侪的能力与经历，对自身发展起到了积极作用。另一方面，同辈压力还有"比较压力"效应，学生通过将自己与周遭的"成功典范"进行比较，产生挫败感，很难为已经取得的成就感到满足和自豪。同辈压力带来的相对剥夺感是青年自我认同缺失的重要原因，巨大的压力与持续的焦虑感导致青年盲目地参与竞争。一篇名为《绩点为王：中国顶尖高校年轻人的囚徒困境》的爆款网文将"内卷"一词推至大众视野，激烈的、过度的内部竞争降低了青年的幸福感，以及对自我的认同感。

3. 个人认知的失调

自我认同本质上是个人价值观和行动的集中体现，是个体关于自我发展的理性思考。一般而言，自我认同与社会认同在不断的冲突与调整中将趋于统一。但在激烈竞争与内卷压力中，自我认同不断受到冲击，青年群体无法客观了解自身优势，无法真正探索自我完成理想设定，从而导致个人在人生转型时期认知失调。过去通过刷题、考试等完成自我激励的依赖路径失效，青年个体的精神力量无法完成自我重塑，即使试图通过"夸夸群"等方式缓解内心冲突与价值迷茫，也只是暂时缓解，树立理想信念与奋斗精神才是解决认同偏差的根本之道。

（三）教育冲突：经济发展与教育资源的失衡

经济上发展不平衡和贫富差距大的现象客观上造成了不同地区之间教育资源上的差距。虽然国家努力实现教育公平，但是教育资源差异仍在存在。青年群体前往大城市追寻更好的教育资源，进入高校学习，但在毕业时面对就业却感到有心无力。这些青年在物质上无法留在大城市，在精神上又无法回到小县城。

1. 贫富差距造成教育差距

小康社会进程中，在世界经济复苏乏力的背景下，我国的经济工作稳中求进，取得了重大成就，国内生产总值稳居世界第二，对世界经济增长贡献率超过百分之三十。但我国经济增长与发达国家差距不断缩小的同时，内部居民的收入差距却在不断拉大，地区差距、城乡差距等经济发展不均衡带来的问题深刻影响着社会发展。以经济资本为根本的资源差距，以教育资源不均为根源的素质差距，以家庭状况为直接原因的机遇差距都造成了"寒门难出贵子"的现象，教育作为阶层流动的上升渠道变得困难。

2. 促进教育公平任重道远

全面建成小康社会不仅要看一系列经济指标，还要看收入分配的状况，更重要的是人民群众的获得感和幸福感。现阶段不断扩大的贫富差距与城乡差距是造成教育资源分布不均的重要原因。当前我国教育面临的基本矛盾是人民群众对现代化教育的强烈的需求与优质教育资源供给严重不足的矛盾，城乡教育水平和教育发展程度上的差异导致不同家庭背景、不同阶层子女的成功机会显现巨大差别，弱势群体的受教育权利容易受到不公平对待。然而教育公平的实现是一个漫长的过程，贫富差距是教育公平的现实阻滞，教育资源分配的城市化取向加剧了教育不公的程度，只有社会环境、经济发展、文化观念等因素的综合作用才能缓解教育不公的状况。

3. 读书无用论调卷土重来

在知识经济逐渐形成的现代社会，读书无用论调却沉渣泛起，出身决定论改头换面卷土重来，背后的原因值得思考。该论点的持有者并不是真的认为读书无用，或者不想读书，而是对教育之于个人的价值产生了怀疑。当前教育价值以理论知识为主导，忽视个人教育价值，培养方式单一、评价标准单一。教育在关注社会价值的同时也应当关注受教育者的个人价值，不单以学历和文凭评价一个人的能力或作为一个人成功的标准，而是趋于多元化评价，激发人们追求教育的热情，摆脱教育价值选择的困惑，清除读书无用论的根源。

三、如何重构青年群体自我认同

"985废物引进计划"和"小镇做题家"背后折射了高等教育与就业需求脱节、贫富差距等诸多社会问题。这些问题的解决不仅需要青年个体的努力求索与改变，更重要的是国家关于体制、机制的改进与完善。

（一）管用为要：完善社会支持

青年群体的自我认同构建需要完善相应社会支持网络，缩小贫富差距和教育差距。通过实现教育资源的公平分配，完善就业机制，同时营造正向的社会氛围，帮助青年群体顺利过渡到社会中。

1. 现实需求：推动经济高质量发展

2020年是全面建成小康社会与脱贫攻坚的关键之年，我国已经在经济发展方面取得辉煌成就，但与此同时，解决"绝对贫困"后改善"相对贫困"问题对社会治理提出了新要求，这也是全面建成小康社会后的新课题。不同地区发展不平衡不充分的现象仍然突出，供给与需求之间不匹配的问题依旧严重。不同领域、不同维度之间多组问题交织，对高质量发展形成新的挑战。对此，要进一步推进国家治理体系和治理能力现代化，在全面建成小康社会的基础上，进一步实现高质量发展。经济高质量发展是缓解贫富差距、教育差距等问题的根源，经济发展带来的就业岗位增多、就业质量提高也是推动青年群体自我认同的深层举措。

2. 就业需要：健全社会托底机制

就业是民生之本、安国之策，是人民群众改善生活的基本前提和基本途径。"小镇做题家"一词的出现就是基于高校生就业去向的反思，近期风靡网络的"打工人"自嘲，与"996""社畜"等流行词汇一起，证实了现代青年人的精神困顿和工作焦虑，生存负担和竞争压力。促进就业作为全面实现小康社会的重大战略任务，国家与社会必须采取措施扩大"就业池"，推动就业以缓解"慢就业""有业不就""无业可就"等现象。中央提出扎实做好"六稳"工作，全面落实"六保"任务，青年群体与就业岗位之间实现人职匹配，完善就业创业政策体系，加强对灵活就业、新就业形态的支持，帮助青年顺利、满意地从象牙塔过渡到社会中，才能让青年人有条件正确地认识社会与认识自我。

3. 情感切入：社会文化的正向引导

社会文化的建构根本上是对社会观念的改造。社会飞速发展导致异质社会思潮沉渣泛起，带来了社会主义核心价值观认同危机以及意识形态安全威胁等挑战，青年人首当其冲。高校应以习近平新时代中国特色社会主义思想为引导，科学合理地将社会主义核心价值观转化为青年人的情感认同和行为指引。将青春梦与中国梦紧密结合，及时引导青年以社会主义核心价值观解读、解释、解决价值领域的困惑性问题，能够了解中国社会的积极性，弘扬青春正能量，坚定对中国共产党和中国特色社会主义信心，努力变成能担当民族复兴大任的时代新人。

（二）导向为先：回归教育初心

贫富差距带来的教育资源差距带给"小镇做题家"最多、最深刻的反思。教育应当回归初心，担负起教育的意义与使命，坚持思想价值引领，丰富人才培养模式与人才评价标准。

1. 坚持思想价值引领

教育肩负着培养人才、科学研究、服务社会、文化传承创新等诸多使命，其中最重要也是最根本的使命就是培养人才。一方面，高校要引导青年树立高远的志向，既要符合自身，也要适合经济社会对人才的需求。另一方面，要促进青年能力的增长，让青年群体有能力实现自己的志向，从知识传授、经验转达、素质养成、人格塑造等方面造就社会精英、国家栋梁。对青年进行思想价值的引领，引导青年人完成自我认同。

2. 丰富人才培养模式

丰富人才培养模式是时代发展的迫切要求，我国传统的人才培养模式借鉴苏联，学科专业设置专而精，规则整齐划一犹如流水线。而现如今，构建个性化人才培养模式成为提高本科教育质量的重要途径，进行培养模式的改革探索，加强个性化培养，打造具有知识基础与综合能力突出的青年学生。切实提升青年群体的自身实力，才是提升其自我认同的有效途径。

3. 人才评价标准多元

"小镇做题家"一直以应试为目标，刷题为手段，在步入社会时考试手段失效。而"后浪"群体创新生动的理念与方式更符合社会对青年群体的期待。在培养青年群体时，应坚持多元的人才评价标准，激发每个青年的个性与创新精神。在评价依据上，减少对考试分数的过分倚重，重视对创造性思维和实践能力的考查，侧重考查运用知识的能力。在评价方法上，要改变以考试为主的单一方法，探索更多元的教学评价方法，通过多渠道、多种形式在不同的生活情景和学习情境下考查学生解决实际问题的能力。

（三）以人为本：强化理想信念

国以艰苦奋斗而强，人以艰苦奋斗而立。习近平总书记在2018年春节团拜会上讲道："奋斗本身就是一种幸福。只有奋斗的人生才称得上幸福的人生。"积蓄精神力量、激发精神动力是青年人构筑自我认同的有效支撑。

1. 激发奋斗精神

社会心态反映社会现实,迷茫、焦虑等自我认同不强的情感表达与青年群体奋斗信念缺失、奋斗动力缺乏、奋斗意识式微的真实思想困境相勾连。一方面,青年群体可以提高自身境界,重塑与自身发展、国家发展相适应的精神价值;另一方面,社会环境,例如学校、家庭、媒体等应当通过积极的心理沟通、情感疏通、思想引导,鼓励青年个体迎难而上,走出心理困境,重拾奋斗信念,养成自尊自信、理性平和、积极向上的意志品质。

2. 勇担时代使命

2020年是决胜全面建成小康社会的关键之年,青年群体应当勇担时代使命,谋求个人职业发展、身心素质的长远发展都离不开国家稳定持续的发展。青年一代有理想、有本领、有担当,国家就有前途,民族就有希望。青年人应当强化理想信念,拒绝"废柴""葛优躺",筑牢奋斗自觉性,为实现小康社会、脱贫攻坚贡献自己的青春力量。

3. 开展自我调适

"小镇做题家""后浪"之争,以及青年群体产生的迷茫、焦虑是生存境况的过渡状态中的正常现象,科学规划个人发展、保持合理未来预期是顺利完成过渡的第一步。青年群体要避免过分放大梦想光环,回避个人实际业务能力与理想设定的差距，在正确认识理想与现实的基础上，自觉对自我进行奋斗精神教育，时刻用奋斗要旨约束实践行为，积极以奋斗目标进行成效鉴定，自觉将奋斗精神内化于心、外化于行。在努力奋斗中形成个人理想、练就业务本领、培养担当意识，依靠自身的不懈奋斗赢得展示自我才能的舞台，拥有突破自我潜能的空间。

参考文献

[1] 中华人民共和国教育部．决胜全面建成小康社会 夺取新时代中国特色社会主义伟大胜利：在中国共产党第十九次全国代表大会上的报告［EB/OL］．（2017-10-27）［2022-08-25］．http://www.moe.gov.cn/jyb_xwfb/xw_zt/moe_357/jyzt_2017nztzl/2017_zt11/17zt11_yw/201710/t20171031_317898.html．

[2] 郑素侠．网络时代的社会资本：理论分析与经验考察［M］．上海：复旦大学出版社，2011．

[3] 徐晓军．阶层分化与阶层封闭：当代中国社会阶层封闭性专题研究［M］．武汉：华中师范大学出版社，2013：317-318．

[4] 中国政府网．中共中央 国务院印发《中长期青年发展规划（2016-2025年）》［EB/OL］．（2017-04-13）［2022-08-25］．http://www.gov.cn/xinwen/2017-04/13/content_5185555.htm#1．

[5] 王莉霞，相亲亲．"晒文化"现象与青年休闲行为［J］．当代青年研究，2016（6）：64-70．

基于"三全育人"视角下高校心理育人路径探析

李 鑫

(中南财经政法大学法学院)

一、"三全育人"与高校心理育人的关系

习近平总书记在全国高校思想政治工作会议上曾指出:"要坚持把立德树人作为中心环节,把思想政治工作贯穿教育教学全过程,实现全程育人、全方位育人,努力开创我国高等教育事业发展新局面。"[1]"三全育人"实际上是一种新的教育理念模式,即通过全员育人、全过程育人、全方位育

---

[1] 习近平. 把思想政治工作贯穿教育教学全过程 开创我国高等教育事业发展新局面[N]. 人民日报, 2016-12-09 (1).

人来提升当前大学生的综合素质，推进大学生的全面发展[①]。高等学校十大育人体系中，心理育人就是重要的部分，心理教育工作需要遵循基础性、动态性、全员性，可以说全员育人、全过程育人、全方位育人为当前高等学校心理育人工作的开展提供了新的视角。

（一）全员育人有利于促进高校心理育人工作队伍建设

心理育人工作的主体不仅仅局限于心理中心老师和辅导员，还包括专职教师、行政管理人员、后勤服务人员、学生团体等。全员心理育人工作的开展能够保证高校全体教职工形成合力，促进高校心理育人工作队伍的建设，使全员积极参与到大学生心理教育工作中，有助于高校心理工作的开展和实施。

（二）全过程育人有利于保持高校心理育人工作连续性

由于心理问题具有动态性，因此全过程育人正好适用于高校的心理育人工作，通过连续性、全过程地关注每一位学生的心理问题，及时做到信息更新和有效治疗，根据学生在不同阶段面临的不同程度心理问题开展具有针对性的工作，能够保证高校心理育人工作的针对性和连续性。

[①] 李哲君. 新时代"三全育人"的实践路径优化研究[J]. 黑龙江教育（理论与实践），2022（8）：20-22.

（三）全方位育人有利于增强高校心理育人工作全面性

目前高校承担的心理育人工作主要是依托大学生心理健康课程来进行，全方位育人一方面可以通过素质拓展、心理班会等线下形式加强心理教育工作，另一方面可以借助线上网络平台等多种形式来开展心理育人工作。同时，心理育人工作从学校、家庭、社会等多个层面配合，能够增强当前高校大学生心理育人工作的全面性。

二、"三全育人"视角下高校心理育人的现状

笔者前期对当前大学生心理问题进行了深入的调查。从前期问卷调查结果来看，200位大学生中心理状况非常健康的比例为7.474%，大部分学生处于亚健康状态，超过25.26%的学生存在一定程度的心理问题，足以看出当前高校心理育人工作开展仍存在全员参与性不够、全过程衔接性不畅、全方位联动性不足的问题。

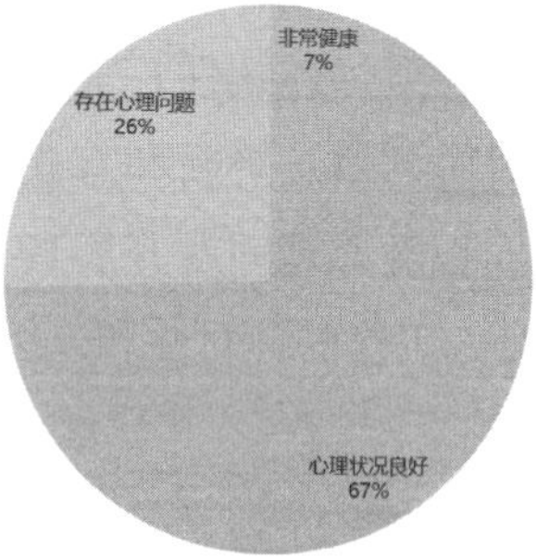

图1 大学生心理健康状况饼状图

（一）全员参与性不够

1. 专业心理老师数量严重不足。高校学生心理育人工作由心理中心主要负责，但是当前高校大学生心理中心的心理专业人员数量严重不足，心理咨询师承担着心理课程、心理咨询、心理疏导等重任，但是人员配比严重不足，因此没有办法抽出多余的精力开展特殊性、针对性的育人工作，也没有精力推进心理育人工作创新。

2. 辅导员职责不清晰。辅导员的九大工作职责规定心理健康教育和咨询工作属于辅导员工作中的重要一环，但是在实际工作中由于辅导员日常事务性工作十分繁重，导致辅导员参与心理育人的程度有限。根据问卷第三题"你的辅导员对你进行过心理健康教育的频率"来看，200名学生中选择每学期开展5次以上的只有18人，占总人数的9%；选择每学期开展4～5次的人数有41人，占总人数的20.5%；选择每学期开展2～3次的人数有76人，占总人数的38%；选择从未开展以及开展一次的人数有65人，占总人数的32.5%。根据问卷第五题"你的辅导员开展心理健康教育的效果"来看，200名学生中选择效果非常好的人数是52人，占总人数的26%；选择效果一般的人数有128人，占总人数的64%；选择效果很差的人数有20人，占总人数的10%。根据这两题的结果可以发现，由于辅导员职责繁杂不清晰导致当前辅导员参与心理育人的程度和频率不高，且取得的效果不尽如人意。

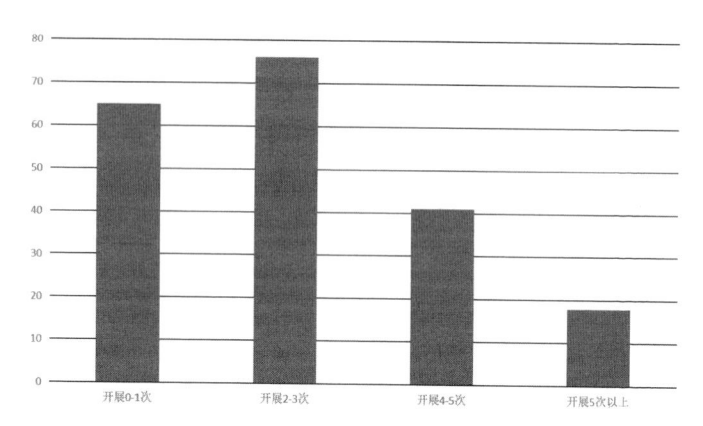

图 2　辅导员进行过心理健康教育的频率柱状图

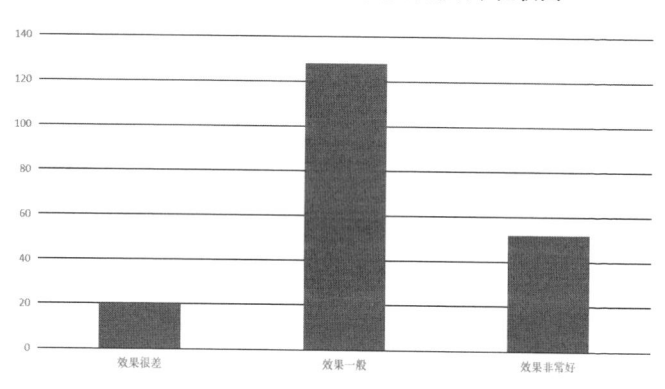

图 3　辅导员开展心理健康教育的效果柱状图

3. 专业课教师及其他管理服务人员关心程度不足。除了心理咨询师和辅导员之外，高校的其他工作人员也应该承担起心理育人的责任。但是现实的高校里，专业课教师往往将精力放在课堂教学、文献研究等内容上，其他管理服务人员主要精力也集中在日常事务的处理上，对于大学生的心理问题关注程度较少，且现实中由于专业课教师及其他管理服务人员自身不具备相应的心理学知识，无法为学生解决心理问题，无法积极参与到心理育人工作中。

（二）全过程衔接性不畅

1. 对于大学生心理排查工作不全面。全过程要求高校保证持续性、不间断心理育人工作，但是往往高校在大一阶段会做全体学生心理筛查工作，对于进入大学之后的大二、大三、大四阶段没有开展全面性的心理筛查工作，后期大学阶段出现心理问题的学生有可能无法被及时观察筛选，同时导致不同年级阶段心理育人工作难以有效衔接，无法保证心理工作稳定持续地开展。

2. 心理育人工作缺乏针对性。不同的学生应该有不同的方案，同样，不同年级的学生开展心理育人内容也应该有所侧重，即使是同一个学生在不同的时间阶段遇到的问题也不一样，但是现实中大部分高校对通过问卷筛查出的心理问题学生会笼统做谈心谈话处理，有时甚至由于人员不足频繁更换咨询师，这样的情况导致心理育人工作缺乏针对性。

（三）全方位联动性不足

1. 高校与家庭联动不足。中国的家庭教育模式以高考为一条分界线，在高考前家长对于学生的学习、生活等方面参与度很高，但是进入大学后家长与学校的联系减弱很多，现实中往往家长与大学联系都是孩子犯了较为严重错误的时候。因此我们发现在当前高校心理育人工作的开展中，学校与家庭的联动性不足，家长的参与感很低。一方面，部分家长认为孩子已经成人不在身边，就应该让其自由发展；另一方面，传统"70后""80后"家长对于孩子的学习和生活比较关注，但是对于心理教育认识不足，无法正确给予孩子相应的心理指导。

2.高校与社会联动不足。当前社会处于互联网高速发展的背景下，由于大学生的世界观、人生观、价值观还未完全形成，社会的各种舆论、各种新闻都会对大学生的三观进行冲击，部分网络媒体并没有发挥其积极引导作用，反而大肆渲染负面信息，使得当前大学生的心理状况极容易受到负面影响，高校与社会的联动性不足可能会导致心理育人工作难以取得进一步的提高[①]。

三、"三全育人"视角下高校心理育人路径探析

大学生是未来社会的重要人才储备，是我国富强繁荣发展的人才保障，大学生心理健康教育工作需要引起教育者的重视与关注，只有开展好大学生心理健康教育，才能确保培养出身心健康、全面发展的社会主义接班人。因此，笔者分别从全员、全过程、全方位三个维度来探析当前高校推进心理育人的有效路径。

---

① 郑丹凤，王涛．"三全育人"视域下高校心理健康教育工作探析［J］．学校党建与思想教育，2021（1）：88-90.

（一）全员参与，健全高校心理育人长效机制

1. 发挥专业心理教师主导作用。高校心理育人工作中，专业心理教师必须发挥起主导作用，包括课程教学、心理咨询、心理问题处理以及心理活动的宣传等，要想高校心理育人工作取得进一步的成功，就必须让专业的人做专业的事情，专业心理教师的工作是谁都无法替代的。正是由于专业心理教师的重要性，这也进一步要求高校心理教师不断提升个人专业技能，不断更新知识储备，能够运用社会先进的理论去帮助学生，同时在心理课程上要注重设置心理知识讲授以及个人心理调节等多层面的内容，多途径分析枯燥乏味的理论知识例如，通过多开设学生喜闻乐见的讲座或者素质拓展等活动，使得学生能够更好地接受心理健康教育。除此之外，还要利用各种线上途径以及多种媒体载体去宣传传播心理学知识，让学生在良好的氛围中潜移默化地接受心理学知识。

2. 增强辅导员的心理辅助作用。辅导员是高校教育中的骨干力量，也是同学生接触最多的教师群体，因此辅导员在心理育人的工作中也起到了非常重要的作用。首先，辅导员一定要提升自己的心理学知识，要想给人一瓢水的前提是自己得拥有一桶水。其次，应该加强辅导员职业能力培训，开展各类心理学讲座。除了理论学习之外，辅导员要利用好谈心谈话，运用理论知识不断在实践中提高自己的育人能力。最后，由于辅导员的工作职能较为繁重，学院可以设立专项辅导员分管心理工作，这样各司其职，理清工作职责可以减轻辅导员烦琐的工作内容，让负责心理专项的辅导员能够更

细致深入地开展心理育人工作。

3. 提高专任教师、行政后勤人员心理育人功能。首先，高校的每一名工作人员都应该树立正确的职业观，秉持服务学生、教育学生的理念，认识到培养出身心健康、德才兼备的学生需要每一位教职工的努力。因此，专任教师、行政后勤人员应该树立心理育人理念，要意识到自己对于育人工作的重要性，切不可把自己划分在心理育人范畴之外。其次，学校应该多组织开展全体教职工学习心理育人相关专业知识，不断提高大家的业务水平，保证学校教职工能够了解心理学，并且运用心理学知识。最后，学校应制定相关政策规定，当前大部分学校并没有细化的明文规定对全体教职工在心理育人方面做出要求，只有将其列入考核制度并且与奖惩、晋升制度挂钩，有据可依才能保证心理育人全员参与的效果。

（二）贯穿始终，保障高校心理育人持续性

1. 做好大学四年心理测评工作。大一新生刚入校由于生活环境、学习氛围等都跟高考之前有了巨大的变化，因此很多学生会出现由于适应性问题引发的各类心理问题。因此开展新生的心理测评工作显得尤为重要，这也是后续开展心理帮扶工作的依据。但是不仅仅是新生，大学阶段部分学生由于遇到阶段性问题或者突发事件也会产生心理问题，因此每一年至少应该开展全体学生的心理测评，并且在测评前应该做好相应的宣传和科普工作，让学生能够理性正确地看待心理测评的结果。可以将学生每一年的测评结果与其前一年的测评结果进行比对，及时关注到特殊学生的心理变化。

2.抓好开学、毕业关键节点。迎新送毕是每一位辅导员都会遇到的情况，新生对于学校的一切都不熟悉，面临很多未知的挑战，这个阶段对于新生的心理教育工作显得十分重要。此时应该及时引导学生纠正偏差，例如可以通过迎新晚会、班会、素质拓展、讲座等形式多角度地提高学生的凝聚力，消除学生在学校的不适应感。而毕业年级面对就业压力、毕业论文压力等，也有即将走上社会的不确定不安感，因此在这个阶段要引导学生坚定理想信念，可以通过开设就业指导相关的课程，引导学生树立正确的就业观来消除学生的迷茫心理。

3.辅导员完善一生一册心理档案。辅导员要充分利用平时工作中的谈心谈话时间，充分与学生建立信任感，了解每一位学生的学习、生活、心理、家庭、人际关系等情况，并且建立该生的心理档案，对于有心理疾病、学业困难以及近期遇到突发事件的学生要做到持续关注和定期帮扶。及时将学生的最新情况更新到档案中，对学生的心理状况可以定期形成心理周报、心理月报，并且上报给学校心理中心，让心理中心能够开展更具有针对性的工作，从而避免危机事件的发生。

（三）多方联动，开展高校全方位心理育人

一方面，原生家庭的氛围对于学生的心理情况有着非常大的影响，因此学校在心理育人工作开展的过程中要注意多与学生的家长沟通联系，更好地发挥家庭的作用。家长是学生的首要责任人，家长也是学生潜移默化的老师，能够引导

学生树立正确的三观，因此父母需要从自身做起，用阳光乐观的心态去感染学生。另一方面，社会媒体需要担负起自身的责任感，营造风清气正的社会氛围，助力培养大学生健康的心理，要加强对大学生心理健康内容的宣传，充分发挥媒体的积极宣传作用[1]。通过多方联动，学校—社会—家庭多方位开展心理育人工作，各自发挥其功效，不断推动当代大学生心理健康教育的发展，帮助大学生成长成才。

四、结语

高等学校承担着教书育人的重大责任，而大学生的心理健康问题关系着大学生能否在大学健康成长，因此高校要紧抓心理育人工作。本文从"三全育人"视角出发，从全员、全过程、全方位三个角度进行当前高校心理育人路径探析，力求解决高校心理育人工作中的问题，以期最终能够培养出社会主义的合格建设者和可靠接班人。

参考文献

［1］习近平. 把思想政治工作贯穿教育教学全过程开创我国高等教育事业发展新局面［N］. 人民日报，2016-12-09（1）.

---

[1] 肖舒丹. "三全育人"视角下高校心理育人路径探索［J］. 重庆电子工程职业学院学报，2021，30（5）：59-63.

[2]李哲君.新时代"三全育人"的实践路径优化研究[J].黑龙江教育(理论与实践),2022(8):20-22.

[3]郑丹凤,王涛."三全育人"视域下高校心理健康教育工作探析[J].学校党建与思想教育,2021(1):88-90.

[4]肖舒丹."三全育人"视角下高校心理育人路径探索[J].重庆电子工程职业学院学报,2021,30(5):59-63.

[5]李研,赵薇.论新时代高校思想政治教育环境的优化[J].现代交际,2018(21):2.

[6]王岩,冯爱玲.高校思想政治"三全育人"模式组成要素解析[J].高教学刊,2018(16):3.

[7]李红梅,宋素怡,董彩云,等."三全育人"视角下的高校心理健康教育研究[J].中北大学学报(社会科学版),2020,36(4):41-45.

[8]王韵.互联网时代高校心理育人的优化路径[J].科教文汇,2022(16):4.

[9]丁闽江.新时代高校心理育人质量提升的五个维度[J].锦州医科大学学报(社会科学版),2022,20(2):5.

[10]杨吉措.新时代高校心理育人一体化建设的价值探析[J].四川职业技术学院学报,2022(1):31-37,54.

[11]章少哨.高校心理健康教育育人功能实现的实然困境与应然路径[J].学校党建与思想教育,2020(11):3.

[12]李琼.三全育人视域下高校心理育人面临的困境及应对[J].吉林工程技术师范学院学报,2021,37(8):4.

[13] 王习胜. "三全育人"合理性的逻辑诠释[J]. 思想理论教育，2019（3）：5.

[14] 吴玉程. 新时代高校落实"三全育人"的理论与实践探究[J]. 中国高等教育，2018（13）：3.

[15] 王岩，冯爱玲. 高校思想政治"三全育人"模式组成要素解析[J]. 高教学刊，2018（16）：3.

高校心理育人中家校协同机制的探究
——三个案例的思考

李 涛

(中南财经政法大学外国语学院)

在全国教育大会上,习近平总书记指出:"在党的坚强领导下,全面贯彻党的教育方针,坚持马克思主义指导地位,坚持中国特色社会主义教育发展道路,坚持社会主义办学方向,立足基本国情,遵循教育规律,坚持改革创新,以凝聚人心、完善人格、开发人力、培育人才、造福人民为工作目标,培养德智体美劳全面发展的社会主义建设者和接班人,加快推进教育现代化、建设教育强国、办好人民满意的教育。"

2017年,中共教育部党组印发的《高校思想政治工作质量提升工程实施纲要》指出,心理育人作为高校"十大育人体系"之一,要大力促进心理育人,深入构建教育教学、实践活动、咨询服务、预防干预、平台保障"五位一体"的心理健康教育工作格局。

2018年，中共教育部党组印发了《高等学校学生心理育人指导纲要》，进一步表明党和国家对高校心理育人工作的重视，也提出了具体的工作要求，为高校心理育人工作指明了方向。

2020年4月，教育部等八部门发布了《关于加快构建高校思想政治工作体系的意见》，再一次提到心理育人在思想政治工作体系中的重要作用。

一、时代背景

自1978年党的十一届三中全会做出了把党和国家工作中心转移到经济建设上来的历史性抉择，开启了中国改革开放的新纪元。四十余年来，我们坚持以经济建设为中心，锐意推进改革，在经济、社会发展等各方面都取得巨大成就。2010年超过日本，成为世界第二大经济体。2021年，我国国内生产总值达到114万亿，稳居世界第二。我国在短短的四十多年时间，走完西方发达国家两百年的发展历程。

当前大学生生活在一个国家富强、人民幸福安康的国度。物质生活水平的极大提高，与心理健康问题的日益增多成为当前大学生的写照。社会竞争激烈导致高校大学生内卷严重，很多大学生从小学、初中开始便在焦虑的父母安排下，很早就在培养各种技能、提高学业成绩等方面付出了巨大的努力，随之而来的是对心理健康的忽视。进入大学后，竞争依然激烈、内卷依然严重，很多在高中、初中已经被扭曲或忽视的脆弱心灵，在大学的环境下，在远离父母的悉心照顾的环境中，问题逐渐爆发出来。

二、当前高校心理育人工作途径和困惑

我国高度重视大学生心理育人工作，当前高校开展心理育人工作的体系主要还是学校、学院、班级、宿舍四级体系；主要的力量是心理健康与咨询教师、辅导员、班干部和寝室长；主要途径是心理健康课课堂普及心理健康知识、心理咨询中心提供咨询服务、辅导员日常谈心谈话、院校两级组织的各种心理健康活动等。这种心理育人体系下，在心理育人各方力量的努力下，通过各主要途径，高校心理育人工作取得了很大的成绩。大学生对心理健康知识的掌握，比如对抑郁症等心理疾病的了解比五年前、十年前的大学生更多，学校心理中心和学院对咨询学生的重点关注和干预也成功避免了很多悲剧的发生，更多的大学生能以良好的心态和面貌投身于学业之中。毕业后，其也能在社会的激烈竞争中不断调整自己，取得属于自己的一份成绩，在国家发展的浪潮中贡献一分力量。很多优秀学子参军报国、投身精准扶贫的工作等，成为国家栋梁之材。

在取得成绩的同时，我们也会有三个困惑：进入心理咨询中心寻求帮助的人没有减少，反而有增加；很多悲剧在各方力量做了工作后，依然发生；依然有很多大学生心理建设能力较差，毕业后无法应对社会竞争而选择"啃老"或频繁更换工作；家长在心理育人工作中参与度不尽如人意。

在学校各方力量不断提升心理育人工作成效时，如何有

效将家长纳入心理育人工作中来解决我们工作中的困惑便成为高校需要思考的问题。

在高校育人工作中，家长的角色可能没有中小学那么突出。在日常工作中，辅导员与家长联系最多，但较多时候是告知违反校纪校规或突发疾病等情况，联系的频率不定，加之辅导员日常工作的忙碌，很多家长并不能很好地加入学校心理育人队伍中。然而，家长既是大学生的监护人，也是大学生心理健康的深度参与者和知晓者，很多学生心理问题的产生来源于家庭环境。因此，通过建立家校协同机制来吸纳家长参与高校心理育人工作尤显重要。

三、三个案例

案例1

（G同学：女生，家境殷实，爱玩游戏）

接触G时，已经是大三下学期，她已因经常不上课，打游戏，挂科十来门，已经成了学院重点关注对象。数次与G谈心谈话，G每次都非常礼貌听话，但谈话结束后，依然我行我素。然后便开始联系G的母亲，G母表示对G很头疼，G非常叛逆，不听母亲的话。随后多次接触G母及G同学，了解到G高中成绩很优秀，后来因为网络游戏，成绩一落千丈。其父母工作较忙，发现情况后多次指责数落她，结果事情向相反的方向发展。G母后来便从G起床到上课，采用打电话的方式提醒，而这使得G更加反感，很多次不接电话。

为了帮助G同学顺利完成学业，首要问题便是该同学心理状态。由于该同学排斥去学校心理咨询中心寻求帮助，笔者数次与其沟通，并多次关心提醒学业状态，效果不理想。考虑到家长对该同学行为方面的重要影响，笔者多次就其心理、行为等方面情况与家长沟通，商量办法帮助其远离网络游戏，重视学业。所幸家长多次亲临学校，在家长的深度参与和配合下，在笔者和学院多次教育和帮助下，G同学最后勉强完成学业，拿到毕业证。

案例2

（Q同学：女生，家境贫困，父亲早逝，母亲打工养大Q，收入较低，通过亲戚帮助，勉强维持Q每年高昂学费）

接触Q同学时，发现其性格内向，无论笔者如何询问学业规划等问题，Q同学几乎不说话，或者简单说两句。后经了解，Q在班上几乎没有朋友，学业方面有少量挂科，但要顺利毕业问题不大。Q同学因欠学费，笔者多次询问，家长也亲自来校说明情况。经家长介绍了解其家庭环境特殊，也获悉其母亲经济压力巨大，Q生活上刻意保持与周围家境较好同学一样的水准，吃穿用度花销较大，母亲已深感无奈，如母亲无法满足其物质要求，则会招来其各种无理取闹和威胁。其母亲常常因此主动电话联系笔者或者亲自来校，寻求学校的帮助。

由于Q同学性格内向，做事也不主动，虽经笔者多次提醒其重视学业问题，Q在某门课程方面依然出现较大问题，面临即将无法顺利毕业的困境，其母亲因此主动来校寻求帮助。最终，因该生放弃自我，毫无行动，导致延期毕业。

整个过程中，Q的心理状况一直没得到有效评估，没有获得外界有效帮助。因 Q 完全排斥与母亲沟通，深信因母亲才导致当下她的困境，缺乏与老师、同学的基本沟通能力。虽然其母亲与笔者密切联系和沟通，深度参与对 Q 的心理援助工作，然而终究因母女关系多年恶劣，未加改善，Q 多次得寸进尺，母亲多次退让顺从。最终，Q 的问题积重难返，关闭了心灵与外界的联系，最后影响学业。

案例 3

（J 同学：男生，抑郁症服药中，家境较好，父母都是事业单位工作人员，母亲曾经得过抑郁症，家庭关系和睦）

接触到 J 同学时，是在一个很特殊的阶段：大五。从上一任辅导员处得知 J 同学有抑郁症，在服药。曾经因病休学过一年，经过治疗后病情稳定，但还是因为休学前挂科太多，延迟毕业一年到了大五。经过数次与 J 交流，了解到 J 是一个较为内向的学生，但能正常表达沟通。偶因事情紧急时，会因紧张而烦躁。J 在仍有七八门课需要重修的状况下，在一次谈话中，向笔者表示在准备考研。

前期 J 的家长与学院保持了良好沟通，定期来学院了解 J 的状况。在一次与 J 家长的沟通中，笔者了解到其母亲曾经得过抑郁症，后经治疗康复。因此家长对 J 的病情特别重视，也特别了解。笔者提出希望家长配合，一起说服 J 专心完成学业，停止考研准备，家长也支持。经过家长做工作，以及笔者多次沟通，J 同意放弃考研，专心完成学业。

虽然 J 的家长保持半个月来一次学院，日常每天保持与 J 的沟通，虽然笔者每周会通过各种形式询问 J 的学业状况以及遇到什么困难，以便能及时帮助 J 解决，但最后 J 依然没能毕业。主要原因在于：作为服药的一名抑郁症患者，繁重的学业让他无法应对。虽然家长和学院老师能提供很多帮助，但归根到底，学业还是需要本人去面对去完成。所幸家长在整个阶段都能与学院保持密切联系，也清楚学院老师为帮助 J 所付出的努力。因此对于最后还是没能拿到毕业证，家长和学生本人虽然表示非常遗憾，但也能接受。

四、家校协同机制建设的思考

高校心理育人工作的目的是"育人"，通过各方力量的努力，培养大学生积极向上的心态，为实现中华民族伟大复兴提供人才保障。家庭在心理育人工作中的作用独特而十分重要。对于大学生的心理育人工作，家庭在学生进入大学前已经全程参与。众所周知，家庭是塑造学生人格和积极心态的最重要环境和最重要力量。高校的心理育人队伍是在接力家庭的前期工作，在接力的同时，家庭逐渐因距离等各种原因，渐渐在高校心理育人工作中退居幕后，这样的后果便是高校心理育人工作犹如四条腿的凳子，即使其他三条腿非常结实，依然有即将倾斜之感。

上文三个案例给我们一些启发：

第一个启发：家长与学校应该建立有效沟通机制。即使当前社会普遍觉得大学生是天之骄子，已经或即将成年，不要向对待小学生那般对待他们，但正如前文所述，家庭已经深深地塑造了学生，并很有可能是学生心理状况的最大影响因子。因此，解铃还须系铃人，家长和家庭在高校心理育人工作中依然要扮演重要角色。

家长和家庭的重要角色主要有：①为学生心理成长轨迹提供详尽信息，有助于学校研判学生当前状况；②为学校培养学生积极向上心态提供力量；③为构建更加和谐的家庭关系提供支持。

第二个启发：学校心理育人工作重要但不是万能的。从案例中可以看到，在家长和学校共同努力下，有效解决了G同学在学校的困境，这为她步入社会实现独立生存提供了信心和基本保障。学校和家长在此过程中的作用同样重要且无法替代。Q同学虽然经过家长和学校的共同努力，依然无法解决其在校的困境，学业的问题预示着今后需要更多努力才能让Q有一个积极心态面对社会的竞争。在此过程中，家长付出了努力，学校也付出了努力。J同学作为一名服药的患者，本身在完成学业方面会面临更大的困难，学校和家长保持密切联系，虽然结果不是很理想，但在此过程中，家长和学生本人看到了学校老师的努力。J同学虽然经过努力没有完成学业，但也看到了努力和付出带来的变化，也看到了学校和家长以及本人齐心合力去完成一件事，即使最终没有成功，但付出的努力还是让本人得到成长。学制所限，J不能一直就读下去，如果能多一年时间，J通过努力应该是能完成学业的。

第三个启发：学校心理育人队伍建设十分重要。学校心理育人队伍中，心理健康课教师负责心理健康知识的传播，心理咨询教师负责为寻求帮助的学生提供专业化的服务与支持，辅导员和其他教师主要通过日常沟通和组织心理健康相关活动来对学生的心理状况产生影响。每一支队伍都很重要，需要结合工作内容开展专业化培训。结合辅导员与学生和家长沟通的要求，在开展心理育人工作中，辅导员必须具备较丰富的心理健康知识，还必须具备较强的沟通能力，两者缺一不可。

怎样的方式才能让家长和家庭有效参与高校心理育人工作中来？

在学校已有心理育人工作中，如何无缝对接，将家长也纳入进来，因校而异、因人而异。具体的方法有：教师定期电话联系家长、新生家长见面会、心理健康活动家长现身参与、假期家访活动等。万变不离其宗，就是搭建家长与学校教师、与学生的有效沟通平台，发挥心理育人作用。

五、高校心理育人的重大意义

教育的根本任务是立德树人，高校心理育人工作通过结合家校以及社会各方力量，为培养实现中华民族伟大复兴的合格建设者和可靠接班人提供了有力的支持。一个心态积极向上，能不断调整自己，克服各种困难的人才是民族复兴所需要的人才，离开了健康的心态，人才也难发挥其作用。因此，高校心理育人工作意义非凡。

相对剥夺感对青年心理健康的影响
——基于 CGSS2018 的实证研究[①]

邹贤帅

（中南财经政法大学新闻与文化传播学院）

一、研究目的意义

2022年国务院发布的《新时代的中国青年》白皮书指出，青年是整个社会力量中最积极、最有生气的力量，国家的希望在青年，民族的未来在青年[②]。这个群体富有朝气与活力，但不可忽视的是，青年群体的心理还未完全成熟，易受到各

[①] 本文系"基于相对剥夺感视角的青年心理健康教育研究"（TW202213）以及"以文培元 知行并进，打造新时代高校文化育人体系"（2722022DS020）课题研究成果。

[②] 《新时代的中国青年》白皮书（全文）[EB/OL/]．（2022-04-21）[2022-09-08]．http://www.scio.gov.cn/ztk/dtzt/47678/48169/48177/Document/1723487/1723487.htm.

种外部力量的影响，在群体交往过程中易察觉到群体之间的地位及其占有资源的差异，从而产生相对剥夺感。相对剥夺感一经形成便会成为一种相对稳定的心理状态。当这种心理状态成为一种习惯的时候就会对个体的日常生活产生不利的影响。相对剥夺感如果长时间存在，会造成青年群体在心理上的不平衡感和失落情绪，导致个体无法正确归因、迷失主体奋斗价值以及非道德化的产生，主观幸福感和社会信任感降低。

鉴于此，本文选取2018年CGSS数据为样本，从自评心理健康、主观幸福感、社会信任感三个角度，利用二元logistic回归模型实证分析了相对剥夺感对青年心理健康的影响。

二、研究方法

本文在研究过程中主要采用了如下两种方法。

（一）文献研究法

通过阅读大量相关文献和查阅相关政策文件，发掘可供深入研究的问题，在已有研究的基础上，寻求问题的解决方法。采取文献研究与资料检索的方法，查阅关于"相对剥夺感""青年心理健康"等方面相关文献，界定文章核心概念的具体内涵，梳理相关研究成果。因而，本文站在青年心理健康的视角下，分析相对剥夺感对其的影响，该方法保障了文章的严谨性和科学性。

（二）定性分析与定量分析相结合

通过文献阅读探究相对剥夺感和青年心理健康之间的关系，为后续的定量分析打好基础。选取2018年CGSS中18~25岁年龄段群体为样本，以心理健康为被解释变量，以相对剥夺感为解释变量，利用二元logistic回归模型实证分析了相对剥夺感对青年心理健康的影响。

三、研究假设

基于上述文献综述，相对剥夺感会给个体带来愤怒、不满、不公平的感知，因而可能会对青年的心理健康状况造成消极影响。基于此，本文提出如下研究假设：

H1：相对剥夺感对青年自评心理健康产生负向影响。
H2：相对剥夺感对青年主观幸福感产生负向影响。
H3：相对剥夺感对青年社会信任感产生负向影响。

四、相对剥夺感对青年心理健康影响的实证分析

（一）数据来源及说明

本研究选取的调查数据源自2018年中国综合社会调查，是于2022年发布的最新的一个版本，因此具有实效性和研究价值。为了准确评估相对剥夺感对青年心理健康的影响，经过数据处理，剔除掉残缺值和无意义选项，选取出684个有效样本，占数据样本总量（12787人）的5.3%。

（二）变量选取赋值与描述性统计

表1给出了本文实证分析所需要使用的变量赋值以及描述性统计结果。

表1 主要变量统计性描述

变量	样本量	均值	标准差	最小值	最大值
自评心理健康	684	0.751	0.432	0	1
主观幸福感	684	0.825	0.381	0	1
社会信任感	684	0.825	0.381	0	1
相对剥夺感	684	0.794	0.835	0	2
性别	684	0.541	0.499	0	1
年龄	684	21.975	2.233	18	25
民族	684	0.915	0.279	0	1
婚姻状况	684	0.193	0.395	0	1
受教育程度	684	3.259	0.96	0	4
政治面貌	684	0.56	0.583	0	2
家庭年收入	684	11.218	1.016	7.601	16.024
社会保障	684	0.855	0.352	0	1
社交活动－邻居	684	2.072	1.99	0	6
社交活动－朋友	684	3.803	1.455	0	6

（1）被解释变量：心理健康

本文的被解释变量为心理健康。以自评心理健康、主观幸福感和社会信任感作为反映青年心理健康的变量。根据问卷中"在过去的四周中，您感到心情抑郁或沮丧的频繁程度"这个问题，将选择"很少""从不"的选项赋值为1，占比75.15%；否则赋值为0，占样本总量的24.85%。根据问卷中"总的来说，您觉得您的生活是否幸福？"这个问题，将选择"比较幸福"和"非常幸福"赋值为1，占总样本量的82.46%；其他选项赋值为0，占总样本量的17.54%。根据问卷中"总的来说，您同不同意在这个社会上，绝大多数人都是可以信任的？"这个问题，将选择"比较同意"和"非常同意"的赋值为1，占比60.09%；否则赋值为0，占比39.91%。

（2）解释变量：相对剥夺感

本文的解释变量为相对剥夺感。根据问卷中"总的来说，您认为当今的社会公不公平？"这个问题，将选择"比较公平"和"完全公平"的选项赋值为0，占样本总量的47.22%；"说不上公平但也不能说不公平"赋值为1，占样本总量26.17%；其他选项赋值为2，占比为26.61%。

（3）控制变量

本文从人口学的基本特征、社会经济特征两个维度出发，根据调查问卷选择性别、年龄、民族、婚姻状况、受教育程度、政治面貌、家庭年收入、社会保障、社交活动等10个变量参与分析。

关于人口学的基本特征。将女性赋值为0，男性赋值为1，结合有效样本调查数据，男性青年数多于女性，分别占比54.1%、45.9%；本文设定年龄在18～25岁为青年，有效样本均值为21.975岁，标准差2.233。本文将婚姻状况分为两种：已婚和未婚。其中未婚赋值为0，已婚赋值为1，样本均值为0.193，说明大多数青年是未婚状态，这与我国法定结婚年龄相关。本文对受教育水平赋值0～4，其中"未上过学"赋值为0，"小学"赋值为1，"初中"赋值为2，"高中"赋值为3，"大学专科及以上"赋值为4，受教育程度均值为3.259，其中受教育程度为大学专科及以上的数量最多，超过样本量的一半，占比53.36%。本文将少数民族赋值为0，汉族赋值为1。

关于社会经济特征。本文尽可能将青年心理健康的变量纳入进来，主要包括政治面貌、家庭年收入、社会保障、和邻居的社交活动、和朋友的社交活动等。政治面貌包括三种：群众、共青团员和中共党员。具体赋值为群众=0，团员=1，党员=2。以上三类青年中，人口最多的是群众，约占总样本量的48.68%。团员人数占比46.64%，中共党员的人数占比仅为4.68%。本文对家庭年收入做了取对数处理，均值为11.218。根据问卷中"您目前是否参加了以下社会保障项目？"这一问题，将参加了"城市基本医疗保险""新型农村合作医疗保险"或"公费医疗"的青年群体赋值为1，该群体占有效样本总量的85.5%，未参加社会保障项目的青年群体占比为14.47%。根据问卷中"请问您与邻居进行社交娱乐活动（如互相串门，一起看电视、吃饭、打牌等）的频繁程度是""请问您与其他朋友进行社交娱乐活动（如互相串门，一起看电视，吃饭、打牌等）的频繁程度是"的问题，具体赋值为几乎每天=6，一周1到2次=5，一个月几次=4，大约一个月1次=3，一年几次=2，一年1次或更少=1，从来不=0。和邻居社交的选择中，选择项最多的是"从来不"，占比33.19%。和朋友社交的选择中，选择项最多的是"一个月几次"，占比32.16%。

（三）模型设定

在研究相对剥夺感对青年心理健康的影响时，由于健康与否设定是0–1变量，故使用二元Logistic模型，模型一公式为：

$$\text{Logit}\left(\frac{P_i}{1-P_i}\right) = \alpha + \beta_1 X_i + \beta_2 \theta_i + \epsilon_i$$

在模型一中，P_i、$1-P_i$ 分别表示第 i 个青年心理健康的概率、心理不健康的概率。变量 X_i 代表个体是否有较强相对剥夺感，β_1 表示解释变量的待估计系数，反映了相对剥夺感变量对青年心理健康发生概率的影响；θ_i 代表控制向量，包括性别、年龄、教育等变量，β_2 代表控制变量的待估计系数，反映了模型中控制变量对青年心理健康变量的综合影响；ε_i 为随机扰动项。

Logistic 模型的回归系数 β 和 OR 值关系密切，OR 值（Odds ratio）又称为优势比。在其他自变量一定时，回归系数 β 表示为每增加一个单位的自变量 X_i，所能引起的 ln（Odds）的改变量。分析回归结果时，本文也关注 OR 值的大小。

$$\text{OR 值} = \exp(\beta)$$

该值表示为回归系数的指数次方。通常，将 OR 值与 1 相比，OR 值越接近 1 表示影响程度越小，反之影响程度越大。OR 值可以调整风险因素、分析关联强度，常用在对照研究或截面研究，表示实验组某因素的发生率与对照组该因素发生率之比，反映实验组该因素发生率为对照组的多少倍。

（四）实证结果

本节使用二元 Logistic 模型主要关注相对剥夺感与青年心理健康之间的关系。以相对剥夺感为解释变量，以自评心理健康、主观幸福感、社会信任感为被解释变量，分别纳入模型一中进行回归讨论，实证结果如表 2 所示。

表 2 健康权益对农业转移人口落户意愿的 Logistic 回归结果

心理健康	回归一 （自评心理健康）	回归二 （主观幸福感）	回归三 （社会信任感）
相对剥夺感	0.606*** （0.066）	0.449*** （0.058）	0.464*** （0.047）
性别	1.334 （0.252）	0.828 （0.188）	1.127 （0.195）
年龄	0.955 （0.043）	0.891** （0.048）	1.008 （0.041）
民族	1.178 （0.385）	0.984 （0.392）	0.784 （0.238）
婚姻状况	1.774* （0.529）	1.853* （0.608）	0.827 （0.21）
受教育程度	1.263 （0.139）	1.261* （0.157）	1.038 （0.108）
政治面貌	0.702** （0.121）	1.251 （0.265）	1.757*** （0.291）
家庭年收入	0.898 （0.085）	1.28** （0.145）	0.943 （0.082）
社会保障	1.082 （0.28）	0.912 （0.275）	1 （0.237）
社交活动-邻居	1.093* （0.055）	1.104 （0.067）	1.061 （0.048）
社交活动-朋友	0.947 （0.067）	1.13 （0.09）	0.967 （0.062）
常数项	16.092** （22.234）	2.023 （3.293）	3.711 （4.695）

在回归一中，以自评心理健康作为被解释变量纳入模型进行回归分析。回归结果显示，OR 值为 0.606，解释变量回归系数为 $\beta=-0.501$，表明有较强相对剥夺感的青年自评心理健康情况是相对剥夺感较弱的 0.606 倍，且在 1% 的水平上显著。对青年自评心理健康来说，相对剥夺感具有负向影响，即和相对剥夺感较弱的青年群体相比，相对剥夺感较强的青年群体的自评心理健康更差。

在回归二中，以主观幸福感作为被解释变量纳入模型进行回归分析。回归结果显示，OR 值为 0.449，解释变量回归系数为 $\beta=-0.801$，表明对青年主观幸福感来说，相对剥夺感具有负向影响，即和相对剥夺感较弱的青年群体相比，相对剥夺感较强的青年群体的主观幸福感更低。有较强相对剥夺感的青年主观幸福感是相对剥夺感较弱的 0.449 倍，且在 1%的水平上显著。

在回归三中，以社会信任感作为被解释变量纳入模型进行回归分析。回归结果显示，OR 值为 0.464，解释变量回归系数为 $\beta=-0.768$，表明对青年社会信任感来说，相对剥夺感具有负向影响，即和相对剥夺感较弱的青年群体相比，相对剥夺感较强的青年群体的社会信任感更低。有较强相对剥夺感的青年社会信任感是相对剥夺感较弱的 0.464 倍，且在 1%的水平上显著。

从回归结果来看，对青年群体的心理健康情况，部分控制变量也具有不同程度的影响。表 2 报告了所有控制变量的回归结果，其中年龄、婚姻状况、受教育程度、政治面貌、家庭年收入、和邻居的社交活动等控制变量对其心理健康具有显著影响，具体来看：

对青年自评心理健康来说，婚姻变量存在正向影响。回归结果显示，OR 值为 1.774，回归系数 $\beta=0.573$，表明和未婚的青年群体相比，已婚青年群体的自评心理健康的情况更好。已婚青年群体的自评心理健康情况是未婚青年的 1.774，即婚姻提高了青年的自评心理健康状况。和邻居的社交活动同样存在正向影响。回归结果显示，OR 值为 1.093，回归系

数 $\beta=0.089$，表明和邻居的社交活动每提升一个层次，青年群体的自评心理健康情况的概率比会增加9.3%，且在10%的水平上显著。对青年主观幸福感来说，家庭年收入存在正向影响。回归结果显示，OR值为1.28，回归系数 $\beta=0.247$，表明青年群体家庭年收入每提升一个层次，青年群体的主观幸福感的概率比会增加28%，且在5%的水平上显著。受教育程度也存在着正向影响。回归结果显示，OR值为1.261，回归系数 $\beta=0.232$，表明每提升一个教育层次，青年群体的主观幸福感的概率比会增加26.1%，且在10%的水平上显著。年龄的影响为负，OR值为0.891，表明在青年群体中，随着年龄的增加，其主观幸福感降低。

对青年社会信任感来说，受教育程度的影响为正，说明受教育程度愈高，其社会信任感愈强，但是变量的影响未通过显著性检验。政治面貌变量存在正向影响。回归结果显示，OR值为1.757，回归系数 $\beta=0.247$，表明青年群体政治面貌每提升一个层次，青年群体的社会信任感的概率比会增加75.7%，且在1%的水平上显著。婚姻、家庭年收入、与朋友的社交活动等变量的影响系数均为负，但并不显著。

五、结论与启示

通过以上实证分析，我们发现青年群体的相对剥夺感与其自评心理健康、主观幸福感和社会信任感存在显著相关。研究结果具有一定的现实意义，对于促进青年心理健康教育提供了思路。

第一，提升青年自助能力。青年群体要树立远大理想信念，以社会主义核心价值观为指引，培育健康良好的社会心态和价值取向，规范自身行为。明确自身发展方向，培养专业技能，通过自身目标实现得到正反馈，不断形成激励因素。合理归因，客观看待自身与他人的差距，做到不攀比不跟风，降低相对剥夺感对自身心理健康的影响。掌握心理疏导方法，积极进行自我调适与心理按摩，排解负面非理性情绪。建立安全稳定的社会支持系统，发展和谐良好的人际关系，增强积极体验。

第二，强化心理育人举措。定期或不定期开展心理健康调查，实施预防干预。针对青年群体可能存在的价值取向、情绪波动和社会认知等问题，事前设计调查问卷。依据调查结果，分析评估青年群体的心理健康状况，加强对其研究的科学性。为青年群体提供形式多样、载体丰富的劳动实践活动。通过劳动教育，培养青年群体艰苦奋斗的韧劲和闯劲，抵制贪图享乐、盲目排比的不良风气。完善目标落实和动态跟踪机制，分层分类、一人一策进行心理引导和情绪疏导，提升心理育人针对性，引导青年群体养成积极向上的精神风貌。

参考文献

［1］孙灯勇，郭永玉. 相对剥夺感：想得、应得、怨愤于未得［J］. 心理学，2016，39（3）：714-719.

［2］熊猛，马建平，叶一舵. 相对剥夺感对离异家庭儿童抑郁的影响：一个有调节的中介模型［J］. 中国临床心理学杂志，2020，28（3）：523-527.

［3］熊猛,刘若瑾.相对剥夺感与留守儿童抑郁的关系:控制感与公正世界信念的作用［J］.福建师范大学学报(哲学社会科学版),2020(2):148-157,171-172.

［4］曹都国,吴迪.大学生相对剥夺感的心理成因及其调适［J］.思想理论教育,2014(9):94-97.

［5］叶宝娟,杨雪,陈传升,等.大学生受欺负与攻击行为的关系:相对剥夺感的中介作用和日常环境中的暴力暴露的调节作用［J］.心理科学,2021,44(2):309-315.

［6］张晓州,罗杰,彭婷,等.大学新生相对剥夺感对人际适应性的影响:核心自我评价和社交焦虑的链式中介效应［J］.信阳师范学院学报(哲学社会科学版),2022,42(1):93-98,104.

［7］张杰.父母相对剥夺感与子女教育机会:来自CFPS的证据［J］.贵州财经大学学报,2022(1):75-88.

［8］王雨婷,范鑫芳,张林,等.家庭收入对大学生心理健康的影响:自我概念和集体自尊的作用［J］.心理研究,2022,15(1):70-77.

［9］王旭,刘衍玲,林杰,等.亲子关系对中学生心理健康的影响:社会支持和心理素质的链式中介作用［J］.心理发展与教育,2022,38(2):263-271.

［10］俞国良,靳娟娟.本体安全感:心理健康研究的社会学取向［J］.河北学刊,2022,42(2):188-196.

［11］彭嘉熙,方鹏,陈泓旭,等.个体相对剥夺感问卷在大学生群体的信效度检验［J］.心理学探新,2021,41(1):76-82.

[12]田云龙,喻承甫,路红,等.青少年相对剥夺感量表的编制与信效度检验[J].心理研究,2021,14(4):322-329.

[13]李丹,马喜亭.高校辅导员心理健康教育胜任力研究[J].学校党建与思想教育,2022(6):87-90.

[14]何伟怡,陈璐璐.相对剥夺感对网络怠工的影响——基于情绪耗竭和时间压力的中介调节机制[J].南开管理评论,2022,25(1):214-226.

[15]陈雨濛,张亚利,俞国良.2010—2020中国内地大学生心理健康问题检出率的元分析[J/OL].心理科学进展:1-14[2022-04-25].http://kns.cnki.net/kcms/detail/11.4766.r.20220322.1540.038.htm.

从自我调节理论看大学生挫折应对能力的提升路径[①]

杨子云

(中南财经政法大学党委学生工作部)

随着社会各领域竞争的日趋激烈,全民素质的不断提高,对大学生素质能力综合发展的要求越来越高。作为即将走向社会的大学生,不仅要有精深的专业造诣,并利用自己所学有效地解决社会、组织或者个体所关切的某些问题;还要有良好的心理素质和自我调节能力,能承受问题解决过程中可能遭遇的各种挫折,最终达成目标。

然而,由于生活环境的变动,生活目标和社会角色的改变等,心理发展没有完全成熟的大学生们容易产生心理失衡,常常会出现焦虑、抑郁、沮丧、迷茫等负性情绪,近年来,

---

① 本文获中南财经政法大学中央高校基本科研业务费专项资金资助(2722022DS002)。

大学生因无法自我调节而在挫折情境下发生的心理危机事件不在少数。在面临内外部环境的巨大变化时，如何在不同的情境中灵活适应，承受问题解决过程中可能遭遇的各种挫折就变得尤其重要。

一、挫折与自我调节

日常话语中的"挫折"一词，在心理学语境中含义略显复杂。我们可以将其拆分为"挫折事件"和"挫折反应"两个部分加以阐述。

（一）挫折事件

挫折事件是指个体从事有目的活动受到阻碍或干扰时的情境，也称负性生活事件，长久以来都在国内外的研究中被视为自杀的危险因素之一。已有研究表明，挫折事件显著影响大学生心理健康。一些严重的挫折事件甚至会激活个体的创伤经历，使其处于应激状态，而应激状态又会损伤认知和行为功能，从而给个体带来身心损害。

（二）挫折反应

挫折反应是指个体在从事有目的的活动过程中遇到障碍或干扰，导致个人目标不能实现、个人需要不能满足时所产生的消极反应。包涵情绪反应、认知反应和行为反应。挫折反应有消极结果，也有积极结果。在经历挫折后，有的大学生对自己和未来仍然充满信心，能较快从消极情绪中走出来，并调整方向继续努力；也有的大学生开始对生活甚至对自己感到失望，受到消极情绪较大的影响，学习和生活的步伐出现中断，表现出较低的挫折耐受力。

早期的挫折研究更多关注挫折事件及其带来的损伤性后果。有研究者发现，面对类似的挫折或逆境，人们会有不同的生理和心理上的反应，有四种常见的后果：第一种是崩溃，个体的身心功能受损严重，最终走向心理功能失常；第二种是受损，个体看似度过了逆境，但身体和心理的一些功能出现下降和受损；第三种是恢复，身体和心理状态逐渐恢复到经历挫折之前的水平；第四种是成长，个体不仅获得了恢复，而且可能还在某些心理功能上超越了原有水平。

是什么造成了上述所谈到的结果差异呢？近30年来，越来越多学者开始关注这一问题。遭遇相同的挫折事件却产生了不同的挫折反应，在这一过程中无疑存在着关键的中间变量，自我调节能力便是其中一个重要的因素。

二、自我调节与挫折应对的联系

（一）自我调节的内涵

自我调节（self-regulaiton）指的是个体改变情绪、思维和行为或者驾驭冲动、习惯，从而实现自我矫正，满足某种期待的能力。这种期待可能来自自然、社会、家庭，也能是源于自身，包括法律、规范、理想、目标，或其他标准。自我调节是人类进化发展中最重要的能力特征之一，有了自我调节，人类才能适应不断变化的环境，并繁衍发展。

关于自我调节过程包含哪些具体阶段,学者们又各有表述。著名心理学家班杜拉提出,个体的自我调节会经历以下三个阶段:自我观察阶段、自我评价阶段和自我激励阶段。而 Baumeister 等人的研究,自我调节过程则包含:建立愿景目标、实施目标行动、监控目标进程三个阶段。

20 世纪 70 年代以后,越来越多的心理学家开始进行自我调节的实证研究,涉及的领域十分广阔,包括社会心理学、发展心理学、实验心理学、人格心理学、健康心理学、行为医学、教育心理学等。研究发现自我调节相关的心理行为结果广泛存在于人类整个生命进程中,它是成功不可或缺的要素,其作用广泛地体现在生活的各个方面:学业出色、事业有成、稳定和令人满意的关系、良好的适应能力、心理和身体的健康、积极的情绪状态,克服偏见、抵制成瘾、约束犯罪和暴力行为等。

(二)自我调节与挫折应对

自我调节过程与挫折应对过程有着本质的联系。挫折的显著特征是目标实现过程受阻,Carver 等人提出,当人们执着追求的目标未能顺利实现时,就会体验到沮丧、低沉、郁闷等情绪。自我调节的重要功能是评估和确认目标受阻过程,并做出有效应对。回顾以往研究我们发现,自我调节与大学生常见挫折事件的关系较为密切。诸如目标缺失、人际不和谐、自卑以及悲观这些经常困扰大学生的主题,均与个体的自我调节能力高度相关。

良好的自我调节能促进个体建设性地化解压力和应对挫

折，同时在改善物质滥用、吸烟和酗酒等方面都有显著作用。

良好的自我调节能促进目标设置。目标缺失或目标太理想化是重点高校大学生常见的困惑，如果一个人发现自己的目标难以确定或难以实现，自己又找不到有意义的替代目标，那么这个人在很大概率上会面临较大的心理压力。而良好的自我调节能力则能够使人们更加理智地评估当前情境，设定与自身情况相符的目标并为之奋斗，降低因目标设置过于理想化而遭遇挫折的概率。

黄希庭研究发现，良好的自我调节能促进积极的情绪体验和思维方式，还与一个人的自尊、自立、自信等特征互相影响。黄希庭认为，幸福进取者能通过自我调节机制使自己以积极乐观的态度面对挫折事件，更能接受自己无法改变的现实，展示出了高度的适应能力和心理健康水平。当自我调节机制陷入失功能状态时，个体会悲观失望，不能正视自己当前所处的真实情境，导致将所有的挫败都归因于自己的内部原因，形成消极的自我评价，从而引发抑郁和沮丧情绪。

三、大学生自我调节机制的培养路径

通过以下几个方面，提升大学生的自我调节能力，进而提升挫折应对能力。

（一）增强自我效能感

根据班杜拉的自我效能感理论，直接经验（尤其是成功经验）、替代性经验、言语劝说、生理和情绪唤起都是自我效能感形成和发展的关键因素，大学生群体可以从以下三个方面来增强自我效能感。

1. 寻找成功体验

朝着自己设定的目标不断反复进行"实际体验",例如如果认为自己专注力较差,那么可以从看完一本很薄的课外书开始,逐步增加阅读书籍的厚度和难度,将专注力提升的过程可视化和量化,多次体验完整阅读完书籍的成就感,这种不断重复的成功体验会刺激大脑,帮助大学生更好地提升自我效能感。

2. 寻找榜样

榜样既可以是身边成绩优异的同学,可以是社团活动中发亮发光的师兄师姐,也可以是叱咤职场的前辈,通过学习和模仿他们的思维方式和行为方式,同时不断暗示自己"他们能做到,我也可以做到"。

3. 获得鼓励

既可以积极寻求家人、朋友、同学的支持,也可以多进行自我肯定。

(二)提高自我认知水平

心理学家埃里克森提出,大学时期是个体形成自我同一性(即形成一致和整体的自我概念)的关键期。大学生首先有正确的自我认知才能确定个人该阶段的奋斗目标,规划未来方向。与以往的大学生群体相比,当代大学生因从小接触互联网,且在更加多元的文化趋势中成长,他们往往视野开阔，知识面广，但心理更加敏感；另外，当今社会的迅猛发展也让他们拥有了更加丰富的生活和学习资源以及发展的可能性，这使得他们容易陷入一种自我认知方面的假象，加剧"理想我""现实我"的冲突。在这样的背景下，锻炼自我认知能力能帮助大学生群体更好地整合"理想我"与"现实我"，提高心理健康水平。

1. 正确地认识自我

全面而正确地认识自我是健全自我意识的基础，大学生要主动打破自我封闭，扩展学习和实践的空间，不断丰富生活阅历，积极投入到各类社会实践中，找到更丰富的参照系，从更多的维度来评估自己，这样才能对自我有更加客观而全面的认识。

2. 积极地悦纳自我

悦纳自我是发展和健全自我意识的关键，大学生群体要认识到每一个个体都是独一无二的，要学会无条件地接受自己，积极发掘自己的优势资源，正确面对失败和挫折，做到满意地接受自己。在此基础上，逐步培养自立、自信、自爱、自强的心理品质，从而进一步提升抗挫折水平。

(三) 培养情绪调节能力

1. 关注情绪调节的自我效能

情绪调节自我效能感是指个体对自身能否有效调节各种情绪状态的自信程度，这种自信程度对个体各种社会心理功能产生直接或间接的影响。情绪调节包括表达积极情绪和管理消极情绪。表达积极情绪是指在面对带来正性感受的事件时，个体愿意积极地体验以及表达正向情绪的效能信念。管理消极情绪是指当面对消极事件时，个体能通过特定的方法调整负面情绪，以保证自己不会被愤怒、绝望等不良情绪压垮时所具有的一种效能信念。

2.运用适当的情绪调节策略

对情绪调节做了大量的实证研究后得出了许多颇有价值的结论，其中包含2个重要的情绪调节策略：认知重评和表达抑制。

认知重评，指的是个体重新审视和理解那些引起自己情绪的事件，重新解读情绪事件对于自己的意义。而表达抑制策略是指抑制将要发生或正在发生的情绪，调动一定的自我控制能力，启动自我控制过程以抑制自己的情绪反应。然而，抑制和表达不是两个孤立的极端，个人需要学习在这两个端点之间灵活地掌握情绪调节的力度。

参考文献

［1］陈晓红.大学生积极自我意识的培养［J］.成才之路，2011（16）：2-3.

［2］彭柳中，罗宝怡，张演，等.大学生抗挫折心理能力、应对方式与自强意识的关系［J］.中国健康心理学杂志，2018（10）：1565-1570.

[3]盛慧.大学生应对方式与心理健康水平的关系:情绪调节自我效能感的中介作用[J].心理月刊,2022(17):14-16.

[4]田学英.情绪调节自我效能感:结构、作用机制及影响因素[D].上海:上海师范大学,2012.

专业化与行政化：高校心理健康教育的困境与突围[①]

张晓涵

（中南财经政法大学党委学生工作部）

心理健康教育是培育学生积极心理品质，提升学生综合素养的教育，是高校人才培养工作的重要组成部分，也是高校思想政治教育的重要内容。我国高校心理健康教育工作经过三十余年的发展，目前处于向专业化跨越的关键阶段。由于心理健康教育理论知识源于西方，中西方社会及文化差异显著，与西方高校心理咨询的医疗化倾向不同，我国高校心理健康教育重教育，强调全员、全方位、全过程育人体系，从而形成了行政化管理体制。然而，心理健康教育专业化发展过程中，在工作理念、工作方式等方面与行政化管理手段

[①] 本文系 2021 年度湖北省教育厅哲学社会科学研究项目"新冠疫情冲击下大学生抑郁障碍的诊断、形成机制及干预策略研究"（21G045）的研究成果。

存在矛盾与冲突，如何协调好专业化与行政化的关系，实现专业机制与行政机制的互补嵌入性格局，重构专业权力与行政权力的关系，是未来高校心理健康教育的高质量发展亟需解决的重要课题。

一、我国高校心理健康教育的专业化发展及表征

心理健康教育是建立在心理学及相关分支学科理论知识基础上，以提升民众心理健康素养为目标的实践科学，因此心理健康教育具有理论属性与实践属性双重特征。我国高校心理健康教育从20世纪80年代中期至今已有三十余年的发展历程，伴随着积极心理学的广泛传播，基于工作理念的更新，高校心理健康教育逐渐从医疗模式向教育与服务模式发展，超越了障碍性咨询，实现了服务全体学生健康成长的工作模式。

我国高校心理健康教育的发展是政策推动下与社会转型发展同频共振的过程，同时也是走向专业化的发展历程。专业化是一个职业成功地满足某一专业性职业标准的过程，包括作为地位改善的专业化和作为专业发展、专业知识增长、专业实践技术改进的专业化[1]。我国高校心理健康教育专业化发展体现在以下方面。

第一，师资队伍的专职化。师资队伍建设历来是我国心理健康教育工作的关注重点。针对发展初期心理师资队伍

---

[1] 王水玉. 教师专业成长策论［M］. 北京：中国大地出版社，2004.

专职教师数量少、师生比不达标等困局，国家先后出台一系列政策文件，推动保障高校专职心理教师的配备。按照教育部要求，高校心理健康教育专职教师要按照师生比不低于1∶4000 配备，每校至少配备2名。笔者所在高校学生规模接近3万人，专职教师8人，从师资数量上已达到国家标准，同时配备30余人兼职咨询师，但仍无法满足学生心理咨询的需求。在师资数量达标前提下，师资结构持续优化，专业化程度彰显。从国外发展趋势看，美国等国家主要通过学历教育培养心理咨询人员，保证从业人员的专业性与工作实践的规范化。我国心理健康教育肇始于思想政治教育，初期从业人员主要是德育教师、心理学教师等，后来随着"国家心理咨询师"资格认证的实施，专职教师通过参加培训、获取证书等方式持证上岗，少数专职教师通过相关学历教育后开始从业。随着高校师资对教育要求的不断提高，目前高校心理教师均需取得硕士及以上学位，为与学科专任教师对标，近两年招聘门槛提升至博士学位，且具有心理学或教育学相关学科背景。除入职门槛外，心理教师入职后持续的专业理论与实践受训已成为职业发展的必要内容。由此可见，专职化与专业化已成为高校心理健康教育师资队伍的发展趋势。

第二，心理健康教育实践的规范性与专业化。与其他学科的纯粹学术性不同，心理健康教育既有学科的学术性，又兼备职能的实践性特征。提高学科地位，厘清学科发展与教学、科研、咨询的关系，对于落实心理育人实践的规范性与实效性十分重要。具体而言，我国高校心理健康教育工作涵盖课程教学、宣传教育、咨询服务、心理危机预防与干预四大方面。

课程教学方面，各高校纷纷在心理中心下设心理健康教育教研室，负责心理健康教育必修课与选修课教学工作，心理教师需要具备授课能力，具有专业的学科背景，能够向学生传授科学的心理健康知识。心理咨询与危机干预具有完整的专业规范，强调专业胜任力，需要持续的理论学习、咨询实践、专业督导与个人体验。宣传教育方面，心理教师以心理学理论知识为依据，组织开展丰富多样的心理宣传教育活动。另外，教学、咨询与危机干预属于实践领域，基础理论是实践活动的依据，实践活动为基础理论研究提供素材。[①]高校心理健康教育既需要理论研究，又离不开实践检验。另一方面，心理咨询作为西方舶来品，理论知识来源于西方社会与文化语境，亟需本土化的研究与转化。因此，除授课能力、咨询技能、组织能力外，科学研究能力也是心理教师专业化发展的必备素质。综上所述，高校心理健康教育实践的规范性与专业性密不可分，专业性是规范性的基础，规范性实践需要专业性的发展。

二、我国高校心理健康教育管理行政化的形成与表征

有学者曾提出，高校心理健康教育属于依附性管理，具体指"行政挂靠"前提下沿袭行政化管理模式来替代社会管

---

① 马建青，欧阳胜权.论中国特色高校心理健康教育模式的构建［J］.思想理论教育，2019（11）：5.

理或行业管理的一种权宜性管理机制，是一种泛行政化的表现。① 综合相关文献研究，本文认为管理的行政化区别于行政管理，行政管理是根据法规制度及运用法定权力对社会事务或组织运行进行管理的活动。② 高校心理健康教育管理行政化是指在专业事务与行政事务处置中过度依赖行政等级权威，行政权力僭越了专业权力，用行政逻辑与运行模式来管理心理健康教育专业事务。心理健康教育作为高等院校人才培养的重要组成部分，在高校党政共治体系下逐渐形成了行政化管理模式。具体表征如下：

（一）机构设置方面采用行政挂靠方式

我国高校多数成立了心理健康教育机构，一般隶属于学生工作部或校医院等部门，另外还有挂靠在心理学院、教育学院等教学机构的情况，笔者所在的心理中心即挂靠在学生工作部，由此心理健康教育属于学生事务管理的组成部分。心理机构负责人分为行政管理者与专业管理者两类，由学生工作部副部长兼任心理中心主任，心理中心专业负责人担任副主任，行政职务的级差使行政管理者在事务安排上具有绝对权威性。行政挂靠使心理健康教育从属于学生事务管理，混淆了二者的职能定位，更进一步弱化了心理健康教育的学科地位及专业权力。另一方面，行政依附模糊化了心理教师

---

① 冯铁蕾. 高校心理健康教育师资依附性管理存在问题及应对［J］. 中南民族大学学报，2012，32（3）.

② 眭依凡. 论大学问题的"悬置"［J］. 华东师范大学学报（教育科学版），2017，35（6）：13.

的身份属性，弱化了职业认同感。心理教师定编定岗从属学工系统，编制归为思政教师序列，晋升路径遵循思政教师职称评定原则，不同于教学单位的专任教师，心理教师缺乏学科归属，进而影响了高学历、高水平师资的引进。

（二）工作体系方面建立垂直管理模式

为了落实学校、院系、班级、宿舍四级心理预警体系，各高校自上而下构建了学生工作部—心理健康教育中心—学院心理健康工作站垂直管理体系，运用层层动员、评估激励的方式落实心理健康教育政策目标。心理中心与学生工作部属于行政主导的管理与被管理关系，学生工作部负责监督机构的财务、人事、行政与业务日常运行与管理。同时，学校下拨专项经费支持心理健康教育工作，体现了对心理育人工作的关注与重视。心理中心与学院之间也是复杂的管理与被管理关系，一方面心理中心作为专业部门，在心理健康教育工作方面发挥专业指导作用，另一方面由于从属于学生工作部，也肩负考核与评价职能。由此，行政化管理模式遮蔽了专业发展的内在动力，并沦为维护科层组织权威性、等级性与再生产的工具。

（三）权力结构方面行政权力发挥主导作用

近几年高校心理健康教育与学生教育、管理高度融合，结构上由松散走向紧密，实践上由各部门独立走向部门之间联动，工作理念上由单一教育走向多元服务。[①]由此实现了高校心理育人的高度组织化，心理育人的触角延伸至每个个体、每个环节。高度组织化的管理体制形成了特定的权力结构，行政权力主导行政事务、学术事务、专业事务，心理机构的专业事务与学术事务均采用行政管理手段，专业权力发挥作用的空间微乎其微，专业权力虽寄生于大学，却没有获得发挥作用的合法性，也缺乏发挥作用的组织体制。[②]心理机构逐渐丧失了独立行使专业权力或学术权力的专业化地位。

三、高校心理健康教育行政化管理面临的困境

我国高校心理健康教育经过近三十年的发展取得了显著成就，行政化管理在构建适应"大心理健康教育观"的心理育人工作体系方面发挥了重要作用。然而，为进一步推进心理健康教育内涵式发展，目前高校心理健康教育工作面临与社会心理健康服务体系接轨的关键阶段，其专业化、规范化发展提上议事日程，行政化管理在高校心理健康教育高质量发展阶段的弊端初见端倪，行政化管理与专业化发展之间的张力日益彰显。

---

① 俞国良. 高等学校心理健康教育体制观：体系建设探微［J］. 国家教育行政学院学报，2021（7）：11.

② 别敦荣，冯昭昭. 论大学权力结构改革——关于"去行政化"的思考［J］. 清华大学教育研究，2011（6）：6.

（一）多重角色与专业化发展的矛盾

高素质、高水平的专业师资是高校心理健康教育持续发展的根基，现实场域中心理教师面临多重角色与专业化发展的现实矛盾。在高校心理健康教育工作格局下，中心教师需要具备五种能力，分别是授课能力、个体咨询与团体咨询能力、学术研究能力、组织能力与行政工作能力。[①] 这五种能力分别对应了心理教师、心理咨询师、研究员、学院联系人、个案管理员等多重角色。学院联系人与个案管理员的角色体现在心理危机预防与干预方面，负责与二级学院以及学生、家长沟通与协作。面对咨询量与心理危机数量逐年攀升的新形势，各高校通过聘请兼职咨询师应对咨询需求，心理教师则在心理危机干预与协调工作中投入了大量的精力。另外，心理教师还需承担心理健康教育宣传与组织、上级部门的检查与考核等诸多行政事务，这势必带来"挤出效应"，影响心理教师在教学与咨询方面的专业性成长与发展，这也是心理教师队伍专业化发展质量不高的客观原因。由于心理咨询专业的特殊性，专业胜任力的培养需要持续的理论学习、实践、督导与个人体验，理论学习与实践转化缺一不可。但心理教师的多重角色与多元化工作任务挤占了其成长的时间与空间，心理教师职业倦怠感突出。

---

① 李焰，杨振斌. 我国高校心理健康教育的特色［J］. 中国高等教育，2020（8）：3.

（二）价值引导与价值中立的冲突

心理健康教育与思想政治教育的结合是我国高校心理健康教育的特色与优势，两者之间的关系也是学者们讨论的热点问题，实践表明心理健康教育在丰富思想政治教育内涵、功能，创新思想政治教育工作方式等方面发挥了促进作用，同时思想政治教育也赋予了心理健康教育价值引导的功能与使命。但心理健康教育不同于思想政治教育，价值中立是其专业伦理，青年身心发展规律是心理健康教育的内在依据，将心理健康教育化约为思想政治教育的组成部分，容易导致高校心理健康教育出现政治化倾向，影响专业目标的实现，同时也削弱了心理健康教育工作的专业性与独立性，对其专业价值产生抑制性效应。

（三）行政部门强势与软弱现象并存

从机构设置与管理模式看，行政部门无疑处于强势地位，但在工作机制运行过程中，行政部门的强势与弱势现象并存。一方面，学生工作部负责经费使用审批、师资招聘与考核、心理机构与考核等业务运行，享受管理权，表现出强势地位。另一方面，行政化管理突出业绩思维，强调行政认可与问责，而心理健康教育强调对个体的人及其需要的关注，面对学生群体的异质性、多样性与复杂性，学生心理异常的预防与干预成为工作的重点与难点，行政部门由于业务隔阂容易出现管理漏洞，在指导业务发展、制定前瞻性决策方面表现出软弱无力，甚至出现缺位现象。

四、高校心理健康教育专业化发展进路

心理健康教育专业化发展面临的困境是行政化管理模式的具体体现，要突破这些困境，势必要改善行政化管理模式，重构行政权力与专业权力的关系。改善行政化管理模式不是去行政化，不是舍弃行政部门与行政管理，而是要调整行政管理与专业管理的关系，使行政管理回归服务，行政管理服务于专业发展。可以预见的是，未来高校心理健康教育将融入社会心理健康服务体系，高校心理健康教育作为社会高质量的服务资源，必将从部门化走向社会化，社会认可度与社会影响力将越来越大，需要站在社会心理健康服务与建设的高度谋划高校心理健康教育。因此，为适应高校心理健康教育的发展趋势，祛除行政化管理带来的弊端，其管理模式需要从行政化向专业化转型，从而通过以下路径实现专业化转型发展。

（一）单独建制，实行专业化管理与职业化管理

机构建设是高校心理健康教育组织建设的核心，行政化管理的根源是与机构的行政性挂靠。单独建制是将心理健康教育机构从学生工作部等行政部门剥离，使其隶属于心理健康教育研究机构（如笔者所在高校成立的"青少年心理发展研究所"），实现预算独立、考核独立、业务独立、专业独立，以保证专业发展的自主性与独立性。在操作层面，成立以分管校领导为首的学校心理健康教育工作领导小组，定期听取心理健康教育研究机构的工作汇报，负责对机构业务的

定期评估与考核。另外，作为研究机构，与学生工作部、校团委等职能部门属于平行的分工、协作关系，有利于建立扁平化管理模式。研究机构作为纯粹业务部门，与二级学院也属于平行机构，心理机构提供专业指导与支持，二级学院负责组织落实与培养，各司其职的同时建立协同育人工作机制，共同服务于学校人才培养。职业化管理中除制定专业守则外，按照心理教师工作内容的职业标准实行独立考核，在心理咨询领域，医疗机构注重"专业知识考核""根据来访者家属反馈""来访者随访"等监督考核方式，高校心理教师职业化管理也可借鉴参考。

（二）发挥行业组织自治功能，保证专业可持续发展

专业组织的发展与完善是衡量专业化程度的重要指标。在管理主体上，除学校行政部门外，充分发挥行业组织管理职能，通过制定行业章程与制度，规范专业工作水平，满足专业化发展诉求，为高校心理教师专业化发展提供服务。目前，心理咨询行业组织正处于发展阶段，针对高校心理教师的行业组织相对稀缺，仅有的湖北省心理健康教师专家服务队因隶属于湖北省教育厅，行政化色彩浓厚，发挥的功能局限于信息资源协调、整合与共享等，在高校心理教师师资配置与发展方面指导有限。未来通过专业协会可促进高校心理教师的可持续发展，教师的可持续发展也可推动专业协会的进步。其一，专业协会应提供交流与沟通的平台，针对高校心理健康教育的专业问题开展专题性的工作坊，交流经验，共同成

长。其二，专业协会可提高高校心理教师的话语权，专业协会作为学术共同体可发挥凝聚功能，在共同标准、共同愿景的支配下提高心理教师的认识水平与专业能力，从而在高校人才培养中发挥更显著的作用。其三，发挥监督职能，引领行业规范。通过在校外建立监督机制，界定心理教师对学生的伦理标准，增强职业道德。总之，未来高校心理教师应明确专业价值与专业化发展路径，组建专业组织，制定专业章程，通过行业组织建立跨校间的教师专业发展联盟，促进心理教师专业化发展与行业规范化建设。

大学生知识共享行为及其与成就动机的关系

祝 颖

(中南财经政法大学党委学生工作部)

知识与一个国家科学技术的进步、与一个社会经济文化的发展息息相关。1983年，美国经济学家罗默提出了"新经济增长理论"，认为现代经济增长的源泉是知识。这一理论的提出，标志着知识经济在理论上初步形成。随之，知识管理也得到迅速发展。

知识管理的发展带动了知识共享的研究。影响知识共享的因素很多，心理因素作为刺激与个人行为之间的中介，通过影响主体的自主性、知识获取、竞争与合作、问题解决等作用于知识共享行为[1]。成就动机（achievement motivation）

---

[1] 葛明贵，胡长粤. 基于心理学视角的知识管理[J]. 现代情报，2010，30（10）：7-9.

是指个人对自己认为重要的或有价值的工作，不但愿意做且力求达到更高标准的内在心理过程[①]，它与个体知识共享行为的目的性、主动性和坚持性密切相关。

在我国，接受高等教育的大学生群体，知识结构健全、学习能力高，无疑是最重要的知识携带体之一；大学生的知识共享行为，对于加快个人信息系统中的知识运动，促进社会知识更新与经济增长，有着十分重大的意义。

本研究拟考察大学生知识共享中知识贡献和知识收集两种行为的一般特征，并具体研究心理因素中的成就动机对其存在何种影响。

一、理论背景

（一）知识共享的定义与过程

目前，学术界对于知识共享还未形成一个统一的、被大家广为接受的定义和认识。最为简单经典的定义是由Davenport和Prusak提出的：知识共享 = 传送 + 接收，即个人知识通过传送为他人所吸收的过程[②]。其他学者也有各自不同的表达，如Van den Hooff等根据知识在个体中的不同流向，

[①] 梁丽萍，韩向明.大学生成就动机与成就行为的测查研究[J].心理科学，1998，21（4）：377，380.

[②] Davenport T H, Prusak L. Working knowledge: how organizations manage what they know [M]. Boston: Harvard Business School Press, 1998.

将知识共享区分为知识贡献与知识收集两个过程[①];张爽等认为,知识共享是指知识拥有者帮助知识需求者了解自身拥有的知识、经验和技能的内涵并从中学习而产生的一种互动行为[②];张玉萍认为,知识共享具有两层含义:一方面意味着送出,另一方面意味着共同持有[③]。上述定义所反映的内涵基本一致,即知识共享不是一种单向性的知识流动,而是一种既包括了知识贡献与传送,又包括了知识收集与持有的双向性知识交互。

知识贡献(knowledge donation)指与他人沟通,告诉他人自己的知识资本;知识收集(knowledge collection)指向同事咨询,取得他们的知识资本[④]。知识共享的这两个过程给个体带来的意义不同:前者造成知识的供给与输出,后者造成知识的获得与输入,故个体对这两个过程会采取不同的态度与做法。因此,在讨论影响个人知识共享的心理因素时,将知识贡献与知识收集两个过程区分开来就具有重要意义;它们是知识共享的两个中心过程,缺一不可。

---

① Van den Hooff B, De Ridder J A. Knowledge sharing in context: the influence of organization commitment, communication climate and CMC use on knowledge sharing [J]. Journal of Knowledge Management, 2004, 8(6): 117-130.

② 张爽, 乔坤, 汪克夷. 知识共享及其影响因素的实证研究 [J]. 情报理论与实践, 2008, 31(4): 502-506.

③ 张玉萍. 中学教师知识共享动机对知识共享行为的影响 [D]. 甘肃: 宁夏大学, 2011.

④ 魏海涛, 路琳. 目标导向对知识收集与知识贡献行为的影响研究 [J]. 上海管理科学, 2010(3): 13-18.

（二）知识共享的动机

近年来，为了探究如何提高知识共享的有效性，部分学者将目光转向了知识拥有者——人的心理活动与需求，个体动机被认为是影响知识共享的最重要因素之一[①]，也有人认为内部动机能够促进隐性知识共享[②]，知识共享动机（knowledge sharing motivation）成为国外知识共享领域研究的新热点。文鹏、廖建桥对国外有关研究做了一个系统的回顾与述评，发现目前有关知识共享动机的研究主要集中于经济动机与非经济动机两大类，后者主要包括交往动机、认知动机和利他动机[③]。

（三）大学生知识共享现状及影响因素

有关大学生知识共享现状的研究比较少，吴秀娟等以西北民族大学的在校生为样本调查发现：在知识交流和共享态度上，绝大多数学生愿意共享自己的学习心得或知识，但存在显著的年级差异——更多大四的学生愿意共享；在知识交流和共享行为上，仅有18.4%的学生经常共享知识。在个人知识的获取上，大学生获取知识较为主动、方式多样，书本

[①] Lindsey K L. Unmasking barriers to knowledge sharing using a communication framework [D]. Memphis: The University of Memphis, 2003.

[②] Osterloh M, Frey B S. Motivation, knowledge transfer, and organizational forms [J]. Organization Science, 2000, 11（5）: 538-550.

[③] 文鹏,廖建桥.国外知识共享动机研究述评[J].科学学与科学技术管理, 2008, 29（11）: 92-96.

和网络的利用率更高[①]。

有关影响大学生知识共享的心理因素的研究并不多，汤倩和葛明贵总结出，主要有性格、信任、动机与需要、自我效能感等几方面：不同的性格特点会影响大学生知识共享行为的发生；个体之间或个体与组织之间的信任程度也直接影响着大学生的知识共享行为；大学生的成就动机、人际关系动机、团队情感动机等都影响着其知识共享行为；有的大学生出于保持在团体中的地位或威信的动机，存在保守、嫉妒甚至排斥异己的心理，即便有知识需要也不会表现出知识共享行为[②]。国内外众多研究也已经证实了自我效能感与知识共享行为之间的正相关关系，自我效能感高的大学生能够更积极地参与知识共享活动。

（四）成就动机

成就动机是指个人对自己认为重要的或有价值的工作，不但愿意做且力求达到更高标准的内在心理过程。其表现包括：完成有难度的任务，设置有挑战性的工作目标；在面对任务情景时，朝向高标准、高效率地完成任务，并为实现这一目标进行艰苦努力；超越自我或他人，希望获得优秀成绩的欲望等。

成就动机最初由 Murry 提出，McClelland 在马斯洛的需要

[①] 吴秀娟，昂娟，李双利. 大学生个人知识管理能力现状调查研究——以西北民族大学为个案［J］. 现代教育技术，2011（12）：82-86.

[②] 汤倩，葛明贵. 基于心理学视角的大学生知识共享行为探析［J］. 现代情报，2014，34（2）：86-89.

层次理论基础上对此加以研究，提出了成就需要理论：他认为人的高层次需要包括权力需要、关系需要和成就需要，而成就需要来源于早期，是一种稳定的个性特征，即个体有一种稳定的追求卓越的特征。后来 Atkinson 又加以修正，提出了期望价值成就动机模式，认为成就动机是由追求成功的动机倾向（Ms）与避免失败的动机倾向（Maf）构成，追求成功的动机倾向（Ms）减去避免失败的动机倾向（Maf）等于个体的成就动机。

McClelland 经过多年的研究发现，学生的学业成绩与其成就动机呈正相关；可以预计，成就动机会通过影响个体的目的性、主动性和坚持性影响个体知识共享中的知识贡献和知识收集两种行为。

二、研究意义与假设

一方面，目前有关知识管理的研究更多集中于企业和员工，在高校进行的研究较少；另一方面，目前有关知识共享非经济类动机的研究主要包括交往动机、认知动机和利他动机，围绕"成就动机"的研究很少；最后，在知识管理领域，理论研究多于实证研究，跨学科研究也较少。因此，通过调查了解大学生知识共享行为的一般特征，并考察心理因素中的成就动机对其存在何种影响，可以拓宽相关研究的思路，提供一种新的视角，同时丰富高等学校教育领域的研究内容，有利于设计出行之有效的大学生知识共享激励机制。

在本研究中，首先要对大学生知识共享中的知识贡献和知识收集行为的一般特征进行考察，以确定其是否存在性别、年龄及专业学科差异；接着再考察大学生的知识贡献及知识收集行为与其成就动机之间的关系。据此提出如下4个假设：

H1：不同性别的大学生知识贡献和知识收集行为存在显著差异。具体分为：

H1a：男生的知识贡献行为得分显著高于女生。

H1b：男生的知识收集行为得分显著高于女生。

H2：不同年龄的大学生知识贡献和知识收集行为存在显著差异。具体分为：

H2a：大学生知识贡献行为随年龄的增长呈增长趋势，存在显著年龄差异。

H2b：大学生知识收集行为随年龄的增长呈增长趋势，存在显著年龄差异。

H3：不同专业学科性质的大学生知识贡献和知识收集行为存在显著差异。

H4：大学生知识贡献及知识收集行为与其成就动机之间存在显著正相关。具体分为：

H4a：大学生知识贡献行为与其成就动机之间存在显著的正相关。

H4b：大学生知识收集行为与其成就动机之间存在显著的正相关。

三、研究方法

本研究以修订的成就动机量表（achievement motivation scale，简称 AMS）与自编的大学生知识贡献和知识收集行为量表为工具，对随机抽取的华中七校不同学科专业大二、大三年级本科生共 201 人进行了测查，最后利用 SPSS 软件对所得数据进行了分析。

（一）研究对象

被试来自华中地区七所教育部直属高校（武汉大学、华中科技大学、华中师范大学、武汉理工大学、中南财经政法大学、中国地质大学、华中农业大学）不同学科专业随机抽取的大二、大三年级本科生共 229 人。回收的量表中有 28 份无效答卷，故有效被试为 201 人。

（二）研究工具

（1）成就动机量表

成就动机量表（AMS）由挪威心理学家 Gjesme T 和 Nygard R 于 1970 年编制，几经修订，渐趋完善。中文版本为上海师范大学的叶仁敏翻译及修订。该量表包含 2 个分量表，分别对应追求成功的动机（Ms）与避免失败的动机（Maf），每个分量表 15 道题，采用 4 点评分法，要求被试按照符合自己的程度对问卷上列出的项目进行作答。

每一题按照"完全不符合"1 分、"有些不符合"2 分、"基本符合"3 分、"非常符合"4 分计分，测后可得两种分数；

用追求成功的动机(Ms)分数减去避免失败的动机(Maf)分数,最终可得个人成就动机得分。分量表的得分越高,表示个人追求成功或避免失败的程度越高;最终的成就动机得分越高,代表个人成就动机越高。在本研究中,该量表的信度是0.694(Cronbach's Alpha)。

（2）大学生知识贡献和知识收集行为量表

该量表由笔者自己编制,共10道题目,包含了知识贡献与知识收集2个分量表,用来评定大学生行为的5个因子:意愿、频率、媒介、能力与效果。

计分延续成就动机量表的4点评分法,从"完全不符合"1分、"有些不符合"2分、"基本符合"3分、"非常符合"4分计分;施测后可以得到知识贡献分数与知识收集分数2种分数,将二者相加还可以得到个人知识共享总分。分量表的得分越高,表示个人知识贡献或知识收集的意愿、行为频率、行为能力及行为效果越强、越好。经计算,该量表的信度为0.637(Cronbach's Alpha);与AMS一起计算的总量表信度为0.726。

（三）研究程序

采用纸笔测验的方式,以班为单位集体施测于被试。将两份量表装订在一起,同时发给每一个被试,由主试宣读指导语和答题的相关要求,待被试完全理解后开始作答。填写完毕后,由主试回收问卷,逐一审查,剔除无效问卷。采用SPSS 19.0进行统计分析、T检验、方差分析和相关分析。

四、实证分析

(一)不同性别大学生知识贡献和知识收集行为得分的 T 检验

表 1 是不同性别大学生知识贡献和知识收集行为得分的平均数、标准差以及独立样本 T 检验的结果,结果表明,在知识贡献行为得分、知识收集行为得分以及知识共享总分上,男女生之间均存在显著差异($p < 0.05$),且男生在三个方面均显著高于女生。

表 1 不同性别大学生知识贡献和知识收集行为得分的 T 检验

	男生($n=71$)		女生($n=130$)		T(双侧)	p
	M	s	M	s		
知识贡献	13.59	2.067	12.92	1.893	2.343*	0.020
知识收集	15.03	1.905	14.49	1.758	2.005*	0.046
总分	28.62	3.503	27.41	3.011	2.573*	0.011

注:* 表示 $p < 0.05$,** 表示 $p < 0.01$,*** 表示 $p < 0.001$,下同。

(二)不同年龄大学生知识贡献和知识收集行为得分的单因素方差分析

表 2 是 18—19 岁、20—21 岁、22—23 岁大学生知识贡献和知识收集行为得分的平均数、标准差以及相应的 F 检验结果,三个年龄组学生的知识贡献行为得分、知识收集行为得分以及知识共享总分之间均不存在显著差异($p > 0.05$)。

表2 不同年龄大学生知识贡献和知识收集行为得分的ANOVA分析

	18~19岁 ($n=30$)		20~21岁 ($n=145$)		22~23岁 ($n=26$)		F	p
	M	s	M	s	M	s		
知识贡献	13.00	1.912	13.23	2.007	12.88	1.925	0.450	0.638
知识收集	14.10	1.749	14.76	1.890	14.92	1.412	1.898	0.153
总分	27.10	3.033	27.99	3.353	27.81	2.757	0.947	0.390

（三）不同专业学科性质大学生知识贡献与收集行为的单因素方差分析

表3是专业学科属于文、法、理、工、农、医、体育和艺术性质的大学生在知识贡献和知识收集行为上得分的平均数、标准差以及相应的F检验结果。可以看出，8个专业学科大学生的知识贡献行为得分、知识收集行为得分以及知识共享总分之间均不存在显著差异（$p > 0.05$）。

表3 不同专业学科性质大学生知识贡献和知识收集行为得分的单因素方差分析

	知识贡献		知识收集		总分	
	M	s	M	s		
文（$n=61$）	12.80	1.990	14.79	1.603	27.59	3.116
法（$n=11$）	12.82	2.523	14.82	2.040	27.64	3.906
理（$n=30$）	13.10	1.900	14.50	2.177	27.60	3.390
工（$n=54$）	13.56	1.987	14.83	1.713	28.39	3.183
农（$n=30$）	13.20	1.919	14.00	2.084	27.20	3.458
医（$n=9$）	12.67	1.581	15.33	1.323	28.00	2.550
体育（$n=1$）	16.00	—	17.00	—	33.00	—
艺术（$n=5$）	14.20	1.304	15.00	1.581	29.20	2.280
F	1.226		1.155		0.962	
p	0.290		0.331		0.460	

（四）大学生知识贡献和知识收集行为得分与其成就动机得分的相关

表 4 显示，大学生的知识贡献行为与其成就动机总分之间存在极其显著的正相关（$r=0.246$，$p<0.001$），与其追求成功的动机（Ms）得分之间也存在极其显著的正相关（$r=0.333$，$p<0.001$）。大学生的知识收集行为与其成就动机总分之间存在十分显著的正相关（$r=0.196$，$p<0.01$），与其追求成功的动机（Ms）得分之间则存在极其显著的正相关（$r=0.292$，$p<0.001$）。大学生的知识共享总分与其成就动机总分之间存在极其显著的正相关（$r=0.260$，$p<0.001$），与其追求成功的动机（Ms）得分之间也存在极其显著的正相关（$r=0.368$，$p<0.001$）。而无论是大学生的知识贡献行为、知识收集行为还是知识共享总分，均与其避免失败的动机（Maf）之间呈不显著的负相关。

表 4 大学生知识贡献及知识收集行为得分与其成就动机得分的相关

	知识贡献		知识收集		总分	
	Pearson 相关	p(双侧)	Pearson 相关	p(双侧)	Pearson 相关	p(双侧)
追求成功的动机（Ms）	0.333***	0.000	0.292***	0.000	0.368***	0.000
避免失败的动机（Maf）	−0.059	0.403	−0.023	0.746	−0.049	0.488
成就动机总分	0.246***	0.000	0.196**	0.005	0.260***	0.000

五、结果讨论

（一）大学生知识共享行为的性别差异

本研究比较了不同性别大学生的知识贡献和知识收集行为量表得分，发现在知识贡献行为得分、知识收集行为得分以及知识共享总分上，男女生之间均存在显著差异，且男生在三个方面均显著高于女生。

生物进化和社会文化赋予了男女不同的性别角色，男性对于事业与成功的追求普遍高于女性，且人际关系的建立更为简单，心理防卫状态低，社会安全感更高；而女性的心思更为细腻敏感，深刻的人际关系的建立通常需要一段较长的时间，心理防卫状态较男性高，社会安全感更低。这些性别上的差异可能导致男性在对待知识共享时采取更为开放的态度，而女性则相对更为保守，因此导致男女行为上的显著差异。

（二）大学生知识共享行为的年龄差异

本研究比较了18—19岁、20—21岁以及22—23岁大学生的知识贡献和知识收集行为量表得分，发现三个年龄组学生的知识贡献和知识收集行为得分、知识共享总分之间均不存在显著差异，也没有呈现随年龄增长而增长的趋势。

这一结果比较符合个体发展的规律：18~23岁的大学生已经度过人生发展的第二个高峰——青少年期，进入发展较为缓慢平稳的成年早期，其认知、个性以及社会性发展在一定程度上都已经成型，影响其知识共享行为的心理因素较为稳定，不会随年龄增长发生太大的变化。

(三)大学生知识共享行为的专业学科性质差异

统计结果显示：体育、艺术类专业的学生，其知识贡献、知识收集行为得分以及知识共享总分略高于其他文、法、理、工、农、医专业的学生，但8种专业学科性质大学生之间的得分差异未达到显著性水平；这与吴秀娟等研究的结果不同。

除了地域差异以外，造成以上结果的原因可能有：非体育、艺术类的专业，在日常的学习训练里更注重理性思维与严谨，在与他人知识共享的互动里会表现得更为保守；而体育、艺术类专业的学生在日常的学习训练里则更注重创造思维与敢于突破，在与他人知识共享的互动里会表现得更为开放。此外，体育、艺术类专业有更强烈的与他人交流信息与知识的需要，因为其进步与提高在很大程度上基于他人的反馈，而非此类专业则没有这样的特殊需求。最后，非体育、艺术类专业的知识通常都更难凝练也更难表达，这也会阻碍学生在知识共享互动里的主动性、坚持性及准确性，同时影响个体在知识共享两个过程中更新自我知识的效果。但必须再次强调，这种专业间的差异并未达到显著水平，即总的来说专业学科性质对大学生知识贡献和知识收集行为没有显著影响。

(四)大学生知识共享行为与其成就动机的关系

本研究发现，大学生的知识贡献行为与其成就动机、追求成功的动机（M_s）均存在极其显著的正相关；知识收集行为与其成就动机存在十分显著的正相关，与其追求成功的动机（M_s）存在极其显著的正相关；知识共享总分与其成就动机、追求成功的动机（M_s）均存在极其显著的正相关。

我们可以认为，高成就动机、高追求成功动机的人，目标在于完成艰难的任务或追求工作的高标准，而要达成这一目标，就离不开学习交流与共享。他们一方面要收集别人所有但自己没有的知识和技能，另一方面也要在日常生活中多多贡献自己的知识和技能，这样才能在需要时收集到他人的知识及技能。当这些高成就动机的人与他人合作时，为了完成艰难的工作任务，他们也会主动提供自身的知识技能，以帮助其所属的整个工作团队高质量完成任务。因此，成就动机越强的个体，其知识共享表现就越强。

另外，无论是大学生的知识贡献还是知识收集行为，均与避免失败的动机（Maf）之间呈不显著的负相关，即：避免失败的动机越强，大学生的知识贡献及知识收集行为就越弱。这可能是因为：越想避免失败，个体就更容易瞻前顾后，行动更为保守；而越不怕失败，个体就更容易以开放的态度去贡献和收集知识，以实现自己的目标。

六、结论

综上所述，本研究得到的结论有以下四点。

（1）大学生知识共享行为存在显著的性别差异，男生在三个方面均显著高于女生。假设1（H1a，H1b）被接受。这可能受到生物进化和社会文化赋予的男女性别角色差异的影响。

（2）不同年龄的大学生知识共享行为无显著差异，也没有呈现随年龄增长而增长的趋势。假设2（H2a，H2b）被拒绝。这一方面符合个体发展的基本规律，另一方面也说明高等学校在提升学生的知识管理与信息共享素养上仍有可为。

（3）虽然体育、艺术类专业学生的得分略高于其他专业的学生，但总的来说不同专业学科性质的大学生知识共享行为无显著差异。假设3被拒绝。除了地域差异以外，不同性质的专业学科日常学习训练的侧重点不同，对与他人交流信息与知识的需要程度不同，专业知识的特性不同——这些都会对学生行为表现的主动性、坚持性、准确性以及表达效果造成影响。

（4）大学生知识贡献行为与其成就动机存在极其显著的正相关，知识收集行为与其成就动机存在十分显著的正相关。假设4（H4a，H4b）被接受。成就动机越强的个体，知识共享的两个过程行为表现就越强，反之则越弱。

未来的研究可以变换或扩大取样规模与范围，探索不同地域（如中部和东部）之间大学生知识共享行为一般特征的差异；另外还可以基于知识贡献和知识收集行为与成就动机的相关，做进一步的回归分析，建立方程，探索成就动机作用于知识共享两个过程行为的具体规律。

参考文献

[1] 葛明贵，胡长粤. 基于心理学视角的知识管理[J]. 现代情报，2010，30（10）：7-9.

[2] 梁丽萍，韩向明. 大学生成就动机与成就行为的测查研究[J]. 心理科学，1998，21（4）：377，380.

[3] Davenport T H, Prusak L. Working knowledge: how organizations manage what they know[M]. Boston: Harvard

Business School Press, 1998.

［4］Ardichvili A, Page V, Wentling T. Motivation and barriers to participation in virtual knowledge-sharing communities of practice［J］. Journal of Knowledge Management, 2003, 7(1): 64-77.

［5］Van den Hooff B, De Ridder J A. Knowledge sharing in context: the influence of organization commitment, communication climate and CMC use on knowledge sharing［J］. Journal of Knowledge Management, 2004, 8(6): 117-130.

［6］张爽, 乔坤, 汪克夷. 知识共享及其影响因素的实证研究［J］. 情报理论与实践, 2008, 31(4): 502-506.

［7］张玉萍. 中学教师知识共享动机对知识共享行为的影响［D］. 甘肃: 宁夏大学, 2011.

［8］魏海涛, 路琳. 目标导向对知识收集与知识贡献行为的影响研究［J］. 上海管理科学, 2010(3): 13-18.

［9］Lindsey K L. Unmasking barriers to knowledge sharing using a communication framework［D］. Memphis: The University of Memphis, 2003.

［10］Osterloh M, Frey B S. Motivation, knowledge transfer, and organizational forms［J］. Organization Science, 2000, 11(5): 538-550.

［11］文鹏, 廖建桥. 国外知识共享动机研究述评［J］. 科学学与科学技术管理, 2008, 29(11): 92-96.

［12］Wah C Y, Menkhoff T, Loh B, et al. Social capital and knowledge sharing in knowledge-based organizations:

an empirical study [J]. International Journal of Knowledge Management, 2007, 3(1): 29-48.

[13] Lee D J, Ahn J H. Rewarding knowledge sharing under measurement inaccuracy [J]. Knowledge Management Research & Practice, 2005(3): 229-243.

[14] Chua A. Knowledge sharing: A game people play [J]. Aslib Proceedings, 2002, 55(3): 117-129.

[15] Lin H F. Effects of extrinsic and intrinsic motivation on employee knowledge sharing intentions [J]. Journal of Information Science, 2007, 3(2): 135-149.

[16] Chang T J, Yeh S P, Yeh I J. The effects of joint reward system in new product development [J]. International Journal of Manpower, 2007, 28(3/4): 276-297.

[17] Chennamaneni A. Determinants of knowledge sharing behaviors: developing and testing an integrated theoretical model [D]. Arlington: The University of Texas at Arlington, 2006.

[18] Bock G W, Kim Y G. Breaking the myths of rewards: An exploratory study of attitudes about knowledge sharing [J]. Information Resource Management Journal, 2002, 15(2): 14-21.

[19] Hsu M H, Ju T L, Yen C H, et al. Knowledge sharing behavior in virtual communities the relationship between trust self-efficacy and outcome expectation [J]. Human-Computer Studies, 2007(65): 153-169.

［20］吴秀娟，昂娟，李双利. 大学生个人知识管理能力现状调查研究——以西北民族大学为个案［J］. 现代教育技术，2011（12）：82-86.

［21］汤倩，葛明贵. 基于心理学视角的大学生知识共享行为探析［J］. 现代情报，2014，34（2）：86-89.

职业规划篇

习近平法治思想指导下的法律硕士人才培养实践探索

易育 王豪

(中南财经政法大学法律硕士教育中心)

一、习近平法治思想与"德法兼修"法治人才培养的内涵

习近平总书记高度重视法治人才建设,他强调:"全面推进依法治国是一项长期而重大的历史任务,要坚持中国特色社会主义法治道路,坚持以马克思主义法学思想和中国特色社会主义法治理论为指导,立德树人,德法兼修,培养大批高素质法治人才[①]。"习近平法治思想坚持以人民为中心,将"人"在全面依法治国中的作用作了精准定位,集中体现

[①] 2017年5月3日习近平总书记考察中国政法大学时的讲话。

于从德才兼备的法治工作者队伍到领导干部这个"关键少数"的层级递进,构筑了"德法兼修"法治人才培养与全面依法治国实践的多层次、立体化联结结构,展示了其鲜明的主体性以及"德法兼修"在法治人才培养中的必然性[①]。

(一)"德法兼修"高素质法治人才是坚持和发展中国特色社会主义的重要资源

习近平法治思想是坚持和发展中国特色社会主义、推进国家治理体系和治理能力现代化的重要内容[②]。习近平总书记多次强调:"发展是第一要务,人才是第一资源,创新是第一动力。"习近平总书记指出,全面推进依法治国不仅要靠法治工作者,还要靠人民,需要全民法治素养普遍提升,尤其要培养大批"德法兼修"的高素质人才,在各个岗位上投身于法治中国建设,从而使法治成为引领、推动和保障中国特色社会主义事业发展的重要力量。这就要求高校法学教育不能仅仅面向法本学生,更要面向法硕研究生,对所有法学生一视同仁,将法治理念、法治信仰、法治精神、法学知识和法学实践教育平等地教授于他们,使之成为每一个法学生的内在修养、思想自觉和行为习惯,将其培养成品格好、法治精的高素质人才。

---

① 王琦,张晓凤. 习近平法治思想中的法学教育理论[J]. 海南大学学报(人文社会科学版),2021,39(5):39-46.
② 代旭辉,高文. 习近平全面依法治国思想与卓越法治人才培养研究[J]. 法制与社会,2017(20):217-218.

（二）培养"德法兼修"法律硕士人才是高校实践习近平法治思想的重要体现

国家现代化和法治国家的实现有赖于高素质的法治人才，而各个岗位上不同人才的法治素养则是国家法治水平的重要体现。法律知识是人们可以在实践中不断学习获得的，但法治精神、法治意识和法治思维的塑造却不是一朝一夕的事情，高校法治教育对此起到很大的作用。因此，作为培养"德法兼修"高素质法治人才主阵地的高校，要对法学本科生和法律硕士研究生一视同仁，平等地培养教育，转变以往观念，推进法治教育对法学生的全面覆盖。另外，高校要落实习近平法治思想，就要牢牢把握和深刻领会全面依法治国的政治方向、重点任务、工作布局、重要保障以及重大关系，使法治教育贯穿人才培养的全过程[①]。

二、高校法律硕士研究生法治思想培养的现状与问题

近年，我国研究生的报录人数在快速增长，研究生群体也随之扩大。2021年377万人报考研究生，相比2020年的341万人增幅超过10%，2021年研究生录取人数超过100万，在校研究生数量超过250万人。研究生群体面临着社会、家庭等多方面的巨大压力，对于思想政治教育和引导有着更大

---

① 梁平. 新时代"德法兼修"法治人才培养：基于习近平法治思想的时代意蕴[J]. 湖北社会科学，2022（2）：27-32.

的需求。新时代的研究生群体思想观念、行为方式呈现出新的特点,现有的研究生思想政治教育体系不能满足现实需求。基于新时代法治人才培养的视角,概括起来当前的研究生法治思想工作存在以下几个方面的问题。

(一)研究生法治思想的教育内容相对滞后

目前我国大多数高校的法律硕士培养的法治思想观念未能与时俱进,依旧停留在思想政治教育的范畴内,教学的内容也大多局限于政治理论方面,并且课时设置少,以理论讲授为主。互联网时代,对法律硕士研究生而言纯理论知识的获取并不难,高校法治思想教育更重要的目标是引导法律硕士研究生主动思考。法律硕士研究生群体在学术研究、职业发展和心理健康等方面都面临着巨大的压力,需要积极地教育和引导,其需求的急迫性甚至不低于政治思想教育。现有的思政课程并不能很好地服务于法律硕士研究生的实际需要,近期发生的多起有关法律硕士研究生的悲剧正体现了这一问题。为此,法律硕士研究生法治思想的教育内容急需扩展与完善[①]。

(二)研究生法治思想的教育形式较为单一

高校法治思想教育的课堂教学往往是通过理论灌输的方式开展,课堂上缺乏互动,而抽象复杂的理论不能引起法律

---

① 黄锐. 高校专业学位硕士研究生德育工作存在的问题及对策探析[J]. 思想理论教育导刊, 2012(10):113–115.

硕士研究生的学习兴趣并产生良好的法治思想教育效果。当代法律硕士研究生群体出生于互联网时代，获取资讯很便捷，接触的思想多元化，善于思考与探索。单纯的理论灌输式教育较为枯燥单调，缺乏交流与实践。学生难以深入了解法治思想教育的内容并发自内心地认同，不能达到预期效果。由于法律硕士研究生法治思想教育内涵的广泛性和法律硕士研究生需求的个性，课堂理论教育往往没有办法有针对性地解决法律硕士研究生所面临的法治思想教育问题。法律硕士研究生的法治思想教育培养任务也是思政课任课教师无力独自承担的，需要在高校层面统筹安排[①]。

（三）法律硕士研究生培养评价体系不完善

当前许多高校对于研究生的培养评价主要基于学业表现和科研表现，而对法治思想教育、心理教育等方面重视程度不足。培养与评价制度是从根本上引导法律硕士研究生培养的制度，它规定了高校认为什么样的法律硕士研究生合格的和优秀的，规则一旦确立，高校师生都会积极向它靠拢。在法律硕士研究生评价规则方面重视法治思想教育，有利于扎实推进新的法治思想的形成，助力"德法兼修"的法治人才培养。因此，关于个人品德、学术道德等方面的指标需要纳入法律硕士研究生培养考察体系。

---

① 周立秋.将习近平法治思想融入人才培养全过程［N］.人民公安报，2020-12-27（003）．

(四)法律硕士研究生培养特色尚不鲜明

法律硕士研究生招生采取大班制上课,不能将学生已有专业优势和法学专业相结合,造成非法本考生在考取法律硕士专业后并未发挥复合化的优势,逐渐陌生甚至是遗忘了原专业所学知识,"跨专业"成了"换专业"抑或"弃专业"。例如,外语专业考生特别是小语言专业考生考取法律硕士后,本可以将自己的语言优势和法律实务充分结合,独辟蹊径,但因为千篇一律的传统课堂模式,以"讲授传播型"为主的教学,使得学生在学习过程中只能一味地接受知识灌输,没有机会也无暇发挥原专业的特色,导致原专业渐渐遗忘,使得本来专业复合的优势带来的在就业中的大好前景不复存在。

三、以习近平法治思想为指导培养德才兼备法律硕士人才的必要性

(一)助力法治人才培养

法律硕士研究生总体上思想相对成熟,认知能力和自我管理能力较强,但是在思想多元化的互联网冲击下,法律硕士研究生的思想认知可能会受到负面的影响,不利于正确思想观念的形成和个人的发展,因此对于法律硕士研究生的法治思想教育仍然不能被忽视。

对法律硕士研究生的思想政治教育可以帮助其树立正确的价值观、人生观和世界观,坚定理想信念,进而规范其思想,从而使法律硕士研究生加强自身修养,端正品行,培养高尚

的人格，增强心理素质，遵纪守法，和国家政策方向保持一致，避免误入歧途。在飞速发展的现代社会中，坚定的信念、过硬的心理素质和良好的品德可以使得个人更好地应对复杂的环境，获得他人的信任与支持，更好地适应社会，实现个人价值。就法律硕士研究生而言，通过思想政治教育引导法律硕士研究生自觉维护社会主义法治，遵守法律职业伦理，可以帮助法律硕士研究生更好地匹配社会法治人才需求，帮助他们避开误区，更好地成长发展[1]。

（二）推进法治社会建设

法律硕士研究生是高校培养的较高层次的法治人才，承担着中国特色社会主义学术研究、法治建设、社会服务等重大社会责任。《"十四五"规划和2035年远景目标纲要》强调了法治思想教育工作的重要性。开展法律硕士研究生法治思想教育工作是落实国家新时代育人理念的要求，加强法律硕士研究生法治思想教育能够促进"德法兼修"高素质法治人才的培养，推动新时代卓越法治人才队伍的建设，加快法治国家、法治社会的建设与发展[2]。作为受到高层次教育的群体，法律硕士研究生对整个社会有重大的示范引领作用。加强法律硕士研究生法治思想教育工作有利于坚持和发展社会主义事业，弘扬社会主义主旋律，推动社会进步。

---

[1] 马仁秒. 论思想政治教育在学生素质培养中的重要性[J]. 中国教育学刊, 2019（S1）: 232-233, 236.

[2] 李四军. 我国高校道德教育创新的必要性及其路径探析[J]. 理论导刊, 2010（4）: 61-64.

四、创新培养法律硕士人才教育模式

（一）坚持以习近平法治思想为指导

推动习近平法治思想进教材、进课堂，使之成为法律硕士学生观察、思考、处理法治问题的世界观和方法论。

1. 坚持立德树人、"德法兼修"的培养目标

新时代社会主义法治人才不仅要懂法学专业知识、理论，具备高水平的专业技能，还必须有良好的品德。因此对法学生的教育，既要加强专业教育，更要加强思想政治教育，加强品德教育，培养高素质的法治人才。同时，在法律硕士研究生法治思想培养的过程中，也要与法学专业相结合，让法治思想教育工作与法学教育相匹配，引导法律硕士研究生群体提高在学术研究领域、专业工作领域、个人生活领域与社会公共生活领域的道德水平。要建立更全面的培养考察体系，积极引导研究生更加重视法治思想教育，积极提升自己的道德水平。

2. 打造法学学科与课程思政深度融通的新模式

挖掘多门法学课程的思政元素，如法学理论课程中的"社会主义法思想"、宪法学课程中的"宪法是国家的根本大法"、中国法制史课程的"中国的传统法文化、制度"内容等，强化思想引领。邀请科学家走进课堂，如辽宁号总设计师，更形象地领略科技前沿，激发学生爱党爱国爱社会主义的热情。深挖校外导师资源，将实践教学引入课堂，开设类型丰富的

实务课程，训练学生的专业思维和职业素养。

（二）构建科学的法治思想教育管理体系

加强法律硕士研究生法治思想教育建设要构建科学的育人管理体系，要加强党建引领，由学校党委领导，党政协同，师生共同参与，统筹把握法律硕士研究生思政教育，做好宣传工作和舆论引导。充分调动各层级、各方面主体的积极性，全面协同推进法律硕士研究生法治思想教育和专业教育。

1. 全面落实研究生导师立德树人职责

研究生群体承担着较多的学术研究任务，在其学习生活中，与导师互动密切。导师充分了解研究生的思想道德水平、个性特点和学习生活方面遇到的困难，能够对研究生进行学业与科研指导，提供学术等方面的资源支持。高校应打破传统陈旧观念，强化导师法治思想教育工作在研究生培养中的地位，明确导师对研究生法治思想教育工作和心理健康教育的责任，让导师有效参与到研究生法治思想教育工作中，在学术研究和职业道德方面开展针对性的教育与引导。完善导师的聘任和考核机制，聘任导师不仅需要考察学术研究能力，更要重视其思想政治觉悟和道德品质水平，充分发挥其在研究生培养过程中的引导和示范作用。实施导师对研究生定期谈话教育制度，将研究生法治思想教育工作纳入导师的工作考评体系，以激励导师主动开展研究生法治思想教育工作。

2. 提升学生工作者的法治思想教育工作能力

学生工作者要与时俱进，优化策略，多渠道多途径提升自身的法治思想教育工作水平。学生工作者是开展研究生法治思想教育工作的主要力量。要有明确和规范的岗位人员的任职条件,确保学生工作者具备专业素养和职业能力,还应该为辅导员提供充分进修或培训的机会,帮助其更好地了解研究生法治思想教育工作的新变化,掌握新技能。高校应积极探索建立和强化以心理咨询专家和辅导员组成的校内心理服务机构,强化高校心理服务工作,积极引导存在心理障碍的研究生。辅导员要深入扎实地了解研究生思想动态,在开展学生工作时要更加重视法治思想教育,例如在与学生宣讲时要强调学生法治思想教育水平,执行学生综合考评时要重视法治思想教育评价,重视学生的全面发展。

(三)打造"德法兼修+知行合一"的立体培养教育环境

1. 打造新时代思政课程体系

培养"德法兼修"的法律硕士研究生,首先就要打造和完善培养目标相匹配的思政课程体系。目前高校研究生不能根据自身需要和将来发展计划来选择相关法治思想教育课程[1]。除坚持现有思政课教育主渠道外,还应当加上社会责任、职业道德等方面的课程,培养法学生树立符合国家和社会需要的道德观念和职业操守。另外,在法治思政课内容设计上,

---

① 林仕尧. 德育融入研究生培养体系的理论探索[J]. 研究生教育研究,2018(6):14–17,89.

还应当考虑社会与现实的结合，加强法学教育的针对性和实效性。除了课堂教学之外，还可以引入优质思政慕课作为补充，为研究生提供更多法治思想教育课程选择空间，鼓励研究生自主学习。

2. 探索多样化实践教育模式

德才兼修既是理论课题，更是实践命题。要通过形式多样的活动积极开展理想信念教育，以润物无声的方式提高广大研究生的思想觉悟和道德水平。仅仅依靠相对抽象的理论知识，不能很好地让广大研究生自觉、深刻地理解法治思想教育工作的真正内涵和意义，也就难以实现法治思想教育工作的深入推进的要求。内容丰富、形式多样的活动能够将法治思想教育工作和研究生的日常学习生活紧密联系起来，在有趣的活动中对正确的价值观形成深刻的认同，并强化理想信念。只有学生真正认同的，才会切实去践行，才能够实现法治思想教育工作的目标。就法律硕士研究生而言，参观红色景区，开展专业读书会、辩论赛、志愿活动都是非常不错的法治思想教育实践活动。学生们在实践中感悟个人品德、学术道德的意义，在思想的碰撞交流下对法治思想教育的理解和认同也会更加深刻，更能够辨明是非，端正价值观念。法治思想教育并非一时之功，而是需要耐心地切磋琢磨才能雕刻出光彩照人的美玉。

3. 优化法律硕士专业培养结构

积极落实国家卓越法治人才培养教育计划，搭建"法律+

多学科"的融通桥梁，优化学科专业结构，实行法律硕士中心与其他学院"联合培养""联合指导"的双联合模式，培养德才兼备的复合型法律硕士人才。创新涉外融通型高端法律人才培养渠道，开设涉外商贸法律实务卓越班，设置融通型课堂，提升研究生法律实践综合能力。

4. 创新法律硕士人才培养模式

完善法律硕士研究生培养方案，实现学校出口和用人单位入口的动态衔接。建设专门实践教学团队，扩建更多案例教学课程。实行双导师育人机制，推动产教融合研究生联合培养基地建设，实现专业实习指导与日常教学管理相结合，为就业奠定坚实基础。

五、结语

"德法兼修"高素质法治人才培养是习近平法治思想的重要组成部分，蕴含着丰富的思想内涵，明确了新时代法治人才培养的新使命、新目标、新模式、新机制、新格局，是培养高素质法治人才的根本遵循和行动指南，不仅具有十分重要的理论和实践价值，而且具有重要的时代意义、历史意义和世界意义，开辟了法学教育改革和法治人才培养的新时代[1]。新时代"德法兼修"法治人才培养是高校践行习近平法治思想、坚持和落实立德树人根本任务的必然要求。习近平

---

[1] 杨宗科. 习近平德法兼修高素质法治人才培养思想的科学内涵[J]. 法学，2021（1）：3–17.

法治思想进一步拓展了"德法兼修"法治人才培养的范围和境界，高校应着眼于"十一个坚持"对人才法治素养的要求，着力补齐法治人才教育的短板，既要重视对法本学生"厚德育、强专业、重实践"的培养教育，也要重视法律硕士研究生的法治信仰、法治理念、法治精神培育，使高校培养的所有法治人才都能成为全面依法治国的"第一资源"。

参考文献

[1]黄锐.高校专业学位硕士研究生德育工作存在的问题及对策探析[J].思想理论教育导刊，2012（10）：113-115.

[2]周立秋.将习近平法治思想融入人才培养全过程[J].人民公安报，2020（3）：58.

[3]代旭辉，高文.习近平全面依法治国思想与卓越法治人才培养研究[J].法制与社会，2017（20）：217-218.

[4]梁平.新时代"德法兼修"法治人才培养：基于习近平法治思想的时代意蕴[J].湖北社会科学，2021（2）：27-32.

[5]马仁秒.论思想政治教育在学生素质培养中的重要性[J].中国教育学刊，2019（1）：232-233，236.

[6]李四军.我国高校道德教育创新的必要性及其路径探析[J].理论导刊，2010（4）：61-64.

[7]林仕尧.德育融入研究生培养体系的理论探索[J].研究生教育研究，2018（6）：14-17，89.

[8]杨宗科.习近平德法兼修高素质法治人才培养思想的科学内涵[J].法学,2021(1):3-17.

[9]王琦,张晓凤.习近平法治思想中的法学教育理论[J].海南大学学报(人文社会科学版),2021(5):39-46.

新时代法治人才培养的现实困境、内在底蕴与变革进路

张申鹏

（中南财经政法大学法学院）

新时代法治人才的培养是推进法治建设的重要环节，是实现国家发展战略的重要支撑，新时代法治人才的培养应当充分体现与时代发展和国家进步的契合性。当今世界正处于百年未有之大变局，以人工智能、区块链等信息技术为代表的新兴业态为市场经济发展带来新机遇的同时也为市场法治建设带来新的挑战。在风险社会的背景下，如何培育一批符合市场法治需求、能解决实际问题的新时代法治人才成为亟待解决的现实问题。作为法治人才培养的主阵地，当下国内高校在培养法治人才方面存在着思政教育理解片面、理论实践难以均衡等诸多问题，而这些问题能否得到有效解决直接影响着我国法治建设进程。

一、新时代法治人才培养的现实困境

（一）培育理念：德法双育并行但衔接有限

"法安天下，德润人心"。法治建设要坚持依法治国和以德治国相结合，以德治滋润法治，以法治促进德治，具体到法治人才的培养上即为培养德法兼修之人才。针对德法兼修的人才培养目标，国内高校在坚持优化专业素质教育的同时通过"课堂思政"加强法科学子的道德素养，极大改观了高校思政教育之现状。但当下思政教育与专业教育的融合性有限导致德法双育形式并行但实际衔接有限，具体表现为：其一，思政课程着重于通识性教育，对于法治内容涉及较少，高校思政课程一般由马克思主义学院或思政部门相关人员负责，而部分教师并非法学专业出身[①]，对于法治建设认识有限，难以有效培养学生之法治道德素养；其二，法学教育忽视道德教育而侧重于专业性培养，以"法律职业伦理"为代表的专业伦理课程未能有效发挥功效。一方面，该课程不被部分专业老师所看好，陷入无人敢教、无人可教的境地；另一方面，由于部分授课老师实务经历欠缺导致教学成为纯粹的知识灌输，流于形式而缺乏实际效用。

（二）教育内容：三尺讲台重理论而轻实践

习近平总书记指出："法学学科是实践性很强的学科，

---

① 梁平. 新时代"德法兼修"法治人才培养：基于习近平法治思想的时代意蕴[J]. 湖北社会科学，2021（2）：27-32.

法学教育要处理好知识教学和实践教学的关系。"我国传统法学教育大多采取单向灌输式教学模式，教师讲课侧重全堂知识灌输而缺乏发言互动，着重于探讨基本理论而忽略司法实践之发展[1]，尤其是案例型教学在整个法学教学模式中占比依旧较少，究其原因一是法学教育模式缺乏创新，二是法律教育资源仍有缺口，如缺乏法律功底深厚、洞悉司法实践的实务型教师。质言之，法学理论和法律实践的脱节导致法学教育成果难以在法治建设中高效转化，导致法治人才的培养难以有效契合社会发展的实际需求和新兴趋势。

（三）培养方式：重考试型而忽视综合型

我国以往的法学教育培养模式侧重于知识性灌输，在法学教育发展前期的确培养出了一大批优秀的法律人才。但随着时间发展，部分法学生"平时放荡冶游，考试则熟读讲义，不问学问之有无，惟争分数之多寡"[2]，既未能掌握法学之精髓，也未尝贯通学科之体系。面对世界变局的新时代，法治人才的培养绝不能单纯停留在试卷的高谈阔论，而应当以法学专业素养为核心发展多维度的综合性培养模式，积极促使考试型人才转变为综合型法治人才。而当前法学教育之方式尚不能完全适应综合型人才培养目标主要有以下几个原因：其一，量化考核难以有效发挥作用。法学专业核心课程数目

---

[1] 梁平. 德法兼修：新时代卓越法治人才培养的实践进路探索[J]. 河北法学，2021，39（3）：51-60.

[2] 蔡元培. 就任北京大学校长之演说［EB/OL］.（2021-07-10）［2022-08-26］. https://baike.sogou.com/v7604350.htm?fromTitle.

较多，难以在短时间内实施完毕。虽然部分院校将其培养方案予以调整，在主干课程外通过选修课的方式灵活控制部分部门法的学习，但其结果往往是"分多事少"的课程更易受到学生的热爱与追捧。其二，"法学+"的培养模式尚未成形。一方面，跨专业选修课沦为"学分硬性要求"下衍生的被动选择而致使教育流于形式；另一方面，交叉学科人才培养标准呈现"1+1＜2"的尴尬局面，专业之间尚未形成实质融合、互相促进的良性机制。其三，学科壁垒严重束缚了实践性人才、复合型人才的培养。其四，涉外法治人才触及较少。教育部在2011年即提出要培养涉外法律人才，时至今日，涉外法治人才培养才逐步提上日程，但对于如何培养涉外型法治人才还需要高校予以思考。

二、新时代法治人才培养的内在底蕴

（一）根本遵循：习近平法治思想

"实的问题"解决有赖于"虚的主义"的明确。"培养法治人才应遵守何种理念"的问题是新时代培养法治人才的关键。在对马克思主义法治思想进行改造以及对我国历代法治建设经验进行总结的基础之上，习近平法治思想应运而生。其内涵丰富、逻辑严密、体系完整，对于指导法治实践、完善法治理论、培养高素质法治人才具有重要意义。其深刻剖析了法治建设面临的问题与不足，为法治建设和人才培养勾画了蓝图，被视为新时代我国法治建设的一面旗帜，创新提出了培养法治人才的一系列新理念和新战略[1]，深刻回答了"为什么培养法治人才、怎样培养法治人才"等重大问题，并明确指出要建设一支忠于党、忠于国家、忠于人民、忠于法律的法治人才队伍；明晰新时代法治人才的培养方向是培养素质高、专业能力强，深谙国内外法律且德才兼备的人才。新时代培养法治人才必须紧紧围绕着这一核心指导理论，深刻把握习近平法治思想的精髓，改善教育观念和方针政策，深化教学体制改革，促进法治人才的产生，推动法治教育和法治理论的全面发展。

（二）战略地位：法治人才是刚需

方向不明则态度不清，态度不清则政令难行。"发展是第一要务，人才是第一资源，创新是第一动力"[2]。人才始终是国家所必需的主力资源，法治人才培养是全面依法治国稳步实施的关键。习近平总书记强调："全面依法治国是坚持和发展中国特色社会主义的本质要求和重要保障，事关我们党执政兴国，事关人民幸福安康，事关党和国家事业发展。随着中国特色社会主义事业不断发展，法治建设将承载更多使命、发挥更为重要的作用。推进全面依法治国既要着眼长远、打好基础、建好制度，又要立足当前、突出重点、扎实工作。

---

[1] 马怀德. 法学教育法治人才培养的根本遵循[J]. 中国党政干部论坛, 2020（12）：50–53.

[2] 人民日报评论员. 在更高起点上推进改革开放、论学习贯彻习近平总书记在深圳经济特区建立40周年庆祝大会上重要讲话[J]. 人民政坛, 2020（10）：1.

建设法治国家、法治政府、法治社会,实现科学立法、严格执法、公正司法、全民守法,都离不开一支高素质的法治工作队伍。法治人才培养上不去,法治领域不能人才辈出,全面依法治国就不可能做好。"[1]当下,我国正处于两个一百年的历史交汇期,国内社会正面临着巨大的发展变化,无论是新兴技术领域法治环境的塑造还是贸易融通中国家权益的维护都亟需一批"招之能战、战之能胜"的法治人才。培养法治人才并不是为少数人服务,培养法治人才是全面依法治国的刚需,是促进法治中国建设的需要,必须充分认识到法治人才培养的必要性,以法治人才助力法治建设,以法治建设促进法治人才的产生。

(三)实践进路:德法兼修是目标

"如何培养法治人才,培养什么样的法治人才"决定着法治人才的培养模式和培养目的。习近平总书记多次提到要培养德法兼修之法治人才,重视道德的教化作用和法律的规范作用,强调法学教育要坚持立德树人,不仅要提高学生的法学知识水平,而且要培养学生的思想道德素养。"法安天下,德润人心",必须充分发挥二者的协调作用,建设一支过硬的法治工作队伍[2],"把强化公正廉洁的职业道德作为必

---

[1] 习近平在中国政法大学考察时强调 立德树人德法兼修抓好法治人才培养 励志勤学刻苦磨炼促进青年成长进步[N].人民日报,2017-05-04(01).

[2] 习近平.努力让人民群众在每一个司法案件中都能感受到公平正义[M]//论坚持全面依法治国.北京:中央文献出版社,2020:17.

修课"①;"各级政法机关要把能力建设作为一项重要任务,坚持从源头抓起,加强和改进法学教育,改革和完善司法考试制度"②。要坚持建设德才兼备的高素质法治工作队伍,创新人才培养机制,努力培养造就一大批高素质人才及后备力量③。"国家之兴替,视风俗之厚薄",若道德不通,则政令难行,国家将很难长足发展。法治人才并不仅仅是指学术优良、专业能力强之人,学问再深若无德,则难以实现良法善治之效果,为此必须把"德"摆在法治人才培养的第一位,法治人才首先应是具有高尚道德修养与情操之人,"夫君子之行,静以修身,俭以养德"当如是。

(四)关键策略:高校培育是核心

"谁来培养法治人才,培养得怎么样"的问题决定着法治人才的培养主体与培养环境。高校作为法治人才培养的第一阵地,理应将立德树人作为教育改革发展的根本任务。大学之优劣不在于占地之广大或是楼层之高低,而在于人才培养能力之高低和人才培养效果之好坏。青年学子在高校求学期间正处于"三观"形成与确立的阶段,在此阶段应充分发

---

① 习近平. 严格执法、公正司法[M]//论坚持全面依法治国. 北京:中央文献出版社,2020:46-47.

② 习近平. 努力建设一支信念坚定、执法为民、敢于担当、清正廉洁的政法队伍[M]//论坚持全面依法治国. 北京:中央文献出版社,2020:56.

③ 习近平. 坚持以全面依法治国新理念新思想新战略为指导,坚定不移走中国特色社会主义法治道路[M]//习近平谈治国理政(第3卷). 北京:外文出版社,2020:286.

挥出高校人才培养之优势，为培养法治人才提供良好的学习环境，启发青年之思维，引导青年法治信仰之形成。高校培养法治人才的能力和水平不仅关乎自身学科建设的发展前途，还关乎国家法治建设能力和水平。当下开设法学教育的高校林立，如何培养出高素质、高水平的法治人是诸多高校共同面临的现实难题。习近平总书记指出："高校作为法治人才培养的第一阵地，要充分利用学科齐全、人才密集的优势，加强法治及其相关领域基础性问题的研究，对复杂现实进行深入分析、作出科学总结，提炼规律性认识，为完善中国特色社会主义法治体系、建设社会主义法治国家提供理论支撑。"[①] 习近平总书记的上述系列主张不仅明确了高校的责任，而且明确了高校在法治人才培养过程中发挥作用的具体方式，为高校应如何在新时代培养合格的法治人才指明了培养的目标与要求。

三、新时代法治人才培养的变革进路

（一）渐进提升：法育德育共济，促进多维融合

法治教育和德治教育是习近平法治思想教育实践两个密不可分的重要组成部分。教学理念要由培养法律人才转化为培养法治人才，将法律职业道德教育贯穿于法学教育的全过程，结合司法改革对司法工作人员职业道德素养提出的新要

---

① 习近平. 全面做好法治人才培养工作 [M] // 论坚持全面依法治国. 北京：中央文献出版社，2020：177.

求创新法律职业道德教学实践，以案教学、以案促德，为法治工作队伍培养高素质的接力军。其次，要提升思政课堂教学质量。一是改变思政教师的授课观念，促进思政教师的观念法治化、知识专业化和服务团队化。二是改善思政教学工作方式，点面结合，以法治建设为基点展开更具针对性的思政教育，塑造良好的人才培养环境。再次，要进一步完善研究生党建、思政课程与课程思政建设等课程形式，以校园广播、宣传栏为平台，以微博、微信为宣传阵地，让"法治思想"与"德育思想"进宿舍、进课堂、进校园，在潜移默化中引导广大研究生坚信法治信仰、加强专业学习、砥砺前行。

（二）多元并进：教学维度纵深，学科融汇一体

社会环境的复杂性决定了法治人才培养维度的复合性和广泛性。在法治人才的培养过程中，高校必须不断改进教学方式，以更具包容特质的教育模式促进学科融合，打造高水平、多层次的综合型法治人才。

首先，要转变教学观念，树立正确的法治人才培养理念。法学教育必须坚持习近平法治思想，不仅要把法律专业人才培养提升为法治人才，更要把非法学专业学子培养为具有法律信仰的人；坚持培养综合性人才，秉持学科融合的原则，提升法治人才的综合素质；坚持理论和实践相融合，要突破学科壁垒的牢笼，促进实体法与程序法的深度融合。除此之外，还应鼓励任课老师提升自身教学能力和水平，从学科基础性、学科应用性上着手课程讲授，增强课程的新颖性和针对性。

其次，要丰富教学形式。一则加强双语课堂教学，推动

涉外法律课程的推进与开展；二则注重案例导向型课堂教学。高校应积极开展研讨课、启发课、学生主讲课等课程形式，调动学生学习的积极性与调研搜索的能力，实现由课堂灌输性教学向案例启发—研讨式转变，不断提高学生的思考科研能力，调动学生的问题意识。

最后，要丰富教学平台，一方面打造"互联网+法治"的时代化模式，充分发挥互联网的信息传播优势；另一方面创新第二课堂，与法院、检察院以及律所深入开展教学深入合作，开展法律实务大讲堂、法律读书会、法治讲座等实务讲堂活动。

（三）党建引领：党建科研并举，孕育法治人才

要充分发挥党建在法学教育中的引领地位，坚持习近平法治思想，创新科研培养模式，在提高法科生法治理论能力的基础上强化其法治思维能力。首先，要促进党建与科研的深度融合，充分发挥党建小组决策统一、行动迅速以及批评与自我批评的优良传统。结合科研的团队学术性特征，建立以教学团队为基本单元的党小组，完成党支部建设对于教学团队的全覆盖，加强法学院各实践项目团队党小组建设，创新设置"导师—学生"一体化的党小组结构，强化导师"导学导研"能力建设，在日常的学术指导和交流活动中，推动党建与科研的深度融合。其次，要调动学生党员干部的积极性，充分发挥榜样的辐射力量，形成法治思想党员带动、法治理念全员信仰、法治建设全员参与的新局面。再次，加强党内法治教育，端正党小组内的思政工作作风，以党内思政带动

全员思政，促进思政教育的常态化；以党内法治带动全员法治，为法治人才的培养营造良好的发展环境。

（四）深入社会：产教深入融合，实践历练人才

"纸上得来终觉浅"，在营造良好法治氛围的同时，还需要为培养法治人才提供思维训练与法治实践场所。法治建设的现实需求要求人才培养必须从理论走向实践、从课堂走向社会，必须促进产教融合，在加强理论与实践教学的同时，以服务法治建设需求为导向，推动学科专业建设与产业转型升级的协调适应。具体融合形式可兼顾"走出去"与"引进来"两种实践路径。前者强调校内教育走向校外，可以通过建立法律服务团队的方式创新学生参与法治实践的渠道。鼓励服务团队走出去，深入各大校园、融入社区小镇，多元开展"法治进课堂""法律进小区"等志愿服务活动，培养青年学子扎根群众、扎根社会的优良作风；后者强调校外力量走向校内，可以通过"庭审活动进校园""企业法务进校园"等活动将相关法治实践纳入法治教育中，使学生以更直观的形式认知和参与法治实践。

四、结语

新时代下高校法治人才培养工作必须紧紧围绕着习近平法治思想，将其内化于教学实践中去，不断优化法治教学理念，拓宽思政教育途径，促进思政教育与法治思想的融合发展，促进法治思想走向宿舍、走向校园。高校要充分发挥法治人才培养主阵地的重要作用，为法治强国建设提供人才支撑，

助力民族复兴伟大中国梦早日实现!

参考文献

[1] 马怀德. 法学教育法治人才培养的根本遵循[J]. 中国党政干部论坛, 2020 (12) : 50-53.

[2] 习近平. 论坚持全面依法治国[M]. 北京:中央文献出版社, 2020.

[3] 习近平. 习近平谈治国理政(第3卷)[M]. 北京:外文出版社, 2020.

[4] 人民日报评论员. 在更高起点上推进改革开放:论学习贯彻习近平总书记在深圳经济特区建立40周年庆祝大会上重要讲话[J]. 人民政坛, 2020 (10) : 1.

[5] 习近平在中国政法大学考察时强调立德树人德法兼修抓好法治人才培养励志勤学刻苦磨炼促进青年成长进步[N]. 人民日报, 2017-05-04 (01).

[6] 梁平. 新时代"德法兼修"法治人才培养:基于习近平法治思想的时代意蕴[J]. 湖北社会科学, 2021 (2) : 27-32.

[7] 2019年华师思政"故事会"讲述教育强国梦[EB/OL]. (2019-09-11) [2021-07-10]. https://baijiahao.baidu.com/s?id=1644347277939812835&wfr=spider&for=pc.

[8] 心有所信 方能行远:北京大学打造"泥土味"的思政实践课纪实[EB/OL]. (2021-03-22) [2021-07-10]. http://www.moe.gov.cn/jyb_xwfb/moe_2082/2021/2021_zl20/202103/t20210322_521665.html.

[9] 蔡元培. 就任北京大学校长之演说[EB/OL]. (2021-07-03)[2021-07-10]. https://baike.sogou.com/v7604350.htm?fromTitle.

[10] 姚莉. 为民族复兴培养德才兼备的高层次人才[EB/OL]. (2021-07-06)[2021-07-10]. https://mp.weixin.qq.com/s/KwIlGIGQX_QTiZ3c8enLvA.

新商科建设背景下大学生企业家精神培育研究

何 强 张向飞

(中南财经政法大学工商管理学院、法与经济学院)

企业家精神是伴随着中国现代经济发展而产生的一种精神理念，从属于思想道德范畴，是中国共产党精神谱系之一，是中国企业成长和商业发展的精神支柱和文化基因。新时代赋予了企业家精神新的精神内涵与时代价值，2017年9月8日出台的《中共中央、国务院关于营造企业家健康成长环境弘扬优秀企业家精神更好发挥企业家作用的意见》首次以中央文件的形式提出企业家的地位和作用。2020年7月21日，习近平总书记在北京主持召开企业家座谈会上对企业家精神作出了进一步的阐释，他提出企业家"要在爱国、创新、诚信、社会责任和国际视野等方面不断提升自己，努力成为新时代构建新发展格局、建设现代化经济体系、推动高质量发展的生力军"。① 这为企业家精神赋予了新时代的科学内涵。从高等教育的角度来看,商科教育是培养企业家的重要阵地,企业家精神应该成为商科教育的重要内容之一。2018 年,教育部提出新文科建设,在此背景下新商科人才培养呼之欲出。"新时代新商科人才培养中,更应突出对学生思想道德和人文素质的培养"②,因此,在新商科人才培养的目标理念和实践范式下,企业家精神对于培养学生的商业道德、商业伦理、商业理念都具有价值引领、道德示范、实践养成的重要的思想政治教育价值和意义。

一、企业家精神的时代嬗变与科学内涵

企业家精神作为经济发展的精神产物,具有鲜明的文化品格和经济烙印。自新中国成立以来,企业家精神引领着我国企业快速成长与蓬勃发展,推动社会主义事业突飞猛进。③改革开放初期,企业家们抓住机会,表现出了敢为人先、敢于冒险、敢于创新的勇敢精神;社会主义市场经济体制确立后,开拓进取和创新创造成为企业发展的重要精神支柱,提高了企业管理能力和文化可持续发展能力;进入新时代以来,企业家精神内涵不断丰富,以"爱国情怀、诚信守法、社会

---

① 习近平. 在企业家座谈会上的讲话 [N]. 人民日报, 2020-07-22 (002).
② 陈晓芳, 夏文蕾, 张逸石, 等. 新时代新商科的内涵及"多维度协同"培养体系改革 [J]. 财会月刊, 2021 (5): 107-113.
③ 邢文增. 论企业家精神的科学内涵与时代意义 [J]. 观察与思考, 2022 (2): 64-70.

责任、勇于创新、国际视野"等科学的精神内涵形成构建新发展格局、建设现代化经济体系、推动高质量发展的内驱精神动力，涌现出了一大批优秀企业家和商业精英。

（一）企业家精神的前提——爱国情怀

爱国是中华民族的民族精神，爱国情怀是企业家精神的首要前提。"位卑未敢忘忧国""苟利国家生死以""一寸丹心图报国"……这些表达爱国情怀的诗句，正是我国优秀企业家一直付诸实践的精神操守。近现代以来，"实业报国"的思想推动一批爱国企业家投身社会主义建设中，为实现中华民族伟大复兴的中国梦添砖加瓦。在爱国情怀的感召下，优秀企业家将"小家"与"大家"联系起来，将"企业发展"与"祖国命运"联系起来，将对祖国饱有的深厚感情同企业发展、社会进步、人民福祉联系起来，以报国为民为己任，体现出了对人民、社会和国家的使命和担当。

（二）企业家精神的准则——诚信守法

社会主义市场经济条件下，遵纪守法、诚实守信是每一个企业和每一位企业家的立身之本，这不仅是一种道德上的信条或者行为准则，也是法制社会的体现。① "人无信不立，业无信不兴"，诚信守法是中国传统文化精神的重要组成部分，这不仅仅是一种道德上的准则和规范，也是法治社会的基本

---

① 毛敏. 弘扬新时代中国企业家精神［J］. 学习月刊，2022（5）：29-31.

体现。企业家精神中蕴含的诚信守法更是社会主义核心价值观的要求，诚信意识、法律意识是企业生存发展的基本红线，诚信守法不仅有利于企业有效地实现经济效益，更有利于企业实现社会效益，形成良好的社会风气，形成企业的信誉资产。

（三）企业家精神的导向——社会责任

企业作为社会的重要组成部分，承担社会责任，是企业的基本担当，是企业家精神的价值导向。习近平总书记指出："只有真诚回报社会、切实履行社会责任的企业家，才能真正得到社会认可，才是符合时代要求的企业家。"[①]古人提出"达则兼济天下"，这正是社会责任的价值内涵所在，所谓企业的社会责任，是指企业必须超越把经济利益作为唯一追求的传统观念，超越经济利益追求社会效益以实现社会责任。企业家精神的社会责任是企业家个人价值与社会价值的统一，是企业经济效益与社会效益的统一。新时代的企业家必须把社会责任作为一种价值取向，主动担当、勇于担当、善于担当，做社会责任的强力行动践行者。

（四）企业家精神的内核——勇于创新

改革创新是中华民族的时代精神，是经济发展不竭的动力源泉，勇于创新是企业家精神的精神核心。管理大师德鲁

---

① 习近平.在企业家座谈会上的讲话[N].人民日报,2020-07-22(002).

克认为，企业家精神是具有实践性的革新行为。[①]党的十九届六中全会也明确提出，要坚持理论创新、坚持开拓创新，在新发展理念中，创新是引领发展的第一动力。在百年未有之大变局的新的历史方位，我国经济面临的新的局面、新的挑战、新的形势，作为经济活动的主要参与者，企业必须勇于创新，用创新驱动企业不断发展进步。从历史的维度来看，正是拥有了一代代勇于创新的企业家，我国经济才能行稳致远、超越发展，只有不断创新，我国企业才能跻身全球前列、世界一流。

（五）企业家精神的格局——国际视野

中国已经成为世界经济舞台的主角，在双循环新发展格局下，既坚持中国立场，又打开国际视野，是企业家精神应有的时代格局。在这个多元的时代，面对更加复杂的国际环境，企业家更应打开视野，立足中国经济发展实际，紧跟国际步伐，全面参与国际竞争，在对外开放中带领中国经济走向全球、走向世界，促进中国经济在新发展阶段、新发展理念、新发展格局中实现更好的发展。

二、新商科背景下培育大学生企业家精神的时代意蕴

当前，以云计算、大数据、区块链、元宇宙、人工智能

[①] 彼得·德鲁克. 创新与企业家精神[M]. 北京：机械工业出版社，2009：22.

等为代表的互联网技术广泛运用于商业经济和商科教育之中，数字经济影响着社会的商业形态和管理模式，同时对商科教育带来了更多的变革。在新商科建设的背景下，除了新工具、新思维、新理论、新能力的培养和运用以外[①]，我们还应注重商科学生的思想道德和人文素质，因此，在新商科背景下培育大学生企业家精神具有重要的时代意蕴。

（一）培养商界精英

新时代新商科聚焦于培养跨界和融合的新商科人才，新商科人才是能够掌握商科专业知识和能力、具备商业思维和商业理念、掌握商业技术和商业逻辑的创新型复合型综合型人才。在众多的商业人才中，如何成长为商界精英，这就需要企业家精神赋能商科人才培养。在新商科培养中融入企业家精神等新思维和新理念，提高商科学子发展效能，有利于根植现代经济精神理念，为商业精英的成长奠定价值基础。

（二）培育时代新人

党的十九大提出了"时代新人"的育人目标，提出要培养"堪当民族复兴大任的时代新人"。时代新人所蕴含的理想信念、爱国情怀、品德品质、知识见识、奋斗精神、时代责任等内涵[②]，与企业家精神的科学内涵不谋而合。在新商科

---

① 张国平. 新商科人才培养模式与实现路径[J]. 中国高等教育, 2021(2): 43-44, 50.

② 刘建军. 论"时代新人"的科学内涵[J]. 思想理论教育, 2019(2): 4-9.

建设背景下，用企业家精神来培育时代新人，将商科教育与思想政治教育融合，有利于形成商科教育中时代新人培养的内在机制，有利于培养有理想、有本领、有担当的新商业人才，有利于推进培养社会主义事业的"建设者"和"接班人"。

（三）培风时代变局

习近平总书记指出，"当今世界正在经历百年未有之大变局"。"中国只有抓住机遇，在大变局中掌握主动权，才能推动变局朝着有利于中华民族复兴、有利于促进人类进步的方向发展"。[①] 在这样的时代变局下，中国经济也面临着建设现代化经济体系、推进高质量发展、参与全球治理、抢占新技术革命先机等历史机遇和时代任务，在新商科背景下，通过企业家精神引领学生正确认识中国特色和国际比较，引领学生从时代变局中体悟中国特色社会主义经济发展道路，这都有利于在时代变局中让学生正确认识中国、读懂中国。

（四）培植现代精神

企业家精神是中国共产党的谱系之一，其所蕴含的科学内涵与民族精神和时代精神具有内在的契合性，同时，作为一种现代经济精神，其所包含的主体精神、竞争精神、法治精神、创新精神都是新商业文明所需的精神密码。在新商科背景下培育大学生的企业家精神，更有利于将主体意识、创

---

① 杜运泉."百年未有之大变局"：重识中国与世界的关键[J]. 探索与争鸣，2019（1）：4，141.

新意识、法治意识、竞争意识融入新商科人才成长的生命周期，培植现代精神，真正实现"商科+技术+思维+价值"的人才培养目标。

三、新商科背景下大学生企业家精神的培育现状

新商科建设背景下，商学教育呈现出重新商业理论、新商业技术的教育，而轻新商业伦理、新商业文明的教育的现状。纵观目前国内商学院的人才培养体系，很少有专门将企业家精神融入新商科教育的案例，在具体的实践中也呈现出了课程缺位、认知缺位、实践缺位、环境缺位、制度缺位等问题。

（一）课程缺位

目前商科教育中呈现出企业家精神在思政课程和课程思政中缺位的现象。在思政课的建设中，大多数思政课面向全校所有专业采用一致的教学内容和教学形式，很少有针对商科专业的思政课特色教学设计，在教学中也很少将企业家精神作为教学内容向学生讲授，缺乏对企业家精神以及商业文明精神的教学。在课程思政中，部分商学院开设了"商业伦理""商业文明""商业史"等相关课程，也在部分课程中有一些对企业家的专门介绍，但也较少有将"企业家精神"作为专题讲授的课程。

（二）认知缺位

新商科背景下企业家精神培育的主体是大学生，而从现实的情况来看，企业家精神教育未能上升到全体商科学生的

认知思想层面，在认知层面还出现了一定的偏差。具体表现在课程接触不足、行动实践不足、平台参与不足等问题，由于课程的缺位导致认知的缺位，由于参与比赛等积极性不高、机会不多导致认知的缺位，由于实习实训中设计的缺位导致认知的缺位，这都让大学生在认知企业家精神方面呈现出了一定的偏差。

（三）实践缺位

目前在商学院大学生的社会实践中，企业家精神的行动实践经常被虚化、弱化、边缘化。在实习实践中，学生更多地注重对商业模式、商业技术、商业策略等的调研和实践，而缺乏对商业精神、商业价值、商业文明的考察，更缺乏对企业家精神的研究。同时，由于学生资源有限等问题，在实践中也较少能够接触到企业家，缺乏与企业家的交流访谈，这都导致了新商科教育中企业家精神的实践缺位。

（四）环境缺位

文化环境和平台环境是培育大学生企业家精神的重要载体，目前新商科教育中也存在企业家精神培育的环境缺位的问题。从文化环境来看，现代商学院应该打造具有现代商业文明和商业精神的文化环境，而在商学院建设中，缺乏对"硬文化"和"软文化"的打造，还未形成企业家精神培育的文化环境氛围。从平台环境来看，各个高校提供了"挑战杯""互联网+""创青春""大学生创新创业计划"等各种竞赛平台，但这些竞赛平台门槛高、要求严、竞争激烈，导致大部分学生缺少参与热情，也缺乏参与机会，造成了平台环境缺位的问题。

（五）制度缺位

人才培养体系、师资建设保障等都是新商科企业家精神培育的重要制度保障，但纵观目前商学院的人才培养现状，在培养体系和师资建设中也缺乏对企业家精神教育的顶层设计。在培养体系中，没有将企业家精神教育融入教育教学的各个环节，只是片段式、点滴化地开展一些活动，在组织领导、教材开发、课程安排、活动组织等方面都缺乏制度保障。在师资建设中，企业家精神教育缺乏一些理论、实践兼备的"双师型"教师队伍，也较少有教师承担创新创业教育、企业家精神教育的专门教学任务，师资条件呈现出较为缺乏的情况。

四、新商科背景下大学生企业家精神培育的策略

高校企业家精神教育是一项全方位复杂的系统工程[①]，新商科背景下大学生企业家精神培育涉及课程体系、实践平台、文化环境、制度保障、师资建设、学生培养等各个环节，是一项多元参与、全员协同的培育工程。

（一）建设课程体系

企业家精神的课程教学是大学生认知和体悟精神的第一

---

① 佟玉权，郭柳晨. 面向大学生的企业家精神教育及其路径[J]. 现代教育科学，2019（1）：130-134，149.

阵地，建设企业家精神教育课程体系是培育企业家精神的关键。企业家精神课程体系应该将思政课程和课程思政结合起来，在思政课程的设计上，针对商科学生要融入企业家精神的专题教育，例如"思想道德与法治"课可以设计企业家精神专题，"近现代史纲要"可以通过中国商业文明发展史来凝练企业家精神，"毛泽东思想和中国特色社会主义理论体系概论"可以在中国共产党的精神谱系中单列讲解企业家精神，此外，教学方法上也可采用案例研讨等方法，专题研讨优秀企业家案例；在课程思政的设计上，除了开设"商业伦理""商业道德""商业文明"等专题课程以外，可以开展企业家精神专题教学，在探讨企业发展经营策略中侧重对企业家精神和企业文化的研究，引领学生发现企业家精神对于企业发展和经济社会发展的重要价值。此外，从教学内容来看，企业家精神应该融入创新精神教育、诚信精神教育、契约精神教育、奉献精神教育、奋斗精神教育、合作精神教育、敬业精神教育、冒险精神教育、学习与批判精神教育[①]，以此来丰富企业家精神教育内容。

（二）提升认知能力

新商科大学生是企业家精神学习和教育的主体，企业家精神教育更应发挥大学生的主观能动作用，提升大学生认知能力。从大学生认知规律的角度来看，企业家精神教育的重

---

① 佟玉权，郭柳晨. 面向大学生的企业家精神教育及其路径［J］. 现代教育科学，2019（1）：130-134，149.

点内容应该包括"企业家精神的初步认知和兴趣培养""企业家精神的系统理论""创新创业与企业家精神的重点培育""企业家精神的养成和未来企业家教育"等内容,应该遵循大学生认知规律,在大学各阶段合理安排教学内容和教育重点。同时,在教育形式上,可以采取"引进来"与"走出去"相结合的形式,让企业家走进校园来,也让学生们走向企业去,形成企业家与大学生的良性互动,才能提升大学生对企业家精神的认知能力和实践能力。

(三)搭建实践平台

大学生创新创业是企业家精神的实践转化,大学生社会实践是企业家精神的行动体验。新商科背景下培育大学生企业家精神除了要做好课堂教学之外,第二课堂的实践平台也至关重要。创新创业教育与企业家精神的培育直接相关,大学生可以通过参加创新创业赛事,比如"挑战杯""创青春""互联网+"等各类创新创业赛事来提升创新能力,同时学校可以通过建设创业孵化基地、创业港湾、创业者联盟等来鼓励大学生创新创业,体悟企业家精神对于企业经营管理的重要价值。同时,社会实践也是大学生体悟企业家精神的重要平台,通过寒暑期社会实践、专业实训、劳动锻炼、教学实习、课程论文、毕业论文等形式让学生走到企业中去,与企业家面对面,亲身感受企业文化,感悟企业家精神理念。

(四)营造文化环境

大学生创新创业能力以及创业意向和行为很大程度上源

自包括校园文化在内的一些文化环境因素。[①] 校园文化环境对于企业家精神的培育起着陶冶、感召、凝聚、行动的作用。因此，培育企业家精神要注重校园文化环境的营造，特别是要注重营造商学院的商科文化环境，打造商学院的"软文化"和"硬文化"。从"硬文化"的营造上来看，打造商学院楼宇文化、学习场所文化、生活环境文化等对于大学生的文化体验感具有重要作用，只有身临其境，才能感同身受。从"软文化"的营造上来看，打造商科竞赛文化、商学学术文化、商业智慧文化等，通过学科竞赛、学术训练、课程教学、实习实训、社会实践等平台营造良好的校园文化环境。此外，校友文化也是营造文化环境的有效渠道，在校内宣传和弘扬优秀校友事迹，挖掘商界精英的成长路径，能够有效增强学生的专业自信、学科自信和文化自信，发挥文化环境的育人价值功能。

（五）完善制度保障

新商科大学生企业家精神教育的真正实施和有效落地还需要有完善的制度保障体系，从顶层设计上加强企业家精神教育的实施，才能真正发挥其在新商科人才培养中的价值功能。在制度设计上，企业家精神教育需要有完善的培养目标、实施方案、教学体系、师资队伍、课程设计、教材开发、实

[①] Galina Shirokova, Oleksiy Osiyevskyy, Karina Bogaty-reva. Exploring the intention — behavior link in student entrepre-neurship: Moderating effects of individual and environmental characteristics [J]. Eu r opean management jou r nal, 2016, 34（4）：386-399.

践平台、考评机制等。同时，商科教育还应该和学校的优势学科相结合，和学校的创新创业教育相结合，成立创新创业教育基地、企业家精神研究中心等机构组织，形成企业家精神教育的组织机构和制度保障。

延迟满足视角下硕士研究生职业生涯规划与就业观塑造

杭慧喆

(中南财经政法大学会计学院)

2020年以来,在新冠肺炎疫情冲击、高校毕业生持续增长、经济增速放缓等多重因素影响下,政府机关、高校和社会各界掀起了一场保就业、稳就业的空前行动。相较于拓宽就业渠道、优化就业信息服务、搭建供需平台等立竿见影的就业帮扶"硬举措",加强大学生职业生涯规划与就业观指导这类"软措施"具有长期性、间接性、隐藏性等特点,未能在这场关键战役中得到应有的重视和研究。事实上,加强大学生职业生涯规划与就业观指导,引导、教育大学生走向并胜任社会主义建设事业需要的就业岗位,成为中国特色社会主义建设者和接班人,应是大学生就业工作的核心环节,更是高校人才培养的终极目的。

2022年7月,光明日报《教育家》杂志一篇名为《校园"奶头乐"现象盛行,我们如何应对?》的文章冲上热搜,揭示"一种叫作'奶头乐'的现象在学校里盛行,不少学生已经身在其中,却还不以为然,殊不知影响将会在就业时慢慢显露",学生们沉迷当下的快乐,停止努力、放飞自我的现象引起大众广泛关注与焦虑。

"奶头乐"和"延迟满足",是学生对于生活的两种截然不同的态度。所谓延迟满足,是指一种甘愿为更有价值的长远结果而放弃即时满足的抉择取向,以及在等待期中展示的自我控制能力,是一种克服当前的困难情境而力求获得长远利益的能力。本文将以"延迟满足"作为研究的切入口,聚焦硕士研究生职业生涯规划与就业观塑造问题。硕士研究生群体具有心智"七分熟"的特点,既不同于博士生(经过升硕、升博两次选择,已基本形成较为明确的就业方向和自我规划),也不同于本科生(越来越多选择"升学"作为毕业去向),他们直面就业的紧迫性,但又在应对压力、做出判断、自我认识、接受反馈等方面存在不完善性,亟需职业生涯规划与就业观指导。

一、理论之根:时间产生折扣

是选择即时满足,还是延迟满足追求更有价值的长远结果,归根到底是行为选择的问题。基于"趋利避害"的人之本性,人们会在做出选择的一刻,将选项的价值在内心天平中称量,而后当然地倒向感知价值较大的一方。

然而,感知价值并非客观价值的呈现,它具有极大的主观性。在长远选项的客观价值明显高于短期选项的情况下,仍然会有人选择即时满足，并非其有意选择较低价值，而是因为长期选项的客观价值被赋予了"时间折扣"，导致感知价值急剧下降，甚至降至短期选项的感知价值之下。

心理学家与行为经济学家乔治·安斯立（George Ainslie）1975年提出的时间折扣理论[①]在一定程度上解释了这种个人对事件的价值量估计随着时间的流逝而下降的心理现象，该理论呈现的人们的感知价值变化趋势的"双曲线贴现"模型如图1所示。

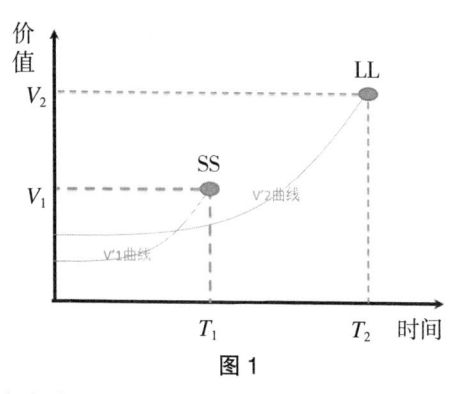

图1

SS点为方案1，该方案在T_1时达成，客观价值为V_1；LL点为方案2，该方案在T_2时达成，客观价值为V_2；$T_1<T_2$，即SS方案更快实现；$V_1<V_2$，即LL方案的客观价值更高。两条曲线$V_1{}'$，$V_2{}'$，则代表在不同时间，人们对相应方案主观感知价值的变化。即越靠近方案预计达成时间，人们对该方案的感知价值越大，在靠近短期方案预计达成时间时，人们

---

① Ainslie G. Specious reward: A behavioral theory of impulsiveness and impulse control [J]. Psychological Bulletin, 1975（2）: 463-496.

的价值感知会发生反转（主观上认为短期方案的价值大于长期方案）。主观感知的价值 = 实际价值 /1+k* 延迟，k 是基于个体差异的折扣率，自控能力越差的人 k 值越高。

时间折扣理论、双曲线贴现模型和主观感知价值与实际价值之间的关联公式虽具有不完善性，但合理解释了人们"不理智地选择快而少报酬"的冲动原因，解释了吸烟、酗酒、拖延症的大部分行为人，在清楚知晓这些行为危害的前提下，仍然选择放弃长远利益（如健康、美满的家庭）选择即时满足，解释了部分学生在明知当下躺平、逃课、挂科可能对自己未来造成负面影响，依然选择及时行乐的心理机制，更为我们研究和推进硕士研究生职业生涯规划与就业观塑造提供了有益的思路。

二、首要之义：树立远大理想

远大的理想，是架在价值衡量天平之上的长期方案，不断鞭策学生克服时间折扣，放弃当下享乐，砥砺奋进前行。引导硕士研究生树立远大理想，走向社会主义建设事业需要的就业岗位是对他们开展职业生涯规划和就业观塑造教育的核心要义，这是高校社会主义办学方向的内在要求，是立德树人的必要环节。

高校职业生涯规划和就业观塑造教育应引导学生不因一时环境困苦选择安逸生活，不因一时薪资高低选择即时满足，而应更多地将个人理想与国家理想相结合，到西部、基层、艰苦边远地区和重点领域就业，以迎难而上、挺身而出的担当精神和"延迟满足"的取向追求长远价值，为实现"两个一百年"奋斗目标、实现中华民族伟大复兴的中国梦而奋斗。

基于心理学和行为选择理论关于延迟满足和时间折扣理论的相关研究，高校帮助硕士研究生树立就业目标和职业理想的工作可从以下三个方面开展。

一是强化理想信念教育，打造思想根基。强烈的就业目标和职业理想可以帮助学生减少自身的时间折扣率，增强自控能力，选择延迟满足而非及时行乐。但就业目标和职业理想不是孤立形成的，而是深深扎根于学生思想水平、政治觉悟、道德品质、文化素养的土壤之中，没有思想根基的远大就业目标和职业理想，如无源之水、无本之木，是徒有其表的海市蜃楼，或是居心叵测的伪装谎言。

要帮助学生形成符合中国特色社会主义发展的远大就业目标和职业理想，首先需要做好补钙壮骨、固本培元的基础工程，通过全员、全程、全方位育人，强化学生对习近平新时代中国特色社会主义思想的政治认同、思想认同、理论认同和情感认同，唯有让学生们率先成为共产主义远大理想和中国特色社会主义共同理想的坚定信仰者，方能在他们内心孕育出永不掉色的职业理想之花，真正立志成为社会主义建设的忠实实践者。

二是精准把握教育时点，放大育人成效。就业目标和职业理想应始于研究生入学之初，贯穿学业始终。麦考瑞大学贝里尔·赫斯凯斯（Beryl Hesketh）等人在《与时间相关的价值折扣和工作选择决策的关系》①一文中披露的实验研究结果对我们形成这一论断具有参考价值。在该项研究中,被试者为 35 名平均年龄为 21.49 岁的大学生,均处于未找到工作的状态之中,他们被要求在"一份不太感兴趣,但马上可以得到的工作"和"一份较为感兴趣,但需要等待更长时间才能获得的工作"之间做出非此即彼的选择。根据感兴趣程度的不同(从 10%~90%)和等待时长变量的设置(从 1 个月~12 个月),研究者根据实验结果得出以下结论:越焦虑自己找不到工作的被试者,越倾向于选择"一份不太感兴趣,但马上可以得到的工作";当这两个选择中等待的时间都较长(其中感兴趣的工作等待时间更长)时,选择与焦虑感的关联性降低了。

根据这一实验结果,随着硕士研究生逐步接近求职就业的时间点(毕业学年),就业的焦虑感逐步上升,会更容易被当下的得失影响,导致职业理想教育事倍功半。因此,对硕士研究生来说,职业理想树立的黄金时间是入学之初,在这一时点,他们既已通过升学过程完成了专业的二次定向,为职业选择奠定了深厚基础,又不易受焦虑情绪影响作出冲动选择,能更为理性地思考、规划自己的人生航向。值得注意的是,就业目标和职业理想的教育不是一次性的,在其初步形成后,仍需不断强化和巩固,尤其在学生求职期间,价

---

① Hesketh B, Brown C W, Whiteley S. The time discounting of value and decision-making about job options [J]. Journal of vocational behavior, 1998, 52: 89-105.

值感知可能会根据"双曲线贴现"模型所示进入反转期,在这一时期高度重视职业理想教育,能帮助学生降低时间折扣率,避免短视行为。

三是注重氛围营造,激发环境能量。"被他人接受"是人最基本和普遍的愿望之一,当人感受到社会排斥时,会做出负面的反应,如健康下降、压抑焦虑、具有攻击性或在社交场合自欺欺人式地主动排斥人群。而圣地亚哥州立大学心理学教授简·M.腾格(Jean M. Twenge)及其研究人员通过实验发现,被社会排斥的人会进入一种防御性的认知状态,从而更关注当前,而非未来[①]。

本实验中,被试者是54名平均年龄为18.8岁的大学生,所有参与者被安排成4~6人的单性别团体,在15分钟的时间内聊天并学习同组人员的姓名,随后,每一位参与者被要求非公开提名2位最想一起工作的伙伴。事实上,他们的选择并没有被采用,研究人员将被试者随机分成2组,告诉其中"拒绝组"的成员在刚才的提名中,没有人期望与他们合作;告诉"接受组"成员,在刚才的提名中,每个人都选择了他们。随后,每一位被试者要求在短期利益和延迟满足中做出选择——A工作起薪很高,但未来不一定有更好的前途或收入;B工作起薪较低,但未来确定会有更高的前途和收入。

---

① Twenge J M, Catanese K R, Baumeister R F. Social exclusion and the deconstructed state: time perception, meaninglessness, Lethargy, lack of emotion, and self-awareness [J]. Journal of Personality and Social Psychology, 2003, 85: 409-423.

实验结果显示，94%的"接受组"成员偏向于选择延迟满足选项，而这一数据在"拒绝组"中仅为73%，可见，社会的排斥与拒绝一定程度上会影响人们做出延迟满足的决定。

求职期间，绝大部分学生会以前所未有的频率和强度受到"社会拒绝"的负面影响，如简历被刷、笔试落榜、面试失败等，微小的环境变量在持续叠加中可能会对他们的选择产生严重影响。因此，我们一方面需要高度关注硕士研究生在求职期间的心理状态，排解其负面情绪，引导他们在同学间建立良好的社交关系，以形成对抗外界压力的心理支撑；另一方面，也应注重在学生群体间塑造积极就业、绽放青春的良好风气，形成互帮互助、共赢未来的向上氛围，以环境因素的"正能量"进一步助推就业工作落地生花。

三、关键之策：制定生涯规划

要树立远大的职业理想，无法一蹴而就，也非一日之功，而制定职业生涯规划就是学生得以更好实现既定就业目标的关键之策，也是帮助他们抵抗时间折扣影响的有效手段。

职业生涯规划包括职业定位、目标设定和通道设计等多重要素，是对职业生涯持续、系统计划的过程。生涯规划教育，要求我们为研究生提供实现特定职业目标的方法和路径引导，提供专业能力和职业能力的提升渠道，提供职场心态等更深层次的职业规划教育，帮助他们在专业能力优势基础上表现出更为成熟、适应社会发展需要的精神和能力状态。

值得注意的是，引导、帮助研究生树立"延迟满足"观念，在读期间制定、完善职业生涯规划，能从根本上减少"慢就业"现象的产生。"慢就业"是指学生在毕业后暂不就业的一种选择，他们通过一段时间的"间隔期"来考虑和规划自己的人生和职业道路，而后再进入职场。"慢就业"现象体现了当代学生对职业选择的审慎态度，也常常被认为是"延迟满足"的一种表现形式——牺牲短期利益（如薪资），追求更长远的价值（适合自己的职业赛道）。我们认为，无论是延迟满足的取向，还是对职业选择的审慎态度都是可取的，但这一过程应于在读期间而非毕业后进行。延迟满足教育并不必然导致"慢就业"现象的产生，相反，在读期间充分的延迟满足教育和生涯规划指导，能帮助学生提前确定职业目标，并以更充分、坚定、自信的状态进入求职季，实现"快就业"。

广大研究生应牢记党的教诲和习近平总书记的殷殷嘱托，树立远大理想，不耽于当下及时之乐；克服时间折扣，立志民族复兴，树立远大的职业理想并为之奋斗，在青春的赛道上跑出这一代人的最好成绩！

参考文献

［1］Ainslie G. Specious reward：A behavioral theory of impulsiveness and impulse control［J］. Psychological Bulletin，1975（2）：463-496.

［2］Hesketh B，Brown C W，Whiteley S. The time discounting of value and decision-making about job options［J］. Journal of vocational behavior，1998，52：89-105.

[3] Twenge J M, Catanese K R, Baumeister R F. Social exclusion and the deconstructed state: time perception, meaninglessness, Lethargy, lack of emotion, and self-awareness [J]. Journal of Personality and Social Psychology, 2003, 85: 409-423.

在校大学生对"闪辞"的认知度调查与对策分析
——以华中七校为例[①]

兰玉娟

(中南财经政法大学就业指导服务中心)

一、研究背景

当前我国就业形势压力较大,国家针对新形势下的就业问题出台多项政策,力争拓宽就业渠道,提升就业质量。同时,随着我国经济结构不断调整升级,新兴产业层出不穷,小型企业蓬勃发展,"00后"员工正逐渐成为企业与新经济发展的主力军,新一代年轻人更加有个性、有想法,同时,多元的价值观使他们更愿意挑战和尝试不同事务,内外环境影响

---

① 本文获湖北省教育科学规划2021年度专项资助课题"生涯辅导视角下学生组织的培育及其效果研究"(项目编号:2021ZB43)的资助支持。

他们的"闪辞"行为。

据麦可思研究院发布的《2018年中国大学生就业报告(就业蓝皮书)》所示,大学毕业生半年内离职率高达33%,领英的《第一份工作趋势洞察》的具体数据显示,职场人首份工作平均在职时间呈现出显著的代际递减趋势(图1)。

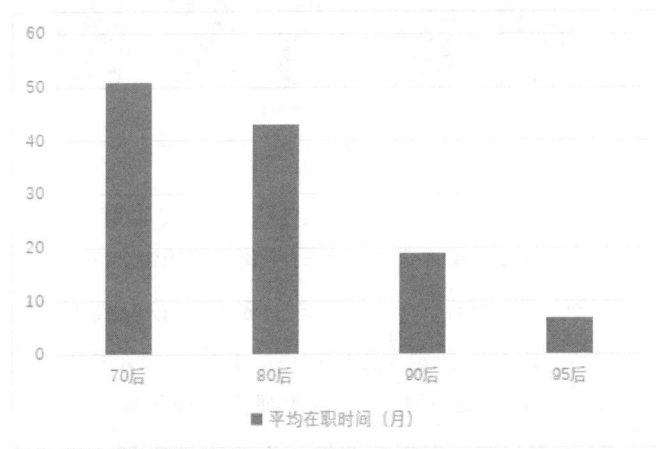

图1 不同代际员工第一份工作平均在职时间显著缩短

FFESCO(北京外企人力资源服务有限公司)人力资源部经理南丽娜亦通过观察研究提出"95后"较之"95前"离职周期在变短,离职率在变高(图2)。之所以关注"闪辞"现象,主要原因在于其消极影响:就员工自身而言,"闪辞"不利于职业经验积累和长远发展;就企业而言,因"闪辞"导致岗位的空缺与组织效力的降低无疑成为一道难题。

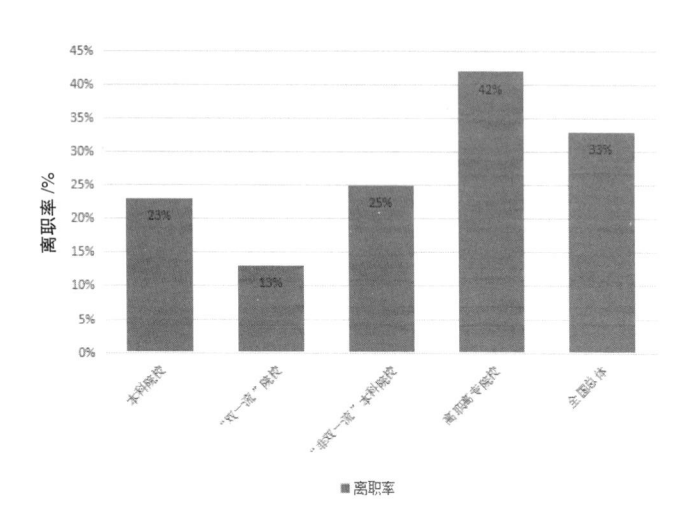

图2　2017届大学生毕业半年内离职率

根据这一热点现象，本文通过在武汉七校在校大学生的调研，分析"闪辞"现象产生的原因，并提出相关对策建议。一方面客观反映当代大学生的就业观，为企业应对"闪辞"现象提供参考意见，促进企业优化人才管理机制，协调劳资关系，重视员工价值需求，着力打造企业文化。另一方面可以使大学生对"闪辞"现象有更为深刻的理解，引导大学生对自己的职业规划有更深入的思考，有助于高校了解大学生"闪辞"认知的成因，加强对学生职业生涯规划和价值观的引导。

二、研究方法

（一）调研方法

1. 调查问卷

采用线上线下联合的问卷调研方式，针对华中七校在校大学生群体，编制有关职场新人"闪辞"的调查问卷，走访华中七校进行派发问卷（武汉大学、华中科技大学、中南财经政法大学、中国地质大学、华中农业大学、华中师范大学、武汉理工大学），并且将学生进行分层，分为大一到大三、大四准备直接工作的学生、研究生准备直接工作的学生，分层随机线上线下发放问卷，并及时对所获取的信息进行归纳整理和总结汇总。

2. 结构访谈

为更好地研究企业与学校应对"闪辞"现象的措施，调研7校就业指导中心的专职教师以及企业代表的HR进行深度访谈，从访谈结果来探究老师和企业HR对"闪辞"现象的观点和应对措施，同时补充学生视角的信息，使调研内容更加客观、丰富。

（二）样本信息

问卷调查部分，电子问卷共填300份，有效问卷255份；纸质问卷共填430份，有效问卷188份；合计搜集了443份有效问卷，总体回收率为61%。学生样本具体属性见图3。

个体访谈部分，访谈了 7 位就业指导教师和 13 家企业的 HR 负责人，对访谈记录做了初步编码整理。

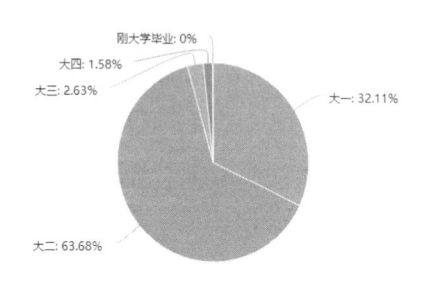

图 3 问卷调查大学生年级构成
（大一：32.11%，大二：63.68%，大三：2.63%，大四：1.58%，刚大学毕业：0%）

三、结果分析

（一）问卷调查分析

1. 对"闪辞"的基本态度

以大一大二为主的大学生群体没有见过"闪辞"现象的人占绝大多数，见过或者自身经历过"闪辞"行为的大学生还是少数。由于调查对象以大一大二学生为主，亲身参与的职场经历比较少，所以没有见过"闪辞"的人较多。

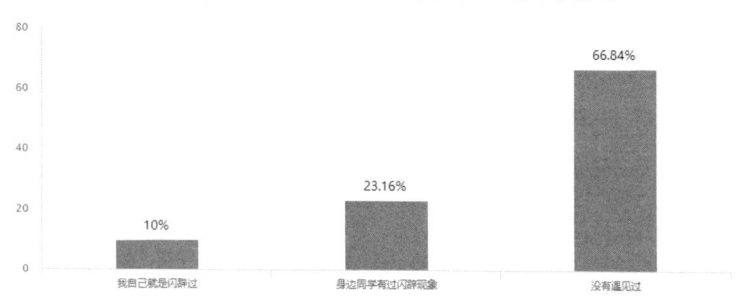

图 4 大学生对闪辞现象的了解程度
（我自己就是闪辞过：10%；身边同学有过闪辞现象：23.16%；没有遇见过：66.84%）

对于"闪辞"这种现象,很多大学生还是保持着相对中立的状态,对于就业,学生们还是很大程度上兼顾兴趣和责任,坚决支持或反对"闪辞"的都占少数。

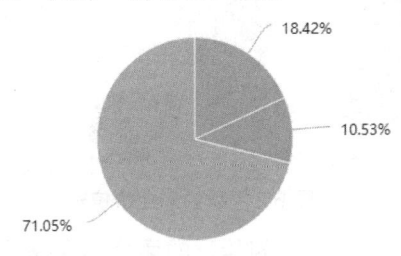

- 18.42%
- 10.53%
- 71.05%

■ 支持,要选择自己喜欢的工作,不适合就换　　■ 反对,频繁更换工作太没有定性,容易养成不好的习惯
■ 不好说,要选择自己喜欢的工作,但也要认真对待现有的工作

图5　大学生对闪辞的态度

2. 影响"闪辞"的原因分析

对于"如果有一份工资待遇好但是自己不感兴趣的工作,你会'闪辞'吗?"这个问题,大多数学生对于工资高但兴趣欠缺的工作,还是较为支持不会"闪辞",而其主要的原因就是以收入为主,一定程度反映了学生的职业价值观。另外有一部分学生并不确定,还要根据实际而定。还有少部分学生坚持兴趣至上的原则,对于不感兴趣的工作仍会"闪辞"。

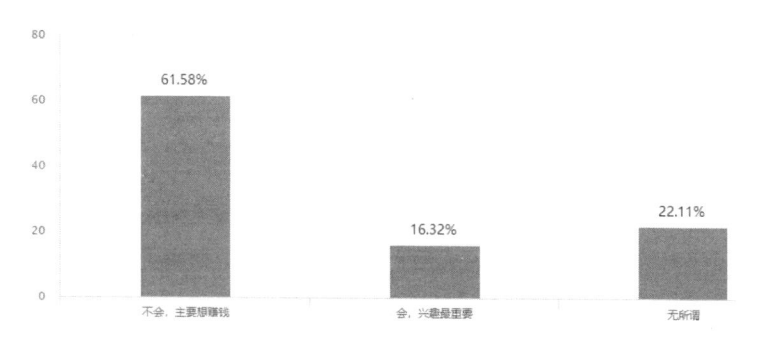

图6 闪辞的职业价值观

对于"如果选择'闪辞'的话,你会提前找好新的职业机会吗?"这个问题,绝大部分大学生选择先找好新工作这种做法,而明确表示不会事先找好新工作的学生比例不高。

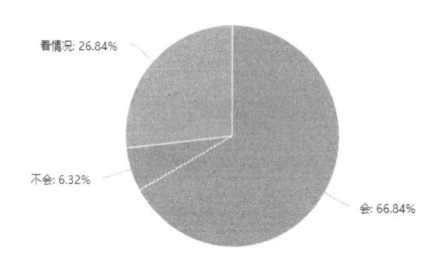

图7 闪辞的准备情况

对于"你认为职场新人'闪辞'的主要原因是什么?"这一问题,大部分在校学生选择了工资水平、个人兴趣、工作环境以及工作发展前景等因素。而专业方向、社会产业发展走向和家庭期待这些因素对于当代大学生是否会"闪辞"的影响较小。

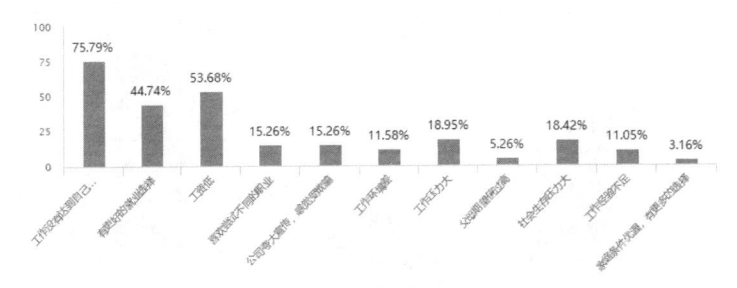

图 8　学生对闪辞原因的分析

进一步调查在校大学生"影响你选择职业最重要原因是什么？"这一问题，数据显示：工资水平、兴趣、工作环境和发展前景等因素排名较高，从反面呼应了大学生职场新人"闪辞"的主要因素。

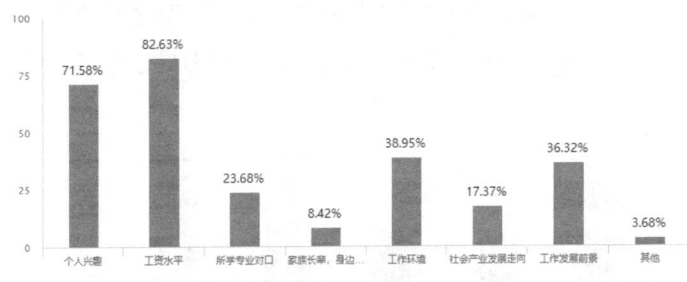

图 9　影响职业选择的原因

3. "闪辞"对职业发展的影响

对于"你认为'闪辞'究竟对职业生涯发展有无影响？"这一问题，近一半学生持中立态度，认为好坏影响皆有；仍有36%的学生认为负面效应居多；较少学生认为没有影响。

图 10　闪辞对职业发展的影响

对于"你认为如何减少部分大学生'闪辞'现象？"这一问题，多数大学生还是比较同意从企业和大学生两个方面出发。一方面，企业要诚信宣传，改善工作环境，满足员工需求。另一方面，大学生要有明确的职业规划，减少"闪辞"自身存在的负面影响，调整好职业兴趣与职业价值之间的关系。另外，学校对大学生职业规划和就业观念的引导也相当重要。

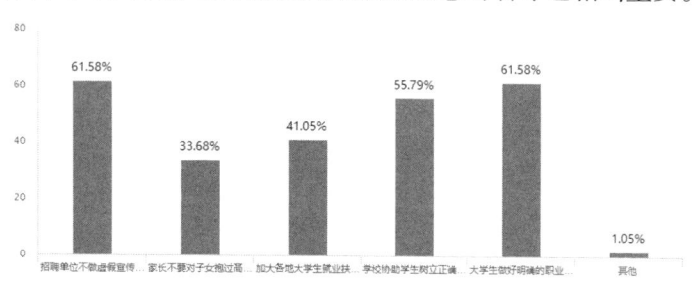

图 11　降低闪辞率的方法

（二）访谈内容分析

1. 高校就业指导教师访谈

对 7 所部属院校就业中心教师访谈，重点询问了以下几个问题：

（1）在您的从业经历中，大学生的就业价值观有什么变化？

（2）"闪辞"行为的主要原因是什么？

（3）"闪辞"行为对职场新人的影响是什么？

（4）学校方面在应对学生"闪辞"观念和行为方面有什么举措吗？

从访谈结果来看，高校就业部门教师对毕业生"闪辞"行为有客观的认识。一些老师认为"闪辞"也分具体情况，一是在不了解岗位、企业或行业的前提下选择了工作但是发现理想与现实差距过大；二是发现工作真的不适合，在进行理性和客观的分析之后，放弃现有工作，尽快寻找新的方向。结合影响来看，目前企业所受影响更大，因为"闪辞"会造成企业人力和财力的损失，这是不可逆转的损失；而对大学生而言，"闪辞"具有两面性，非理性"闪辞"会为之后的求职甚至职业发展埋下隐忧；而理性的"闪辞"反而会引导大学生分析出更客观真实的自我认识、环境认识和职位认识，从而找到自己真正适合和喜欢的岗位。因此，不能以偏概全，否认所有"闪辞"。在这种情况下，虽然学校方面没有直接针对"闪辞"的一次性解决措施，但是做了很多能避免"闪辞"现象发生的工作，比如，从大一开始，借助生涯规划讲座去启发新生生涯规划的意识，让他们为自己的未来规划方向，并在摸索、探索、实习、实践的过程中了解自我、了解社会，有了目标与方向，从众现象就会减少，对自己的探求也就更加了解，更能减少"闪辞"的发生。同时，学校做的一些活动、讲座、课程之类的事情，其实都是在帮助学生明确职业发展目标，间接提高了学生对职业的探索和认知。而对于大学生而言，求职之前应早做准备，做好自我认识、环境认识和岗位认识，在求职过程中一定要选择最适合自己的岗位，在入职后应积极适应，理性决策。

2. 企业HR代表访谈

对13家企业HR代表进行访谈，重点询问了以下几个问题：

（1）您是否遇到过"闪辞"员工？如果遇到过，他们"闪辞"的原因是什么？

（2）您觉得当今职场新人"闪辞"现象的原因是什么？

（3）您觉得职场新人的"闪辞"算不算问题？为什么？

（4）员工"闪辞"对公司带来的影响有哪些呢？

（5）贵公司有没有针对"闪辞"现象的预见性举措，成效如何？

（6）您对于职场新人的建议是什么？

企业HR表示能够理解"闪辞"行为，并不完全否定"闪辞"者，但他们也承认"闪辞"对求职者个人信誉造成影响，也会纳入招聘考虑范畴，并希望职场新人能对自己和企业多一点责任。"闪辞"已经成为一种社会现象，在这种情况下，企业并不能将问题归咎于刚入职场的年轻人，它们也在尝试走出传统的禁锢，换位思考，积极寻求一种新的管理模式，同时，将以往并不重视的企业文化建设提上日程，力图建立双方共同认同的企业文化以加强企业凝聚力，增强企业认同感。相应的，大学生也应该积极应对"闪辞"问题，入职前树立正确的就业观，入职后，应增强责任感，对自己和企业共同负责。

四、对策建议

（一）调研结论与意见

本次调研对中南财经政法大学、华中科技大学、武汉大学、武汉理工大学等7所华中高校的在校大学生进行了线上和线下的问卷调查，并对几所高校就业指导教师和企业HR代表进行访谈，收集了足够的数据后，利用相关统计软件和数据分析工具，分析出当代大学生对"闪辞"的态度和认知程度，"闪辞"背后的原因以及相关的社会背景，并总结出一些针对政府、学校、企业和大学生的意见和建议。

1. "闪辞"的原因分析

对于大学毕业生刚进入职场频繁"闪辞"的现象，其原因是多方面的，不仅有个人方面的原因，也包括学校、企业、家庭等方面的原因。

首先就个人方面而言，"00后"相比于"70后""80后"来说，更加有想法、有胆识、爱挑战，更注重个人的发展需求、内心感受及自我价值的实现，但由于其职业素养尚未形成，对就业形势和政策的了解以及对自身能力的分析不够充分，导致其个人期望过于理想化，内心的价值取向与诉求未能得到上级理解，加之就业心理准备不充分等原因，进而引起了"闪辞"现象的频发。

就学校而言，部分高校的职业生涯规划指导体系还不够健全，存在指导形式单一、指导课时不足等问题，导致学生职业生涯规划意识淡薄，由于缺乏专业的职业规划指导，高校毕业生在选择工作时往往有较大的冲动性和盲目性，增大了"闪辞"发生的概率。

就企业而言，由于缺乏完善的薪酬激励机制和福利待遇发放机制，企业文化建设也未能主动顺应时代，突出人文性与创造性，提高员工与企业之间的心理认同来增强企业凝聚力和员工归属感，一定程度上激发了员工"闪辞"行为。

另外，还有家庭强制干涉孩子的就业选择、多元化功利化的个人主义盛行、对现实世界认知与人文关怀的缺失等原因。

2. "闪辞"的利弊分析

"闪辞"有利有弊，一方面它反映了现在年轻人追求个性，在选择职业时更多的是考虑兴趣、精神层面与个人价值的实现的特点。部分大学毕业生"闪辞"不是平白无故的，他们的视野更加开阔，想找一个匹配度更高的岗位，通过多种尝试，增长阅历的同时也会对社会、对未来有更好的认识。

然而，盲目冲动的"闪辞"会给大学生自身职业发展带来负面效应，对个人产生不利的影响。对企业而言，无疑会引起岗位的空缺与组织效力的降低。

（二）对策建议

1. 对在校大学生的建议

应当转变就业观念，在就业时做好充分的心理准备，提高责任和团队意识，改变急功近利的心理，认真对待每一份工作，培养职业素养；加强对国家政策和当下社会现状的关注以及对自身的认知，提高职业匹配度；学会换位思考，服从管理者的合理安排，将自我价值的实现和团队集体价值的实现相结合；在就业时，协调好个人与家庭的需求，尽量在个人与家人都满意的工作岗位上就职，提高对工作的热情。对于新生代家庭来说，应减少对孩子就业选择的干预，尊重孩子在就业方面的个人意愿。

2. 对学校就业中心等单位的建议

应提高对在校大学生职业生涯规划指导的重视，以开设课堂、举办讲座和开展课后活动等多种形式对在校大学生进行职业规划指导，提高在校生的职业生涯规划意识，减少大学生在毕业选择工作时的盲目性与冲动性。各高校还应开设心理课堂，对在校大学生的心理进行专业教育，提高其情绪协调能力、心理承受能力，使其在职场上能采取合理措施应对挫折与挑战。

3. 对企业等社会组织的建议

对企业等社会组织而言，应加强对新入职的大学生所在职位工作的专业引导和培训，对实习生员工的工作范围有明确界定，加深新入职员工对工作的了解，提高其工作能力，满足其自我发展需求；建立完善的薪酬激励机制，满足员工对人力资本投资回报率的期望；重视企业文化建设，顺应时代潮流，突出企业文化的人文性和创造性，加强员工之间的人际关系协调，提高员工和企业之间超出经济契约的心理认同，增强企业凝聚力和员工归属感，激发员工的工作热情。

4.对政府及相关单位的建议

对于政府及相关单位而言，需要健全我国高校的职业生涯规划体系，明确职业生涯规划指导主体，加强落实高校对在校大学生的职业生涯规划指导；加大鼓励创新创业的力度，提供更多的就业岗位，使劳动力市场保持供求平衡，均衡工资上升，满足公众对人力资本投资回报率的期望。

参考文献

［1］黄婷燕，李远辉，林哲珊，等．"90后"员工"闪辞"成因及对策［J］．合作经济与科技，2019（4）：122-124．

［2］郭振纲．职场新人频频"闪辞"透出什么信号［N］．工人日报，2018-09-20（003）．

［3］李静．"95后"大学毕业生职场"闪辞"现象探析：基于工作满意度的视角［J］．市场周刊，2018（9）：147-148．

［4］杨晋兴．从"95后"大学生择业观看企业校招新趋势［J］．通信企业管理，2017（11）：28-29．

［5］王兴兴．"90后"毕业生"闪辞"的原因及引导策略［J］．山西青年职业学院学报，2017，30（1）：42-44．

［6］何代钦．高校毕业生"闪辞"现象的管理学思考［J］．教育评论，2016（5）：72-75．

［7］阳芳．"闪辞族"现象的信任理论成因分析［J］．

社会科学家,2016(1):41-45.

[8]郭振纲.职场新人频频"闪辞"透出什么信号[EB/OL].(2018-09-20)[2022-09-29].http://views.ce.cn/view/ent/201809/20/t20180920_30348503.shtml.

[9]李静."95后"大学毕业生职场"闪辞"现象探析:基于工作满意度的视角[J].市场周刊,2018(9):147-148.

[10]李长安.中美贸易摩擦对就业的影响及对策[J].中国劳动关系学院学报,2018,32(3):5-8.

[11]Martin Mičiak, Alžbeta Kucharčíková, Emese Tokarčíková. Sustainability of Employment Using the Tools of Active Labor Market Policy[P]. Proceedings of the International Conference on Economics, Management and Technology in Enterprises 2019(EMT 2019), 2019.

[12]Czerniawski. Youth Identities, education and employment-exploring post-16 and post-18 opportunities, access and policy[J]. British Journal of Educational Studies, 2019, 67(1).

[13]Fátima Suleman, Sérgio Lagoa, Abdul Suleman.Patterns of employment relationships: the association between compensation policy and contractual arrangements[J]. The International Journal of Human Resource Management, 2019, 30(7).

[14]Jung-Yon Lim, Young-Min Lee. Exit duration and unemployment determinants for Korean graduates[J]. Journal for Labour Market Research, 2019, 53(1).

[15] Damaris Rose, Olga Stavrova. Does life satisfaction predict reemployment? Evidence form German panel data [J]. Journal of Economic Psychology, 2019, 72.

[16] Brendan Epstein, Alan Finkelstein Shapiro, Andrés González Gómez. Global financial risk, aggregate fluctuations, and unemployment dynamics [J]. Journal of International Economics, 2019, 118.

[17] Damaris Rose. The skill divide in post-unemployment job quality [J]. Social Science Research, 2019.

我国高校法治人才职业能力实证研究

张凡稷

(中南财经政法大学刑事司法学院)

"法令者,民之命也,为治之本也。"法治是人类社会的共同追求,也是治国理政的基本方式。"徒法不足以自行",法治局面的形成与有效运行需要强有力的法治工作队伍以及高素质法治人才体系提供支撑。2020年11月,中央全面依法治国工作会议首次提出习近平法治思想,并将其确立为新时代全面推进依法治国、建设法治中国的指导思想。"创新法治人才培养机制,深化高等法学教育改革"[1]是习近平法治思想的重要内容。高等法学教育是培养高层次应用型、复合型法治专门人才的主渠道,承担着为国家和社会培养明法厚德的高素质法治人才的任务与使命。进入新发展阶段后,人民对美好生活的需要日益增长,法治强国建设对应用型、复合

---

[1] 《习近平法治思想概论》编写组. 习近平法治思想概论 [M]. 北京:高等教育出版社,2021:232-233.

型法治人才的知识能力、职业素养以及专业化程度提出了更高的要求。因此，落实习近平总书记提出的"立德树人、德法兼修、明法笃行"①的法治人才培养要求，深化法学教育供给侧结构性改革，构建以法律职业需求为导向的应用型、复合型法治专门人才培养模式，平衡法学教育中理论与实践的张力，提升法治人才职业能力，为法治中国建设提供坚实的人才保障和智力支撑，是当前我国高等法学教育面临的主要任务。

一、文献综述

"法的生命在于运行，法的价值在其运行中体现和实现"②，法治人才的主要使命是将法的核心价值及其价值体系付诸实践。法治人才应具备哪些基本素质和职业能力？围绕这一问题，学者们展开了热烈讨论。陈景春认为，法律职业能力应当包括"法律文书写作能力；及时、高效地查找相关的法律规定和理论观点并进行有效处理的能力；举证质证能力；会见能力、法庭辩论能力以及谈判调解能力；完善的法律思维能力；坚守法律职业伦理和规避职业风险的能力；清醒的头脑、总揽全局的视野和准确的判断"③。董娟、赵威主

---

① 《习近平法治思想概论》编写组. 习近平法治思想概论［M］. 北京：高等教育出版社，2021：232.
② 张文显. 法理学［M］. 北京：高等教育出版社，2018：223.
③ 陈京春. 论高等政法院校的法律职业能力教育［J］. 法学教育研究，2011，4（1）：129-145，413.

张,"法治人才应具备法律职业伦理,立足本土兼具国际视野,掌握法治知识和技能、全面覆盖法治体系,具备法治思维"[1]。吴汉东、刘茂林认为,"法治人才的专业要素包括相应的法律学科和法律专业;法治人才的职业要素则包括职业素养、职业道德和职业技能"[2]。杨力则将胜任力概念引入法学教育领域,运用定性分析方法,归纳出法律职业4个维度的9项胜任力特征:第一,个人效能维度,包含"获取成就的动机""自信""自我控制的调适"3项胜任力特征;第二,认知能力维度,包含"问题的双向思考"1项胜任力特征;第三,过程执行维度,包含"高度关注程序、稳态和精确""冲突的管理""疑难下的决策力"3项胜任力特征;第四,人际影响维度,包含"面对情境的敏锐""崇尚服务公众的精神"2项胜任力特征。[3] 当前,法学教育界对法治人才职业能力的探讨主要基于法学教育者的实践经验或理论上的逻辑推演,现有研究大多局限于定性描述,鲜有关于法治人才职业能力的实证研究。法治人才应具备哪些胜任力特征?法治人才职业能力由哪几个维度构成?对这些问题的探讨不仅对于提升法治人才培养质量具有重要的理论与实践意义,也为提高法治工作队伍的整体素质提供重要参考。

---

[1] 董娟,赵威. 从法律人才到法治人才:法律硕士培养目标的新转变[J]. 学位与研究生教育,2019(5):21-27.

[2] 吴汉东. 卓越法律人才培养探索[M]. 北京:中国法制出版社,2013:2-3.

[3] 杨力,郭晓薇. 一流法律家的胜任力标准和培养[J]. 上海交通大学学报(哲学社会科学版),2013,21(2):51-60,69.

二、资料收集与分析

法律工作者拥有共同的法律信仰和法治理念，遵循特有的法律职业伦理，在法务实践中积累了丰富的实践经验，对法律职业的特征及要求也有着更加深刻的认识与体会。因此，法治人才职业能力初始要素的提取要基于法律工作者的实践经验。笔者访谈了6名法律工作者，其中律师2名，高校法学教师1名，法官1名，检察官1名，纪检工作人员1名。访谈中，单个访谈用时最长40分钟，最短26分钟，平均访谈时长为34.5分钟（详见表1）。

表1 法律工作者访谈信息

编号	性别	年龄	专业学历	单位	所在地区	访谈方式	访谈时长
L	女	26岁	法律硕士（法本）	律所	河北省	电话访谈	26分钟
Z	男	27岁	法律硕士（非法本）	律所	上海市	电话访谈	31分钟
Z1	男	53岁	法学博士	高校	湖北省	面谈	40分钟
S	男	44岁	在职攻读法律硕士专业学位	法院	山东省	面谈	35分钟
H	女	38岁	在职攻读法律硕士专业学位	检察院	山东省	面谈	35分钟
C	女	26岁	法律硕士（法本）	纪委	辽宁省	电话访谈	40分钟

在质性研究的资料分析阶段，通常采用扎根理论的编码技术进行质性分析。"扎根理论实际上并不是一种理论，而是一种研究方法"[1]。使用扎根理论进行分析时，需要对资料

---

[1] 范明林，吴军，马丹丹.质性研究方法[M].上海：格致出版社，2018：119.

进行编码。所谓编码就是"将观察笔记、访问稿等资料逐字、逐句、逐段进行分解并赋予概念化标签"[①]。本研究主要借助NVivo 12软件，运用扎根理论的具体技术对法律工作者访谈内容进行编码，最终得到28个法治人才职业能力初始要素，如表2所示。

表2　编码结果

序号	初始要素	节点名称	来源数	参考点数
1	口头表达与沟通谈判能力	沟通能力	6	7
		辩论能力	6	9
		谈判能力	6	6
2	应用性法律实务知识	业务知识	6	8
		行业知识	6	8
3	调查与研究能力	研究能力	6	7
		检索、收集和整理能力	4	6
		查明和认定事实的能力	3	3
4	团队合作与组织协调能力	组织协调能力	5	5
		统筹能力	4	4
		团队合作能力	4	4
5	遵纪守法	遵守法律	3	4
		行业纪律	5	5
		政治素养	6	6
6	应变能力	适应能力	5	6
		应急处理能力	3	3
7	决策与执行力	效率意识	3	3
		自驱力	1	1
		决策力	2	2
8	心理承受与情绪调节能力	抗压能力	3	9
		情绪调节能力	3	3
9	文字与写作能力		3	4

---

① 范明林，吴军，马丹丹. 质性研究方法［M］. 上海：格致出版社，2018：130.

续表

序号	初始要素	节点名称	来源数	参考点数
10	法学专业知识		4	5
11	逻辑思维能力		3	9
12	学习能力		3	9
13	外语应用能力		4	4
14	计算机应用能力		3	3
15	进取心		2	2
16	诚实守信		2	2
17	服务意识		1	2
18	创新能力		1	2
19	耐心		1	3
20	时间管理能力		3	5
21	自信		5	6
22	跨学科知识		1	3
23	洞察力		3	3
24	客观公正		3	3
25	正义感		3	3
26	国际法律知识		3	3
27	廉洁清明		4	6
28	学科前沿知识		4	4

三、探索性因子分析

在提取法治人才职业能力初始构成要素之后，笔者开始进行调查问卷的编制工作。调查问卷主要围绕法治人才职业能力的构成要素来设计，并在全国范围内面向已毕业且正从事法律职业的法律工作者发放。获取数据之后，首先进行探索性因子分析。进行探索性因子分析之前需进行取样足够度（KMO）检验和巴特利特（Bartlett）球形度检验，以确保变量之间存在共同因素。本研究中，KMO 度量值为 0.952，大于 0.9；巴特利特球形度检验近似卡方为 8781.121，自由度为

406，显著性概率值为 0.000，小于 0.001，表示变量之间存在共同因素，问卷非常适合进行因子分析。

表3 KMO 和巴特利特检验

取样足够度（KMO）检验和巴特利特（Bartlett）球形度检验结果	KMO 取样适切性量数	0.952	
	巴特利特球形度检验	近似卡方	8781.121
		自由度	406
		显著性	0.000

运用主成分分析法来估计《法治人才职业能力调查问卷》第三部分 28 个题项的因素载荷量，在提取公因子时限定特征值大于 1，并采用最大方差法进行正交旋转。第 15 题"时间管理能力"在 5 个公因子中的因子载荷值分别为 0.436、0.404、0.160、0.252.0.405，均小于 0.5，表示该题项不适合进行因子分析，应予以删除。在探索性因子分析中，题项删除后的因素结构也会改变，因此需进行第二次探索性因子分析。第二次探索性因子分析后 27 个题项最终提取 5 个特征值大于 1 的公因子，并且前 5 个因子的累计方差解释率为 68.024%，是一个相对较高的解释量，说明 27 个题项提取 5 个公因子对于原始数据的解释度较为理想。表 4 是第二次探索性因子分析旋转后的因子载荷矩阵。将 5 个公因子分别命名为 F1.F2.F3、F4、F5。F1 包含第 10 题"逻辑思维能力"、第 7 题"口头表达与沟通谈判能力"、第 1 题"法学基础理论和专业知识"、第 6 题"文字与写作能力"、第 5 题"应用性法律实务知识"、第 11 题"调查与研究能力"和第 13 题"学习能力"共 7 个要素，其解释能力值为 15.171%。F2 包含第 18 题"决策与执行力"、第 19 题"洞察力"、第 14 题"创新能力"、第 16 题"应变能力"、第 12 题"团队合作与组织协调能力"

和第 17 题 "心理承受与情绪调节能力" 共 6 个要素，其解释能力值为 14.168%。F3 包含第 22 题 "客观公正"、第 23 题 "廉洁清明"、第 21 题 "诚实守信" 和第 20 题 "遵纪守法" 共 4 个要素，其解释能力值为 13.612%。F4 包含第 8 题 "外语应用能力"、第 4 题 "国际法律知识"、第 3 题 "跨学科知识"、第 2 题 "法学前沿知识和发展动态" 和第 9 题 "计算机应用能力" 共 5 个要素，其解释能力值为 13.106%。F5 包含第 27 题 "耐心"、第 26 题 "正义感"、第 28 题 "服务意识"、第 25 题 "进取心" 和第 24 题 "自信心" 共 5 个要素，其解释能力值为 12.345%。

表 4　第二次探索性因子分析旋转后的成分矩阵

	成分				
	F1	F2	F3	F4	F5
第 10 题	0.731				
第 7 题	0.688				
第 1 题	0.661				
第 6 题	0.653				
第 5 题	0.623				
第 11 题	0.617				
第 13 题	0.581				
第 18 题		0.759			
第 19 题		0.733			
第 14 题		0.726			
第 16 题		0.638			
第 12 题		0.590			
第 17 题		0.528			
第 22 题			0.849		
第 23 题			0.840		
第 21 题			0.822		
第 20 题			0.809		
第 8 题				0.835	

续表

	成分				
	F1	F2	F3	F4	F5
第4题				0.830	
第3题				0.699	
第2题				0.670	
第9题				0.613	
第27题					0.763
第26题					0.719
第28题					0.698
第25题					0.594
第24题					0.523

四、验证性因子分析

表5为构想模型的拟合指标，其中CMIN表示卡方值，df代表自由度，χ^2/df 为卡方与自由度之比，"χ^2/df 值介于1–3表示模型适配良好"[①]，本研究中卡方与自由度之比为2.297，表示构想模型与实际数据的拟合度良好。CFI为比较适配指数，IFI为增值适配指数，若IFI值与CFI值均大于0.9则表示构想模型与数据的拟合度较好，本研究中IFI=0.902，CFI=0.901，均大于0.9。"RMR值等于适配残差方差协方差的平均值的平方根，其值应在0.05以下"[②]，本研究中RMR=0.03，表示模型拟合程度较为理想。"RMSEA为渐进残差均方和平方根，一般而言，当RMSEA数值大于0.10

[①] 吴明隆. 结构方程模型：AMOS的操作与应用 [M]. 重庆：重庆大学出版社，2009：43.

[②] 吴明隆. 结构方程模型：AMOS的操作与应用 [M]. 重庆：重庆大学出版社，2009：43.

时,则模型的适配度欠佳;其数值在0.08-0.10则是模型尚可;RMSEA值在0.05~0.08表示模型良好;如果RMSEA值小于0.05表示模型适配度非常好"[①]。本研究中RMSEA=0.078,介于0.05~0.08之间,表示模型具有合理的适配度。综上所述,通过探索性因子分析构建的法治人才职业能力构想模型与实际数据具有较好的拟合度。

表5 模型拟合指标

指标	CMIN	df	χ^2/df	IFI	CFI	RMR	RMSEA
判断标准	—	—	<3	>0.9	>0.9	<0.05	<0.10
值	721.373	314	2.297	0.902	0.901	0.03	0.078

五、信度检验

在验证因子分析完成之后,需要进行总量表以及量表各维度的信度检验。在李克特态度量表中,常用的信度检验方法为克隆巴赫信度系数法(Cronbach's Alpha)和折半信度法(Split-half reliability)。本研究采用克隆巴赫信度系数法和折半信度系数法测量总量表信度,采用克隆巴赫信度系数法测量各维度的信度。

(一)总量表信度

1. 克隆巴赫信度系数

"在一般的探索性研究中,信度系数的最低要求标准是

[①] 吴明隆. 结构方程模型:AMOS的操作与应用[M]. 重庆:重庆大学出版社,2009:44.

系数值在 0.50 以上，0.60 以上较佳；在应用性与验证性的研究中，信度系数值最好在 0.80 以上，0.90 以上更佳"[①]。表 6 显示，27 个题项的克隆巴赫信度系数为 0.945，基于标准化项的克隆巴赫信度系数为 0.952，均大于 0.9，说明问卷的内部一致性很高。

表 6　克隆巴赫信度系数

克隆巴赫 Alpha	基于标准化项的克隆巴赫 Alpha	项数
0.945	0.952	27

2. 折半信度

表 7 为总量表的折半信度，子量表 1 包括 14 个题项，其内部一致性 α 系数为 0.899；子量表 2 包括 13 个题项，其内部一致性 α 系数为 0.924，两个子量表间的积差相关系数为 0.770。由于两个子量表的题项数不相等，因而应该使用不等长斯皮尔曼－布朗系数进行信度质量判断。由表 7 可知，总量表的斯皮尔曼－布朗（Spearman-Brown）折半信度系数值为 0.870，格特曼（Guttman）折半信度系数值为 0.857，均大于 0.8，说明总量表具有较高的信度。

[①] 吴明隆. 问卷统计分析实务——SPSS 操作与应用 [M]. 重庆：重庆大学出版社，2010：244.

表 7　折半信度系数表

克隆巴赫 Alpha	第一部分	值	0.899
		项数	14a
	第二部分	值	0.924
		项数	13b
总项数			27
形态之间的相关性			0.770
斯皮尔曼 - 布朗系数	等长		
	不等长		0.870
格特曼折半系数			0.857

注：第一部分共 14 个题项，包括第 1 题—第 14 题；第二部分共 13 个题项，包括第 16 题—第 28 题。

（二）各维度信度

表 8 为我国高校法治人才职业能力各维度的克隆巴赫信度系数。F1 共 7 个题项，其克隆巴赫信度系数为 0.883，基于标准化项的克隆巴赫信度系数为 0.886，均大于 0.8；F2 共 6 个题项，其克隆巴赫信度系数为 0.893，基于标准化项的克隆巴赫信度系数为 0.893，均大于 0.8；F3 共 4 个题项，其克隆巴赫信度系数为 0.922，基于标准化项的克隆巴赫信度系数为 0.924，均大于 0.9；F4 共 5 个题项，其克隆巴赫信度系数为 0.854，基于标准化项的克隆巴赫信度系数为 0.857，均大于 0.8；F5 共 5 个题项，其克隆巴赫信度系数为 0.882，基于标准化项的克隆巴赫信度系数为 0.888，均大于 0.8。综上所述，我国高校法治人才职业能力各维度均具有较高的内部一致性。

表 8 各维度信度系数

	克隆巴赫 Alpha	基于标准化项的克隆巴赫 Alpha	项数
F1	0.883	0.886	7
F2	0.893	0.893	6
F3	0.922	0.924	4
F4	0.854	0.857	5
F5	0.882	0.888	5

六、模型确定

经两次探索性因子分析、验证性因子分析以及信度检验，法治人才职业能力模型最终得以确定。本研究将 F1 命名为职业基础能力。职业基础能力是法治人才在职业发展中所需要的基础性工作能力，也是其职业生涯中必备的工作能力。职业基础能力包含逻辑思维能力、口头表达与沟通谈判能力、文字与写作能力、法学基础理论和专业知识、应用性法律实务知识、调查与研究能力以及学习能力共 7 个要素。将 F2 命名为职业发展潜力。职业发展潜力是法治人才在职业发展中能够对外界信息进行吸收、整合和转化以及与周围环境建立广泛性、支持性联系的能力。职业发展潜力是一种发展性能力，包含决策与执行力、洞察力、创新能力、应变能力、团队合作与组织协调能力以及心理承受与情绪调节能力共 6 个要素。将 F3 命名为职业价值观。职业价值观是法治人才对法律职业的认知、理解、判断或者抉择，是法治人才在职业选择以及职业发展的过程中所秉持的价值取向。职业价值观包含客观公正、廉洁清明、诚实守信以及遵纪守法共 4 个要素。将 F4

命名为职业复合能力。职业复合能力是指法治人才综合运用复合知识以及复合思维分析和解决实际法律问题的能力。职业复合能力具有交叉性、融合性以及可迁移性等特点,包含外语应用能力,国际法律知识,跨学科知识,法学学科前沿知识以及计算机应用能力共5个要素。将F5命名为职业人格。职业人格是指法治人才适应职业所需的稳定态度以及与之相适应的行为方式和个性品质的集合。职业人格包含服务意识、耐心、正义感、进取心以及自信心共5个要素。图1为我国高校法治人才职业能力模型图。

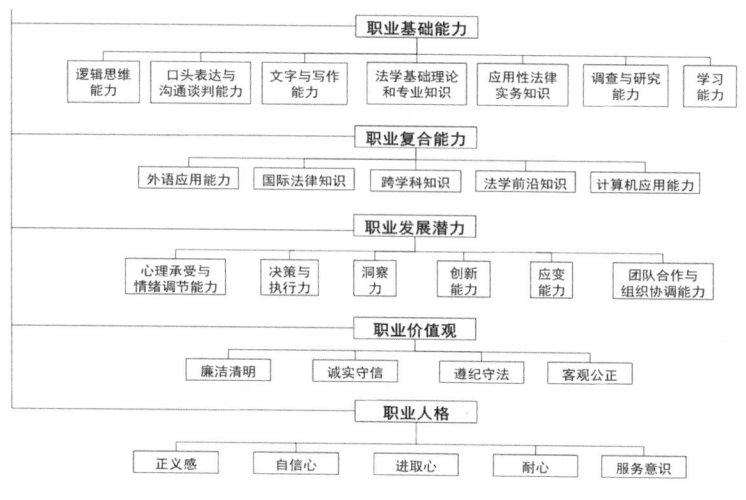

图1 法治人才职业能力模型图

七、结语

"得其人而不得其法,则事必不能行;得其法而不得其人,则法必不能济。人法兼姿,而天下之治成。"法治人才是推动社会主义法治建设的重要力量，也是实现中华民族伟大复兴的重要保障。法学教育在法治人才建设过程中发挥着基础性、战略性和先导性作用。当前，我国法学教育的结构与质量问题并存，高校对于应用型、复合型法治专门人才培养的主体作用发挥不充分，法治人才培养与法律职业实际需求脱节，致使法治人才的职业基础能力偏弱、职业复合能力不足、职业发展潜力不强，加剧了法学教育人才供给侧与法律职业需求侧之间的结构性矛盾。因此，开展我国高校法治人才职业能力研究对深化法学教育改革、提高法治人才培养质量具有重要的理论与实践意义。

参考文献

［1］《习近平法治思想概论》编写组．习近平法治思想概论［M］．北京：高等教育出版社，2021．

［2］张文显．法理学［M］．北京：高等教育出版社，2018：223．

［3］陈京春．论高等政法院校的法律职业能力教育［J］．法学教育研究，2011，4（1）：129-145，413．

［4］董娟，赵威．从法律人才到法治人才：法律硕士培养目标的新转变［J］．学位与研究生教育，2019（5）：21-27．

［5］吴汉东．卓越法律人才培养探索［M］．北京：中国法制出版社，2013：2-3．

［6］杨力，郭晓薇．一流法律家的胜任力标准和培养［J］．上海交通大学学报(哲学社会科学版)，2013，21（2）：51-

60,69.

［7］范明林,吴军,马丹丹.质性研究方法［M］.上海:格致出版社,2018.

［8］吴明隆.结构方程模型:AMOS的操作与应用［M］.重庆:重庆大学出版社,2009.

［9］吴明隆.问卷统计分析实务:SPSS操作与应用［M］.重庆:重庆大学出版社,2010.

聚焦"七个有力"提升新时代研究生党建工作质量

王路芳

(中南财经政法大学哲学院)

一、背景概述

加强研究生党建工作是落实新时代党的建设总要求的重要举措。研究生群体作为我国高等教育人才孕育的重要对象，其理想信念、政治素养直接关系到党和人民的前途命运。站在中华民族伟大复兴和世界百年未有之大变局的历史关头，加强研究生党建工作，意义尤为深远。

哲学院研究生培养以哲学、政治学、社会学人文社会科学人才为主。学院党委下设三个研究生党支部，在长期的工作中，以新时代高校党支部"双创"工作重点任务指南为指引，聚焦"七个有力"，探索了较为丰富的研究生党建工作提升经验，有力促进了研究生思想政治素质建设，充分契合了哲学社会科学育人育才功能。

二、主要做法

（一）聚焦管理党员有力

支部管理重在细节，严在日常。关注支部制度和管理措施完善问题，积极扮演着"检修员"的角色。支部严格以《中国共产党普通高等学校基层组织工作条例》为指引，不断健全完善支部组织体系、制度体系和工作机制。一是落实支部台账管理工作。严格落实支部会议记录制度，做到专人专记，确保学习记录无缺失，学习内容无遗漏。不定期抽查支部党员手册记载情况，坚决杜绝流于形式型记载方式。不断规范支部党员管理工作，实现一人一档。支部集中排查党员材料和组织关系工作，保障各项变动有记录。党费收缴工作按月进行，每笔收缴党费均记录在册。二是建立"三位一体"促发展工作机制。支部通过形成以党建工作为引领，以团学工作为基础，以创新班级建设为落脚点的党团班一体化建设工作机制，加强思政教育合力，建立入党积极分子常态化学习机制，加深对他们的培养教育和考察。积极拓展研究生党员发展的有效途径，扎实做好党员发展工作，精心拍摄《党员发展流程》视频，发展流程常学常新。三是建设以老带新"先锋队"。支部将不同专业、性别、正式及预备党员、入党积极分子进行拆分成组，支委成员主动担压，促进支部成员深入了解，形成支委带头学——党员跟进学——积极分子参与学的学习机制，有效激发支部成员爱党爱国爱社会主义热情。

（二）聚焦教育党员有力

支部坚持以政治建设为统领，完善"思想引领、学习在先"机制，深入开展党的理论学习活动。在每月主题党日活动中，注重增强重温入党誓词、集体学习《党章》、按月缴纳党费、党员过"政治生日"、支部过"支部生日"等仪式感；以国旗故事会、开学典礼、毕业生党员主题教育等契机，开展仪式教育，厚植爱国情怀；围绕习近平新时代中国特色社会主义思想开展专题学习，尝试将其打造为学习最新党的知识、提升党员理论水平的重要平台；发挥哲学社会科学学科优势，组织支部成员结合哲学、政治学、社会学专业知识和自身成长经历，精心打造"哲里研声"之"我看新时代"主题系列党课，以青年视角聚焦中国优势，用青年声音讲好中国故事，促进党建科研双融合、双促进；阅读《共产党宣言》《红船映初心》《读懂长征》《大国工程》等书籍，感悟原著魅力，传承红色精神；邀请第十六届大学生年度人物苏正民同志、放弃保研、圆梦北大的退伍女兵龚颖同志讲党课，学习朋辈先进事迹，强化价值引领，引导支部同志深刻感悟"两个确立"的决定性意义，增强"四个意识"、坚定"四个自信"、做到"两个维护"。

支部积极组织党员走出校门、走向社区、走进社会，深化党的理论知识，提升党史学习教育成效，增强党员的社会责任感和使命感。进入武昌起义纪念馆、辛亥革命博物馆、中山舰纪念馆、武汉抗战纪念园等地，瞻仰革命先烈，发扬先辈作风。走进武汉点睛学校，与小学部77名孩子们开展了

"大手牵小手，一起跟党走"的红色主题教育活动，捐赠学习用品。走进卓刀泉社区养老院，在志愿服务的同时，聆听曾经武汉二棉纺织厂的党支部书记任职时的故事。

（三）聚焦监督党员有力

严格党的组织生活制度，制定支部纪律规范细则，充分发挥"主题党日"与"三会一课"实效，并邀请研究生工作部副部长、学院党委书记参加指导支部组织生活会，为支部工作"把脉问诊"。积极落实批评与自我批评工作，对照检视剖析问题深刻，批评他人到位，批评自我深刻，制定了问题清单，提出了相应整改措施。认真落实党员监督工作。支部按照统一部署设立了纪检委员，实行专职监督。鼓励支部成员互相监督，对不得体、不得当的语言及行为及时纠正。稳步落实谈心谈话工作，及时了解党员思想动态，狠抓党员工作作风，提高党员党性修养。

（四）聚焦宣传师生有力

稳妥推进支部争优创先工作，注重树立先进典型，主张发挥优秀党员的先锋模范带头作用，对积极参加"抗疫"等志愿服务活动、参加社会实践活动、国家奖学金获得者、优秀毕业研究生、优秀研究生党员等工作突出者进行宣传和表彰，逐步形成比学赶帮超的支部氛围。加强对先进工作的外出宣传力度，积极向学校官网、官微、楚天都市报等媒介供稿，提高支部活动影响力。

（五）聚焦凝聚师生有力

借鉴"互联网+"思维，在研究生党建工作中探索推行"互联网+党建"模式。通过线上线下联动聚集，定期开展支部主题活动，消除疫情、毕业季等因素的影响，研究生党员全员全过程参加。以"学习强国"APP等为媒介，将个人学习和集体讨论相结合，学习内容与时俱进。

积极回应研究生党员关于支部建设的好建议，带动支部开展丰富的党建活动，提高党员的获得感、幸福感，增强支部凝聚力。组织观看红色电影《我的父亲焦裕禄》，深刻领悟焦裕禄精神。贯彻学校党委关于定点帮扶的工作部署，主动参加苏正民同志发起的"凉山阿依助学计划"，助力乡村振兴教育。认真组织每位党员的"政治生日"，通过温誓词、送贺卡、忆初心等方式，勉励全体党员同志不忘初心、砥砺前行。

（六）聚焦组织师生有力

组织支委参加湖北省大学生党员示范培训班、学校样板党支部成果展评会、"鲲鹏讲坛"研究生党支部书记沙龙，加强支委自身建设；组织支部党员参加党建主题演讲比赛、党史宣讲会、党史知识竞赛、辩论赛、党建征文、研究生风采大赛等文体活动，取得骄人成绩，展现新时代研究生党员风采。

（七）聚焦服务师生有力

支部积极促进理论学习成果转化，巩固拓展党史学习教育成果，常态化长效化推进"我为师生办实事"实践活动。支部成立后开通"哲里研声"支部微博，在记录支部生活的同时，开设"思想先锋""科研学习""工作就业""生活服务"四个栏目，全面服务研究生思想关切和现实需求。助力校园疫情防控工作，支部组织开展了"微志愿"点单活动，党员们充当起"快递员"，为受疫情影响被封控管理的宿舍楼栋学生送去便利；联合发起抗"疫"手势舞接力活动，号召同学们遵守校园防疫规定，养成良好的卫生习惯，活动吸引学校8个研究生党支部共326名党员参与，视频阅读量累计6600余次；创建"'疫'起成长"解忧树洞，主动倾听、缓解同学们因学校封闭式管理而产生的焦虑情绪，鼓励大家乐观面对，共克时艰；多次组织支部党员开展核酸检测志愿服务活动，参加协助信息录入、秩序维护等工作。积极响应湖北省委开展"下基层察民情解民忧暖民心"实践活动号召，主动与关山街道南湖社区党支部共建，联合为社区居民举办了一场免费维修家电志愿服务活动，获得社区居民一致赞扬。

三、基本成效

《中国共产党普通高等学校基层组织工作条例》第十三条指出，"学生党支部应当加强思想政治引领，筑牢学生理想信念根基，引导学生刻苦学习、全面发展、健康成长。"聚焦"七个有力"，学院研究生党建工作有了明显改进，政治功能和组织力有效提升，先进性和服务性充分发挥，积极培育德智体美劳全面发展的社会主义新青年。

1. 思想政治教育和价值引领作用彰显

研究生党建与思想政治教育工作相辅相成，思想政治教育工作是党建工作的主要载体，党建工作是思想政治教育工作的引领升华。[①] 在研究生基层党组织建设过程中，广大研究生党员坚持用习近平新时代中国特色社会主义思想武装头脑，将理论学习与专业知识深入结合，以青年视角看新时代的变化，讲好中国发展故事，实现"党建领航，思政铸魂"，发挥研究生党建育人功能。

2. 研究生党支部和党员带动作用明显

充分发挥研究生党支部的战斗堡垒作用，将党支部工作与团支部工作、班级建设工作有机结合，"三位一体"协同开展提高研究生青年理论素养活动，引领建设优良班风、学风，践行社会主义核心价值观。支部积极促进理论学习成果转化，引导支部成员在服务中亮身份、做表率、严纪律、树新风，在实践中看发展、悟使命、长才干、展担当。在长期的淬炼中，研究生党员身份意识不断强化，先锋模范作用不断发挥，在科研、学术、文体活动、志愿服务等方面都展现出朝气蓬勃的风采。

仅支部层面，近五年来，学院研究生2个支部获得校级"研究生样板党支部"称号，2个支部获得校"七一"表彰"先进基层党组织"称号，1个支部获得校"七一"表彰"'两学一做'

[①] 卢飞霞，王赛男. 增强高校研究生党建工作实效性探新[J]. 学校党建与思想教育，2022（15）：44-46.

学习教育活动先进党支部"称号，2个支部在校研究生党支部特色活动品牌创建项目中先后获评一等奖、二等奖。

3. 研究生党建引领科研与社会服务作用突显

学院研究生党建工作突出学科特色，充分发挥党员在科研与社会服务中的先锋带头作用。加强从本学科视角学习党的理论知识，用专业知识解读新时代的改革与发展，实现党建与专业有机融合发展。近五年来，组织60余次专题理论学习，申报5项校级党支部培育项目，申报3项基层党组织实践活动，极大锻炼了研究生党员的研究能力和活动能力。积极培养研究生党员服务社会的意识，将目光从理论延伸到基层。开展广泛的志愿服务活动，如清洁校园、抗疫服务、关爱寄宿小学生、关心孤寡老人、为社会居民维修家电、为凉山阿依捐款捐物等，将每一次活动都落实到帮助他人，服务社会，提升自我上面。党建工作落脚到服务社会，可以让广大研究生党员在为基层人民送去温暖的同时，凸显党员角色与价值。

四、启示经验

在长期的工作中，学院研究生党建工作围绕管理、教育、监督、宣传、凝聚、组织、服务党员的"七个有力"，取得了一定成绩，充分发挥基层党组织的战斗堡垒作用和党员的先锋模范作用，实现研究生科研创新能力的培养和综合素质的提高。

1. 注重教育、提升凝聚，加强研究生党建品牌特色活动建设

加强对研究生党建工作的教育管理，指引他们在实践活动中发挥自己的优势，打造独具特色的党建品牌活动。哲学院研究生党支部的天然优势是学科与时政的深入结合，研究生党员在认真学习党的理论知识的同时，还可结合专业视角，对生态文明、国家治理、精准扶贫等相关时政热点进行深入探讨，将中心工作与党建工作相结合。其中，"我看新时代"主题微党课的开展，引导研究生党员从学科视角，以青春之声致敬宏伟新时代。通过品牌特色活动的创建，支部的凝聚力和吸引力进一步加强，研究生党员的归属感意识和党员意识进一步增强。

2. 加强管理、强化监督，加强研究生党建工作队伍建设

加强对研究生党支部干部队伍的建设和优化，抓好支委的教育管理，加强对全体党员的监督，建设一支信念坚定、政治可靠、素质优良、作用突出的工作队伍。积极推荐支部书记、副书记、支委参加各类培训，提升工作队伍的政治素质和业务能力。定期召开支委会，总结支部工作得失，讨论支部下一阶段的发展方向。工作中，支委大胆尝试，迎难而上，发挥好"领头羊"的作用，带领开展了丰富多彩的理论学习和实践活动。定期对研究生党支部进行督导考核，有力地促进了研究生党组织履职尽责，促进党员积极发挥先锋模范带头作用。在学校组织的"支部好案例、书记好党课、党员好故事"

展评活动中，研究生党支部共获得5项荣誉，充分体现了学院研究生党建工作的建设活力。

3. 有效组织、聚焦服务、增进宣传，加强研究生党建活动的创新性建设

加强对研究生党建活动方式的创新建设，通过精心组织一批有意义的实践活动，跟进对外宣传，提升活动的影响力。在活动开展中，研究生党支部组织"守护雏鹰"活动，走进敬老院活动，为凉山阿依捐款捐物，维修家电进社区，共同守护社会弱势群体；组织"树洞"解忧活动，"微志愿"点单送快递活动，参拍"抗疫"手势舞，参加核酸检测志愿服务，聚焦共抗时艰，防疫有我；拍摄《党员发展流程》《入党，遇见更好的自己》等视频，积极选送湖北省党员教育电视片观摩交流活动，获得优秀奖1次。注重宣传，以学院官网、官微为主阵地，积极向党委研究生工作部官网、文澜网等校内媒体投稿，并向楚天都市报等媒介推荐稿件或采编信息，扩大新媒体宣传渠道。

参考文献

[1]徐刚，周义. 研究生党建工作质量提升路径探索[J]. 学校党建与思想教育，2019（3）：59-61.

[2]卢飞霞，王赛男. 增强高校研究生党建工作实效性探新[J]. 学校党建与思想教育，2022（15）：44-46.

［3］赵洺，樊磊. 新时代研究生党建育人何以可能［J］. 研究生思想政治教育，2022（3）：63-68.

［4］朱玉，郑施. 对标"七个有力"的高校学生党支部组织力"工程化"提升路径探究［J］. 领导科学论坛，2021（6）：137-140.